文化名家暨"四个一批"人才工程资助项目
"中国新闻传播教育综合改革研究"阶段性研究成果

张 昆 著

INTRODUCTION
TO JOURNALISM AND
COMMUNICATION EDUCATION

# 新闻传播教育
# 导 论

社会科学文献出版社
SOCIAL SCIENCES ACADEMIC PRESS (CHINA)

# 序 一

上月中旬，我在网上看到新华社的一条消息："16 日上午，中央民族大学举行新闻与传播学院特聘院长聘任仪式暨中央民族大学新闻与传播学院、华中科技大学新闻与信息传播学院共建仪式。新闻教育家、华中科技大学新闻与信息传播学院原院长张昆教授，以柔性引进人才身份出任中央民族大学新闻与传播学院特聘院长。"人民网、今日头条等媒体都有跟进报道，此消息一时引起各种社交媒体的热议，成为高等教育界的热点。网上评论肯定张昆教授是一位有思想、有胆识、有情怀的新闻教育家，并看好中央民族大学这一创新的人才引进政策。当晚，我收到了张昆教授发来的邮件，他说，依据教育部柔性人才引进政策，应中央民族大学校长郭广生教授的邀请，同时征得华中科技大学校领导的同意，在人事工作关系不变、原单位工作任务不变的前提下，他正式接受了中央民族大学新闻与传播学院特聘院长的职务。同时，他还说，他的一本新著《新闻传播教育导论》即将出版，希望我能够为之作序。

张昆教授是我的学生，武汉大学历史系 1980 级的校友。1983 年武汉大学创办新闻学专业时，我在当时的历史系、哲学系、中文系和经济系应届本科毕业生中，提前选留了六名优秀的学生作为教师参与专业的筹办。张昆教授就是当时的"六君子"之一。后来，张昆教授又考进中国人民大学新闻系攻读硕士研究生学位。1986 年毕业后返回母校。随着教育事业的发展，武汉大学新闻系升级为新闻学院，张昆教授也由助教升为讲师、副教授、教授。1998 年，在新闻学院行政班子换届时，36 岁的张昆教授被任命为武汉大学新闻学院的院长。后来，因学校教学机构调整，新闻学院与图书情报学院合并，张昆教授改任大众传播与知识信息管理学院第一副院长。

2006 年，张昆教授受华中科技大学李培根校长之邀，调到该校任新闻与信息传播学院院长。从传统的观点看，很多人对他这一转变不甚理解，认为他有负于母校的栽培。其实，这是正常的人才流动，这种流动无论是对于个人还是对于两所大学都是有益的事。事实上，华中科技大学也好，武汉大学也好，都有来自对方学校的学生和老师，其中不少是各学科的骨干力量。对于他个人来说，他需要面对一个新的环境，需要重新学习，迎接新的挑战；对于两所大学来说，他可以起到相互交流的桥梁作用。

2011 年教师节前夕，张昆教授携子张开到我家访问。他儿子张开是武汉大学 2008 级数学基地班的学生。这是一个典型的武汉大学之家，父子两代都是武汉大学的学生。不过，他儿子张开看上去比父亲更高大、挺拔，富有朝气。或许是张昆这一代人经受的磨砺、坎坷要多一些，身上或多或少有一些沧桑感。

那次访问中，张昆教授谈到了在华中科技大学的工作，介绍了两所大学新闻学院的异同。我们还一同回忆了武汉大学新闻系初创时期筚路蓝缕的情景，谈起了何微先生、吴高福教授、罗以澄教授的往事，不知不觉间，两个多小时过去了。最后，张昆教授拿出他的一部书稿——《新闻教育改革论》，请我为他作序。我本来不太喜欢做这一类的事情，但是张昆教授的经历，尤其是书名中的"改革"二字，激起了我一窥究竟的欲望。我利用两天的时间拜读了全书。这是一本关于新闻教育的文集，是作者对新闻教育界重大理论与实践问题的思考。我们知道，新闻媒体历来比较敏感，对"改革"二字也常常回避。但是，他敢为人先，撰写了体现改革精神的一部专著。该书共分三编，即人才培养论、教学改革论和学科建设论，在每编中，都有许多闪光的思想。浏览了书稿，特别是进一步与张昆教授交流以后，我认为这部专著名副其实，书中确实在诸多方面体现了改革和创新精神。例如，在人才培养论中，他提出新闻教育的目标应该是培养什么人的问题，他的回答是："应当培养能够独立思考、具有批判精神的报道者。传媒工作者作为社会哨兵和引领社会前行的力量，必须具备批判精神。"同时，他进一步指出："批判的必要条件是批判者思想、人格和精神的独立，一个思想贫瘠者，不可能萌生挑战传统的思想火花……"在我国大学精神虚脱的今天，他提出的这个目标的确是大胆而开明的。在教学改革论中，他以自己讲授的外国新闻传播史为试点，提出把原来的新闻事业史拓展为"新闻事业、新闻制度、新闻观念"三位一体的新闻传播史体系。在新闻传播教学中，他还提出了三个转变：由以教师为中心向以学生为中心转变，由传统的"流水线培养模式"向"订单式"的模式转变，由教师以科研为中心向教师以教学为中心转变。在学科建设论中，他认为新闻传播学本身就是学科交叉的结果。据此，他提出"抓交叉、促融合、求创新"的学科建设方向。这些创新探索，引起了我的共鸣。所以我很快地完成了他嘱托的任务。

　　六年后的 2017 年夏，张昆教授再次携子张开来武汉大学看我。这时，张开已经从北京大学光华管理学院博士毕业，在他父亲面前显得更加壮实、成熟，而张昆教授已经初显老态，双鬓斑白，不过他还是那样充满激情，富有活力，思维敏锐。这次张昆教授拿出了他的新作《三思新闻教育》，华中科技大学出版社出版的，洋洋洒洒，约 60 万字。这本书集纳了张昆教授从事新闻传播教育以来有关新闻传播教育的论文、报告、讲话，更加全面地呈现了他在新闻传播教育方面的基本理念，表达了他对新闻传播教育界面临的理论与实践问题的理解，总结了他长期以来在院系管理、学科建设方面的经验和教训。这一来源于教育实践又高于教育实践的理论探索，具有相当高的学术价值和实践意义。看了这本厚实的新作，我感到十分欣慰，也为张昆教授感到骄傲。

　　2018 年 4 月，张昆教授卸下了华中科技大学新闻与信息传播学院院长职务。人民网发表了他的离任感言《幸运　感恩　期待——华中科技大学新闻学院原院长张昆卸任感言》，引起了教育界的高度关注。我从这篇感言中，看到了他在担任华中科技大学新闻与信息传播学院院长 12 年间干的一件件事情，取得的一个个成就，看到了他的自省和反思，看到了他的期待和感恩。我被一连串的数字和文中的深情所打动。在我的印象中，华中科技大学的新闻教育和新闻学科虽然与武汉大学同年创办，但是在学科专业发展基础上略逊于武汉大学。但是，经过张昆教授 12 年的励精图治，在综合实力和发展潜力方面，最近几年华中科技大学新闻传播学科可以说实现了超越式发展。2017 年末公布的全国一级学科评估数据表明，华中科技大学新闻传播学院与复旦大学新闻学院并列第三，这一权威的数据与教育界人士的认识基本一致。这在过去是难以想象的事情。张昆教授在新闻传播教育界创造了一个奇迹，新闻传播教育的"华科大模式"在他担任院长期间悄然形成，为中国新闻传播教育的发展提供了新的经验和选择路径。

　　现在，张昆教授的《新闻传播教育导论》又摆在我的案头。首先，这本书全然不同于前面的《新闻教育改革论》《三思新闻教育》。前两本书是以文集形式出版的，虽然主题集中于新闻传播教育，每篇文章都提出了自己的创见，但是单篇文章之间、各大层次之间并没有严格遵循知识的内在逻辑。而这本《新闻传播教育导论》，则是基于新闻传播教育顶层设计的系统性、整体性思考，其内在的知识逻辑十分严谨，研究思路清晰，从教育的本质、新闻传播教育的使命开始，进而探讨新闻传播教育的核心要素，包括新闻教育家、教师与教学团队、课程建设、教材建设、实践教育、学生事务、院系文化建设、学科建设、院系管理，在此基础上，又就新闻传播教育改革、新闻传播教育研究进行了深入的讨论。这些要素所涉及的核心概念和次级概念，建构了新闻传播教育完整的理论体系，逻辑严密，说理充分。特别要指出的是，虽然限于篇幅，张昆教授将5篇附录以二维码的形式呈现，但这些附录系张昆教授担任华中科技大学新闻与信息传播学院院长期间或卸任后对华中科技大学新闻传播教育这个个案的解读、分析，以及他对新闻传播教育专业的思考与总结，值得新闻传播教育工作者参考。这是国内第一本系统研究新闻传播教育的理论专著，在某种意义上，张昆教授这本专著的出版，填补了国内高等教育新闻传播领域研究的空白。

其次，张昆教授的这本专著还以其鲜明的学术性、专业性引领了国内高等教育领域对新闻传播教育的研究。张昆教授没有满足于一般概念的分析解读，也没有停留在简易的框架建构上。他对新闻传播教育的研究突破了笼统的基本面的概括、总结或阐释，对新闻传播教育整体进行深入解剖，对新闻传播教育体系的具体要素、环节进行深度解析。其中有些研究是对全新领域的开拓，如书中对新闻传播院系院长（主任）的研究，涉及院长（主任）的角色、院长（主任）的任职条件、院长（主任）的战略思维和四大要务；在教师与教学团队建设方面，张昆教授特别论证了中国特色的冠名教授席位设置问题；在新闻传播教育界，很少有人系统深入地研究课程问题，尤其是教材建设问题，可是在这本《新闻传播教育导论》中，张昆教授对教材建设的研究之深、涉猎之广、论证之周密，在相当程度上超越了前人；张昆教授还把学生事务纳入新闻传播教育理论体系，通过比较的视野，分析了当前新闻传播院系学生工作存在的问题，进而提出了铸魂是学生工作主旋律的基本判断。我特别赞赏的是该书第八章"院系文化建设"，张昆教授把院系文化视为新闻传播专业人才的培养基，分析了新时代影响院系文化建设的各种因素，在此基础上提出了建设、繁荣院系文化的具体路径，令人耳目一新。

最后，《新闻传播教育导论》一书既有学术价值，又有实践价值。张昆教授本身来自新闻传播教育的第一线，既是专业教师，又长期担任新闻学院主要负责人、学科带头人，在人才培养、科学研究、社会服务和院系运作方面积累了丰富的经验。同时，张昆教授还是第六届、第七届国务院学位委员会新闻传播学学科评议组成员、2006~2010年教育部高等学校新闻学学科教学指导委员会副主任委员，这使他对国家的高等教育政策及全国新闻传播教育总体格局及发展态势熟稔于心。另外，他还担任国家一级学会中国新闻史学会副会长达16年，担任新闻传播教育史研究委员会会长6年，并且担任《中国新闻传播教育年鉴》编委会主任、主编，有丰富的学术经历，对中外新闻传播教育历史与现状也相当了解，这在国内新闻传播院系负责人中是很少见的。他基于自己对新闻传播教育实践的理解所阐释的新闻传播教育理念、提出的解决问题的方法与路径，既有可操作性，又有一定的理论创新价值。

从《新闻教育改革论》《三思新闻教育》，到这本《新闻传播教育导论》，三本著作体现了张昆教授在新闻传播教育理论研究进程中的三个重要的节点。在第一本书中，张昆教授试图在社会转型、传播变革的社会背景下探索新闻传播教育的改革之路，其文本主要为论文、报告，改革成为这本书的主基调。第二本书《三思新闻教育》，在第一本理论探索的基础上，纳入了更多与学院治理、教学改革、学科建设、社会服务有关的案例分析及经验教训总结，以及对新闻传播教育体系的构成要素、具体环节的解读，其容量较前一本有较大的突破。第三本《新闻传播教育导论》在内容体例上与前两本完全不同，前两本是文集，集纳了作者从事新闻传播教育工作以来的各种文章、报告、讲话等；《新闻传播教育导论》则是一本逻辑严密、体系周全、思路清晰、内容完整的理论专著。其内容和观点可能来自前面两本书中的某些文章、报告，但是在纳入这本专著时，张昆教授又进行了全新的创作，在新的语境下做了新的阐释。对不少问题的论述、现象的解读，即使表达的是同样的观点，也赋予了其新的内涵。从这本专著的内容来看，张昆教授对新闻传播教育的研究，已经跨越新的节点，进入一个更加成熟的阶段。我相信这本专著的出版，对于当下中国的新闻传播教育改革，对于辛勤耕耘在新闻传播教育界的院长、主任、教授们，应该会有一定的启示作用。

现在张昆教授又一次站到了历史的潮头，再一次勇敢地接受了新的挑战。对于他在接受郭广生校长聘书时的演讲，不少教育界朋友为他点赞。"老兵尚未凋零，期待再写传奇"准确地呈现了他作为新闻教育家的理想和情怀！其实张昆教授还很年轻，只有58岁，要到我这个年龄，他还可以干30年！我相信他在中央民族大学新闻与传播学院特聘院长任上，以他的智慧、经验和领导才能，一定能够帮助中央民族大学将其新闻传播学科推进到新的发展水平。在高等教育领域，一名教授能够先后在三所"985"高校担任院长，似不多见。张昆教授的著作和经历，让我们看到了改革开放40余年来中国新闻传播教育的发展历程。在其履新之际，这本《新闻传播教育导论》即将出版，可喜可贺。感谢张昆教授带给我们的欣喜，同时也期待张昆教授取得更大的成就！

是为序！

刘道玉

2020 年 12 月 25 日

于武昌严西湖楚园

# 序　二

近日收到华中科技大学张昆教授《新闻传播教育导论》的书稿，并受邀为该书作序。张昆教授对新闻传播教育研究经年，笔耕不辍，多有创获，此书出版又是一个具体展现。对新闻传播教育，我不敢说有专门研究，但好在我待在中国新闻传播教育界的时间较长，涵泳其中，"冷暖自知"，故借此聊做一说，希望不会辜负所托。

客观而言，相较于文史哲等学科，新闻传播教育的历史不长。但即使中国新闻传播教育历史不长，自北京大学新闻学研究会成立算起，也已逾百年。百年以来，中国新闻传播教育事业取得了举世瞩目的成就，积累了丰富的办学经验和宝贵资源，理应展开充分的研究。就历史研究而言，在诸多学人努力下，有了较为深入和细致的梳理，中国百年新闻传播教育史已经基本建立。同时，在当代技术变革和社会转型的现实条件下，关于新闻传播教育改革的话题一直是热点中的热点，事关高校、社会、国家和行业多方面，为世人瞩目。在此背景下，亟须从理论层面对新闻传播教育特别是中国新闻传播教育的基本范畴、原理和主要规律做深入的理论探讨。张昆教授《新闻传播教育导论》的出版可谓响应这一需求，切中时代脉搏，具有重要的价值。

初看书稿，一个非常直观的感受就是该书内容的系统性和全面性很强。新闻传播教育研究门槛并不高。只要是行内人，似乎都可以一说，但大多是有感而发，看起来热闹，深入而系统的研究并不多见。此书将新闻传播教育放在培育全面发展的传媒人这一新闻传播教育的出发点和归宿上展开全书章节。综观全书，主要分为三部分。第一部分是第一章新闻传播教育的使命，追问教育的本质及新闻传播教育的使命问题。这是本书的出发点和关切所在。第二章到第十章为该书第二部分，是书的主体部分，分别就新闻传播教育的主体、要素、环节进行了深入的探索，如新闻教育家、教师与教学团队、课程建设、教材建设、实践教育、学生事务、院系文化建设、学科建设及院系管理，所涉甚广，内容丰富，系统全面。第三部分聚焦新闻传播教育改革和新闻传播教育研究，既是对第二部分进一步的提升和总结，也与第一部分相呼应。

相比以往关于新闻传播教育研究的零敲碎打，此书所搭建的内容架构颇为系统，也着实可见作者思虑之深、之周全。如教材建设，该书摒弃了教材建设的诸多误区，将教材建设作为一个"持久性的系统工程"，包含教科书编撰、出版发行、评价推荐、（教师、学生）使用反馈、资料补充、修订再版等环节，提出要正确处理其中的各种关系，对于当前的教材建设不无启示意义。又如院系文化，最近作者一直在呼吁进行院系文化建设，此书将其见解和盘托出；而常被研究者忽视的学生事务，作者将其作为培养人的重要环节和渠道独立成章，令人耳目一新。

这种系统性和全面性并非简单的叠床架屋，而是有明确的问题意识。作者置身于中国新闻传播教育的前沿，直面当代中国新闻传播教育的重大理论问题和实践问题，提出自己的独特看法和深入思考。特别是围绕中国新闻传播教育改革的诸多层面，作者提出许多真知灼见，引人思考。

中国新闻传播教育走过百年历史，经受诸多挑战，也面临很多机遇。特别是在当前新技术新媒体的挑战下，中国新闻传播业正在经历深刻变革，这些挑战和变革已然传导到新闻传播教育领域。新闻传播教育如何自我革命、自我转型，是该书要旨所在。该书从新闻传播教育之定位、新闻传播院系规划、实践教育、课程建设等方面，系统深入地揭示了现实技术变革和社会转型为新闻传播教育带来的全方位、根本性的挑战，提出了新闻传播教育的改革方略和实施措施。针对以职业教育为主导的新闻传播教育，作者提出，在互联网技术影响下，未来的新闻传播教育不仅仅是一种职业教育，更应该成为一种公共教育。这一全新定位，不仅有助于为当前的新闻传播教育破局，而且放诸长远，谋划新闻传播教育之发展大计。面对全新的育人环境，作者倡导重视新闻教育家的关键作用，建议新闻传播院系院长（主任）树立战略思维，聚焦师资建设、学生培养、条件改善和氛围营造等四大要务。在课程建设方面，作者分析了其存在的问题，提出注重交叉和融合等建议。在实践教育方面，作者提出"大实践"观念，注重协调学界与业界、技术与学术、人格培养与技能培养等关系。在师资队伍建设方面，作者提出打破单一的学科背景，倡导多学科、多层次的协同和融合。如此等等，作者为中国新闻传播教育改革提供了诸多卓见和有益探索。

特别值得注意的是，该书对当前新闻传播教育进行了批判性思考。如针对当前国内新闻传播院系中普遍存在的部校共建，作者提醒新闻传播院系要注意保持办学的主体性；针对新闻传播学科建设问题，作者批评以数字指标为导向的学科评估体系和学科管理的行政化、机关化风气给学术研究带来了负面效应。这些在新闻传播教育大发展的背景下可谓苦口良药。

这些见解之获得，与作者长期浸润于新闻传播教育，对新闻传播教育保持积极关注和研究密不可分。我和张昆教授相识近40年，见证了他在新闻传播教育领域的成长。他先后担任武汉大学和华中科技大学新闻学院的院长，去年又担任中央民族大学新闻与传播学院特聘院长，长期从教的经验和新闻传播教育实践为他的研究提供了丰富的经验材料。近年来，他在华中科技大学积极谋划媒介融合背景下新闻传播专业基础课程教学改革，思路新颖，成果显著；同时，他长期在中国新闻史学会担任要角，担任中国新闻史学会副会长达十多年，目前担任该会二级分会新闻传播教育史研究委员会会长，组织编撰《中国新闻传播教育年鉴》。这些都为他理解新闻传播教育、思考新闻传播教育诸问题提供了有利条件。此书的出版可谓凝聚着他近40年来对新闻传播教育实践和思考的心血与结晶。

最后，祝贺张昆教授《新闻传播教育导论》出版！同时希望越来越多的学者关注新闻传播教育，研究新闻传播教育。

是为序。

方汉奇

2021年2月

于中国人民大学

# 目 录
contents

# 第一章　新闻传播教育的使命

教育乃经国大事，关系到国家民族的兴亡。自进入文明时代以来，尊师重教一直是文明国家的重要传统。没有发达的教育事业，就不会有强大的国家。今天是莘莘学子，明日是社会栋梁。教育的价值，体现为在培养社会新人、实现人类自身再生产的同时，传承弘扬了社会文明。随着信息传播技术的发展，传媒及信息传播活动在社会系统的运行中扮演着越来越重要的角色，其作为社会组织的黏合剂、社会机体的神经系统的重要性与日俱增，以至于新闻传播教育在大学教育中地位和影响益发引人关注，成为现代高等教育系统的重要组成部分。如今，我们置身于高度信息化和全球一体化的社会环境，信息犹如空气，弥漫于人类的生活空间，左右着人类的呼吸，人们无法想象一个没有信息、没有传播的时代。可以毫不夸张地说，信息传播系统的有序运行，决定了人类的生存和未来。进入 21 世纪以来，随着网络新媒体的发展，融媒体、智媒体、众媒体方兴未艾，传播生态的改变催生了整个社会系统的转型，这一切使得教育尤其是新闻传播教育面临空前的挑战。在这个背景下，有必要深刻地反思教育的本质和新闻传播教育的使命。

## 第一节　教育的本质

教育是培养人的事业，是使人成为人，使人类文化得以传承的社会实践。而教师则被视为天底下最阳光的事业。孟子曾把得天下英才而教育之视为人生三大乐事之一。随着知识社会的到来，教育在越来越大的程度上成了人类终身的课业，教育的手段和途径多种多样、纷繁复杂，以至于我们置身于教育界，也很难对教育做一个精确的界定。

## 一 教育是什么

在自然界，没有比人类更加重视教育的动物了。正是因为全面、系统的教育，人类脱离了一般动物界而进入了文明社会。所以在人类早期历史中，教育就已经成为社会系统的重要环节。在中国，最早的教育机构是由养老机构转变而来的。《礼记·王制》记载："有虞氏养国老于上庠，养庶老于下庠。"由德高望重的长者向青少年进行道德、文化教育。古希腊有两个词表示教育的概念，一是"agoge"，意思是指引、约束、管教；二是"paideia"，这个词源于 pais 和 paidia，前者的意思是儿童，后者的意思是儿童运动或游戏。拉丁文"educare"，本意是"引出"或"发挥"，指引导儿童固有的能力得到圆满发展。英文"education"即源于此。① 千百年来，教育的形式越来越多样化，教育的时间越来越长，受教育者的范围也越来越大，所以要精确地概括、定义教育也变得越来越困难。

教育是什么？自有教育以来，就有多种多样的解释，可谓见仁见智。简单地归纳一下，大体上有如下几种代表性的说法。

第一，教育是培养人的活动，是使人成为人的事业。在这个层面，不同的学者做了不同解读。中国教育学者潘懋元认为"教育是培养人的社会活动"②。《人与自我·导言》则以诗化的语言说："教育就是培养大写的人、舒展的人，使人的生命经教育而更加情韵悠长，光明磊落。"③ 法国启蒙学者卢梭则表明："当我教一个学生的时候，我既不要他成为律师、军人，也不要他成为一个圣人，我首先要他成为一个'人'。那样他到时候自会像其他的人一样，成为他应该是的那种人。"④ 在德国哲学家尼采看来，教育的目标就是造就真正的文化和"更高的品位"，造就"自由精神"，最终造就"超人"。⑤

第二，教育作为培养人的社会实践，"是人类实现再生产的手段"。"人作为

---

① 《中国大百科全书》（第11卷），中国大百科全书出版社，2009，第438页。

② 潘懋元、王伟廉主编《高等教育学》，福建教育出版社，2013，第27~28页。

③ 夏中义主编《人与自我·导言》，广西师范大学出版社，2002。

④ 〔法〕卢梭：《教育之过》，载〔古希腊〕柏拉图等《教育的艺术》，曹晚红、吴大伟等编译，汕头大学出版社，2009，第41页。

⑤ 转引自〔英〕乔伊·帕尔默主编《教育究竟是什么？100位思想家论教育》，任钟印、诸惠芳译，北京大学出版社，2008，第60~61页。

劳动力,是社会生产力中最活跃的因素。教育担负着劳动力再生产的任务。"① 人类社会的延续,端赖于一代又一代新人的成长。他们作为劳动者,承继了传承文明的历史责任。新中国在一段相当长的时间内,都把教育的目标定位为培养有社会主义觉悟的有文化的劳动者。

第三,教育是对受教育者心灵的唤醒。一些教育家认为,教育并不能"把灵魂里原来没有的知识灌输到灵魂里去,好像他们能把视力放进瞎子的眼睛里去似的"②。涂尔干则说:"教育的目的就是在儿童身上唤起和培养一定数量的身体、智识和道德状态,以便适应整个政治社会的要求,以及他将来注定所处的特定环境的要求。"③ 捷克教育家夸美纽斯认为上帝在造人时,就把自己具有的最崇高、最卓越的具有学问、德行和虔诚的天赋,像种子一样蕴藏在人身上,因此,"没有必要从外部给人注入任何东西,只需要人自己所固有的蜷缩在内部的东西伸展出来,显现出来,只需要注意每一个个别的成分"④。在这个意义上,教育就是唤醒,唤醒受教育者沉睡的灵魂,唤醒他们对于世界的认识,唤醒他们对于真善美的追求。

第四,教育是教育主体间灵肉的交流活动,是主体间的交往实践。"教育的对象是人。教育是人与人之间的活动,教育的世界是人的世界。"⑤ 教育家皮亚杰把教育定义为连接双方的关系:"一方是成长中的个人,另一方是社会的、智慧的和道德的价值,教师要负责把由他们启蒙的那个个体带进这些价值之中。"⑥ 通过两大主体即教育者和受教育者的互动,实现彼此"灵肉交流活动(尤其是老一代对年轻一代),包括知识内容的传授、生命内涵的领悟、意志行为的规范,并通过文化传递功能,将文化遗产教给年轻一代,使他们自由地生成,并启迪其自由天性"⑦。在这个意义上,教育实际上是"教育者与受教育者之间以教育资料为中介的交往实践活动"⑧。

第五,教育是专属于人类的活动。20 世纪伟大的历史学家汤因比断定:

---

① 《中国大百科全书》(第 11 卷),中国大百科全书出版社,2009,第 438 页。

② 〔古希腊〕柏拉图:《理想国》,郭斌和、张竹明译,商务印书馆,1995,第 71~73 页。

③ 〔法〕涂尔干:《道德教育》,陈光金等译,上海人民出版社,2006,第 235 页。

④ 〔捷克〕夸美纽斯:《大教学论·教学法解析》,任钟印译,人民教育出版社,2006,第 6 页。

⑤ 冯建军等:《教育哲学》,武汉大学出版社,2011,第 31 页。

⑥ 〔英〕乔伊·帕尔默主编《教育究竟是什么?100 位思想家论教育》,任钟印、诸惠芳译,北京大学出版社,2008,第 373 页。

⑦ 〔德〕雅斯贝尔斯:《什么是教育》,邹进译,三联书店,1991,第 3 页。

⑧ 冯建军等:《教育哲学》,武汉大学出版社,2011,第 55 页。

"教育是专属于人类的一种活动，这和其他的动物不一样。人类除了自然流传下来的生理或心理遗传之外，还继承了一些更高超的东西。他继承了前代兴起中每一分子努力得来的文明，而且是由其较长者，将之引入这个文明，而不是与生俱来的。"[①] 拥有发达的教育系统，是人类社会与一般动物界的根本区别。

以上各种理解，从不同的侧面揭示了教育现象和教育的基本功能。从教育现象来看，教育是培养人的社会活动，是使人成为人的社会事业，也是人类独有的或专属于人类的活动；从教育形式来看，教育是对受教育者的心灵的唤醒，是使人固有的蜷缩在内部的禀性伸展出来，张扬起来；从教育主体之间的关系来看，教育是教育者与受教育者之间灵肉的交流，是两者在教育过程中以教育资料为中介的交往实践；从教育的结果来看，教育实际上是人类自身的再生产，是劳动力的再生产，也是文化的传承。这些解释，都是基于教育现象、教育过程的归纳，都有一定合理性，有助于我们对教育的理解。

## 二 教育何以成为可能

教育是人类专属的，也是人类独有的活动或现象。正是通过教育，人才得以脱离一般动物世界而进入人类社会。历史上很多哲学家、教育家从不同的角度论证了这一原理。哲学家费希特说："一切个人都必须受到教育成为人。否则他们就不是人。"[②] 康德也强调："人必须受到训练，因为他生来是处于自然状态的、野性的。"[③] 卢梭则从生存的需要论证了教育的重要性："我们人类生来就都是弱者，都需要帮助；我们生来就都是一无所有，而处处需要别人的援助；我们生来便都是愚不可及，而需要更多了解别的事物；所以我们生不带来，而又是将来所需要的东西，都要靠教育的赐予。"[④] 教育使人能够生存下来，教育使人成为人，是不证自明的道理。

---

① 〔英〕汤因比：《历史回顾看教育》，载〔古希腊〕柏拉图等《教育的艺术》，曹晚红、吴大伟等编译，汕头大学出版社，2009，第119页。
② 〔英〕乔伊·帕尔默主编《教育究竟是什么？100位思想家论教育》，任钟印、诸惠芳译，北京大学出版社，2008，第99页。
③ 〔英〕乔伊·帕尔默主编《教育究竟是什么？100位思想家论教育》，任钟印、诸惠芳译，北京大学出版社，2008，第81页。
④ 〔法〕卢梭：《教育之过》，载〔古希腊〕柏拉图等《教育的艺术》，曹晚红、吴大伟等编译，汕头大学出版社，2009，第39~40页。

对于人类而言，教育不是奢侈品，而是必需品，是从小到大、从无知到智慧的摆渡船。在人类早期历史阶段，教育或许只是少数人的特权，但是随着历史的进步，教育在越来越大的程度上成了全民的需要。杜威认为，教育之所以成为必需，乃是因为人类在婴孩时期，没有生存技能，"要是没有父母去教育他、扶助他，就不能成人了。有许多低等动物的教育，从小到大，不过都是偏于形体一方面。人类却不能仅注重形体一方面，还有心理、知识、道德各方面的教育也都应该注重的。因为人类的婴孩时期是个渐进的时期，什么人都要经过的。教育就是从这个婴孩时期渡到成人时期的一只摆渡船"①。

要深刻地认识教育，必须联系到人性。关于人性，哲学家们早就有多种多样的解释，涉及善恶、智愚诸多维度。

在善恶方面，一直有性善性恶之说。古希腊哲学家柏拉图就主张性恶论，在他看来人性本身充满了矛盾，人总是在与其自身作战，"人类本性将永远倾向于贪婪与自私，逃避痛苦，追求快乐而无任何理性，人们会先考虑这些，然后才考虑公正和美德。这样，人们的心灵是一片黑暗，他们的所作所为，最后使得他们本人和整个国家充满了罪行"②。中国战国时期的荀子也主张人性本恶，"其善者，伪也"（《荀子·性恶》）。因为人性本恶，所以需要教育，柏拉图把教育看成一种积极的手段，这一手段，可以朝着正确的方向塑造人性，净化人的灵魂，协助人回忆起本来就有的知识，进而接近善，进入理想的理念世界。荀子的性恶论，把一切善的、有价值的东西看成人努力的产物，视为教化的结果。他们认为，只有教育，才能治疗人性之恶，才能净化心灵，朝着善的方向塑造人性。

至于性善论，古今中外更是不乏主张者。其最典型者莫过于中国的亚圣孟子。孟子认为："人皆有不忍人之心。"（《孟子·公孙丑上》）"人性之善也，犹水之就下也。人无有不善，水无有不下。"（《孟子·告子上》）卢梭也主张，"人是生来善良的生物，他热爱正义和秩序。人心中没有原始的邪恶。天性的第一次动作总是正确的"③。虽然每个人的本性都是善的，但是现

---

① 〔美〕杜威：《教育哲学》，载〔古希腊〕柏拉图等《教育的艺术》，曹晚红、吴大伟等编译，汕头大学出版社，2009，第167页。

② 〔古希腊〕柏拉图：《法律篇》，沈叔平译，载《西方法律思想史资料选编》，北京大学出版社，1983，第27页。

③ 〔英〕乔伊·帕尔默主编《教育究竟是什么？100位思想家论教育》，任钟印、诸惠芳译，北京大学出版社，2008，第73～74页。

实世界充满各种诱惑，即便是性善之人，也难以经受诱惑。世界上之所以还存在邪恶之人，完全是环境使然。所以要抗拒环境的诱惑，教育绝对是不可或缺的。

人们在智慧上也存在巨大的差别。有先知先觉，有后知后觉，亦有不知不觉。愚蠢者需要智慧的启迪，聪明者更是需要接受教育。对此，教育家柯米尼亚斯讲得十分透彻："愚蠢的人需要教导，以抖落他们天生的愚钝，这件事是没有人会怀疑的，但是实际上聪明的人更需要教导，因为一颗活跃的心灵，若不以有用的东西去占据它，它自己一定会为各种无用的、奇怪的，或有害的东西忙碌不已。何况心灵如土地，越是肥沃的土壤，荆棘杂草越是容易生长，所以一个优秀的头脑，若不播以智慧和道德的种子，一定会充满着奇奇怪怪的念头……最终造成自我的损伤。"① 那些没有受到教育启迪的人，无论禀赋如何，他们的眼睛，都将难以"深刻地看透真理"②。

随着心理科学的发展，人类心灵上的惰性逐步为世人所知。这种惰性，往往使人们沉湎于简单的享乐，流于放纵，而不去追求智慧、真理和美德。在他们看来，无知的快乐比追求真知的艰辛体验更容易让人流连忘返。拉斯金曾一针见血地指出："对大多数人来说，愚昧无知的享乐要比广见博闻的享乐更好，把天空设想为一个蓝色的顶盖比设想为一个黑洞好，把云设想为一个金色的宝座比设想为一层冻雨薄雾更好。我很怀疑，任何一个懂得光学的人，不管他对宗教多么虔诚，他是否能和一个没有文化的农民见到彩虹时的感觉一样，也能够感受到同等程度的快乐和崇敬。"③ 这段论述看起来有些令人难堪，但是事实可能正是如此。要克服这种惰性，接受真理的指导，唯一的途径就是教育。如果没有教育的引领、启发和呼唤，人类可能会永远陷落在愚昧无知的泥潭之中，仅仅以物质、肉体的满足为目标，像丛林中的野兽一样，不可能展现令人赏心悦目的人性光辉。

## 三　怎样理解教育的本质

什么是本质？根据辩证唯物主义的原理，本质与现象是揭示事物的内部

---

① 〔捷〕柯米尼亚斯：《教学的艺术》，载〔古希腊〕柏拉图等《教育的艺术》，曹晚红、吴大伟等编译，汕头大学出版社，2009，第 22 ~ 23 页。

② 〔古希腊〕柏拉图：《智慧的历程（节选）》，载〔古希腊〕柏拉图等《教育的艺术》，曹晚红、吴大伟等编译，汕头大学出版社，2009，第 18 页。

③ 〔英〕乔伊·帕尔默主编《教育究竟是什么？100 位思想家论教育》，任钟印、诸惠芳译，北京大学出版社，2008，第 150 ~ 151 页。

联系和外部表现及两者关系的哲学范畴。现象是指事物的外部表征和联系，本质则是"事物的根本性质，是组成事物各基本要素的内在联系"①，也是这个事物与其他事物得以区别开来的质的规定性。由于教育以人为主体，是以人为中心的事业，是不同的教育主体间的交往实践，所以教育的本质与人的本性直接相关，或者说人的本性在相当的程度上决定了教育的本质。

人作为万物之灵，乃是天生的社会动物。亚里士多德曾断言，人不能离开城邦而独立生存，否则，他不是神仙就是野兽。② 对这一点马克思也深表认同，并认为人只有置身社会之中，才能发展他自己的真正天性。哲学家孔德也指出："真正的个人是不存在的，只有人类才存在，因为不管从哪一方面说，我们个人的一切发展都亏着社会。"③ 这就表明，人完全不同于一般动物。一般动物可以离群索居，它们没有人类这样丰富、复杂、精细的精神交流。人类丰富的精神世界是在人与人之间不断的交往实践中逐步形成的，离开了群体，人将不成其为人。人不是一般动物，也不是神仙。尼采把人形象地比喻为一根绳索，"连接在动物和超人之间——绳索悬于深渊上方"④。前方的神和后方的动物都牵扯他，希望他能够滑向自己那一边。既然人不是动物，也不是神仙，那究竟是什么？马克思干脆利落地表示："人的根本就是人本身。"⑤

应该怎样理解人的本性？根据马克思的论述，人的本性首先表现为种生命和类生命的统一。"一个种的全部特性、种的类特性就在于生命活动的性质，而人的类特性恰恰就是自由的自觉的活动。"⑥ 哲学家高清海解释说，人不同于一般动物，而是具有双重生命的存在。"他既有被给予的自然生命，又有自我创生的自为生命。我们可以称前者为'种生命'，称后者为'类生命'。"⑦ 在自然生命方面，人与一般生物相同；但是同时，其类生命的特质，包括文化、智慧、理性，又是其他动物所不具备的。人的本性正是这两种生命的统一。另外，人的本性还体现在个体性和社会性的统一。⑧ 人既是个体

---

① 《中国大百科全书》（第2卷），中国大百科全书出版社，2009，第272页。
② 参见〔古希腊〕亚里士多德《政治学》，吴寿彭译，商务印书馆，1965，第9页。
③ 转引自石中英《教育哲学》，北京师范大学出版社，2007，第82页。
④ 〔德〕尼采：《查拉图斯特拉如是说》，黄明嘉译，漓江出版社，2000，第8页。
⑤ 《马克思恩格斯选集》（第1卷），人民出版社，2012，第10页。
⑥ 《马克思恩格斯全集》（第42卷），人民出版社，1979，第96页。
⑦ 高清海：《"人"的双重生命观：种生命与类生命》，《江海学刊》2001年第1期。
⑧ 张梦中：《再论教育的本质——基于马克思的人的本质观》，《教育理论与实践》2019年第5期。

性的存在，又是社会性的存在。其个体性表现为"自我"，显示出人的多样性、独特性、独立性以及与同类的差异性，正如世界没有两片完全相同的树叶，也不可能存在两个完全相同的人；作为社会性的存在，人又具有某些共性特质，如共同的利益纽带、价值观、世界观，以及在此基础上进行合作的可能性。而成功的教育正表现在对受教育者个体性的尊重和顺应，以及对其社会性特质的培植、发扬。

教育的本质正是由人的这种本性决定的。《中国大百科全书》第2版这样解释教育的本质："教育所固有的普遍的、相对稳定的内部联系，是教育有别于其他社会现象的特殊的根本属性。它是由教育自身所包含的内部特殊矛盾构成的。教育本质决定教育现象。"① 这一界定，至少包含了以下值得注意的内容。首先，教育是以人为中心的社会实践，人既是教育的出发点，又是教育的归宿，所有一切教育活动，都是为了人的全面发展。其次，教育作为一个要素齐备的系统，至少包含了教育机构、学生、教师三个要素，而教育机构则是学生和教师间的桥梁和互动的平台。再次，从社会大系统的运行来看，教育通过培养人和劳动力的再生产来推动社会的发展，这就又形成了一个更高层次的大三角——教育、人与社会，三者彼此支撑，相辅相成。最后，教育总是在一定的社会环境下开展，总会受到社会的政治、经济、文化条件的制约，谁来培养人、怎样培养人、为谁培养人往往是由这个社会的权力结构决定的。不同的社会、不同的时代有不同的教育，不同的国家教育也会大不相同。在这个意义上，教育属于特定社会的上层建筑的一部分，它是由该社会的经济基础决定的。

教育的本质决定了教育的功能，所谓功能即教育对个人和社会的作用和影响。教育的功能总体上可以分为三种。一是育人的功能。"中国一切教育思想，又可一言以蔽之，曰：'在教人如何做人。'"② 如何做人主要是从道德、法律的层面而言的，除此之外，还有一个如何做事及做事能力的培养问题。教育的范围越来越宽，育人不再限于德育，智育、体育、美育等也相继被纳入教育的范畴。所以育人的直接目的，从使人成为一个有用的人、能够满足社会需要的人，逐渐演变为自由全面发展的人。"一个人的发展取决于和他直接和间接交往的其他人的发展。"③ 同时还要充分地尊重受教育者的自

---

① 《中国大百科全书》（第11卷），中国大百科全书出版社，2009，第440～441页。

② 钱穆：《中国教育制度与教育思想》，载〔古希腊〕柏拉图等《教育的艺术》，曹晚红、吴大伟等编译，汕头大学出版社，2009，第160页。

③ 转引自潘懋元、王伟廉主编《高等教育学》，福建教育出版社，2013，第39～40页。

由、志趣和选择，这至关重要。① 二是服务社会的功能。这主要是学校作为智力资源中心衍生的社会服务，即为经济发展服务，为国家与社会治理服务，自然这一功能的实现也离不开学校的人才培养。三是科学研究，创造新知。所有这一切都是为了"引导人的美好生活"②。这种生活就是符合人性的生活，就是能够尊重人、尊重人的梦想、尊重生命的价值，充分地发挥人的潜能的生活。

## 第二节　新闻传播教育的使命

在政治民主化和社会信息化的背景下，传媒及其从业者在社会系统中的地位越来越重要。有人视媒介及传媒从业者为环境监测者、社会的哨兵，有人视传媒人为公平正义的捍卫者，有人称传媒人是人类灵魂的工程师，还有人把新闻媒介视为社会公器，视传媒为公众的耳目喉舌，如此等等，不一而足。无论是哪种比喻，都在相当程度上彰显了传媒及其从业者的重大影响力。以培养职业传媒人为己任的新闻传播教育机构，肩负着重大的社会责任，其履行职责的方式及效果，直接关系到社会的和谐与稳定、发展和进步。

### 一　新闻传播教育的本质

我们通常所说的教育，是指普通教育，或基础教育。新闻传播教育则不然。与一般教育比较，新闻传播教育有如下几个重要特性。

其一，新闻传播教育是大学教育，主要是本科教育。美国教育家赫钦斯认为，大学教育本质上应该是通才教育。他反对大学过早专业化，要求专业化的教育必须建立在通才教育的基础之上，因为通才教育可以为各种专业级教育提供学术基础。③ 美国大学的本科教育一般都遵循三个目标，而这三个目标又有相互重合的地方。第一个目标就是让学生具备走上工作岗位的能力。第二个目标究其本源要追溯到古雅典时期，也就是要将学生培养成文明人，具有自治和民主的思想，并且能够积极地参与社区事务。第三个目标则

---

① 刘道玉：《中国高等教育改革论》，武汉大学出版社，2018，第276~277页。
② 冯建军等：《教育哲学》，武汉大学出版社，2011，第56页。
③ 潘懋元、王伟廉主编《高等教育学》，福建教育出版社，2013，第78~79页。

是要培养学生广泛的兴趣，让他们具备思考和自知能力，使他们的生活充实而又幸福。① 也就是说，大学阶段的教育是在通才教育的基础上发展受教育者的专业能力，但反对过早专业化。

其二，新闻传播教育还是职业教育或专门教育。"高等教育是建立在基础教育之上的专门教育，是学生进入专业领域从事生产、科研和建设的准备。"② 新闻传播教育不同于一般的文史哲专业，其面向的是生机勃发的传媒行业，许多学生就是怀抱着记者之梦来到新闻传播院系的，其职业导向性十分鲜明。

其三，新闻传播教育还是成人阶段的教育。进入大学阶段，绝大多数学生都在 18 岁以上，都是法定意义上的成人，早期的教育已经使其在个性上定格，尤其是在道德人格方面已经成型。在大学阶段，主要是兴趣和心智功能的拓展。

其四，新闻传播教育是开放式的教育。无论中外，几乎所有国家高校的新闻传播院系都在不同的程度上对接传媒行业、面向社会，其人才培养的一些重要环节是与社会、与行业共同完成的。如专业实习，还有来自业界的师资等。

其五，新闻传播教育还是创新、创造教育。传媒行业是一个与时俱进的行业，是一个对技术变动十分敏感的行业，外界的技术突破，尤其是信息技术的突破，率先会在传播领域激起波澜，成功的新闻传播院系，往往能够引领风气之先。新闻传播专业师生的好奇心、创新意识、创造精神大多强过其他专业。

新闻传播教育不同于一般教育，在本质方面也是如此。笔者认为，新闻传播教育的本质，作为新闻传播教育质的规定性和各基本要素的内在联系，以及新闻传播教育与其他教育区别开来的根据，可以做这样的表述：新闻传播教育是服务于人的全面发展和社会进步的社会交往实践。其核心内涵有如下四点。

第一，服务于人的全面发展是新闻传播教育的首要目标。实现人的自由而全面的发展，是共产主义的目标，而"每个人的自由发展是一切人的自由发展的条件"③。在目前的条件下，新闻传播教育的这一目标首先体现为学生

---

① 〔美〕德里克·博克：《大学的未来》，曲强译，中国人民大学出版社，2017，第 159 页。
② 潘懋元、王伟廉主编《高等教育学》，福建教育出版社，1995，第 182 页。
③ 《马克思恩格斯选集》（第 1 卷），人民出版社，2012，第 422 页。

自由而全面的发展。即在人格上，在学业方面，在体质方面，使学生的才智、道德和魅力延伸到极限。但其中最重要的，是使学生成为一个真正的人、高尚的人、有责任感的人。在此基础上，还要教会学生做人。原华中工学院院长朱九思说："人文教育的目的在于培养年轻一代学会做人，学会做个堂堂正正的人。这是人文教育的最大作用和目的。"①

第二，促进社会大众的全面发展。今天我们置身于一个民主的时代，处于一种信息化的氛围中。在这个时代环境下，传媒人犹如灵魂的工程师，成为信息流程的把关人。他们决定了公众能够得到什么样的资讯，公众诉求的表达也较强地依赖于传媒人对其职责的忠诚。而职业传媒人绝大多数来自新闻传播院系。借助于学校、信息传播、学生，社会大众也能得到可靠的继续教育、政治启蒙，并使之成为他们自身发展重要的动力来源。在《资本论》中，马克思曾宣称，共产主义是"以每个人的全面而自由的发展为基本原则的社会形式"②。在推动每个人的全面自由发展方面，新闻传播教育功不可没。

第三，促进社会的全面进步。在现代民主社会，新闻传媒是公众交流的意见平台，是舆论监督的基本工具，是监测社会环境的哨兵，是公平正义的守护神，社会的民主、自由、和谐、公正的确立，在相当的程度上得益于新闻传媒的贡献。所以，一个发达的国家必然会有发达的新闻传媒系统，贫穷、专制、暴政往往是新闻传播事业发展的最大障碍。梁启超引用西方哲学家的话说："完备的事物必产生于完备的时代。"发达的报业必以强大的国家、发达的经济、民主的制度、智慧的人民为土壤。因此，"欲觇国家之强弱，无他道焉，则于其报章之多寡良否而已矣"。这是因为："报章愈多，体例愈善，议论愈精，记载愈富，能使人专读报纸数种，而可以尽知古今天下之政治、学问、风俗、事迹，吸纳全世界之新空气于其脑中。""故阅报愈多，其人愈智，报馆愈多者，其国愈强。"③ 所以，习近平2014年9月9日在同北京师范大学师生代表座谈时，充分地肯定教育"是民族振兴、社会进步的重要基石，是对中华民族伟大复兴具有决定性意义的事业"④。其中自然

---

① 《朱九思全集》（上卷），华中科技大学出版社，2015，第302页。
② 《马克思恩格斯选集》（第2卷），人民出版社，1995，第239页。
③ 梁启超：《〈清议报〉一百册祝辞并论报馆之责任及本馆之经历》，《饮冰室合集·文集》第3册第6卷，中华书局，2015。
④ 习近平：《做党和人民满意的好老师：同北京师范大学师生代表座谈时的讲话》，人民出版社，2014，第2页。

包括新闻传播教育。先进的文明、发达的传播，与发达的新闻传播教育是分不开的。

第四，新闻传播教育是人的交往实践。教育直接促成了人才的养成，一大批杰出的人才脱颖而出，一批又一批人才在心智、才华、道德、人格、体魄等方面全面发展，由此促进了社会的文明进步。这些引人注目的结果是怎么得出的呢？这就需要我们正面审视教育的过程。正如前面说过的，教育是人的活动，是以人为中心、以人为主体的事业，人是教育的出发点，也是教育的归宿。整个教育过程直接表现为各个主体间的交往、互动，教师与学生、学生与学生、教师与校长、学生与学校、学校与社会等，不同的主体在交往过程中的地位、权利、责任与义务，积极还是消极，主动还是被动，直接影响到教育的成果。同时，这种交往实践也受到现实环境的影响，政治、经济、文化等因素会在相当程度上制约交往的空间及交往主体的自由度。新闻传播教育不是纯机械的生产，不是简单地播什么种就开什么花、结什么果，新闻传播教育的主体、对象是人，人性的复杂与灵性的万千变幻，使得教育充满了无限的可能。

新闻传播教育的本质决定了新闻传播教育的功能和使命。在国家和社会的发展进程中，新闻传播教育究竟扮演着什么角色？它应该做什么？可以做什么？为谁去做？应该怎么去做？这些都必须基于新闻传播教育的本质去思考。虽然在培养人这一点上，古今中外没有太大的差别，但是在不同的政治制度、不同的经济发展水平、不同的文化传统背景下，期待从内容形式到体制机制完全一致的新闻传播教育，显然是不可能的。国体政体的不同，文化的多样性，还有现实的经济基础的差异，使得各个国家新闻传播教育的理念、教育过程的管理、课程体系的建构、人才培育的政治导向等，都会存在这样那样的差异，这种质的规定性，是每个新闻传播教育工作者都必须正视的。

## 二　新闻传播教育的使命

传播与社会同生共存，教育与时代同步发展。每个时代、每个国家，其教育都会面临不同的问题，也承担着国家民族不同的期待。新闻传播教育更是如此，因为新闻传播教育面向社会的传媒行业，而传媒又是社会的耳目喉舌、交流平台，是社会舆论的策源地。古人云，得民心者得天下，新闻媒体正是与民众交心的主渠道，是引领舆论的重要阵地。绝大多数国家的职业传媒人都是来自大学新闻传播院系的毕业生。

从新闻传播和高等教育的历史来看，成建制的大学新闻传播教育已经有一百多年的历史。无论美洲还是欧洲，最早的那批大学新闻传播院系都是为"培养新闻媒体从业者而创办的"①，其使命（或培养目标）就是培养优秀的职业传媒人。根据钟新、周树华教授对国外 20 所新闻传播院系的调查，直到 21 世纪初，还有相当一部分一流新闻传播院系仍在坚持这一传统。"培养有责任感的新闻工作者，保持一个民主社会的信息流通。"（马里兰大学菲利普·迈瑞尔新闻学院院长托马斯·康科尔教授）"教给学生服务社会的能力和热情。"（南加州大学安伦伯格传播学院院长杰弗里·考恩教授）"向学生灌输这样一个理念：作为新闻工作者，他们肩负着一个令人敬畏的责任——公正、平衡、全面地报道。"（道格拉斯·安德逊）2005 年 11 月 19 日，在"首届新闻传播学院院长国际论坛"上，包括 8 所国外院校在内的 61 所中外新闻传播学院的院长达成了"北京共识"。共识第三项就是："新闻传播教育的核心任务是培养具有神圣的职业良知、宽广的国际视野、深厚的文化修养、科学的思维方法和精湛的专业技能的新闻传播工作者。新闻传播教育工作者应当以神圣的使命感和强烈的自豪感担负起培养新闻传播专业人才的责任。"② 2018 年，教育部、中共中央宣传部通过了《关于提高高校新闻传播人才培养能力实施卓越新闻传播人才教育培养计划 2.0 的意见》，该意见明确规定新闻传播教育的使命就是："建设中国特色、世界水平的一流新闻传播专业。全面落实立德树人根本任务，坚持马克思主义新闻观，用中国特色社会主义新闻理论教书育人，培养造就一大批具有家国情怀、国际视野的高素质全媒化复合型专家型新闻传播后备人才。"③ 可见，从新闻传播教育诞生，直到 21 世纪的今天，培养优秀的职业新闻人，一直是新闻传播教育的基本使命。

但是，开始于 20 世纪末期的网络信息技术革命，催生了众多新媒体，整个传媒业生态由此发生了重大的转变。一个新的时代逐渐拉开了序幕。新时代完全不同于既往，其最突出的表现是传统媒体面临严峻的挑战。传统纸媒

---

① 蔡雯：《新闻传播教育的使命与创新——基于中国人民大学新闻学院教改实践的思考》，《青年记者》2016 年第 1 期。

② 钟新、周树华：《新闻传播教育的若干核心问题——对国外 20 所新闻传播院系的调研报告》，《国际新闻界》2006 年第 4 期。

③ 教育部、中共中央宣传部：《关于提高高校新闻传播人才培养能力实施卓越新闻传播人才教育培养计划 2.0 的意见》（教高〔2018〕7 号）。

的读者越来越少，大部分报纸的读者流失严重，传统电视的收视率显著下降，经营收入下降；由于传媒市场竞争的压力，不少媒体为了赢利的目标而改变了把关的标准，降低了对客观中立的要求，传播内容越来越娱乐化，以至于新闻传播的质量越来越低。由此导致了另一个严重的后果，几乎所有国家传媒的职业声誉都开始下降。其结果令人越来越揪心。"如果越来越多的公民不再去阅读通过一系列严谨的调查、认证和职业处理程序而确认的信息（我们称为'新闻'的产品），如果这个产品不再像以前那样有价值，那么新闻职业就失去了它的主要功能。相应地，新闻业也就失去了它的'品牌'，它的特殊地位。"① 在这个大背景下，社交媒体开始崛起，公民新闻、公民记者逐步进入新闻传播的主要领域。信息传播的生态由此产生了颠覆性的变化。

还有一个引人注目的现象对新闻传播教育带来了变革的压力，那就是信息传播生态的变化、新闻生产流程的变革，以及越来越迅猛的社会信息化进程，对新闻传播教育提出了新的要求。这种要求不仅体现在专业知识与能力规格的变化上，而且出现了把传播知识与能力作为公民素养的要求，这种要求越来越强烈，以至不少大学新闻传播院系不得不改变传统的教育方针来回应这种要求。如美国一些大学开始把培养具有良好新闻素养的公民作为自己的重要目标。明尼苏达州立大学曼卡托分校大众传播系试图"通过普及教育，培养有见识的市民和媒介的消费者"。西北大学新闻系的目标则是"教授公民和消费者有关新闻媒介在美国生活中的重要作用"。在这个背景下，不少高校新闻传播院系开始致力于吸引非主修新闻专业的学生。如南佛罗里达大学大众传播学院、加利福尼亚大学传播系、贝萨尼学院传播系开始努力调整培养目标，拓宽其服务对象，期待自己的学生不仅能够成为出色的职业传媒人，而且能够成为具有深厚媒介素养的公民。

时代在变，社会在变，传媒在变，需求在变，新闻传播教育自然也要顺应变革的趋势，以满足社会的需求。笔者认为，新闻传播教育亟待改变的，就是对教育使命的认识。如前所述，新闻传播教育自产生以来，就以培养职业传媒人为目标。对中国来说，新闻传播教育是舶来品，在培养目标上面，自然也接受了发达国家的办学理念。现在传播生态、社会发展、人才需求已经并且正在发生重大的改变，新闻传播教育的使命意识不能再停留在过去，必须与时俱进，大胆创新。现在我们能够看到的，除了大众媒介仍在扮演重

---

① Wolfgang Donsbach：《记者的职业身份与新闻教育》，转引自李希光主编《新闻教育未来之路》，清华大学出版社，2010，第208～209页。

要的角色，是健全社会不可或缺的标配外，还有社交媒体的崛起，在传统媒体、职业新闻人之外，公民记者、公共传播机构正在成为公众信息消费的重要来源之一。还有社会的全面信息化、协商民主的发展、政治文明的进步，对公众新闻素养也提出了全新的要求。

新闻传播教育界必须回应社会的需求，在教育使命的认知上有所突破。自新闻传播教育产生以来，新闻传播院系的培养目标一直局限于职业新闻人。如今，这种单一的面向严重地束缚了教育生产力的发展，已经到了非改不可的时候。要适应当下的需求，必须拓宽视野，将单一的培养目标裂变为多种目标，积极地应对时代的挑战，主动服务于国家和社会发展进步的需要。

首先，继续致力于职业新闻人的培养。深耕新闻传播专业教育，实施卓越新闻传播人才教育培养计划 2.0，为专业媒体输送大量具有家国情怀、国际视野的高素质全媒化复合型专家型新闻传播人才。这是新闻传播教育的安身立命之本。不论社会发展到什么阶段，也不论公民记者、全民传播发展到什么程度，有品质的、具有公信力的传播媒体，都是社会不可或缺的稀有资源。众声喧哗之下，人们终究会知道理性声音、专业解释的可贵。可以断言，随着社会信息化程度的提高和全民参与传播的进一步发展，专业新闻媒体、职业新闻人的价值将会在越来越大的程度上为社会所认知。

其次，致力于为社会培养公共传播人才。根据学界的理解，公共传播人才有两种。一是专业新闻媒体之外的其他组织机构，包括政府机关、企事业单位的新闻宣传人才[①]；二是在众媒时代语境下，创办自媒体致力于新闻生产的普通公民。对这些人的媒介素养、职业能力的培养，也是新闻传播教育的重要使命之一。[②] 这一使命的实现，可以通过如下途径：新闻传播院系面向非新闻传播专业的在校大学生提供第二学位或主辅修课程；对在职的公共传播人才，则提供富有针对性的在职培训、继续教育和非全日制学位教育。

最后，致力于提升普通公民的媒介素养。在农耕时代、工业时代，信息与权力联系在一起，是稀缺资源；如今信息爆炸性增长，冗余信息、虚假信息反倒干扰了人们的正常生活。由于社会的高度信息化，信息犹如空气，无处不在、无孔不入，一般居民如果没有起码的媒介素养，实在难以适应。波兹曼这样说："在过去一百多年里，人类执着地追求快速提供信息的机器，

---

① 蔡雯：《论新闻传播的案例教学——兼谈案例库建设对新闻传播教育发展的意义》，《国际新闻界》2008 年第 2 期。

② 黎明洁、董宇璞：《众媒时代应用新闻教育的新使命》，《中国编辑》2018 年第 1 期。

结果,我们被淹没在信息的汪洋大海里,新媒体让我们的国家成为信息垃圾堆放场。"① 要消除这些信息垃圾,或者变废为宝,发挥信息资源的潜力,必须大大提高普通公民的媒介素养,提高他们辨识真假、利用信息、主动传播的能力,这不仅有利于提高公民的生活品质,维护其基本权利,而且对政治文明的发展,对民主协商、公民参与、舆论监督的落实也具有重要的意义。要实现这一目标,新闻传播院系可以开发在线开放课程、视频公开课,免费开放;设置非全日制的研究生、成人继续教育项目;接受社会组织的委托举办媒介素养培训班;等等。这种教育服务,既是大学的社会责任,也是新闻传播院系不容推辞的使命。

新闻传播教育作为高等教育的一个重要方面,关系到国家民族的兴亡,责任重大,使命光荣。习近平曾要求高等教育"为人民服务,为中国共产党治国理政服务,为巩固和发展中国特色社会主义制度服务,为改革开放和社会主义现代化建设服务"②。对于新闻传播教育而言,这四大服务落实到一点,就是卓越新闻传播人才的培养。不管这些优秀新闻传播人才是在传统媒体工作,还是在公共传播部门就职,抑或是自媒体人士,或者是普通的公民,这样的人才越多,我们的社会运行就越顺畅、和谐,我们的国家战略就越容易实现。

### 三 新闻传播教育的目标画像

教育的使命是培养全面发展的人。在高等教育领域,新闻传播教育的使命则是培养卓越的新闻传播人才,这些优秀人才不一定全是专业媒体的员工,也可能是公共传播机构的从业者,自媒体的业主,甚至是普通公民。不管他们干什么职业,在什么岗位,这种厚实的媒介素养,卓越的传播能力,及其政治、道德与理论素质,都有助于他们恪尽职守,履行使命。习近平总书记在会见中国记协第九届理事会全体代表和中国新闻奖、长江韬奋奖获奖者代表时,对新闻工作者提出了四点希望:要有正确的政治方向,要有正确的舆论导向,要有正确的新闻志向,要有正确的工作取向。③ 一个卓越的新

---

① 转引自黎明洁、董宇璞《众媒时代应用新闻教育的新使命》,《中国编辑》2018 年第1 期。
② 习近平:《把思想政治工作贯穿教育教学全过程 开创我国高等教育事业发展新局面》,《人民日报》2016 年 12 月 9 日,第 1 版。
③ 《习近平在会见中国记协第九届理事会全体代表和中国新闻奖、长江韬奋奖获奖者代表时强调 做党和人民信赖的新闻工作者》,《人民日报》2016 年 11 月 8 日,第 1 版。

闻传播人才，究竟应该具有什么样的知识与能力结构，具有什么样的人格特质和意志品质？笔者想在此简要地勾勒一下新闻传播教育的目标画像。

### 1. 卓越的职业素养

新闻传播是一个专业性很强的职业，新闻宣传工作有其自身特有的规律。在新闻宣传过程中，无论是编辑、采访，都需要有业务能力，特别是要有很好的文学修养。同样是对事实的报道评论，何以有的受到欢迎，有的受到拒绝，主要原因在于作者的业务功底。除了文学修养外，随着新媒体发展和传播流程的再造，一些新的新闻生产岗位纷纷出现，这些岗位需要驾驭新技术、新装备的能力，需要当事者具备更加敏锐的新闻嗅觉、更加精准的判断能力，诸如数字新闻、数据挖掘、算法新闻、AI 报道、VR 技术等，这些在新闻传播专业原有课程体系中根本没有涉及的新知识、新技能，成了新时代新闻宣传工作者不可或缺的核心竞争力。

业界对新闻传播专业能力的高标准、高要求，教育界已经有了比较清晰的认识。在本科教育阶段，不少高校新闻传播院系的课程体系开始进行大幅度的改革，一系列与传媒新生态相适应的新课程相继开设，不少教育环节开始从校园延伸到媒体实战前沿。在研究生层次，专业硕士与学术硕士开始分流。国外不少大学新生进校时，可以"自主选择实务取向或研究取向，然后分别进入两个不同的课程体系学习，并最终分别以实务性作品和研究型论文毕业"[1]。国内高校近年来也适时推出了专业硕士，与学术硕士并列，成为新闻传播专业研究生阶段的两种不同的人才类型。这些改革已经取得初步的成功，但还需要进一步深化。

### 2. 跨文化沟通能力

如今我们生活在一个高度全球化的社会，地区与地区、国家与国家、文明与文明之间的联系和交往越来越密切，一个你中有我、我中有你的中外混居的局面已然形成。"在世界范围内，不同文化之间的相对距离在不断缩小，而我们自己的人口越来越呈现出文化的多样性，所以文化差异问题离我们越来越近。这种接近要求我们提高跨文化的理解力和灵敏性，只有这样才能和来自不同文化的人们和平相处，并且进行成功交流。"[2] 既然文化的多样性是

---

[1] 钟新、周树华：《新闻传播教育的若干核心问题——对国外 20 所新闻传播院系的调研报告》，《国际新闻界》2006 年第 4 期。

[2] 拉里·萨默瓦、理查德·E. 波特主编《文化模式与传播方式——跨文化交流文集》，转引自辛欣、雷跃捷等《中外新闻传播教育发展研究》，中国传媒大学出版社，2009，第196 页。

一个客观的现实，文化的差异性普遍存在，那么新闻传播从业者就必须尊重这种多样性、差异性，在此基础上，努力具备优秀的跨文化沟通能力。国务院新闻办公室原主任、中国人民大学新闻学院院长赵启正说："新闻人应该是能与社会对话的人。新闻人能游刃有余和国内社会对话，和国际社会对话，能和各色人等真诚地沟通，在交流中善于挖掘对方所能提供的信息，通过彼此对话提升和创造信息的价值。一个新闻人应当是一个社会的观察者，具有领先别人发现问题的敏感性，能够找到最恰当的对话人，能够有深度地评论国内和国际问题。"① 作为正在崛起的负责任的大国，中国目前最需要的是国际舆论的理解、包容和接纳，是国际社会的普遍认同，是在全球范围树立起理想的国家形象。这一切都寄希望于对外传播系统在跨文化传播能力建设方面的突破。

### 3. 渊博的学识

新闻媒介又叫大众传播工具，面向大众，面向各行各业，面向国内外，天文地理，无所不包。要报道所有这些方方面面的事情，自然应该具备与此相关的知识。即使不是这些方面的专家，至少也要懂得一些基本的知识、原理，不至于讲过分外行的话。毛泽东故而称新闻记者为杂家。新闻宣传工作者需要广泛阅读，作为中国人，还需要打好扎实的国学根底，多读一些古代经典作品。习近平在谈到教育教材建设时强调："我很不赞成把古代经典诗词和散文从课本中去掉，'去中国化'是很悲哀的。应该把这些经典嵌在学生脑子里，成为中华民族文化的基因。"② 在院系教学安排上，在凸显专业知识、专业技能的同时，更要重视培养复合型人才，利用所在学校的多学科的专业结构，推进专业交叉、学科融合，实现"知识结构和技能结构的横向拓展。为了保证异质知识结构，避免同质知识结构，一些学校在招生的时候就鼓励学生跨专业报考研究生"③。国内一些高校，立足本学科与其他人文社会科学学科嫁接或交叉，如中国人民大学新闻学院与法学院合办新闻学—法学实验班、与国际关系学院联合创办新闻学—国际政治实验班等，就受到广泛的好评。

### 4. 敏锐的洞察力

新闻工作者是时代的哨兵，是党和民众的喉舌，其服务的新闻媒体更是

---

① 李希光主编《新闻教育未来之路》，清华大学出版社，2010，代序第4页。
② 习近平：《很不赞成从课本中去掉古代经典诗词》，《京华时报》2014年9月10日。
③ 钟新、周树华：《新闻传播教育的若干核心问题——对国外20所新闻传播院系的调研报告》，《国际新闻界》2006年第4期。

公众的意见平台，是人们追求真理的伙伴。这种工作岗位显然不同于一般的生产岗位，它要求新闻工作者必须是有深度、有思想、有洞察力的人。新闻人的工作岗位要求其能够透过现象看本质，能够见微知著、高屋建瓴，能够分辨真相与假象，能够辨识主要矛盾与次要矛盾，能够看见一般人看不见的东西，说出一般人想不出来的话。这样的人必须经过严格的"思维训练"。美国高校的新闻传播院系比较重视学生这种能力的训练。对此，一些留美学者非常认同："强调思想培养和思维训练的教育观念，因为思维定式往往影响行为方式，而通过基本技术关的新闻传媒人最终较量的是思维和思想。"思维训练的几种主要方法包括：课堂讨论；重视传播理论的学习；重视调查研究方法的学习；重视国际思维的培养。① 在国内，一般认为，这种洞察力、这种深刻，往往与理论修养和历史学习直接相关。在高校新闻传播院系，则更多的是推荐阅读书目，鼓励学生阅读与思考，阅读东西方学术经典，与圣贤对话，以提高自己的精神境界。美国哈佛大学的校训就说："与柏拉图为友，与亚里士多德为友，更要与真理为友。"就是鼓励学生通过阅读与圣贤交友，以升华自己。同时还应鼓励学生学习历史，修读世界文明史，尤其是思想史的课程，这对于养成洞察力至关重要。

### 5. 质疑精神与批判思维

听话的学生不一定是最有出息的学生。对老师所教、领导所讲，无保留地接受，这不是对老师、领导的尊敬，而是没有人格的阿谀奉承。而真正的老师、开明的领导也绝对不会喜欢也不应该鼓励这样的学生和部下。因为他们没有使用自己的头脑，没有独立思考，没有质疑精神和批判意识。即便是真理，在质疑验证的基础上理解接受，也比无条件接受的效果要好得多。在一定的条件下无保留地接受，也可能在一定的条件下无保留地放弃。武汉大学原校长、著名教育家刘道玉认为："创造性人才必须具备五种精神：独立精神、冒险精神、创造精神、质疑精神和批判精神。这五种精神是创造性人才必须具备的品格，它们是相互联系的，也是共生的。"② 其中的独立精神、质疑精神和批判精神，也正是我们国家大学生所普遍缺少的。2010 年 5 月，在南京召开的中外大学校长论坛上，美国耶鲁大学校长理查德·莱文表示："中国大学本科教育缺乏两个非常重要的内容：第一，就是跨学科的广度；

---

① 钟新、周树华：《新闻传播教育的若干核心问题——对国外 20 所新闻传播院系的调研报告》，《国际新闻界》2006 年第 4 期。

② 刘道玉：《中国高等教育改革论》，武汉大学出版社，2018，第 356 页。

第二，就是对批判性思维的培养。"① 一般大学生是如此，新闻传播类专业大学生也是如此。但是，由于新闻从业者是面向社会不确定大众的传播者，如果对信息来源特别是自以为权威的来源不加质疑地接受，对于各种意见、判断也无条件接受，并进行广泛的传播，可能会带来致命的影响。历史上有很多这样的案例，其教训值得我们记取。亚里士多德有句名言："吾爱吾师，吾尤爱真理。"这句话的深意在于，即便是令人尊敬的老师，如果传播的是错误的观点，学生也不一定接受。然而老师传播的究竟是真理还是谬误，需要学生自己分析、推理、判断，在质疑的基础上验证，没有这种独立的批判思维，学生可能就会落入爱屋及乌的陷阱。

### 6. 博爱情怀

陈立夫曾这样评价孔子："孔子一生的学问，就是发现了'仁'字的真义，'仁'字从二从人，其意义就是非一人生存之私而为二人以上共生共存之人际关系，亦即是'公'。所以孔学可称为仁学，其所重视的问题，就是'人道'，俗称做人的道理，亦可称之'人理'。"② 这种仁或"人道""人理"最核心的要素就是爱。所以韩愈在《原道》中说："博爱之谓仁。"新闻传播是最具广泛性的社会事业，犹如阳光雨露，不择贫富，不辨智愚，普洒大地。凡从事新闻工作者，均须有人间大爱，普爱众生。正是这种爱，滋润了大地，和谐了众生。奥古斯丁在《忏悔录》中说："哪里有爱，不存痛苦；纵有痛苦，苦变甘露。"教育家马卡连柯在谈论教育时说："没有爱就没有教育。""必须拿出父母般全部的爱，全部的智慧和所有的才能，才能培养出伟大的人物来。"③ 新闻工作者面对的受众，比教师面对的学生要多得多，这些难以计数的受众本身就是一个多样性的集合，他们有共同的利益，也有不同的诉求，甚至彼此之间还存在难以调和的矛盾，稍有不慎，一个突发事件的报道、一种言论的发表，就会引发巨大的社会冲突和灾难。所以新闻工作者要有爱心、耐心，只有这样，才能赢得人民群众的支持和信赖。所以在教育过程中，教师要努力营造一种氛围，"唤起孩子们之间如手足般的感情，同时要使他们互爱、公正而又能体谅别人"④。这种爱的感情要能够持续地绵延下去，在唤醒了他人同样的爱时，彼此的交融互动，将会消除人间的戾

① 转引自刘道玉《中国高等教育改革论》，武汉大学出版社，2018，第369页。
② 转引自刘道玉《中国高等教育改革论》，武汉大学出版社，2018，第381页。
③ 转引自刘道玉《中国高等教育改革论》，武汉大学出版社，2018，第241页。
④ 〔瑞士〕培斯塔洛奇：《教育之实验》，载〔古希腊〕柏拉图等《教育的艺术》，曹晚红、吴大伟等编译，汕头大学出版社，2009，第66页。

气，使社会充满温情。

### 7. 高尚的道德

方汉奇教授曾说："当好一个记者，我想德、史、才都很重要。'德'就是记者要有职业道德，再就是判断是非，能够坚持对事物和观点的鉴别能力。'史'就是对客观事物的了解，因为新闻事业涉及的方面很广，新闻工作者接触的方面很广，必须要具备各方面的知识。'才'就是要有这方面的文化、文采。"① 很显然，方教授把德放在"史"和"才"的前面，其评价的尺度是，德比其他二者重要。现在大学教育讲立德树人，所谓树人包含学习专业知识、技能，建构完善的知识体系，实现学生的全面发展，这自然也包含立德。但是在教育理念的高度，把立德放在树人之前，足见道德在人的成长中的重要地位。在干部政策上，普遍要求德才兼备，也是把德放在优先于才的首要位置。这种理念实际上表达了一个古老的道理，操行比才华更重要。一个没有道德的聪明人，可能比一个愚昧的人更能危害社会。古罗马教育家昆提连就说："一个真正有才气的人，最重要的一点就是要善良，我认为才思迟钝总比怙恶不悛要强些。"② 千百年来，这一名言一直得到后世的认同。习近平在与北京大学师生座谈会上，要求大学生们修德。"加强道德修养，注重道德实践。'德者，本也。'蔡元培先生说过：'若无德，则虽体魄智力发达，适足助其为恶。'道德之于个人、之于社会，都具有基础性意义，做人做事第一位的是崇德修身。这就是我们的用人标准为什么是德才兼备、以德为先，因为德是首要、是方向，一个人只有明大德、守公德、严私德，其才方能用得其所。"③ 这种道德要求，对于未来的新闻工作者更加迫切，因为新闻传播涉及千家万户，关系到国家民族的兴衰，只有心底无私、道德高尚的人才能胜任。

### 8. 坚定的政治原则

新闻传播具有强烈的政治性，不管人们是否承认，传媒及其从业者的立场、倾向就在那里。这是一个客观存在的事实，任何人都否认不了。无论是资本主义社会，还是社会主义社会，新闻宣传工作者都有自己的政治原则和基本立场。否认政治原则，本身就是一种政治态度的宣示。所以新闻宣传工

---

① 转引自辛欣、雷跃捷等《中外新闻传播教育发展研究》，中国传媒大学出版社，2009，第193页。

② 〔古罗马〕昆提连：《教师的任务》，载〔古希腊〕柏拉图等《教育的艺术》，曹晚红、吴大伟等编译，汕头大学出版社，2009，第6页。

③ 《习近平谈治国理政》，外文出版社，2014，第172~173页。

作者不要回避政治，也回避不了政治。不过，在社会主义中国，我们所讲的政治，是马克思主义的政治，是中国特色的社会主义政治。政治是大局，是统帅，是灵魂，也是底线。所以，"不论是知识分子，还是青年学生，都应该努力学习。除了学习专业之外，在思想上要有所进步，政治上也要有所进步，这就需要学习马克思主义，学习时事政治。没有正确的政治观点，就等于没有灵魂"①。只有坚持讲政治，新闻宣传工作者才能提高政治思想素质，才能保证正确的方向、正确的立场，才能提高自己的政治洞察力和政治敏锐性，才能从政治的高度判断形势、分析问题，才能保证立论公正、报道真实。还应指出的是，这里的政治，是与经济、与新闻传播业务紧密相连的政治，是尊重新闻传播规律的政治，而不是空头政治。要坚持正确的政治原则，还要"加强学习，提高政策理论水平"②，增强政策、法律、纪律意识，严格要求自己，从而保证新闻传播在健康、正确的轨道上运行。

以上是对理想的卓越新闻传播人才的画像。可见这种人才的综合素质与专业能力，是多向度的、立体的，在知识、能力、思维、人格、道德、政治诸方面全面发展的。一个社会拥有更多这样的人才，将会为其他社会成员的全面发展创造更多更好的条件，为国家和社会的进步提供更多的正能量。

## 第三节　履行新闻传播教育使命的路径

现在全球力量格局正在发生新的调整，中国作为一个负责任的大国正在崛起，这是一个不可逆的现实进程。虽然这是几代中国人的梦想，但是世界尤其是西方世界主流社会并没有在心理上做好接受的准备。要让国际社会认同、接纳中国作为大国的崛起，承认中国参与全球治理的正当权利，还需要新闻媒体在国际传播、跨文化传播方面做出更多更有效的努力，还需要更多交流渠道尤其是普通国人的努力。习近平指出："参与全球治理需要一大批熟悉党和国家方针政策、了解我国国情、具有全球视野、熟练运用外语、通晓国际规则、精通国际谈判的专业人才。要加强全球治理人才队伍建设，突破人才瓶颈，做好人才储备，为我国参与全球治理提供有力人才支撑。"③ 其

---

①　《建国以来重要文献选编》（第10册），中央文献出版社，1994，第85页。

②　习近平：《摆脱贫困》，福建人民出版社，1992，第66页。

③　《习近平谈治国理政》（第2卷），外文出版社，2017，第450页。

中就包含新闻传播人才。另外，在当今世界不平衡不均等的新闻传播秩序下，新闻媒体的国际竞争更加激烈，而"媒体竞争关键是人才竞争，媒体优势核心是人才优势。要加快培养造就一支政治坚定、业务精湛、作风优良、党和人民放心的新闻舆论工作队伍"①。在这个新的历史时期，新闻传播教育界承担的为国育才的使命，比历史上任何阶段都要重。要实现这一使命，达至国家期待的培养目标，高校与新闻传播院系必须从如下几个方面努力。

## 一　维护学校、院系的办学主体地位

近代大学缘起于欧洲，长期以来被视为"象牙塔"，远离权力和资本。德国哲学家康德说："大学是学术共同体，它的品格是独立、追求真理和学术自由。"② 美国哈佛大学校长德鲁·福斯特在其就职典礼上说："一所大学的精神所在，是它要特别对历史和未来负责——而不完全或哪怕是主要对现在负责。一所大学，既要回头看，也要向前看，其看的方法必须——也应该——与大众当下关心的或是所要求的相对立。"③ 正是因为其具有独立的办学地位，在一定程度上摆脱了权力的桎梏，也抵制了资本的影响，与现实社会和行业保持一定的距离，所以能够自由地追求学术，探索真理。在这个意义上，大学被看成离真理最近的地方。

在中国，除了极少数民办高校外，绝大多数大学是国家公共事业的重要组成部分。"对学校教育机构及其办学活动的组织和调控是政府的一项基本权力和职责。但是，学校毕竟是相对独立的办学实体，不是政府的职能机构，与教育行政部门之间不存在直接的行政隶属关系，因而学校不是教育行政部门的下级，更不是教育行政部门的附属机构。"④ 20 世纪 80 年代以降，随着改革开放的逐步深入，中国大学的发展一直伴随着政府教育管理部门的简政放权，高校的办学自主权得以逐步拓展。进入 21 世纪以来，中国高等教育突飞猛进，与大学坚持办学的主体性，发挥自己的创造力、想象力是分不开的。

对于新闻传播教育而言，坚持高校及新闻传播院系办学的主体性同样重要。虽然新闻传播教育与行业有十分密切的关系，部校共建在国内主要高校

① 《习近平谈治国理政》（第 2 卷），外文出版社，2017，第 333 页。

② 转引自刘道玉《中国高等教育改革论》，武汉大学出版社，2018，第 11 页。

③ 转引自郭英剑《是大学改变社会，而不是社会改变大学》，《中国青年报》2007 年 12 月 19 日，第 10 版。

④ 徐继存：《学校的社会责任与使命》，《西北师大学报》（社会科学版）2012 年第 6 期。

新闻传播院系在有条不紊地推进，行业的支持和教育行政管理部门、地方党委宣传部的领导不可或缺，但是新闻传播教育的主体是大学，主持新闻传播教育的是校长和新闻传播院系的院长（主任）。坚持什么样的办学思路，培养目标如何定位，如何建构合理的课程体系，怎样处理教学与科研的关系，如何筹措办学经费，如何建设一流的教学团队等，主要是校长和新闻传播院系院长（主任）需要考虑的事情，决不可以也不应该把这些校长、院长（主任）的本职工作推到教育行政管理部门、地方党委宣传部头上。

维护学校、新闻传播院系的主体性，坚持独立自主办学，关键在于校长和院长（主任），主要是新闻传播院系院长（主任）。要做好院长（主任），必须全心投入，心无旁骛。教育家陶行知感叹："做一个学校校长，谈何容易！说得小些，他关系千百人的学业前途；说得大些，他关系国家与学术之兴衰。这种事业之责任不值得一个整个的人去担负吗？"作为校长、院长（主任），其"整个的人的中心，只放在一桩主要的事上。他的心分散在几处，就是几分之一的人"。这种分心兼差的人，旁人可以做，唯校长、院长（主任）不能。陶行知呼吁："为国家教育计，为个人精力计，一个人只可担任一个学校校长。整个的学校应当有整个的校长，不应当有命分式的校长。"[①] 与此同时，校长、院长（主任）还要有改革家的气魄，敢于创新，敢于负责，为了培养卓越的新闻传播人才，为了国家和人类的未来，要敢于赌上自己的身家性命。有了这样敢于担当的校长、院长（主任），新闻传播教育才能够办好。

在现代大学，新闻传播院系还是研究新闻传播现象及其内在规律的"象牙塔"，是为传媒产业、为国家与社会治理提供智力支持的智库，是传播及相关社会科学领域知识生产的中心。院系的主要工作，自然是卓越新闻传播人才的培养。但是与此同时，它还负有知识生产的历史责任。要善尽责任，大学及新闻传播院系还有进一步努力的空间。亚里士多德曾经论述，哲学和学科诞生、发展需要三大条件："第一个条件是要求人们有好奇心和求知欲。第二个条件是闲暇。知识阶层不用为生活而奔波劳碌，因为整天从事繁重的体力劳动而没有闲暇的人，是无法从事求知这种复杂的脑力劳动的。第三个条件是自由。哲学是自由的，它不以别的什么目的而存在，而纯粹是为了自身而存在，它是一门自由的学问，它要求自由地思考、自由地发表意见，不

---

① 陶行知：《整个的校长》，载《陶行知全集》（第1卷），湖南教育出版社，1984，第606、607页。

受他种目的和利益的支配。"① 其中的第一个条件，似乎不是校长、院长（主任）着力的地方，但第二、三个条件却是校长、院长（主任）无法推卸的责任。校长、院长（主任）应该努力为师生们制造一些闲暇，解决他们物质生活上的困难，不要让他们为了物质生活的欠缺而劳神奔波，只有在物质上解放了，思想的解放才能成为可能。同时，校长、院长（主任）还要努力为师生营造一个自由宽松的环境，在学术问题上，给他们探索、追求、想象的空间，要能够允许他们犯错误，追求真理的道路不可能永远是平坦的，总会有一些曲折，千万不要认为获得真理犹如探囊取物。校长、院长（主任）要表现得足够强大，成为师生能够依靠的力量，这样的学校、院系才会成为卓越新闻传播人才的摇篮。

## 二　扎根中国，融通中外

从宏观来看，教育是社会大系统的一个主要的子系统。教育的性质、教育的形式、教育的目的，往往与其置身的社会系统相适应，而呈现出千姿百态。不同的国家有不同的教育，在教育理念、教育模式、教育组织、师资要求，甚至课程内容上面，都会表现出巨大的差异。即使在空间上同属于一个地区，这种差别有时也会令人震惊。古希腊有两个著名的城邦国家，一个是雅典，一个是斯巴达，这两个代表性国家在教育方面迥然不同。雅典的教育目的是培养彬彬有礼的绅士和君子，而斯巴达的教育目的则是培养勇敢顽强的战士。柏拉图曾设想对教育进行大幅度的改革，其途径就是把通常给予一位雅典绅士的儿子的训练，同给予斯巴达青年的由国家控制的训练结合起来，并把这两种训练的内容做不小的修改。他主张把教育的课程划分为两个部分：一是体育课程，目的是锻炼身体，培养自制和勇敢的军人品质，磨砺肉体上的锐气和锋芒；二是音乐文化课程，目的是训练学生的精神，增强青年的智力。这两类课程在教育过程中同等重要，不能厚此薄彼。如果专重体育教育而忽视音乐文化教育，青年将得不到学术的熏陶，就会变得"耳不聪目不明"，只会"像一只野兽般地用暴力与蛮干达到自己的一切目的。在粗野无知中过一种不和谐的无礼貌的生活"。② 反之，"假定一个人纵情乐曲"，

---

① 〔古希腊〕亚里士多德：《形而上学》，苗力田译，中国人民大学出版社，2003，第980页。

② 〔古希腊〕柏拉图：《理想国》，郭斌和、张竹明译，商务印书馆，1995，第70页。

"全部时间都沉溺于丝弦杂奏歌声宛转之间",那么他将会"萎靡不振,成为一个'软弱的战士'"。①

进入近代,大学教育也与各国的国情息息相关,不同国家的大学教育,包括新闻传播教育大异其趣。美国的新闻传播教育明显不同于日本,美国的大学新闻传播院系主要遵循职业教育的模式,直接为媒体培养后备新闻人才,其教育模式、课程设置都围绕这一目的展开。日本一流大学则鲜有设置新闻传播院系者,那些开办新闻传播专业的学校并非顶尖大学,而进入新闻传播业界者绝大多数并非新闻传播专业的学生,他们并没有新闻传播专业的知识储备,其专业技能往往是在进入媒体工作后以在职培训的方式获得的。从教育史的角度看,中国高校的新闻传播教育受到不少国家的影响,但是主要的传统、办学理念、教育模式甚至师资都来自美国。但是植根在中国现实的土壤中,新闻传播教育后来的发展也呈现出与美国不同的景观。新中国成立之初,在教育方面学习苏联经验,50 年代初期的院系调整,就是学习苏联的结果。在新闻传播教育方面也颇为类似。新闻传播专业的课程设置,包括一些核心课程的教材,都引自苏联。但后来发现这种不顾国情的照搬照抄他国模式不利于教育的发展。

新闻传播教育在高等教育领域是与政治、国情、意识形态联系最为紧密的部分,虽然不是社会的上层建筑,但是与上层建筑紧密相连。所以高等教育不能脱离国情,不能撇开自己的文化传统,而是必须扎根本国的土地。但是在全球化的背景下,尤其是目前高等教育领域欧美国家远远领先于中国的情况下,我们也不能闭门造车。这些国家的成功经验及教训,应该成为我们之镜鉴。所以习近平要求"认真吸收世界上先进的办学治学经验,更要遵循教育规律,扎根中国大地办大学"②。这一指示在 2017 年中共中央办公厅、国务院办公厅联合下发的《关于深化教育体制机制改革的意见》中得到落实:"坚持扎根中国与融通中外相结合。继承我国优秀教育传统,立足我国国情,遵循教育规律,吸收世界先进办学治学经验,坚定不移走中国特色社会主义教育发展道路。"③ 这一原则虽然是就整个高等教育而言的,但对于新闻传播教育具有特别重要的针对性和指导意义。事实上,进入 21 世纪以来,

---

① 〔古希腊〕柏拉图:《理想国》,郭斌和、张竹明译,商务印书馆,1995,第 122~123 页。

② 习近平:《青年要自觉践行社会主义核心价值观——在北京大学师生座谈会上的讲话》,人民出版社,2014,第 13 页。

③ 《中办国办印发〈关于深化教育体制机制改革的意见〉》,《人民日报》2017 年 9 月 25 日,第 1 版。

中国高等教育界创造了一些其他国家没有的独特办学模式，如"部校共建""校媒共建"模式，还有"马克思主义新闻观"进课堂等，彰显了新闻传播教育的中国特色。在这方面，还有进一步探索发展的空间。

## 三　建设强大的师资队伍

在高等教育领域，一流的师资往往是一流大学的先决条件。没有高水平的师资队伍，却想建设高水平的大学，无异于缘木求鱼。美国哈佛大学第23任校长詹姆斯·B. 科南特说："高校的荣誉不在它的校舍和人数，而是它一代又一代素质优良的教师，一所学校要站得住，教师一定要出色。"[1] 正是因为如此，人们得出了这样的结论：大师比大楼重要。自然，没有大楼，大师没有地方安放灵魂。但是，仅有大楼，没有大师，也没有办法进行高水平的研究，更难以引来优秀的学生。

优秀的教师本身就是一块吸睛的招牌，不仅能够吸引大量杰出的学生，也能够吸引更多优质的教学资源。在人才培养过程中，优秀教师更是启迪学生心智的导师。"古之学者必有师。师者，所以传道受业解惑也。人非生而知之者，孰能无惑？惑而不从师，其为惑也，终不解矣。"（韩愈《师说》）马丁·布伯认为："教育中的关系是一种纯净的对话关系……教师仅仅是无数的其他人中的一分子，他们之间的区别在于教师将参与在品格上打下烙印，他自觉地使处于成长中的人把他看作某一部分人的代表，这部分人是经过筛选的，代表'准确的'和应该的。教育者的使命基本上就表现为这种意志和觉悟。"[2] 在一般人的人生历程中，教师是能够给学生的品格和心灵打上深刻烙印的，没有其他任何人对学生的人生有如此重大的影响。

教师吸引学生的除了自己渊博的学识外，最重要的还是人格魅力。武汉大学原校长刘道玉说："人的魅力就像是一个巨大的'磁场'，个人或是群体都会被吸引，并产生正能量的磁场效应。……魅力是有'生命的'，它就像灵魂一样，其生命表现在具有影响力、激活力和震撼力。"[3] 他主张教师尤其是校长、院长（主任）要有人格魅力。德国学者马克斯·韦伯把魅力看成一

---

[1] 马骥雄：《科南特的教育思想》，《外国教育资料》1982年第4期，转引自刘道玉《中国高等教育改革论》，武汉大学出版社，2018，第426页。

[2] 〔英〕乔伊·帕尔默主编《教育究竟是什么？100位思想家论教育》，任钟印、诸惠芳译，北京大学出版社，2008，第302页。

[3] 刘道玉：《中国高等教育改革论》，武汉大学出版社，2018，第436页。

种"非凡的品质"①。因为有了这种品质，他才能对学生产生一种无法言说的挡不住的吸引力。当然这并不意味着魅力主体完美无缺。在知识爆炸式增长的今天，在某些领域，科学家和教师可能"同样是无知之人"②。事实上，由于教师存在某些可以原谅的缺点，这种吸引力反而更加强大。尤其是在今天这个后喻时代，不少学生就学业范围内的问题积累了比教师更多的知识，但是教师的这种"无知"并不会引起学生的轻视。相反，只要教师能够真诚地与学生交流，就能够激发学生对他的爱戴之情。

要保持学校、院系对学生的吸引力，建设卓越新闻传播人才培养的高地和学术平台，必须建设和保持强大的教师团队。一方面，教师团队本身要与时俱进，教师自己也需要继续教育，拓宽视野，摄取新知，做好充足的知识储备；另一方面，新闻传播院系对教师队伍的管理应该有一套完善的制度，既要鼓励教师之间展开适度的竞争，又要鼓励教师之间的团结协作，既要奖励在教学科研方面有突出贡献的教师，对于缺少业绩支撑的教师也要有一定的惩戒措施。为此，可以学习国外高校，吸引社会资金，设置特聘教授岗位，在不影响一般教师利益分配的前提下，使优秀师资得到必要的物资鼓励，这样才能使教学团队保持活力。

## 四　推进专业融合，改革课程体系

从传播的历史来看，新闻媒介的演进呈现出越来越多的态势，随着时代的演绎，媒介的种类越来越多，覆盖的人口越来越多；但是随着互联网的兴起，尽管新媒体层出不穷，在不同媒介之间却又出现了一种汇流、融合的趋势。在一个小小的手机显示屏上，融合了纸媒、广播、电视、电影等众多媒体的传播功能。反观当下的新闻传播教育界，专业设置越来越细，专业之间的壁垒越来越深，在业界汇流的态势下，为数众多的专业逆势而生。在本科阶段，直到20世纪末，新闻传播学一级学科下都只有四个专业：新闻学、广播电视新闻、广告、编辑出版。如今在这四个专业之外，又增加了五个：传播学、网络与新媒体、数字出版、时尚传播、国际新闻与传播。在专科层次，新闻传播类专业更是呈现出爆炸式增长的态势：一共设置了23个专科

---

① 〔德〕马克斯·韦伯：《经济与社会》（上卷），林荣远译，商务印书馆，1998，第269页。
② 〔英〕怀特海：《教育的目的》，庄莲平等译，文汇出版社，2012，第63页。

专业。这些专业设置定位不准，边界模糊，彼此交叉，影响了学生的选择，而且因为专业口径太窄，不利于学生的社会适应，因而引发了社会的普遍批评。推进专业融合，厘清专业定位，势在必行。

在专业融合、重新定位基础上，课程体系的重构也是必然的选择。在新闻传播一级学科下面，按照行业、社会的需要，究竟应该设立几个专业？各专业的培养目标如何定位？怎样才能做到专业与专业之间边界清晰？各个专业的知识和能力规格应该如何确定？基于知识、能力标准，如何建构合理的课程体系？怎样处理课程与课程之间的空间与时间关系？在实验实践环节的安排上，如何充分地利用校内与校外业界的教学资源？如何促进跨学科、跨专业、跨院系的交叉融合？如何创新教学组织形式，及时融入技术变革新趋势、媒体融合新动向和行业发展新动态？① 在今天社会转型、传媒生态急剧变革的情况下，大学及新闻传播院系必须在顶层设计的高度，重新审视这些问题，统筹学科发展、专业建设、人才培养，使新闻传播教育的发展建立在更加坚实的基础之上。

在设计课程体系、完善教学内容时，在强化专业知识、专业技能的同时，还应该坚持人文精神的主基调。"人文精神"一词，具有极为丰富的内涵，它是人类一种普遍的自我关怀，表现为对人的尊严、价值、命运的维护、追求和关切，对人类遗留下来的各种精神文化成就的高度珍视，对全面发展的理想人格的肯定。② 人文精神的核心就是"以人为本"，即把人放在最重要的位置上，一切为了人，尊重人的价值、维护人的权益，敬畏人类生命。除此之外，人文精神还有三大支柱：服膺真理、独立人格、社会责任。这种精神应该熔铸在新闻传播院系的各个教学环节、各门具体课程之中，从而最终流进学生的血液，进驻学生的心灵深处。其中最重要的是学生独立人格的形塑。独立人格是独立发现、创新创造、个性表达的保证。在教育过程中，应摒弃对学生个性的压抑，营造自由开放的学习氛围，鼓励学生独立思考，大胆质疑。

## 五　产学结合，部校共建

随着信息传播技术的发展，新闻传播教育所必需的技术装备越来越复

---

① 参见教育部、中共中央宣传部《关于提高高校新闻传播人才培养能力实施卓越新闻传播人才教育培养计划 2.0 的意见》（教高〔2018〕7 号）。
② 张昆：《新闻教育应坚持人文精神的主基调》，《新闻与写作》2010 年第 6 期。

杂，而且更新换代的节奏也不断加快，培养成本高企，仅凭高校一己之力实在难以完全承担。进入 21 世纪以来，高校通过部校共建和校企（媒）合作的方式，开拓新的资源筹措途径，取得了一定的成果，但也滋生了一些问题。

新闻传播教育部校共建，由复旦大学开风气之先。2001 年 12 月 24 日，中共上海市委宣传部与复旦大学签署协议，共建复旦大学新闻学院，开启了全国"部校共建"的先河。签约仪式上，时任中共上海市委副书记的龚学平在讲话中强调，"共建"这一与时俱进的重大举措是为了"培养造就新世纪合格的党的新闻工作者"[1]，时任复旦大学党委书记的秦绍德在讲话中亦指出，"共建"的目的是"为党培养更多合格的新闻宣传工作者"[2]。不久，上海的做法被视为成功的经验在全国推广。2013 年 6 月 9 日，教育部、中宣部联合印发《关于加强高校新闻传播院系师资队伍建设实施卓越新闻传播人才教育培养计划的意见》（教高〔2013〕7 号）。文件要求积极探索高校与宣传部门、新闻单位联合培养新闻传播人才的新模式，对于进入共建的高校，政府将给予一定的经费支持；共建高校的首要任务就是加强马克思主义新闻观教育，把马克思主义新闻观教育融入新闻传播人才培养全过程。截至 2017 年 12 月底，全国已有 59 所高校与地方党委宣传部或中央媒体签署共建协议。[3] 客观地讲，部校共建确实在一定程度上解决了高校新闻传播教育的资金瓶颈，为新闻传播院系的教学运行注入了活力。但是也有一些高校新闻传播院系在共建过程中，还在探索如何协调、处理与地方党委宣传部的关系，怎样保持新闻传播院系办学的主体性。

新闻传播教育的核心任务是为传媒行业输送优秀的新闻传播后备人才。传媒企业既是新闻传播院系的服务对象和主要的客户，又是协助新闻传播院系育人的重要平台和实践教学资源的重要提供者。新闻传播院系与传媒企业必须合作，这种合作对校企双方是互利共赢的好事情。[4] 就新闻传播院系而言，与传媒单位合作，有以下几个作用。一是有助于学校吸纳社会资源，满

---

① 龚学平：《在上海市委宣传部与复旦大学共建新闻学院签约仪式上的讲话》，《新闻大学》2002 年第 1 期。

② 秦绍德：《在市委宣传部与复旦大学共建新闻学院签约仪式上的讲话》，《新闻大学》2002 年第 1 期。

③ 中国新闻史学会新闻传播教育史研究委员会编《中国新闻传播教育年鉴（2018）》，武汉大学出版社，2018，第 729～731 页。

④ 张昆：《三思新闻教育》，华中科技大学出版社，2017，第 260～265 页。

足新闻传播教育对资金及其他物质条件的需求。二是有助于拓展新闻传播院系的就业市场。三是有助于完善新闻传播人才培养环节。新闻传播教育具有职业教育的特质，社会要求新闻传播人才不仅要有合理的知识结构，而且要有完善的能力结构。一般而言，知识学习基本上可以在校园内完成，能力学习在校园内充其量只能打下基础，更多的要借助于媒体业界的专业实践平台完成。四是有助于改善新闻传播院系教师队伍的结构。五是有助于跟踪业界发展，聚焦热点问题。将学界的兴奋点与业界的焦点统一起来，急业界之所急，想业界之所想，为业界面临的难题提供解决方案。对于传媒单位来说，与新闻传播院系合作，也有利于自己的发展：借助学界的智力资源，共商媒体发展战略；合作打造适用的高级专门人才；解决业界的紧急问题；补充人力资源（实习生）；为在职员工提供继续教育；等等。新闻传播教育界的产学合作既符合教育规律，又能促进双方互利共赢，所以，近年来不少新闻传播院系与传媒企业建立了互利的战略合作关系。

部校共建和校企合作，一方面延伸了新闻传播专业人才培养链，补强了过去薄弱的实验实习环节，强化了师资队伍，改善了技术装备，加强了新闻传播院系对党委政府、新闻单位的服务力度，同时也解决了马克思主义进课堂、加强党对新闻传播教育的领导等问题。这是凸显中国特色的新闻传播教育模式，是一种被实践证明了的成功尝试。但是在这方面也存在一些问题，有些地方的部校共建只是停留在表面，不少政策都没有落实到位；有些地方高校新闻传播院系因为共建而等、靠、要，其锐意进取勇于创新的势头缓了下来。

## 六　利用现代教育技术，融合多种教育手段

新冠肺炎疫情不仅在政治、经济上深刻地影响了人类社会，也带给人类教育转型的机遇。由于新冠病毒强烈的传染性使其快速蔓延，人类面临一场另类的全球大战。在这种情况下，正常的经济活动戛然而止，学校正常教育也难以继续。人们没有想到的是，网络数字技术挽救了传统的教育，将原来现实社会的课堂教学搬到了云端，一时间云课堂风行天下。再也没有什么能够比这次新冠肺炎疫情更能证明教育信息技术的伟大意义了。

现代教育尤其是大学教育，是由最新信息技术武装起来的。信息技术服务于人才培养，并不限于实验实践环节，一般的课堂教学借助于网络云端，完全可以避免现实中的师生聚集，排除了流行性疾病人传人的可能。网络云

端教学，同时也打破了大学的围墙。借助于云课堂、在线开发课程、精品资源课程、视频公开课程，不仅本校的学生可以学习，外校的学生、社会大众也可以参与进来。利用现代技术，学生不仅可以跨越地理屏障听课，而且能够与老师及时互动，甚至还可以进行学生之间的横向交流。云端教学还在一定程度上解决了不同高校教育资源不平衡、教育机会不均等的问题。信息教育技术的广泛应用，进一步加剧了高等教育的国际竞争，因为云课堂，学生足不出户就可以学习世界上最好大学的专业课程，这必将倒逼国内的大学进行改革。所以党和国家非常重视利用信息技术武装高等教育。2015 年 5 月 24 日，习近平在致国际教育信息化大会的贺信中表示，将"因应信息技术的发展，推动教育变革和创新，构建网络化、数字化、个性化、终身化的教育体系，建设'人人皆学、处处能学、时时可学'的学习型社会，培养大批创新人才"。"中国愿同世界各国一道，开拓更加广阔的国际交流合作平台，积极推动信息技术与教育融合创新发展，共同探索教育可持续发展之路。"① 这一主张已经变成国家的政策，各大学及院系应该充分利用这一政策红利。

新闻传播教育是信息技术应用的先端领域，也比其他学科教育更容易受到教育新技术的影响。在卓越新闻传播人才培养计划 2.0 中，教育部、中宣部要求高校新闻传播院系"及时融入技术变革新趋势、媒体融合新动向和行业发展新动态，综合运用文图声光电多种形式，采取案例式、现场式、任务型等多样化教学手段，用好校内外电视台、广播台、报刊、网站、新兴媒体等实习实践平台，培养未来从事新闻舆论工作的行家里手"②。除此之外，模拟新闻生产流程的各种实验设备也需要及时更新，包括纸媒、视听媒介、网络技术等，尽量缩短与业界传播实务的差距。面对新的教育信息技术，教师特别是实验课程的教师要努力学习，与时俱进，及时掌握最新的技术，以充分发挥现有技术及设备的潜力。

总之，新闻传播教育作为高等教育体系的一个重要组成部分，其地位和影响远远超过其他文科类专业。其原因在于，新闻传播院系培养的学生，作为社会的"守望者"和"把关人"，在相当程度上决定了社会的议程设置。整个社会是趋向和谐稳定，还是失序紊乱，在一定程度上取决于新闻传媒及其从业者的工作绩效。唯其如此，这些学生应该是值得人民信任的、靠得住

---

① 《习近平致国际教育信息化大会的贺信》，《人民日报》2015 年 5 月 24 日，第 2 版。

② 教育部、中共中央宣传部：《关于提高高校新闻传播人才培养能力实施卓越新闻传播人才教育培养计划 2.0 的意见》（教高〔2018〕7 号）。

的、具有卓越专业能力的人。而培养这些学生，正是新闻传播教育的使命。无论是从历史还是现实来看，新闻传播教育都责任重大，使命光荣。为了国家和民族的复兴，我们必须不忘初心，与时俱进，锐意改革，全力以赴，以达成使命。

# 第二章 新闻教育家

研究新闻传播教育，不可不研究新闻教育家。新闻教育家是新闻传播教育的实际主持者、组织者，也是赋予新闻传播教育灵魂的人物。一个好的新闻传播院系的背后，必定有一个新闻教育家在支撑。一个国家与其他国家新闻传播教育能区别开来，除了大学文化、国家传统和政治因素的影响外，新闻教育家的作用也不能忽视。

## 第一节 何谓新闻教育家

前不久，我读老校长刘道玉教授的《中国高等教育改革论》时，其中的一段话让我感动。现摘引如下：

> 沈阳市人民政府于 1991 年教师节时，从中小学校长和教师中命名了14 名教育家，并对他们每人颁发 2 万元的奖金。由地方政府公开命名教育家，这在全国还是首次。这种做法的意义在于打破了教育家的神秘论，一切有成就的中小学校长和资深教师，都可以无愧地成为教育家；同样，在高等教育、职业教育领域里，也应当有自己的大批教育家。①

这段话引起了我的思索。在我们这个社会，有很多"家"的头衔，如科学家、教育家、军事家、哲学家、历史学家、法学家、慈善家、动物学家、作家、艺术家、钢琴家、小提琴演奏家等，不一而足。然而很少有人提到"新闻教育家"这一称呼。

如今，新闻传播教育在大学俨然成了显学，高考时成了考生选择的热门。一些大学的新闻传播院系、新闻传播专业成为大学的招牌，像中国人民大学、复旦大学、华中科技大学等，新闻传播院系都是热门选择。截至 2019

---

① 刘道玉：《中国高等教育改革论》，武汉大学出版社，2018，第 198 页。

年，全国新闻传播类专业在校大学本科生达23万人之多，另外还有硕士、博士教育层次的研究生。本科以下，还有专科，仅在专科职业技术教育层次，新闻传播相关领域就设置了23个专业。新闻传播教育今非昔比，蔚为大观。

在新闻传播教育如此发达的情况下，怎么会没有"新闻教育家"呢？其实这个问题我此前也不是没有思考过。2016年，我主持编撰的《中国新闻传播教育年鉴（2016）》正式出版，在教育界引起好评。在设计这本年鉴的栏目时，考虑到新闻传播院系的院长（主任）在教育过程中的特殊地位及实际影响不同于一般的教师（好的教师有"名师"称呼），似乎可以"教育家"称之。编委会同仁也有此意，于是从2016年版开始，一直设置有"教育家研究系列"专栏。这一专栏主要刊登已故的在新闻传播教育界卓有建树的院长（主任）的研究文章，以及尚健在的但从院长（主任）位置上退下来的功勋院长（主任）口述史文章。在年鉴同仁的心目中，这些人就应该是新闻教育家。

在中国新闻传播教育史上，担任过新闻传播院系院长（主任）的人，不可胜数。但能够进入年鉴的，只能是有限的少数人。这就涉及选择，要选择就要有标准。年鉴编委会专门拟定了一个具有可操作性的标准。符合以下几条者，方可入选。

第一，担任院长（主任）的工作，实际主持院务、系务有年，且确有成就，为教育界同行所公认。

第二，全身心投入，而不是兼职。

第三，有自己的办学理念，在院务、系务推展上，敢作敢为，敢破敢立，富有人格魅力。

第四，其办学主张或自创的教育模式为国内同行所采用。

根据以上条件，《中国新闻传播教育年鉴》从2016年到2019年已经出版的四部年鉴，一共刊出了几十位新闻教育家的研究文章。仅2016年版，就发表了已故新闻教育家研究文章7篇，涉及的新闻教育家有陈望道、谢六逸、王中、罗列、安岗、顾执中、马星野；还有11篇院长口述史研究文章，涉及的教育家包括何梓华、赵玉明、刘树田、吴文虎、曹璐、吴高福、邱沛篁、童兵、罗以澄、李良荣、程世寿。这版年鉴一出，学界好评如潮，尤其是对"教育家研究系列"专栏赞誉有加。

在笔者看来，新闻教育家并不神秘，他就在新闻传播教育界，就在我们身边，就在我们认识的同事、朋友之中。不过，与一般的教师不同，他是担负着院系领导责任的"掌门人"，而且有自己的想法和办学理念，敢于探索，敢于创新，敢于担当，敢于负责，在院系治理、学科建设、人才培养方面卓有成效，为学界业界所公认。

新闻教育家不一定是高官，也不一定是最有学问最有学术成就的学者、教授，但他一定是以新闻传播教育为志业，全身心投入，甚至敢冒风险的人。著名教育家陶行知在《整个的校长》一文中说："整个的人的中心，只放在一桩主要的事上。他的心分散在几处，就是几分之一的人。这类人包括兼差的官吏，跨党的党人，多妻的丈夫。……这类人是命分式的人，不是整个的人。""做一个学校校长，谈何容易！说得小些，他关系千百人的学业前途；说得大些，他关系国家与学术之兴衰。这种事业之责任不值得一个整个的人去担负吗？……试问，世界上有几个第一流的学校是命分式的校长创造出来的？""为国家教育计，为个人精力计，一个人只可担任一个学校校长。整个的学校应当有整个的校长，不应当有命分式的校长。"① 陶行知这里讲的是校长，其实对于院长（主任）也是适用的。

可见，不是所有人都能成为新闻教育家，也不是所有的院长（主任）都可以担起新闻教育家的名号。这方面，新闻教育家与其他各种"家"一样，是要有禀赋、有担当、有思想、有措施、有成就、有魅力的。

一个时代、一个国家新闻传播教育的发展、新闻传播事业的发展，甚至社会的进步，在相当程度上要归功于这些辛勤耕耘的新闻教育家。是他们赋予了新闻传播教育灵魂，是他们点燃了学生的专业梦想，也是他们在学生的心灵深处铭刻了新闻职业的使命和责任。当我们享受新闻传播繁荣发展带给我们的福利时，千万不要忘记新闻教育家们的贡献。

## 第二节 新闻传播院系院长（主任）的多重角色

今天我们生活在信息社会，与人类历史上的农耕时代、工业时代不同，信息比物质在更大的程度上决定了社会的运行及个体的生存与发展。新闻传播作为维系社会的黏合剂，将分散的个体聚合成彼此相依、不可须臾分离的有机体。信息弥漫于人类生活的空间，渗透到社会系统的每个角落、各个层面。它就像空气，影响到人类的呼吸，丰富着人类的思想，引导着人类的行为。在社会系统的延续发展过程中，传播不仅守望着社会、传承着文化、维

---

① 《陶行知全集》（第 1 卷），湖南教育出版社，1984，第 606、607 页。

系着社群，而且其本身就构成了人类生存的环境。作为人类环境的信息传播，不仅制约着人类的思维空间及其生存与发展的物理空间，而且决定了人类的精神境界。在现实的政治语境下，新闻传播更是影响深远。习近平最近指出："做好党的新闻舆论工作，事关旗帜和道路，事关贯彻落实党的理论和路线方针政策，事关顺利推进党和国家各项事业，事关全党全国各族人民凝聚力和向心力，事关党和国家前途命运。"① 新闻传播与人类社会同生共存，是历史进化的铁则。

## 一　新闻传播院系院长（主任）的艰难处境

正如无法想象一个没有传播的社会，同样我们也无法想象一个没有新闻传播教育的传播业。新闻传播从自发的社会活动演变成根系发达、枝叶茂盛的社会事业，除了社会需求的拉动、传播技术的支撑之外，还有一个十分重要的因素，那就是一批批具有专业技能和职业理想的传媒人的不断涌入。人自始至终都是传播的主体，是人类社会及其传播历史的主人。在传播本身进化的历史上，传媒人始终是决定性的因素。但是，传媒人不可能在真空中成长起来，传媒人的成长不仅需要空气、水分和阳光，更需要导师的雕琢、教导与引领，就像医生、律师、历史学家、天文学家一样。

新闻传播教育的意义即在于此。新闻传播教育的使命在于为社会和信息传播行业培养、输送有技能、有理想、有操守的传媒人才，以扮演文化传承者、社会守望者、公平正义护卫者的角色。孟子曰："君子有三乐，而王天下不与存焉。父母俱存，兄弟无故，一乐也；仰不愧于天，俯不怍于人，二乐也；得天下英才而教育之，三乐也。君子有三乐，而王天下不与存焉。"（《孟子·尽心上》）在这里，孟子把教书育人视为人生的三大乐事之一，其重要性甚至超过"王天下"，此语可能有点言不由衷，但是，以此强调教育的重要性，笔者认为其用意还是可以理解的。

在现代社会，新闻传播教育是大学教育的一项重要内容。与传播有关的专业设置，是现代大学专业体系的重要组成部分。以中国的情况而言，截至2015 年底，全国有高等学校 2824 所，其中 681 所大学开设新闻传播类专业，开设新闻传播类专业的高校占高校总数的约 1/4。而"985""211"大学中开设新闻传播类专业的比例高达 55.9%。可见大学层次越高，创办新闻传播

---

① 《习近平谈治国理政》（第 2 卷），外文出版社，2017，第 331 ~ 332 页。

教育的积极性越大。这些学校共设有 1244 个本科专业点，其中新闻 326 个，广电 234 个，广告 378 个，传播学 71 个，编辑出版 82 个，网络与新媒体 140 个，数字出版 13 个。其本科生在校学生总规模达 22.5691 万人。还有一级新闻传播学科博士点 15 个，一级学科硕士点 75 个，二级学科博士点 3 个，二级学科硕士点 13 个。① 这是当今世界规模最大的新闻传播教育体系之一。

现代大学新闻传播教育的运作，关键在于新闻传播院系院长（主任）。在现代大学体制下，院长（主任）作为学科或专业的总负责人，是承上启下的枢纽。所谓承上，即对校长负责，遵循校长的办学理念，确定院系的教育方针、目标及路径。所谓启下，则是作为一院（系）之长，赋予院系灵魂，组织院系的教师落实校长的办学理念和院系的教育方针、目标定位，制订培养方案和课程体系，完善培养模式；同时引导学生全心向学，在德智体诸方面均得到充分发展，达成培养目标，以满足社会期待。这还仅仅是其中的一面。现代大学不仅是人才培养中心，还是重要的科学研究中心、社会服务中心。在教书育人的同时，大学还需在科学研究、社会服务等方面取得进步。新闻传播院系作为现代大学之一部分，当然也不能例外。要实现这一切目标，实在是一件非常困难的事情。因为许多环节不是操之在我，不是院长（主任）一人的主观努力所能及的。正是在这个意义上，有人说，院长是天下最难最苦的职业。

何以新闻传播院系院长（主任）是天下最难最苦的职业？有三个原因。

其一，上压下挤。在理论上，院长（主任）乃院系一把手，院系上下视院长（主任）为统帅和灵魂，以为院长（主任）无所不能，期待院长（主任）能够解决院系面临的所有难题，所以在教学、生活等方面，无论是老师还是学生，甚至退休员工，都对院长（主任）提出了很高的要求。可事实上，在大学行政化的背景下，院长（主任）的角色是很尴尬的，其虽然是院系的"头"，却是学校的"尾"。院长（主任）虽然承担了院系的全部责任，却没有足够的支配履行职责所需资源的权力。在学校领导层、院系师生的双重压力下，院长（主任）成了"夹心饼干"，成了矛盾的焦点所在。

其二，全能要求。在现有高校体制下，院长（主任）都由教授兼任，对院长（主任）的考核是双重的，一是作为干部——院长（主任）——的考核，重点是管理责任；二是作为教授的考核，重点在院长（主任）本人的教

---

① 张昆：《记录历史，引领未来》，载中国新闻史学会新闻传播教育史研究委员会编《中国新闻传播教育年鉴（2016）》，武汉大学出版社，2016，第 3 页。

学和科研。应该说，院长（主任）的职位，身系院系师生的根本利益，其最重要的责任，应该是管理责任，至少在院长（主任）任期内是如此。院长（主任）好不好、是否合格，主要应该看在其任内，院系的学科建设、人才培养、科学研究、社会服务等方面是进步了还是退步了，院系教职工满意还是不满意，至于院长（主任）本人的教学科研应该是次要的。院长（主任）不是铁打的，除极个别特例外，不可能是全能冠军。做院长（主任）是一种奉献和牺牲，在院长（主任）任上，应该把管理责任置于首位，待卸任后，再恢复纯粹的学者身份。

其三，保姆责任。在前面说过，院长（主任）虽然没有掌握多少资源，可是承担的责任却大于天。在一个院系，院长（主任）与其说是院系一把手，不如说是院系的一个保姆。院长（主任）是院系不可或缺的最大的一个服务员，教学方面的事情、科研方面的事情、生活方面的事情、学术交流方面的事情、行政管理方面的事情、财务方面的事情，都离不开院长（主任）。要参加的会多，要填的表多，找院长（主任）的人多，欠他人的人情债多。老师们有困难要找院长（主任），学生们有问题也要找院长（主任）。有了突发事件，还需要紧急灭火。在这个意义上，院长（主任）实际上不是院长（主任），他承担了远超院长（主任）职责的无限责任，做了许多不是院长（主任）该做的事情。

## 二　办好新闻传播教育是院长（主任）的天职，也是社会的责任

虽然是天下最难最苦的事情，但也要有人去做。在其位，谋其事，尽其责，乃做人的本分。但是一个院系能否健康运行，能否立于时代的潮头，能否满足社会的期待，不能完全依赖院长（主任）。新闻传播教育是千秋大业，新闻传播院系的运作是一个系统工程，涉及很多环节、诸多要素，非院长（主任）一人所能完全统摄。在这个意义上，办好新闻传播教育，是院长（主任）的天职，更是全社会的责任。

一是学生。如果把学校比喻成一个工厂，那学生就是学校的产品。学生应以学习为本，学习是学生的天职。韩愈在《师说》中讲："人非生而知之者，孰能无惑？惑而不从师，其为惑也，终不解矣。生乎吾前，其闻道也固先乎吾，吾从而师之；生乎吾后，其闻道也亦先乎吾，吾从而师之。吾师道也，夫庸知其年之先后生于吾乎？是故无贵无贱，无长无少，道之所存，师之所存也。"只有专心学习，才能致知解惑。从孔子到韩愈，都主张学无常

师，无论贵贱长幼。学校是习得知识、追求真理的殿堂，在这个神圣的地方，学生应该抱着虔诚的态度，心无旁骛，砥砺学问，锤炼精神，完善人格，明确责任。学生还应该与老师建立起良好的互动关系，促进教学相长。学生像个学生，学生做好了学生分内的事情，院系的工作就做好了一半。

二是教师。大学是学生、学者（教师）、学术、学科等构成的有机整体。学者在其中扮演着关键性的角色，所谓师者传道授业解惑也。教师授课水平决定学生的学习水平，反过来从学生知识与能力水平也可以看出教师的授课水平。教师与学生之间，既矛盾又统一。两者的矛盾体现在彼此的直接目标不同，达到目标的路径有别，所以难免发生冲突；但二者的根本目的又是一致的，在引领学生格物致知、完善人格、强化能力的过程中，教师的能力也会得到提升。教师应该体认自己的社会责任和历史使命，面对莘莘学子，应该有更多的包容和耐心，应该尊重学生的个性，提高学生创新的积极性，激发学生追求真理的激情；同时，在今天这个后喻时代，科学技术飞速发展，教师必须与时俱进，不断地开阔自己的视野，更新既有的知识体系，在现有的基础上实现知识的创新，做到日新日新又日新，这样才能胜任学生的导师这一角色。

三是学校。院系是学校的一部分，学校的资源配置、学校对院系院长（主任）的赋权、学校的教学和学术规范、学校的薪酬分配制度，无不影响制约着院系的发展。如前所述，目前国内新闻传播类专业教育，重点大学开设的比例远高于一般大学。由于新闻传播学科的学术积淀不及其他成熟学科，所以越是重点大学，新闻传播学科在学校整体中的地位越低，因而在资源分配方面，新闻传播院系往往处于弱势。新闻传播学科在学校学科建设中，在与其他学科的互动合作中，话语权偏小。加上新闻传播学科自身的基本盘不大，新闻传播院系的规模普遍偏小，而且新闻传播学科又属于应用文科，具有职业教育的特性，因而常常给人以"新闻无学"之感等，更是弱化了新闻传播学的学科地位。所以，在学校领导层面，有必要更深入地认识新闻传播在社会系统中的重要地位，从战略的高度理解新闻传播学科在学校学科整体建设中的辐射和带动作用，在此基础上，尊重新闻传播学科的独特性，赋予其更多的自主权，在资源配置、硬件建设方面予以适当的倾斜。

四是社会。社会是新闻传播教育的环境。教育资源的输入要靠环境，人才培养过程尤其是实践环节也有赖于环境的支持，高校智力资源及新闻传播人才的输出，瞄准的也是环境。没有环境的支撑，就不可能有令人满意的新闻传播教育。在新闻传播院系与环境的互动方面，新闻传播院系当然要积极主动，主动地融入社会，积极地服务社会和媒体，通过服务来彰显自己存在的价值。但是社会系统尤其是传媒或企业更应该主动，因为社会系统是教育资源的最终供给者，而社会系统的有序运行也要依靠高水准的新闻人才和传播智慧。所以，社会应该向更多的新闻传播院系开放，加大向新闻传播教育界输入资源的力度，为新闻传播院系提供专业实习的平台和业务课程的师资，开展与新闻传播学界的合作研究，强化与高校合作共建新闻传播教育。如此，方能使学校、院系与传播业界结成生死与共的命运共同体。

还有一点，党政权力系统也要努力为新闻传播院系营造一个宽松的学术氛围，毕竟学校不是机关更不是军营，学校应该鼓励独立思考，倡导学术自由，促进知识创新，在政治纪律与学术自由之间力求达成平衡。

总之，新闻传播教育事关社会系统的运行、延续、和谐与发展，事关党和国家的前途和命运。作为新闻传播教育的主要承担者，新闻传播院系的院长（主任）负有重要的历史责任，可谓悠悠万事，唯此为大。但是，现有的教育体制又使得院长（主任）一职成了院长（主任）们不能承受之重。责任过大，权力过小；目标过高，资源过少。唯有学生理解、教师认同、学校支持、社会包容，中国的新闻传播教育才能顺利发展，真正地满足社会的期待。如此，院长（主任）一职才不会被视为畏途。

## 第三节　中国需要什么样的新闻传播院系院长（主任）

在信息时代，新闻传媒的重要性不言而喻。而作为职业传媒人养成工厂的大学新闻传播院系，自然承担着重大的社会责任。人们期待有理想、负责任、高品质的传媒业服务于社会的和谐运行、文明的延续发展。由于传媒业的主体是人，是有目的、有意识、有情感的人，其主体部分又来自新闻传播院系，大学新闻传播院系成为社会关注的焦点。一个好的新闻传播院系，应该是一个有道德有责任的新闻传播知识的发源地，是一个优秀的新闻专业人才生产工厂，是一个引领传媒与社会发展的思想中心。而一个好的新闻传播院系的背后，总有一个优秀的院长（主任）。因为在现代大学体制下，院长（主任）是赋予院系灵魂、决定院系性格的人。在教育与知识的海洋中，院长（主任）是决定航向的舵手，是他引领着航船驶向此岸而不是彼岸。

在前一节，笔者曾这样表述："在现代大学体制下，院长（主任）作为学科或专业的总负责人，是承上启下的枢纽。所谓承上，即对校长负责，遵循校长的办学理念，确定院系的教育方针、目标及路径。所谓启下，则是作为一院（系）之长，赋予院系灵魂，组织院系的教师落实校长的办学理念和院系的教育方针、目标定位，制订培养方案和课程体系，完善培养模式；同时引导学生全心向学，在德智体诸方面均得到充分发展，达成培养目标，以满足社会期待。"院长（主任）承担着学校、政府、行业、学生乃至家长的过多期待，压力沉重。而现有的大学体制的掣肘，又使得上述期待不是院长（主任）的主观努力所能及的。更有甚者，凡担任过大学院系院长（主任）者，几乎都体验过那种上挤下压、全能要求、无限责任背景下的痛苦。正是在这个意义上，要做一个大家认可的好院长（主任），实在不是一件容易的事情。

最近一段时间，舆论界关于新闻传播教育议论纷纷，其中也涉及新闻传播院系院长（主任）职务。事实上，21 世纪以来，新闻传播教育界在院系管理方面出现了一些重要的变化，其最突出者莫过于院长（主任）来源的多元化。直到 20 世纪 90 年代末，国内新闻传播院系的院长（主任），几乎没有例外都是学者出身，由教授出任。如今，由学者、教授担任院长（主任）的新闻传播院系虽然占教育界大半，但是越来越多的高校在任命院长（主任）时，开始向媒体、党政机关借将。一些退休（或在岗）的知名高官担任重点院系的院长（主任），或者延揽权威媒体的社长、主编、台长主持院系事务，开始成为一种常态。有的院系成效显著，因此攀上新的台阶，有的则绩效不彰。这种现象，引起了业界、学界的关注和思考。是不是学者教授不再适合担任院长（主任）职务了，或者，是不是高官或媒体高管才是新闻传播院系院长（主任）最适合的人选？众口纷纭，见仁见智，莫衷一是。

## 一　新闻传播院系院长（主任）需要什么素质

笔者认为，一个人是否适合担任新闻传播院系院长（主任），关键不在于他的出身，不在于他的职业和地位，也不在于他的学问，虽然这些因素对他履行院长（主任）职务有这样那样的影响，最重要的，还是他的综合素质、情怀与履行职务的专业能力。

首先，一名优秀的新闻传播院系院长（主任）必须有强烈的社会责任感和坚强的意志品质。这是一个必要的条件。一个院系的院长（主任）应该怀抱舍我其谁的使命意识。在当今信息社会，新闻传播教育的天职在于向新闻媒体输送优秀的职业传媒人，同时满足社会各界对信息传播和服务方面的人才需求。由于信息本身就是社会系统的黏合剂，信息传播的发达水平直接影响到社会系统的进化程度。所以，教育系统是否能够按照社会的需求输送高质量的传媒人才，以承担历史记录者、环境守望者、文化传承者、公平正义捍卫者的职责，不仅事关教育本身的绩效高低，而且直接关系到社会的公平正义、文明的延续发展及国家的和谐稳定与否。教育事业乃是百年大计，新闻传播教育更是如此。新闻传播教育界责任重大，新闻传播院系院长（主任）自然是社会关注的焦点。新闻传播院系院长（主任）不是一个简单的职业，也不是一个普通的工作岗位，这个位置聚集了太多的社会期待，承载了太重的历史嘱托，其道义的责任和历史的使命感超越了其他几乎所有的职业或岗位。

新闻传播院系院长（主任）要实现自己的抱负，需要超越常人的意志品质。不仅要有高远的志向，更要有坚实的步履；要能想人之不敢想，能为人之不敢为，敢于出招；要有坚忍不拔的斗志，不怕困难，迎难而上，即便失败了，也要奋起再战。一个普通人可以平常心对待自己的工作，院长（主任）则不行，院长（主任）面对的是千百名师生的期待，承担着社会舆论的重负和现实的物质的压力。新闻传播院系院长（主任）的工作千头万绪，同时面对上面和下面，接触里面与外面，服务老师和学生，兼顾教学与科研，院长（主任）明明不是超人，却要像超人那样工作。不仅要分配好资源，更要竭尽全力拓展新的社会资源。不仅要做好院系的工作，使院系得到最大限度的发展，自己的教学科研也要走在老师们的前面，以起到表率引领作用。当然，我们也会看到一些缺失良知、尸位素餐的院长（主任）。一个富有责任感、使命感的院长（主任），必须以毅然决然的态度直面自己的工作，抱定决心，全力以赴。事实上，一个成功的院长（主任），仅仅有决心是不够的，还必须有恒心，能够在自己的工作岗位上始终如一，毫不松懈。这种高度紧张甚至是亢奋的心理状态，是院长（主任）事业成功的心理前提。

其次，一个优秀的新闻传播院系院长（主任），还必须具有一定的人格魅力、牺牲精神和大爱情怀。所谓人格魅力，是指一个人在性格、气质、能力、道德品质等方面具有特别能够吸引人的力量，因而能成为大家特别亲近、喜爱的人，并产生一种榜样示范的效应。一个院系院长（主任）具有人格魅力，对院系的师生不仅能够起到言传身教的作用，更能增强师生对院系的认同感、归属感，成为一种能够凝聚人心的正能量。就像蔡元培之于北京大学，梅贻琦之于清华大学。但是这种人格魅力是主体长时间修炼的结果，是长期学习、工作及内在修养的积淀，在短时间内是学不来的，也是装不来的。同样的话语、同样的形体动作，体现在不同的人身上，会有不同的效果。有的显得真切、诚挚、可爱，有的则显得虚伪、做作、令人厌恶。在新闻传播教育界，我们会看到一个优秀的院系往往有一个具有人格魅力的院长（主任）。清华大学新闻与传播学院的院长范敬宜就是一个典型，师生们敬重他的人格，尊敬他的操守，佩服他的职业水准，视他为心中敬爱的德高望重的师长。

新闻传播院系院长（主任）工作复杂浩繁，要理清工作上的千头万绪，需要耗费大量的精力，必须将自己的学术追求暂时搁置，只有牺牲小我，才有可能成就院系的大我。当然院长（主任）个人的学术研究也不能说与院系的学科建设没有关系，它实际上是院系学科建设的组成部分。但是如果把院长（主任）自己的研究等于院系的科研，就容易混淆公私的界限，可能出大错。在院长（主任）任内，院系工作第一、服务第一、运筹第一，其他的应该放在第二位；离开了院长（主任）的位子，才可以全身心追求自己的学术理想。

大爱情怀也是院长（主任）不可或缺的重要品质。要爱学生，爱老师，爱学术，爱人民，本着一腔热爱面对学院的师生，服务社会和人民。爱的前提是理解。不理解学生和老师的苦衷，不理解他们的本意，就无法包容，没有包容就没有自由，就没有学术。不能把学校机械地理解为一个工厂，按照统一规格生产人才这一产品。人是多样的，世界上找不到两片完全相同的树叶，也不可能有两个完全一样的人。院长（主任）应该尊重师生的个性，尊重他们的创新精神和批判意识，应该能够包容不同的意见，应该允许学生头上长些"刺"。一个好的院系绝对不能"一言堂"，不能"一花独放"，而应该"万紫千红"。院长（主任）的爱有多深厚、胸襟有多大，院系的发展空间、师生的舞台就有多大。院长（主任）的大爱可以营造一个温馨和谐开放宽松的小环境，让学生、学术、学科、学者在这里健康成长。

最后，一个优秀的院长（主任）还要有杰出的管理协调能力、广泛的人脉和敏锐的学术嗅觉。院长（主任）是一院（系）之长，院系的师生、院系的运行都取决于院长（主任）。院长（主任）的职务履行，涉及院系上下、学校内外、学生老师，不仅要监督管理教学和科研，而且要负责院系的稳定，拓展社会服务，不仅要做好院系的事情，还要做好自己的本职工作，也就是说既要做人的工作，又要做具体的事情。院长（主任）必须有弹钢琴的本领，没有这种统筹协调的能力，万万不能接院长（主任）这个"瓷器活"。

站在院长（主任）的位置，相对于一般老师和学生，视野更加开阔，大局意识更强，更容易抓住问题的关键，看到问题的实质，这样其决策才更容易为大家所接受。同时，由于院长（主任）是院系的代表，而新闻传播院系在大学体系中与学校内部各单位、与社会大系统的联系十分紧密，院长（主任）自然就具有了教育家、外交家的特征。出入于官场，交往于业界，左右逢源，人脉广泛，这是履行院长职务所必需的。唯其如此，才能够从社会、学校争取到更多的物质资源和精神资源，补充院系教学科研所需，维持院系的正常运转。

新闻传播院系还是一个学术单位，不仅生产传媒专业人才，而且生产新闻传播专业知识；不仅有教学，还有科研。所以新闻传播院系的院长（主任）还必须具有敏锐的学术嗅觉，有高深的见识。院长（主任）可以不是顶尖的学者，不是杰出的科学家，但是应该了解当下学术界的最新进展，了解学术发展的态势，了解学术生产的规律，知道哪里是前沿、哪里是关键，能够根据学校、院系的基本条件做出正确的决策，选择正确的学术方向，建设优秀的学术团队。

## 二　什么人适合做新闻传播院系院长（主任）

我们观察当今的新闻传播教育，会发现，一个一流的新闻传播院系背后，一定会有一个优秀的院长（主任）。但是这些院长（主任）本身各有特色，没有统一的模式。院长（主任）作为院（系）务的主持者，居间沟通师生、协调上下、整合力量、配置资源，扮演的是一个教育家的角色。但是院长（主任）的来源各色各样，院长（主任）本身的素质和能力也大不相同。

表面上看，院长（主任）的任职与其出身、资历、职位、能力相关，但并不是说，有某种资历、某种职位、某种意识的人就一定能够做好新闻传播院系的院长（主任）。比如说，一名退休（或在职）高官担任了新闻传播院系院长（主任），院系实现了很大的发展，当然与他的高官经历有关，但绝对不是完全如此。在中国当前的环境下，教育与政治难解难分，离任（或在职）高官肯定会在政界有不少人脉和资源，这对学院的发展是必要的。但是如果他不了解学科和教育规律，没有学术意识和大爱情怀，延续其作为高官时的行为模式，估计这个院长（主任）他也很难做好。毕竟院长（主任）是教育家，而不是政治家。

业界领袖现在似乎是新闻传播院系院长（主任）的热门人选，在省部共建的模式下，越来越多的学校任命媒体的现任领导人为新闻传播院系院长（主任），或者是礼聘离休媒体领袖为院长（主任）。从加强产学结合，建设实习、实验平台，打造人才市场通道的角度来看，这当然是十分合理的选择。但是大学教育与媒体经营是完全不同的两回事，规律不同，原则也不同。传媒行业注重宣传纪律和利润，而新闻传播教育属于公益事业，院长（主任）的职责之一是要营造自由、宽松的学术环境。所以一个好的台长、社长、总编辑，按其平时的行事方式和做人的准则，不一定能够完美地履行新闻传播院系院长（主任）的职责。

那么，一位德高望重的学者呢？按常理看，一个好的学者似乎是新闻传播院系院长（主任）最合适不过的人选。事实上高等教育界就很流行这种做法，理工大学或综合性大学的校长大多是科学院或工程院的院士。当然，院士、著名学者精通学术，站立在学术的前沿，德高望重，有很高的影响力和感召力，同时由于其知道学科建设发展的规律，由他主持院系事务，对于提升院系的学术声誉具有正面的影响。但是学术水平、学术意识仅仅是担任院长（主任）职务的一个条件。从根本上说，院长（主任）是一个行政管理岗位，而不是一个学术岗位。院长（主任）有大量的日常管理事务，有大量的应酬，处在院长（主任）的位置，学者不得不暂时搁置自己的学术研究，而把院系的管理事务放在首位。同时有些事情不是想做就能够做好的，行政管理和沟通协调能力需要长时间的历练。所以一定要知名学者做院长（主任），对学者学术可能是个损失，对院系工作的展开、学科的发展也不一定完全有利。

由此可见，要做好一个新闻传播院系的院长（主任）实在不是一件容易的事情。一个优秀的新闻传播院系院长（主任），不一定出自高官，不一定是德高望重的学者，不一定是来自业界的领袖，也不一定长袖善舞，但是一定要有政治意识、大局意识，一定要有大爱情怀、教育理想、新闻精神，富有责任感，敢于担当，要有一定的道德和人格魅力，要有牺牲精神，愿意为教育、社会、文明、学生和老师尽心尽力服务。只要他愿意付出，愿意奉献，坚持执着，就有可能做好一个院长（主任）。在此之外，他的出身、地位、资源、能力等，虽然也很重要，但并不是绝对必需的。不过，在具备以上各种基本素质的前提下，又有业界或官场的经历，或者学养深厚、德高望重，对院系的建设发展自然有所助益，那当然是锦上添花。

## 第四节　新闻传播院系院长（主任）的战略思维

习近平多次强调党的干部要掌握战略思维的方法。他认为"战略问题是一个政党、一个国家的根本性问题。战略上判断得准确，战略上谋划得科学，战略上赢得主动，党和人民事业就大有希望"，所以，"全党要提高战略思维能力，不断增强工作的原则性、系统性、预见性、创造性"，"增强理论自信和战略定力"。① "战略"一词源于古代战争。在西方，战略"strategy"一词起源于希腊语中的"stratego"，意即通过对资源的有效利用来谋划如何打败敌人。② 中国古代也是如此，《孙子兵法》开篇就说："兵者，国之大事，死生之地，存亡之道，不可不察也。"所以对战争的谋划一直都具有重要的意义。后来，人们对战略的理解逐步拓展，向政治、经济、文化、外交诸领域和国家、组织、企业等不同的层次延伸，以至不同的行业、不同的层级对战略的理解颇不相同。但是其也有共同的意涵和立论的基础，那就是主体站在顶层的高度，对相关事务所做的关系全局、涉及长远的谋划。而所谓战略思维，是思维主体的高级认识活动和智力活动，其思维指向的是对问题的整体性解决，因而需要高瞻远瞩、统揽全局把握事物发展总体趋势和方向的能力。

老子曰："治大国，若烹小鲜。"（《道德经》第六十章）意思是，国家治理和烹饪技术其实存在共同的规律，在思维方面也面临同样的问题。在战略的意义上，做好鱼这道菜，要使用原料和众多调料，还要注意火候、时机的控制，其复杂的程度不亚于治理国家，也需要通盘考虑、顶层设计。新闻传播教育是高等教育系统的一个子系统，新闻传播院系规模虽然不大，但五脏俱全，涉及学生、老师、教学、科研、管理、环境、市场、技术等要素，没有全局意识和长远眼光，不能统筹兼顾，是很难办好新闻传播教育的。清人陈澹然在《寤言二·迁都建藩议》中说："自古不谋万世者，不足谋一时；不谋全局者，不足谋一域。"这句话反映了中国古人对战略的深刻认识，即战略具有全局性、前瞻性与辩证性。对于新闻传播院系的院长（主任）而言，战略思维也是其不可或缺的思维品质。

---

① 《习近平谈治国理政》（第2卷），外文出版社，2017，第10、62页。
② 刘献君：《高等学校战略管理》，人民出版社，2008，第4页。

在目前的教育体制下，新闻传播院系是教学和科研单位，是知识密集型机构，教书育人、科学研究和社会服务并行不悖，是院系的三大基本职能。围绕这三大职能，院系的工作千头万绪，问题多多。新闻传播院系院长（主任）在考虑、处理院系具体事务，考虑院系的未来愿景，谋划院系建设和发展时，应该注意哪些问题？需要哪些思维品质？笔者从事新闻传播教育近四十年，曾在两所"985"高校担任新闻学院院长，在这方面深有体会。在此想就院长（主任）的战略思维问题略述管见。

## 一　把握战略环境

任何战略的制订，都离不开一定的具体环境。战略思维的出发点，"是考虑环境因素对组织或系统运行的影响"。所谓环境，是指以新闻传播教育为主体的外部世界，或者说是思维主体"周围的境况的总和"[①]。人类社会是一个包罗万象的大系统，而新闻传播教育是这一系统的组成要素。新闻传播教育的发展就是在其与环境的互动中实现的。这里所说的环境，在某种意义上也可以理解为形势。政治家在进行重大战略决策时，首先要考量的就是当前面临的形势（环境）。毛泽东是公认的伟大的战略家、政治家。1945 年 5 月 31 日，在中国共产党第七次全国代表大会上，毛泽东做的大会总结讲了三个问题，前面两个问题都是形势分析，解读了国际形势和国内形势。[②] 在此基础上，顺理成章地展开了对党的路线政策的论述。这种论述很有说服力。新闻传播院系院长（主任）在思考院系的建设与发展工作时，也应该从环境把握开始。

新闻传播院系院长（主任）面对的环境，一是宏观大环境，是国内外政治、经济、文化环境。大环境看似与新闻传播教育、新闻传播院系没有直接关系，却间接地决定着新闻传播院系的生存与发展。一个国家的政治运行，总会呈现出一定的周期性，其间的不同阶段会对教育系统提出不同的要求。比如，一个新政权刚刚成立时，对统一思想和合法性的论证会有强烈的期待。国家发展的潜能被充分激发，经济繁荣，社会和谐，政治稳定，政治上就会高度自信，言论思想的尺度就会自然地放开，个体自由的空间也会得以拓展。当原有的体制机制运行不畅，生产力的发展受到束缚时，改革的诉求

---

① 刘献君：《高等学校战略管理》，人民出版社，2008，第 85 页。
② 《毛泽东文集》（第 3 卷），人民出版社，1996，第 378～393 页。

就会出现，而且会越来越强烈，于是解放思想、打破束缚会成为新的潮流，多元表达也会自然地出现。政治上的这些细微的变化，都会折射到意识形态领域，都会反映到教育系统，并引起连锁反应。在高度强调政治、党性原则的中国大学，新闻传播院系的院长（主任）必须有高度的政治敏锐性，对政治形势的变化了然于胸。经济发展的状况也是如此，在经济高度增长时，一般情况下财政预算也会随之增长，政府对高校的投入当然会进一步改善；同时，民间资本也会对教育产生一定的牵引作用。文化的繁荣，会在很大程度上拓展文化信息产业市场，其对文化传媒专业人才的需求也会水涨船高。

二是中观环境，指国内高等教育环境。新闻传播院系是高等教育系统的一部分，或曰子系统。高等教育领域的些微变化，都会直接影响到新闻传播院系的运作。如政府的高等教育政策就是一个十分重要的变量。20 世纪 50年代中国高校的院系调整、20 世纪末中国的高校合并，直接改变了中国大学的基本生态。20 世纪由中国政府发起的"211 工程""985 工程"及最近方兴未艾的"双一流建设工程"，对中国大学的学科建设和人才培养产生了重大的影响。还有世纪之交持续多年的高校扩招政策，一方面刺激了高校的发展，另一方面也引发了质量下降之忧。其他还有政府职能部门主持的学科评估、本科教学评估、各种检查、专业认证、竞赛等，都是影响高校运作的"指挥棒"，影响到学校的资源分配。不了解教育系统这个中观环境，院系的运作是非常困难的。

三是微观环境，指的是学校内部环境。每一所大学都有自己的历史传统、办学特色和优势学科。学校内的学科专业格局、学校学科发展的战略重点，是决定学校有限的资源分配的重要依据。比如，华中科技大学是一所知名的以工科为主的大学，虽然现在已经是综合性大学了，文科、理科都有相当大的发展，但是与传统的综合性大学相比，其对文科的支持力度绝对要小得多。笔者在华中科技大学新闻与信息传播学院做院长 12 年，深感在工科环境下办文科的不易。华中科技大学的新闻传播学科也被纳入学校"985"建设规划，但是学校对新闻传播学科的投入，只有区区 100 万元，远远不到强势工科的一个零头。其他学校也会存在类似的问题，在不同的学校，同样是新闻传播院系，能够获得的资源及发展空间是不能同日而语的。所以不了解学校，不认识校情，院长（主任）也难以做好战略规划。

准确地把握环境是新闻传播院系院长（主任）战略思维的出发点。无论是宏观、中观还是微观环境，都在相当程度上决定了新闻传播院系与环境在资源、能量、信息方面的交换，决定了新闻传播院系能够以什么方式获得多少办学资源，决定了新闻传播院系未来有多大的发展空间。

## 二 明确战略定位

"定位"原本是一个营销学的概念。20 世纪 70 年代，美国营销学者艾·里斯（A. Ries）与杰克·特劳特（J. Trout）合写了一本畅销书——《定位：有史以来对美国营销影响最大的观念》。他们在书中认为，定位不是对产品做事，而是对预期客户做工作，即在预期客户的脑海里给自己的产品定一个位，确保该产品在预期客户的心目中占据一个有价值的地位。[①] 后来这一概念延伸到了其他社会领域。如"高等学校定位是指高等学校在办学过程中如何确定自己的身份和地位"[②]。院系是大学次一级的办学实体，或曰大学这个系统的子系统。学校定位的原则自然也适用于院系。

定位是战略思维的核心。如何理解院系的定位？新闻传播院系院长（主任）怎样才能做好这个定位？笔者认为，院系的定位是指在院系竞争的环境中，院系领导人为院系在目标公众心目中确定一个有价值的位置。在这个意义上，定位与品牌有相通之处。新闻传播院系院长（主任）在思考院系的定位时，应该从三个方面来考量。其一，要考量院系及学科在国内信息传播行业、高等教育系统中的位置；其二，要考量院系学科在国内高校同类学科中的位置；其三，要考量本院系、本学科在校内学科建设与发展中的位置。事实上，这三种考量与前述的环境把握是相对应的，准确地把握了环境，定位就有了可靠的基础。

正如学校的定位，新闻传播院系的定位也有丰富的内涵。新闻传播院系的定位至少涉及以下内容。

其一，发展目标定位。美国芝加哥大学前校长罗伯特·赫钦斯曾经指出："大学需要有一个目的，'一个最终远景'。如果它有一个'远景'，校长就必须认出这一远景；如果没有'远景'就是'无目标性'，就将导致'美国大学的极端混乱'。"[③] 大学是院系的放大，院系是大学的缩小。赫钦斯的话对院系也是完全适用的。所谓发展目标定位，即基于学校的整体实力和学科生态，确定新闻传播院系在未来学校的发展战略中处于什么样的位

---

① 参见〔美〕艾·里斯、杰克·特劳特《定位：有史以来对美国营销影响最大的观念》，谢伟山、苑爱冬译，机械工业出版社，2011。
② 刘献君：《高等学校战略管理》，人民出版社，2008，第 48 页。
③ 〔美〕克拉克·科尔：《大学的功用》，陈学飞等译，江苏教育出版社，1993，第 20 页。

置,具体来说,即在未来中长期(10~20年)发展规划中,确定新闻传播院系在校内的位置如何,在国内同行中的位置如何。自进入21世纪以来,各个学校、各个院系基本上都把国内一级学科评估的结果、QS世界大学及学科排行榜以及ESI基本科学指标数据库的1%学科和高被引论文排行榜作为目标导向。对于新闻传播院系而言,国内一级学科评估最重要,QS世界大学及学科排行榜近年来也逐渐引起学界的重视。前者重在国内同行中的位置,后者则重在国际同行中的位置。由于新闻传播学科的意识形态特性,中外新闻传播学科在可比性上存在不少争议。所以国内一级学科的排行榜就具有至关重要的影响力。最近一次即第四届一级学科排行榜,将参评学科(院)分为三档九级,即A+、A、A-、B+、B、B-、C+、C、C-。① 所以,新闻传播院系院长(主任)考虑院系定位时,首先要思考的就是院系在未来要达到哪个档次,进入什么位置;在未来发展的不同阶段,院系分别应该完成哪些具体的指标。

其二,院系类型定位。在不同层次的学校,由于学校的地位和水平不同,有的院系被定位为研究型院系,有的院系被定位为教学研究并重型院系,有的院系被定位为教学型院系。一般而言,研究型院系以培养研究生主要是博士研究生为主,研究生规模大于本科生规模,学术研究是院系基本的工作;教学研究并重型院系的硕士研究生培养和本科生培养齐头并进,研究生规模小于本科生;教学型院系则以本科生培养为主。这三种类型呈金字塔结构,研究型院系位于塔顶,数量少;位于金字塔底部的是教学型院系,数量最多;居于中间位置的是教学研究并重型院系,数量多于研究型院系少于教学型院系。新闻传播院系院长(主任)必须根据院系、学校的实际情况确定本院系未来究竟定位于什么类型的院系。

其三,学科发展定位。新闻传播学科属于应用文科,在不同类型的学校,可以依托的平台和教学资源大不相同。现在国内办新闻传播教育的学校,有综合性大学,有文理类、理科类、文科类、工学类、农学类、法学类、管理类、艺术类、体育类大学。基于学校的性质和资源供给的差异,不同院系在学科发展上可以有不同的定位。有的新闻传播院系可以围绕新闻传播学科,发挥文科的特色,做深做强;有的可以依托人文社会学科,并与之交叉,培植新的学科增长点;有的还可以与理工科大跨度交叉,实现与传统文科的差异化发展;等等。不论是选择哪一条路径,只要能够发挥学校既有

---

① 参见教育部学位与研究生教育发展中心公布的全国第四轮学科评估结果。

资源的优势，延续学校的传统，就能够实现做大做强学科的目的。

其四，培养目标定位。这主要是就人才培养而言的。现代大学有三大职能，第一个就是培养人才。为谁培养人才？培养什么样的人才？这种人才的知识与能力规格如何？是通才还是专才？瞄准什么样的人才市场？是低端、中端还是高端市场？是面向传统媒体还是新媒体？是面向传媒行业还是全社会各行业各领域？是面向国内还是国外？这是新闻传播院系院长（主任）必须考虑的问题，不容回避。人才培养是需要条件的，包括物质条件、实践平台和师资队伍。虽然条件是可以改善、可以创造的，但是超越基本条件盲目地拔高目标定位，就容易出现目标落空的可能。

其五，院系规模定位。一个院系的规模究竟多大为宜，没有一定之规。根据院系的专业设置、发展目标、物质条件、院系类型、人才培养、教学科研及质量保证的需求，一个新闻传播院系的办学规模应该是可以测算的。一个研究型的新闻传播院系，本科、硕士、博士齐全，3～5个本科专业，学生规模千人左右，其中研究生占50%以上，全职教师55人左右，基本上可以顺利运转；教学研究并重型新闻传播院系，本科加硕士，以本科为主，3～5个专业，学生1500人左右，全职教师50人左右，也能正常运转；一个教学型的新闻传播院系，2～4个本科专业，没有研究生，学生1500人左右，全职教师40人左右，也能够顺利运转。院系不能贪大求全。在师资规模的设定上，既要考虑效率，又要保证质量。学生的规模更是应该控制，尤其是最近几年持续扩招，师生比已经达到极限。专业的规模也要适中，不是越多越好，专业的设置要考虑专业知识的内在逻辑，考虑专业之间的互补，以达到节约资源的目的。

其六，服务面向定位。服务社会是大学另一个重要的职能。当然，院系类型、发展目标及学科发展定位的差异，会在相当程度上影响到服务面向定位。因为一个院系能够给社会提供什么样的服务，与其自身的资质和能力是直接相关的。一个教学型、发展目标定位在C档的院系，期待其向社会提供高端智库的服务，自然是不现实的。同样，一个学科背景和学术资源单一的院系，期待它面向全社会提供超越传媒行业的全方位的服务，其也难以做到。服务面向定位，必须基于院系现有的条件、资源和未来可能达到的水准，不能随意拓展或拔高。

## 三 确定战略规划

在明确了院系的战略定位之后，下一步重要的事情就是确定战略规划，为战略的最终实现制定具体的规划和实施方案。到了这一步，院长（主任）面临的重要问题就是选择。所谓选择，就是为了实现最高目标而放弃一些次要的东西，即有所为有所不为。最高目标是由许多具体的次级目标组成的，在一般人看来，这些目标都很重要，有时他们被次级目标障目，而看不到最高目标。但是由于精力有限、资源有限，新闻传播院系不可能四面出击，面面俱到，而是必须抓主要矛盾。诸葛亮的《隆中对》被誉为成功的战略谋划，认为其奠定了三国鼎立的格局。但是作为大战略家的毛泽东却不以为然。他在评点《隆中对》时说，诸葛亮其始误于隆中对，千里之遥而二分兵力，其终则关羽、刘备、诸葛三分兵力，安得不败？毛泽东深谙中国古代兵法，从《隆中对》的战略失误中吸取教训，坚定地把"集中优势兵力，各个歼灭敌人"确定为重大的军事原则。英国学者迈克尔·爱略特·巴特曼称毛泽东"既是最伟大的政治家，又是最伟大的军事家"①。新闻传播院系院长（主任）不是政治家，不是国家领导人，但是在院系这个层面，其立足于全局与长远的战略思考，也应该学习毛泽东的大局观。在次级目标上要选择最重要、最关键、具有全局意义的目标，集中力量实现中心突破。

战略规划还有四个重要的环节。第一个环节是分解目标、任务，明确院系各个主体的责任。院系战略目标的实现，院长（主任）当然负有主要的责任。但是院长（主任）只是院系的灵魂、领军人物，其具体目标和任务，还需要院系各个组成单位、各个行为主体来承担。谁能担任前锋，谁适合担任后卫，哪个团队可以拿下这个重要指标，哪个重要指标应该由谁来负责，院长（主任）心中应该有数。排兵布阵，事关战争的结局。院系战略任务的分解，也是战略规划的重点。

第二个环节是划分战略阶段。一个重大战略目标的实现，总归需要一段漫长的时间。对这一个长时段，不能够等量齐观。我们可以把它划分为若干不同的阶段，将总的战略目标分解落实到各个阶段，如果每个阶段的任务都完成了，总目标自然会最终达成。中国的抗日战争打了十四年，按照毛泽东的战略设想，整个抗日战争划分为三个大的战略阶段：战略防御、战略相持、战略反攻。抗战的历史表明毛泽东的战略规划是正确的。改革开放之初，邓小平为中国制订了"三步走"的战略安排。第一步目标，1981 年到1990 年实现国民生产总值比 1980 年翻一番，解决人民的温饱问题；第二步

---

① 鲁家峰：《毛泽东评点〈隆中对〉：诸葛亮战略失误在何处？》，《学习时报》2017 年 2 月14 日。

目标，1991 年到 20 世纪末国民生产总值再增长一倍，人民生活达到小康水平；第三步目标，到 21 世纪中叶人民生活比较富裕，人均国民生产总值达到中等发达国家水平。中共十五大报告又在完成了邓小平第一步、第二步目标之后，提出"两个一百年"奋斗目标：第一个一百年，是到中国共产党成立100 年（2021 年）时全面建成小康社会；第二个一百年，是到新中国成立100 年（2049 年）时建成富强、民主、文明、和谐的社会主义现代化国家。很显然，"两个一百年"是对"三步走"战略的第三步的具体化。这种战略阶段对于高等学校、新闻传播院系的发展同样也是适用的。一个院系要完成战略总目标，需要经历漫长的奋斗历程，不可能一蹴而就。必须把总的目标任务分解到不同的阶段，这一方面可以减轻总目标的压力，另一方面能够让我们及时地领略到奋斗的成果，鼓舞我们的信心。

第三个环节是确定战略重点。一个院系由不同的专业、不同的学科组成，而每个专业、学科又会会聚身份不同、背景不同、学缘不同的学者。就个体而言，他们都会认同自己的专业、自己做的事情的价值，加上传统的人文科学研究习惯于小农经济个体生产的方式，不习惯于合作与协同，如果任由教师个人自由发展，就不会有合作，也不会有重点。这样对老师个人而言，可能是坚持了个人的兴趣和自由天性；可是对一个院系来说，没有凝聚力，无法彰显自己的特色。一个没有特色的院系，在与其他院系竞争中，没有丝毫的优势可言。所以一个头脑清醒的院长（主任），必须心中有数，要知道院系的重点即将来可能突破并带来整体提升的关键点在哪里，并且将自己可以控制的资源向那里集中。所谓重点，是在全局的衡量中比较出来的。重点也是大事，它是相对于小事、非重点而言的。高明的院长（主任）应该能够"议大事、懂全局。议大事，可以使我们有比较远大的眼光，不然就会鼠目寸光"①。华中科技大学新闻与信息传播学院过去有很多研究方向，有很多闪光点，但是在与同行的比较中又不很突出。后来下决心明确学术方向，突出重点，将资源集中到重点上。经过十几年的努力，终于形成了今天的三大方向：新闻传播史论、新媒体研究、战略传播研究。力量集中了，亮点就更亮了。重点一旦取得突破，就会带动整体大幅度提升。

第四个环节是制定战略措施。当院系明确战略定位，确定战略规划之后，最重要者莫过于采取具体的战略措施。没有具体的措施，什么定位、规划、重点，全部会沦为空话。新闻传播院系院长（主任）是院系最高行政负

---

① 《朱九思全集》（下卷），华中科技大学出版社，2015，第 380~381 页。

责人，对院系战略负有特别重要的责任。一般而言，根据学校章程和校长的授权，新闻传播院系院长（主任）可以采取如下措施确保院系战略的实现。一是学术队伍建设。人是兴业之本，没有人就没有一切。没有一流的学者，就不可能有高水平的新闻传播院系。在这方面，既要从外面引进一流的人才，又要立足于自己培养，通过少量的引进人才激活存量。要采取措施保证优秀教授为本科生授课。二是改革体制机制。一个国家、一个院系运转是否顺畅，其绩效的高低，都与其体制机制有关。管理体制好，运转流畅，人的潜力就能够充分地发掘出来。在高校现有体制下，院系层面体制机制涉及管理的制度、规范，运行的流程、环节，激励与奖惩，薪酬制度等。当院系站立在一个新的起点，瞄准新的战略目标时，原有的体制机制可能也会面临变革的压力。三是开放办学。如今我们置身于媒介化社会，信息传播系统与社会系统水乳交融，难以分离。大学中新闻传播院系与其他文科院系最大的不同，乃在于新闻传播院系面对的是一个庞大的信息产业。随着资讯传播技术的进步，传媒生态的转型，新闻传播教育对传媒文化产业的依赖日益加深。再加上国际化、全球化的背景，新闻传播教育不能完全在校内办，应该打开大门，开放办学，向社会开放、向国际开放，走出去，请进来，努力从学校外部筹措更多的教学资源。四是文化建设。院系的发展和竞争，不仅表现在硬实力，诸如物质和数据等方面，而且还体现在软实力方面，它主要体现为院系的文化精神。新闻传播院系院长（主任）应该注意到，在新一轮的学科竞争中，软实力占有的权重已大大提升。

总之，新闻传播院系院长（主任）的战略思维是院长（主任）对关系院系发展全局和长远的根本性问题所进行的思考和谋划，是一种高级认识活动和智力活动，其思维的指向是针对问题或目标任务的整体性解决。"战略思维能力意味着，要善于把解决具体问题与解决深层次问题结合起来，不能头痛医头、脚痛医脚；善于把局部利益放在全局利益中去把握，不能只见树木、不见森林；善于把眼前需要与长远谋划统一起来，不能急功近利、投机取巧；善于把国内形势与国际环境结合起来，不能闭目塞听、固步自封。"①从认知与思维的规律而言，战略思维是一个漫长的过程，开始阶段可能比较模糊，随着战略实施和现实的反馈，战略思维会越来越清晰，由初期的粗线条，变得越来越完善、越来越周密。在这个意义上，院长（主任）的战略思

---

① 人民日报评论部：《以战略思维谋全局——我们需要怎样的"改革思维"之一》，《人民日报》2014年3月5日，第5版。

维是一个持续的迭代、自我完善、自我提升的过程。在这一过程中,院系战略思考的主体始终是院长(主任),虽然其间会有来自下面的种种反馈,但是战略思维与战略实施的指向,在本质上是自上而下,而非自下而上的。院长(主任)主体意识不仅在一定程度上决定了战略思维的深度和广度,甚至会直接影响到战略思维的精准性。

# 第五节　新闻传播院系院长(主任)的四大要务

教育是培养人才、传承文化的伟业。新闻传播教育作为教育伟业的一部分,更是关系到社会的和谐与稳定,影响到国家和人类的命运。作为新闻传播教育的实际运作者,新闻传播院系院长(主任)责任重大。面对信息时代复杂的社会万象和对于新闻传播人才的殷切需求,新闻传播院系院长(主任)常常处在内外交困、天人交战之中。外界所供者寡,而所需者众;学校要求日严,而支持不增;师生期待正殷,院系却举步维艰。院(系)务工作的推展千头万绪,复杂变幻,其荦荦大端,当为如下四大要务。

## 一　师资建设是根本

学校教育的根本在于教师。没有教师,就无法会聚学生,学校也会成为一个空壳。一流的学校首先是因为拥有一流的教师。教师队伍的建设是一个系统工程,涉及诸多环节。首要环节便是结构问题。一支队伍,总是由众多个体或分子组成,是多样性的统一。在年龄上,有老年、壮年、中年、青年不同年龄段,不同的年龄意味着资历、积累、待遇、体力、精力的差异。各个年龄段的教师如果能够呈现合理的梯次结构,则有利于院系的稳定和持续发展。如果年龄结构失衡,头、身、尾比例失调,在延续性上可能会出现问题。学缘结构同样重要,院系教师可能来自四面八方,不同的专业、学科、学校,学缘越是多样,越是容易形成良好的学术生态,促成交叉融合以催生新的学科增长点。如果这些教师出自一个学校、一个学科,近亲繁殖,不仅不利于学科空间的拓展,也会异化院(系)内的人际关系。20世纪末,不少高校过分强调专业对口,以至学院的师资集中于单一的学科背景,制约了学科成长的空间。新闻传播学科属于应用型文科,对应着一个庞大的传媒文化行业。其学生成才标准涉及知识和能力两个层面。相应地,其师资队伍也由学术型、职业技能型两部分组成。如果只有学术型师资，都有博士学位，能够写论文，而不会新闻实务操作，由他们培养出来的学生可能只会纸上谈兵，眼高手低。华中科技大学的前校长朱九思就明确要求，没有完整新闻实践经历的人，不能担任新闻实务课程的教师。[①] 反之，如果教师全是职业技能型的，都来自业界或具有丰富的业界经验，而没有经过严格的学术训练，其培养的学生可能上手快、业务强，但发展的后劲不一定足，其思想的高度与视野的宽度可能会有局限。所以，国内外知名的新闻传播院系，其师资包容了学术型、职业技能型，而以学术型为主，这种结构比较合理。

结构问题必然涉及教师的补充或人才的引进。要维持师资的活力，在补充师资时，应该秉持多样化的原则，保持师资补充的节奏感。所谓多样化，就是在教授、副教授、讲师等不同层级，在学术型、职业技能型不同类别，在国内、国外不同地域，在本学科专业及其他学科专业不同学科，多样化补充，避免师资来源过于单一。而节奏感，则是引进补充师资要常态化，长流水不断线。不要想起来时大规模引进，忘记时几年都不补充。坚持多样化和节奏感，有利于维持师资队伍的动态平衡，有利于教学科研秩序的稳定，同时在师资队伍中保持适度的竞争与活力。

师资的不同类型，源于专业教学的需要。不同的课程需要不同知识与能力结构的老师。一般而言，基础理论与方法类的课程，如社会科学与历史类的课程，需要学术型的教师，他必须经过严格的学术训练，一般具有博士学位，在教学的同时，还应该有一定的学术成果产出；而新闻实务类课程，如新闻采写、编辑、评论、摄影、广告策划、文案、播音主持、影视编导、节目创制等，则需要职业技能型的教师，这些老师必须有完整的业界经历，是行业里的翘楚，能够引导学生直接进入职业水准的实操训练，但不一定具有博士学位，也不一定要求撰写学术论文。此外，一个研究型的院系，在以上两种类型的教师之外，还需要专事学术研究的学者，可只参与研究生培养，而不承担本科教学任务。可见院系不同的教师岗位，要求不同的知识与能力结构，其产出的成果也大不相同。要对他们进行合理的绩效考核，自然不能用"一条鞭法"，而应该实行分类管理，对不同的岗位实行差异化评价。这样才能人尽其才，发挥教师的积极性。

---

[①] 高坤、刘洁：《朱九思：迎着解放炮声走来的新闻教育家》，载中国新闻史学会新闻传播教育史研究委员会编《中国新闻传播教育年鉴（2017）》，武汉大学出版社，2017；另参见申凡主编《华中科技大学新闻传播教育史稿》第一章、第二章，华中科技大学出版社，2013。

教师是院系的根本，而教师队伍的未来，在于其中的青年才俊。院系基础再好，学科带头人、学术骨干再优秀，如果没有一定数量的青年才俊作为后备力量，就很难有光明的前途。院系的可持续发展，取决于老中青三代的合理结构和后浪推前浪的潜力。院系发展的战略思维，应该以培养卓越青年才俊作为重点。富有远见的院长（主任），常常把青年学者的培养放在重中之重的位置。在资源配置上，为青年才俊的成长营造氛围，创造条件，鼓励青年出头。在课程开设、研究生指导、职称晋升、工资晋级方面，在同等条件下，应该多考虑青年学者。青年时期，也正是他们人生最艰难的阶段，上有老下有小，能够安静下来致力于学术实属不易。如果青年才俊能够脱颖而出，不仅会增强院系的生气，在人才培养、科学研究方面也会释放巨大的能量。

在当前媒介与社会结构双重转型的背景下，无论是学术型教师，还是来自业界的职业技能型教师，无论是资深教师，还是中青年教师，都面临知识更新的问题。现在的社会万象、传媒生态、自然环境瞬息万变，来自其他学科专业的教师需要补充知识，出身于新闻传播学科的专家也要更新知识；学术型教授需要更新知识，来自业界的专家也需要更新和补充新知；资深的老教授需要更新知识，刚入职的青年学者也未必能够跟上时代的步伐。教师传道授业解惑的使命面临巨大的挑战，如果不能与时俱进，就难以满足学生对新知的渴求，无法回应社会对高层次传媒人才的期待。

马克思说过："人们奋斗所争取的一切，都同他们的利益有关。"① 院系教师也是人，自然有基于人性的利益需求。师资建设事关院系的生存和发展，而要保持师资队伍的活力，必须有一种良好的激励机制。这种机制说到底就是利益分配，通过利益分配、资源配置来调动人的积极性。其核心就是薪酬制度。目前各院系的薪酬制度多取决于学校，而学校在设计薪酬制度时往往是"不患寡而患不均"（《论语·季氏》）。这一制度的问题在于过于重视年资、平均，缩小分配差距，不利于青年才俊脱颖而出。也有一些高校，薪酬制度主要在院系层面设计和执行，院系有较大的自主权。薪酬制度的设计应该调整思路，在重视公平时，也要兼顾效益。在工资、岗位津贴部分，可以公平为主，而在奖励津贴部分，则应以效益为先，鼓励多劳多得，调动教师的积极性。此外，还可考虑利用社会资源，设置冠名教授席位，以弥补现有薪酬制度的不足。在这方面，华中科技大学新闻与信息传播学院做了有

---

① 《马克思恩格斯全集》（第 1 卷），人民出版社，1956，第 82 页。

益的尝试。①

## 二　学生培养是中心

在现代大学教育中，学生不仅是学校的产品，更是促进教师成长、学术繁荣的积极因素。教师与学生都是教学过程的主体，教学相长是一个基本规律。古人云："虽有嘉肴，弗食不知其旨也；虽有至道，弗学不知其善也。是故学然后知不足，教然后知困。知不足，然后能自反也。知困，然后能自强也。故曰：教学相长也。"（《礼记·学记》）学生在学习的过程中，不仅在老师的引导下成长，而且其求知的冲动和好奇心常常会使老师感到知识上的困窘，因而促使老师益发探索未知、补充新知、与时俱进。这就是教学相长的真谛。

学生对学校的价值不止于此。从某种意义上说，学生是学校拥有的最重要的财富。其一，在当今中国，学生是学校的衣食之源，大学经费中的大部分来源于基于学生人头的政府拨款，教师能够在大学安身立命，就是因为学生的存在。其二，从文脉传承的意义上说，学生是学校的名片。也许有一天，某个大学、院系不存在了，但是因为它杰出的学生，仍会存在于人们的心中。孔子作为中国古代最伟大的教育家，周游列国，他的教室在哪里课堂在哪里并不重要，重要的是他的三千弟子。柏拉图学园在何处？很少有人能道出个所以然，但是大多数人都知道，柏拉图有一个伟大的学生亚里士多德。而亚里士多德又培养了一个伟大的学生亚历山大大帝。

学生是院系最重要的财富，甚至可以说是院系的一切。一切为了学生的成长，一切为了学生的未来，才是学校、院系的本职工作。学生的日常教育、思政工作是院系工作的中心。新闻传播院系应该培养什么样的学生？笔者以为，新闻传播院系的优秀学生应该具备下面六个重要的素质或能力。第一，卓越的专业能力。这种专业能力，正是新闻传播专业学生在传媒行业安身立命的核心竞争力。也许有人会说，在网络化时代，人人都有麦克风，人人都有摄像头。但是在众声喧哗之中，人们更期待的还是专业的理性的声音。第二，博专兼备的知识体系。传媒人应该有广博的知识体系，开阔的视野，天文地理，应该都有所了解。秀才不出门，能知天下事。在此之外，还应在专门的知识领域，诸如政治、法律、经济、科技、文化等领域，有自己

---

① 张昆：《关于设立新闻传播学科冠名教授席的思考》，《新闻与写作》2017 年第 6 期。

的知识储备。第三，深刻的洞察力。传媒人面对的大千世界，变化莫测，充满风险。作为守望者，传媒人负有重要的责任。由于这个世界迷雾缭绕，有时假象掩盖真相、谣言被视为真理，这就需要一种透过假象深入本质的洞察力。第四，人文情怀。传媒人应该是仁者。孔子讲仁者爱人，新闻传播院系的学生，应该尊重生命、敬畏生命，应该爱人、尊重人，对弱者充满同情，对社会承担责任，对祖国怀抱热爱。第五，坚定的政治和道德信念。传媒的运作，事关社会和谐，事关国家的稳定和人类的福祉。所以传媒人应该知道自己是谁，从哪里来，到哪里去，应该站在什么立场，为了谁，而没有高度的政治站位，就难以回答这些问题。这五条主要集中于学生的心智、能力、操守和道德层面。还有一条非常重要，那就是健康的体魄。古希腊柏拉图心中理想的教育就是要把给一个雅典青年的绅士的教育和给一个斯巴达战士的勇士的教育完美地结合起来①，他认为通过这种融合式教育培养出来的人心智发达、温文尔雅、意志坚强，而且体格强健，能够作为城邦的接班人和捍卫者。

要培养未来优秀的传媒人，当务之急是建构合理的课程体系，为此必须配套建设优良的师资队伍、课程体系、教材体系、实验实习基地，同时还要鼓励学生进行自主的拓展性阅读。后者可能更为重要。英国诗人约翰·弥尔顿说："书籍并不是绝对死的东西。它包藏着一种生命的潜力，和作者一样活跃。不仅如此，它还象一个宝瓶，把创作者活生生的智慧中最纯净的菁华保存起来。"②莎士比亚也说："书籍是全世界的营养品。生活里没有书籍，就好像没有阳光；智慧里没有书籍，就好像鸟儿没有翅膀。"书籍是人类思想的精华，读书实际上是与书籍作者的跨时空对话，是读者丰富自己内心、提升精神境界的最佳途径。因此，清代学者翁同龢写了这样一副对联："世上数百年旧家无非积德，天下第一件好事还是读书。"读书是一种知识摄取过程，但又不是简单的照单全收和不加咀嚼的吸纳，而是对知识信息的甄别、辨析、欣赏和批判。阅读伴随着思考，思考必然带来视野的拓展和境界的提升。所以孔子告诉我们："学而不思则罔，思而不学则殆。"（《论语·为政》）新闻传播院系应该努力营造一种鼓励学生读书、引领学生读书的风气。有不少新闻传播院系为自己的学生编订了读书指南，也有一些知名的教授为自己的研究生开列必须阅读的书单，这是非常必要也应该予以鼓励的行为。

---

① 张昆：《传播观念的历史考察》（第2版），武汉大学出版社，2015，第24～26页。

② 〔英〕约翰·弥尔顿：《论出版自由》，吴之椿译，商务印书馆，1958，第5页。

在学生培养的过程中，除了教师授课、指导之外，还有一项重要的内容，那就是思想政治教育。在当前中国的高等教育体制下，院系学生的思想政治教育早已超越纯粹的思想政治范围，而涉及第二课堂、社团活动、专业教育等领域，成为学生培养的一个重要的补充。负责学生工作的老师，与专业老师不同，前者与学生保持着全过程的互动关系，由于他们一般比专业教师更年轻，对学生的了解更深，学生与他们的心理距离更近；学生在思想感情方面，更容易受到学生工作老师的影响。当然，学生工作的重心还是思想政治教育，在这方面应以一种开放、包容的心态，以创造性的各项专业活动，如社会调查、创新创业、行业竞赛、专业实践等，服务于学生成长的需要。需要注意的是，首先，学生工作的本质不是管学生，而是引领学生，通过激发学生内在的积极性和创新的冲动，引领学生在专业的道路上前行。其次，学生思想政治工作不是给学生装上枷锁，不是限制学生的思想和行为，而是为学生安上腾飞的翅膀，激活学生的想象力和创造。如果因为思想政治工作，学生们不敢想象、不敢创新，不敢闯，不敢试，那么这种思想政治工作绝对是不合格的。再次，学生思想政治工作，不是居高临下地单向训诫，不是老师单方面"教育"学生，而是老师与学生平等地进行交流和对话。老师与学生之间，不是主体与客体的关系，而是两个平等主体之间的关系，不是谁决定谁，而是相辅相成。最后，负责思想政治工作的老师不是学生的监督者，而是学生的同路人，他们的目的是一致的。

学生的培养工作涉及方方面面，既有物质的因素、人力的因素，也有精神的因素。新闻传播院系一切人力与物力资源，都应该为学生的培养、成长服务。其中最重要的还是院系教职工，尤其是院系院长（主任）对学生的爱心。如果院长（主任）怀抱着推己及人的爱心，爱生如子，那么其他的一切都不是问题。在爱心的呵护下，学生自然会成为院系工作的中心，成为院长（主任）心目中的重中之重。

### 三　条件改善是前提

教育千古事，甘苦寸心知。成功的教育不仅需要智力、情感的投入，还需要起码的物质条件。巧妇难为无米之炊。人们常纠缠于大师大楼孰重孰轻的争论，有人主张大师比大楼重要，也有人认为大楼重于大师。其实，重视大师的人也不会无视大楼的重要性，因为要让大师安心教学，需要有一个安放灵魂的地方，没有大楼，大师是留不下来的；同样，认为大楼重要的人，并不是忽视大师，而是认为有了梧桐树，才能引得凤凰来。在今天网络信息化背景下，新闻传播教育早已不再是传统的文科教育，新闻传播学科被普遍视为文科中的工科，也需要大量的投入，不仅需要优良的师资，更需要足够的物理空间和先进的实验设施。

一是先进的实验室与丰富的馆藏资料。现代传媒是用最先进的信息技术装备起来的，成为职业传媒人的前提就是能自由地驾驭这些日益复杂的传播技术。新闻传播院系是未来传媒人的摇篮，在学生职业能力养成的过程中，固然可以利用业界的实践平台进行高阶的实训，但是在学生刚刚进入新闻传播学科的知识殿堂，初涉新闻传播专业技能时，院系必须为他们提供必要的教学实习场所，备齐起码的专业技术装备。只有当他们具备了新闻传播的基础知识和基本技能时，才能利用高年级的专业实践机会，在业界的平台上进行实战型专业训练。由于新的信息技术不断地融入新闻传播的实务流程，即便是利用初阶的实验技术设备来建造一个中等规模的专业实验室，对于一般高校而言都是一笔巨大的投入。如果现在仍认为新闻传播教育是普通的文科教育，忽视专业实验室的建设，就有可能耽误学生的未来。专业资料室同样重要，现在许多大学为了节约成本，在校一级建设图书资料馆，下面各院系没有自己的资料室。这对于一般院校而言，或许有不得不然的苦衷。但对重点大学来说，则是一种短视的行为。校级图书馆资料再丰富，也只能满足全校学生的普通借阅需求，而无法满足各个不同专业学生的个性化需求。我们走进中国人民大学、复旦大学新闻学院，看看他们的馆藏文献，就会理解为什么他们的学生会受到业界欢迎，为什么他们的学术研究能够引领学界。

二是独立的办公空间。现在不少高校尤其是一般高校，学生招得很多，教学大楼建得十分气派，学生的宿舍也极尽奢华，但就是没有给老师们一个独立的办公空间。要知道，高校老师是脑力工作者，当其进行创造性思维、研究问题或备课，或个别地指导学生时，是需要一个不受打扰的私密空间的。这个空间不需要很大，十几个平方米即可，装备也可因陋就简，但必须相对独立互不打搅。很多学校没有做到这一点。笔者在华中科技大学担任新闻与信息传播学院院长近 12 年，经过漫长而艰苦的博弈，临到最终卸任时，才一次性建成了五十间教师工作室，终于达到了每人一间的要求。作为院长（主任），我们总是要求老师们爱院系、爱岗位、爱学生，要求他们讲好课、发表论文、申请课题。我们也常常抱怨老师们产出太少，不思进取。但是我们知道老师们最基本的需求吗？新闻传播院系要成为老师们安身立命之所，就要考虑为老师们准备安放心灵的工作室。

三是校外基地建设。新闻传播教育当然是大学、新闻传播院系的事情，但又不全是大学、新闻传播院系自己的事情。新闻传播院系的基本职能，是为传媒行业输送专业人才。在这个意义上，传媒行业是受益者。从经济学的视角看，新闻传播院系是生产者，传媒文化行业是需求方，后者在从学校接受学生这个特殊产品时，不需要付出任何代价，这显然是不合理的。事实上，在传媒专业人才培养的过程中，有些环节如专业实践，在大学校园内是无法完成的。传媒行业可以为新闻传播院系提供专业实践的平台。这实际上是传媒行业履行社会责任的一种方式。一般来说，越是好的新闻传播院系，越是容易与高层次的媒体合作共建校外实践基地；越是开放地区，越是信息传播发达的中心城市，其所在地新闻传播院系越是容易建立起高品质的校外实践平台。对于新闻传播院系院长（主任）而言，出身无法选择，唯一的出路是在现有的基础上，与传媒行业联手，在本地同时也跨地区与主要媒体建立战略合作关系，联合共建专业实践基地。

四是办学资金筹措。新闻传播教育是一个系统工程，涉及诸多子系统、诸多要素，这个系统的运行，需要大量的资金投入。虽然在教育投入上存在效益高低的问题，但总的情况是，投入越多，产出就越多。投入过少，院长（主任）难免会面临无米之炊的窘境。目前高等教育体制下，院系一级的经费来源，主要是学校的拨款。学校的档次越高，学校越是重视新闻传播学科，新闻传播院系能够从学校得到的资金就越多。所以院长（主任）对学校的决策的影响程度，决定了他能够从学校获得资源的多寡。此外，院长（主任）还可以面向社会、传媒业界筹措资金。在这方面，院长（主任）的人格魅力、人脉资源，新闻传播院系的声誉和公信力能够发挥重大的影响。在新媒体新经济迅猛发展的情况下，如果新闻传播院系在行业内有足够的影响力，院长（主任）有足够的号召力，其能够从业界获得的资源甚至会超过学校的拨款。如中国人民大学新闻学院与业界签订的战略合作协议，引进的战略性资助就超过了一亿元。办学资金的筹措是考验院长（主任）能力的关键。一个不能从社会、行业筹措办学资金的院长（主任），不会是一个优秀的院长（主任）。

五是管理服务的改善。现代大学的基本运作单位是院系，各个院系如果能够顺利运转，大学就能办好。在院系的实际运行中，院长（主任）一方面通过系（专业、教研室）主任安排各个老师承担教学与科研任务，另一方面则通过办公室、实验室、资料室、学工组的管理人员承担教辅与管理工作，服务于人才培养与科研活动。一般来讲，教师履行职责的方式类似于个体生产者，根据院长（主任）的安排，单独地完成即可，其空余的时间，可自由支配。教师在教学和知识生产上的效率有多高，固然取决于老师自己的综合素质和专业能力，但院系管理系统的影响也不能忽视。良好的管理，可以发掘出巨大的生产潜力；糟糕的管理，不仅难以激发教职工的潜能，甚至会破坏业已形成的良好秩序。新闻传播院系是智力密集型单位，其员工尤其是专业老师都是有文化、有个性、有自尊、能够独立思考的知识分子，对他们的管理与服务，应该是人性化的、柔性的，绝对不能简单粗暴。院长（主任）应该贯彻以人为本、以老师为本、以学生为本的理念，本着尊重老师、尊重学生，服务老师、服务学生的宗旨，使日常的管理更主动、更精细、更富有温情。

## 四　氛围营造是关键

新闻传播院系是培养高级传媒人才的摇篮，这不仅在于院系有优秀的师资、先进的实验设施、丰富的馆藏文献，还在于院系浓郁的文化氛围。大学教育的竞争，除了人力资源、实验设施、科研平台、物理空间等硬件竞争外，越来越重视校园文化的竞争。从学校竞争到院系竞争，文化成为各个院系的核心竞争力是不争的事实。从本质上讲，文化是人类历史长期积淀的物质成果和精神成果的总和，是一种历史现象，它寄生于物质之中，又游离于物质之外；既存在于历史之中，又能够延续于今天与未来。文化的本质功能在于化成，即对人的教化。院系文化是校园文化之下的二级次文化或亚文化现象。它是校园文化的重要组成部分，在共同的大学精神、学术氛围下，院系作为一个亚文化的主体，除了拥有校园主流文化的基因和脉络外，还具有自己学科、专业的特色。院系文化在一定的程度上由校园文化所决定，但院系文化的发展和繁荣会在更大的程度上丰富校园文化的内涵，增强校园文化的活力。一所大学由不同的学科、院系组成，每个院系都有不同的研究方向和历史传承，其学生的基本规格和最终归属也不尽相同。各院系学生的多样化的精彩表现，一方面，取决于不同的课程体系、不同的师承及不同的实践历练；另一方面，不同的院系文化、专业精神的熏陶也有重要的影响。①

在教育界有一种"泡菜理论"，非常重视院系文化的育人功能。该理论把校园文化比喻为泡菜汤。泡菜的味道取决于许多因素，包括泡菜的原料、

———————

① 张昆：《学院文化：新闻专业人才的培养基》，《新闻记者》2018 年第 2 期。

制作工艺、保存方式、环境温度等，但是真正决定泡菜口感风味而又不易为人所模仿的却是泡菜汤。校园文化环境犹如泡菜汤，它深深地影响着浸润于其中的学生，形塑着他们的人格和个性，决定着他们的思维方式和行事风格。好的校园文化环境如同一缸好汤，学生进了这个环境，好比泡菜原料投入汤料之中，会潜移默化，时间一长就会产生化学反应，最终形成人格健全、身体强健、学富五车、能力卓越的高级人才。老师进入这个环境，也会深受影响。虽说这一理论主要是就校园文化而言的，但学校是院系的放大，院系文化与校园文化在逻辑上属于种属关系，其结构和功能十分相似，两者虽在空间与内涵上不尽相同，但在以文化成、文化育人方面则是完全一致的。

　　从教育史的角度看，对育人环境的关注并非始自今日。早在两千多年前，孟子的母亲就知道环境对孩子成长的意义，所以她一而再再而三地择地而居。荀子说："蓬生麻中，不扶而直。白沙在涅，与之俱黑。""故君子居必择乡，游必就士，所以防邪僻而近中正也。"（《荀子·劝学》）颜之推则称："与善人居，如入芝兰之室，久而自芳也；与恶人居，如入鲍鱼之肆，久而自臭也。"（《颜氏家训·慕贤第七》）古人所强调的环境、氛围与今天的社区文化、校园文化大体上是相近的。环境或文化氛围对学生的影响，不是暴风骤雨式的，而是潜移默化、润物无声的。置身于院系特有的文化氛围中，不知不觉之间，就内化了院系的精神，植入了职业的梦想。

　　院系文化对学生的影响，主要通过以下途径发生作用。一是提升学生的道德。大学教育不仅在于灌输知识，建构完善的知识与能力结构，更重要的在于完善学生的人格，提升学生的道德水准。二是塑造良好的情操。三是强化专业精神和责任意识。不同的院系有不同的专业特质，因而有不同的院系文化，经受院系文化浸润的莘莘学子，也会因此具备不同的专业精神和职业梦想。四是营造学习氛围。每个学生都处在学习状态中，但学习的绩效大不相同。影响绩效的因素众多，最重要的还是学习的氛围。五是增强学生对院系、专业的认同感。院系文化不仅会影响到学生，对于加入院系的老师们也有重大的影响。一群青年博士，到不同的院系就职，即使承担相同的任务，其追求职业梦想的积极性、发展的空间、认同感和成就感也是不一样的。

　　在高等教育新的竞争格局下，新闻传播院系要脱颖而出，除了在硬件方面下功夫外，还须在院系文化建设上做文章，营造良好的文化氛围。院系文化建设兹事体大，必须从战略的高度做好顶层设计，统筹安排。概言之，院系文化建设可遵循如下路径。一是弘扬历史传统。每个院系都有自己的由来，在其历史进程中，总有一些院长（主任）的奋斗业绩令人自豪，总有一些知名学者的学术成就令人骄傲，总有一些成功的学长令人钦佩。这本身就是一种激励学生前行的精神力量。二是丰富精神文化。院系的精神文化，是在院系空间平台上形成的具有专业特色的价值、理念、信仰和梦想。而院（系）训、院（系）歌、院（系）徽是最好的载体。一些有名的新闻传播院系，在校训的基础上，结合学科专业特色，制定了院（系）训。院（系）训犹如座右铭，将新闻传播院系的宗旨、信条、理想融入其中，经学生反复吟诵，自然地嵌入学生灵魂的深处。院（系）歌更是能够激发感情的力量。三是引领学习风尚。当前高校最大的问题，是学生被外界的喧闹吸引，难以静下心来读书。院长（主任）应该考虑建立一种机制，引领学生读书，回归学术经典，与圣贤对话，以提高学生的精神境界。四是提升行为文明。对学生的学习、实践和社会活动，院系应该明确行为的边界，一方面要鼓励学生大胆地创新，激发他们思维的张力；另一方面也要提醒学生不要忘记责任和底线。一切行为都应该符合文明的常规，既要有开拓创新的勇敢，又要有文质彬彬的优雅。

总之，在网络信息时代，新闻传播教育面临诸多新的挑战。要办好新闻传播院系，以回馈社会和业界的期待，院长（主任）唯有牢牢抓住这四大要务，同时发力。其实这四大要务紧密相关，师资建设是根本，学生培养是中心，条件改善是前提，氛围营造是关键。四者相辅相成，缺一不可。这四大要务做实了，新闻传播院系才能步入稳步上升的轨道。

# 第三章　教师与教学团队

教师是人类灵魂的工程师。在人的成长过程中，没有什么角色比教师更重要。对学生而言，"教师是一个稽查长"，"教师的嘴就是一个源泉，从那里可以发出知识的溪流"。① 对于学校来说，大师就是学校吸睛的招牌。美国哈佛大学第 23 任校长詹姆斯·B. 科南特说："高校的荣誉不在它的校舍和人数，而是它一代又一代素质优良的教师，一所学校要站得住，教师一定要出色。"② 要办好新闻传播教育，培养卓越的新闻传播人才，必须有一流的师资。

## 第一节　新闻传播教育的师资瓶颈

在信息化时代，传播媒介在社会运行中扮演着重要的角色。传媒工作者作为社会的哨兵，不仅履行着报道消息、为民立言的职责，而且在传承文化、社会沟通方面的功能，也是其他社会职业无法替代的。但是，随着网络传播的迅猛崛起，全球化进程的加快，传媒及其从业者的表现与社会期待的落差日益显现，社会批评的声音不绝于耳，而且逐渐由针对媒介本身转向新闻传播教育界。应该说，舆论界针对新闻传播教育的批评不是没有道理的。传媒的表现最终取决于其从业者，而传媒从业者绝大多数来自学校，来自新闻传播院系。追根溯源，传媒业界的弊端与新闻传播教育的病根息息相关。在此检讨新闻传播教育，诊断其由来已久的病根，确有必要。笔者认为，当前中国新闻传播教育的病根在于师资。正是师资问题，成了制约新闻传播教育发展的瓶颈。

---

① 刘传德：《外国教育家评传精选》，转引自刘道玉《中国高等教育改革论》，武汉大学出版社，2018，第 323 页。

② 马骥雄：《科南特的教育思想》，《外国教育资料》1982 年第 4 期，转引自刘道玉《中国高等教育改革论》，武汉大学出版社，2018，第 426 页。

## 一　师资在新闻传播教育中的重要地位

教育之本在于教师，从某种意义上说，有什么样的教师，就有什么样的学生，教师的水平从根本上决定了学生的水平，教师的品质决定了学生的规格，这是学界也是社会的一般常识。所以，作为新闻传媒人才的制造工厂，大学新闻传播院系的建设，首在师资。

建设一流的高水平师资队伍，有利于建构科学合理的人才培养模式，建设健全完善的课程体系。在高等学校的人才培养过程中，培养模式和课程体系至关重要。好的、合理的培养模式与课程体系，能够在很大程度上决定人才产品的品质。知名大学与一般大学的区别就在于此。一般而言，一所大学或一个院系的培养模式、课程体系，与教师队伍的教育理念直接相关。只有立足于先进、科学的教育理念，才有可能保证培养模式与课程体系的科学性；而先进的教育理念，只会掌握在立于时代潮头，具有敏锐的洞察力，对人类命运、社会发展和环境需求有深切感受的教学科研工作者手中。一个对社会发展、时代进步和环境变化感应迟钝的人，一个对自己所属领域了解不透的人，即使占据教师的岗位，也不可能成为一个合格的教师，不可能拥有先进的教育理念。

一流的教师队伍还可以通过教学过程直接影响进而提升学生的价值观、知识体系，优化学生的能力结构。教师的职责是传道授业解惑，其工作对象就是学生。一个真正的教师，其成就感应该主要来自其学生的成功，而不是自己的研究发明。在人才养成过程中，教师对学生的影响是很大的。教师的渊博知识与人格魅力，会吸引学生潜心向学，主动模仿；教师的价值观，会自然地影响到学生对人生、对社会、对自然的认知与感悟；教师描绘的美好愿景，会成为学生孜孜以求的人生目标；教师在学业上提出的要求，会成为学生课内课外学习进而完善自我的动力。一个优秀的教师与普通教师所能给予学生成长的影响是完全不同的。优秀的教师视野开阔，目光敏锐，思维活跃，在与学生的互动中，不仅能够启人心智、点石成金，更能提升学生的道德力量与精神境界；而一个平庸的教师，由于其见识、能力及道德禀赋的不足，对学生成长的帮助是非常有限的。

## 二　新闻传播院系师资结构存在的问题

现代新闻传播教育在中国的出现有近百年的历史。但是中国新闻传播教育的历史非常曲折，其真正的黄金时代是 20 世纪 80 年代以后。经过近 30 年的发展，新闻传播教育在中国已经颇具规模，在教育部正式注册的新闻传播类专业有一千多个，设立新闻传播院系的大学有六百多所，在校新闻传播类各专业大学生有二十多万人。有十七所大学设有新闻传播学的一级学科博士点，开设新闻传播学硕士点的学校有百所之多。但是，社会对新闻传播教育的评价并不高，其直接表现是作为其产品的学生，不是那么适销对路，即便是在业界就职学生的表现，也与业界及社会大众的期待相去甚远。究其原因，在于新闻传播院系根深蒂固的师资问题。

从总体情况看，国内新闻传播院系的专职师资，除极少数"985"大学以外，基本上都以国内大学培养的学术型师资为主。而这部分师资，又有两种情况。一是教师队伍中，绝大部分来自新闻传播类各专业，他们基本上都没有媒体业界的从业经验，从本科到硕士、博士，正所谓科班出身。他们受过系统、严格的学术训练，系统、完整地掌握了新闻传播的理论知识和科学研究的基本方法。这对于强化学生的专业意识和职业精神是相当有利的。二是教师队伍中，大部分来自非新闻传播类的其他专业，如人文社会科学相关专业或自然科学相关专业，他们的第一专业虽然不是新闻传播学，但因工作需要，他们从独特的学科视角切入新闻传播学科领域，并且运用其独特的研究方法与新闻传播学的方法相融合。这种队伍结构对于拓展新闻传播研究的新空间，打开学生的视野，完善学生的知识结构，应该是很有帮助的。

然而，正是上述师资结构，导致了我国高校新闻传播教育的封闭性特征。首先，这种封闭性表现为与国际新闻传播学术界的隔绝。国内高校新闻传播院系中，很少有来自国外一流高校的新闻传播专业教师，或者在教师队伍中，很少有具备国外一流大学硕士、博士学位的。所以，国内的新闻传播教育视野狭窄，很少了解国际新闻传播教育界的现状及其发展演变的趋势。虽然在改革开放的大局下，国内不少新闻传播院系正在逐步加大与国外知名大学新闻传播院系的学术和师生交流力度，但是总体而言，国内新闻传播院系基本上置身于国际新闻传播教育与新闻传播学术的主流之外，无法与国际新闻传播教育的惯例接轨。这必然会影响到学生的质量，影响到学生的社会适应能力。其次，这种封闭性表现为与新闻传播业界的疏离。新闻传播教育的基本特点，就是其鲜明的职业指向性。面向新闻传播院系，有一个生机勃勃的信息传播行业，涉及新闻出版、广播电视、电影、网络等，它们已经产生并将继续产生巨大的专业人才需求。在这一点上，新闻传播院系与其他人文社会科学院系是大不相同的。新闻传播院系必须为新闻传播业界量身定制其急需的专业人才。这种专业人才，不仅要有开阔的视野、合理的知识结构、强烈的社会责任感、科学的理性思维品质，更要有驾驭传播技术、胜任新闻传播全流程各环节的业务能力。前者通过高校新闻传播院系的教学基本上可以达成，后者则不然。因为新闻传播院系的教师队伍中，从学校到学校的纯学术型教师占绝大多数，他们的兴趣在于对新闻传播现象及其内在规律进行学理探讨，他们擅长的是理性思维而非操作实践，对于业界的最新发展及未来趋势，对于新闻传播的实际技能，不甚了了。所以在校园内，学生们无法得到必要的技能训练，学生从校园走出去面对媒体业界的选择时，相对于其他专业毕业的学生，并没有自己独特的优势。

可见，目前国内新闻传播院系专业师资结构的弊端，已经深刻地影响到新闻传播人才的培养，甚至在很大程度上决定了人才培养的质量规格。社会对新闻传播教育的负面观感，业界对新闻传播院系的批评，都与新闻传播院系的师资队伍有关。不解决师资队伍的问题，新闻传播教育发展的愿景就难以实现，社会各界对媒介及其从业者的期待也会落空。

## 三　遵循传媒规律，建设一流师资

新闻传播院系要建设一流的师资，必须从两个方面着手。一是面向业界，延揽一流的业界精英，充任新闻传播专业核心业务课程的主讲教师。二是面向国际，引进外国知名大学的新闻传播院系的优秀博士和教授，加强与国际一流大学的学术交流、合作研究，从而实现与新闻传播教育国际惯例的接轨。

延揽业界精英担任新闻传播专业核心业务课程的主讲教师，事实上是国际新闻传播教育界的流行做法。美国大学的新闻传播院系的核心业务课程大多由来自业界的具有编辑、记者经历的教师担任，他们具有丰富的实践经验，但一般都没有博士学位。这些来自业界的业务课程教师是美国新闻传播院系专业师资的重要组成部分。在我国新闻传播教育界，早期也十分重视业界精英在专业人才培养过程中的作用，北京大学新闻学研究会就聘请著名报人邵飘萍为高级讲师，担任业务课程的教学工作。20 世纪 80 年代上半期，国内涌现一批新闻传播院系，这些院系草创之初，就从业界延揽了一批骨干记者。如华中科技大学新闻系首任系主任汪新源就来自《湖北日报》，副主任程道才来自湖北人民广播电台，第二任系主任程世寿来自《襄阳日报》；武汉大学新闻系则从报界、广播电视界请来了罗以澄、胡武、单承芳、刘惠文，其中罗以澄后来担任武汉大学新闻与传播学院院长达十年之久。华中科技大学的前身——华中工学院院长朱九思是一个从延安走出来的老报人，具有深厚的新闻情结。正是他创办的华中工学院新闻系，后来演变成华中科技大学新闻与信息传播学院。他在当时下了一个死规定，没有从事过新闻实际工作的人不能担任业务课程的教师。这一做法在华中科技大学一直坚持了下来。实际上许多一流高校的新闻传播院系，一直保持着这一传统。21世纪初，中国人民大学新闻学院从业界引进高钢、马少华等，其中高钢一度担任该院的院长，后又担任学院党委书记兼常务副院长。

但是国内绝大多数高校新闻传播院系在建设师资队伍时，往往会忽略新闻传播专业的特殊性，过于重视学历学位等统计指标，将学术研究放在压倒一切的位置上，对于业务课程的建设和学生专业能力的培养没有予以足够的重视。在这种情况下，师资队伍的来源基本上从学校到学校，本科硕士博士一条龙，其专业课程的教学基本上是从理论到理论。仅就知识摄取而言，或者说就学生的理论素养而言，新闻传播院系可以说是基本达标。但是新闻传播专业的毕业生能否适应业界的需求，能否胜任传媒行业所赋予的业务工作，恐怕还存在诸多疑问。特别是随着最近十年来传播技术的突飞猛进，融合媒体已成为传播发展的基本趋势，新闻传播操作实务的复杂程度更是远非昔日可比，在这种情况下，以现有的师资储备，新闻传播院系所能给予学生的技能训练与业界的人才需求相去甚远。这正是当前新闻传播教育为业界诟病之所在。要解决新闻传播院系师资瓶颈问题，当务之急便是从业界引进具有学术理想的媒体精英，改变目前新闻传播院系师资清一色学术人才的结构，在理论人才与业务精英之间达到一定的均衡，彼此互补，从而在人才培养过程中，在建构学生合理的知识结构、夯实理论基础的前提下，同时给予学生必要的技能训练，提高学生适应业界需求的能力。

另外，鉴于国内新闻传播院系相对封闭的环境，其教学组织和学术运作昧于国际大势，难以与国际通行标准接轨，目前新闻传播院系最紧要的工作就是从国外一流大学新闻传播院系引进有实力的教授和高水平的博士来补充现有的师资队伍。虽然新闻传播学特别是新闻学具有中国自己的特色，与西方国家不能一概而论，但是新闻传播学作为一门社会科学，或者新闻传媒作为一种社会职业，也有超越国家、民族乃至意识形态的共同价值和一般规范。也就是说，来自国外一流大学的教授和博士是可以与本土培养、成长起来的教师和谐共生的。在培养传媒所需要的一流人才的共同目标上，海外教授与博士可以发挥建设性的作用，不仅能够带来国外先进的理论与方法，帮助学生打开国际视野，而且能引导学生以新的视角理性地审视其面临的行业现实和社会环境。除此以外，借助这批海外教授和博士的人脉，还能够进一步扩展国际学术交流，推进合作研究，就共同感兴趣的问题召开学术会议，从而拓展中国当代新闻传播教育和传播学术的空间。

教师是教育之本，新闻传播教育的发展也依赖于这个根本。当前国内的新闻传播院系，师资之本并不稳固，从而威胁到新闻传播教育的可持续发展。所以固本乃是当务之急。新闻传播院系一方面要延揽业界精英，另一方面则要从国外一流大学新闻传播院系引进教授和优秀博士，改善师资结构，使学术型师资与专业型师资、本土成长的师资与来自海外的师资保持一个合理的比例。只有这样，才能建设合理而完善的课程体系，确保传媒人才的培养质量。

## 四 推进配套改革，完善管理机制

如前所述，师资是制约当前中国新闻传播教育发展的瓶颈。建设一流的师资队伍，是新闻传播教育健康、持续发展的保证。但是师资队伍建设本身又是一个系统工程。它不仅有一个引进来的问题，还有一个留不留得住、干得好不好的问题。围绕师资队伍建设，需要对现有的制度体系和院系文化进行大幅度的革新。否则，即使引进了大量的顶尖人才，也难以留下，难以融进既有的院系文化，其结果可想而知。

首先，要改革现有的师资评价体系，对于不同类型的师资，应该实行不同的考核方式。在现有的师资队伍中，既有学术型的，又有专业型的，既有来自业界的业务课程教师，又有来自学界的研究型教师。这不同的师资，在人才培养和学科建设过程中扮演着不同的角色，履行着不同的职能，对于其绩效考评理应采用不同的指标体系。来自业界的业务课程教师，其职责在于提升、强化学生的职业能力，在日常教学过程中，在课堂内外，围绕传播过程中不同环节的专业技能的培养，耗费大量的精力，这必然会影响他们在学术理论方面的探索；而学术型的教师，其深厚的学养和理论功底，使得他们在培养学生理性思维能力、建构学生完善的知识体系方面，具有独特的优势，如果一定要安排他们指导学生的业务实践，那也有强人所难之嫌。不论是哪一类型的教师，在新闻传播院系，只要能够履行岗位职责，都应有发展晋升的空间，其业绩也应该得到公正的评价。要做到这一点，就必须实行分类考核，对业务课程教师，重在考核其专业实践和人才培养方面的成果；而对于学术型教师，则要以其在学术探索方面的贡献作为核心指标。当然这两类不同性质的师资，也并非两条互不交织的平行线，业务课程教师也要注重提高自身的理论素养，致力于对传播现象进行理性思考；而学术型教师，在进行学术探索的同时，也要了解媒体的实际业务，掌握起码的专业技能。这样的要求，对于两类师资自身的全面发展都有重要的意义。

其次，要实行灵活的人事制度，不求为我所有，但求为我所用。新闻传播院系与其他院系一样，承袭了几十年来中国大学在师资建设方面的弊端，师资队伍小而全，而且都是全职正规在册人员，只进不出，生老病死全包，基本上没有灵活用工，社会上的教学资源无法利用，院系自身也因此背上了巨大的包袱。由于每个院系都有固定的编制，如果编制满了，即使有紧缺的岗位、尖端的人才，也无法引进。有不少院系在业界聘请了一些兼职教授，但基本上都是名誉性质，很少有兼职教授担任实际的教学任务。相邻大学的新闻传播院系即便有充沛的师资，限于所有制，也无法为其他院系所用，从而导致人力资源的浪费。这种用人制度显然不合理。在这个媒介化社会，在传播技术狂飙突进的时代，新闻传播教育界应该打破师资管理上的樊篱，摒弃小而全的单一人才所有制，实行灵活的用工制度，在主体是全职正规在编师资的前提下，可以向业界、兄弟院系聘请一批急需的兼职教师，担任特定课程的教学工作，或者担任学生专业实习的指导老师，其薪酬可以按其付出的劳动量来计算。这样既能促进教学资源的有序流动，实现人尽其才，又能提高新闻传播院系的生产效益，保证传媒专业人才培养的质量。

最后，要营造进取、创新、和谐的院系文化。新闻传播院系不仅是传媒人才工厂，更是创新与传承文化的精神共同体。要促进新闻传播教育的永续发展，保持与发展一流的师资，培养一流的传媒人才，新闻传播院系必须有深厚的文化积淀。在建设院系文化时，有三个关键因素应予以注意，那就是进取、创新、和谐。要摒弃保守、因循的心态，弘扬进取、创新的精神；要清除冲突的隐患，营造和谐的氛围。只有在这种文化环境中，来自不同单位、具有不同背景的多元教师队伍才能和谐共生、与时俱进，从而保证新闻传播院系的人才培养与学科建设有序推进。

总之，师资瓶颈是制约当前中国新闻传播教育发展的关键。要破解这一瓶颈，必须从战略的高度，在制度设计上下功夫，改革教师绩效考核指标体系，实行灵活的用人制度，同时创新院系文化。只有这样，才能最大限度地延揽业界精英，引进国外一流大学的教授、博士，完善师资队伍结构，提高师资队伍的学术水平和专业能力，从而满足业界对新闻传播教育的期待。

## 第二节　设立冠名教授席位的必要性

人才乃兴业之本，古往今来，各行各业因人才而兴者比比皆是。不重视人才，对人才弃如敝屣，往往是事业失败的重要原因。东汉末年的曹操，之所以能挟天子以令诸侯，最终一统北方，就在于其"唯才是举"。唐太宗之用魏徵，不计前嫌，被传为千古佳话。高等教育是人才密集型行业，特别是重点大学，人才济济。而最顶尖的大学之所以顶尖，往往是因其拥有一定数量的领袖级人才。人才的竞争已成为大学竞争的核心领域，各个高校，无不在人才竞争战略及策略上殚精竭虑。其中，利用社会资源在学校设置冠名教授（Named Professor）席位，乃是重要的竞争手段。

### 一　为什么要实施冠名教授制度？

目前，人才竞争不仅在学校的层面进行，更在学科、院系的层面展开。在目前的办学体制下，引进人才不仅是校长的事，也是院长（主任）的职责。在开放办学的格局下，不少学校学习国外知名大学的经验，引进外部资金，设置冠名教授席位。企业或者个人在学校设立冠名教授席位，属于公益项目，属于社会责任，没有任何交换条件。1999 年，北京华远集团向北京大学光华管理学院捐助 500 万元，用于"华远管理学讲座教授"的薪水、科研活动和其他必要费用。该教授的起步年薪为 20 万元，每年的科研经费不低于 5 万元。2000 年 4 月 7 日，7 家企业出资 220 万元买下上海交通大学 36 位教授的"冠名权"。2007 年，上海交通大学制订了《上海交通大学"冠名"讲席教授计划实施办法》，全面启动冠名教授计划。但是由于经济发展水平的制约，以及国人在慈善方面相对保守的态度，在国内高等教育界，实行冠名教授制度的高校属凤毛麟角，少之又少。唯其少见，所以实行起来更有示范意义，更有推广价值。

设置冠名教授席位的本意有三。一是给应聘者尊贵的学术地位。一般高校冠名教授席位很少，属于稀缺资源，能够得到这一职位者多为学界翘楚或战略科学家。人们可以视钱财如粪土，但是荣誉、地位和尊严，对于绝大多数人而言，是其人生追求的目标。马斯洛的需求层次理论表明，人类最高的需求是其人生价值的自我实现，而重点大学的冠名教授席位作为大学教授的最高人生价值追求，是可遇不可求的。二是优厚的薪酬。在一般情况下，冠名教授席位的职位薪酬要远远高于一般教授职位。从人性的角度而言，物质利益是人的重要需求。人要发展首先就要生存。孟子说："若民，则无恒产，因无恒心。……是故明君制民之产，必使仰足以事父母，俯足以畜妻子，乐岁终身饱，凶年免于死亡；然后驱而之善，故民之从之也轻。"（《孟子·梁惠王上》）三是稳定感。一旦受聘为某一冠名教授席位，将有至少三年的任期，期满还可续任一期。在这一任期，其可以不受年度考核之累，专心致力于学术研究。这三点对于吸引高级学术人才、稳定战略科学家队伍，能够起到积极的建设性作用。所以不少大学不约而同地将此作为学术队伍建设的重要举措。事实上，这一举措与国内社会环境和高校生态也比较适应。国内教育界、企业界高层在谈到人才队伍建设时常说，事业留人、待遇留人、感情留人。冠名教授制度，至少在事业发展空间、物质待遇方面，对高级人才具有相当的吸引力。

应该指出的是，设立冠名教授席位，与旨在提高高等教育全行业的工资收入的绩效工资制度改革并不矛盾，而是并行不悖的。要提高大学对高层次人才的吸引力，必须提高全行业的收入水平。但是如果全行业工资水平平均上升，在一般教授和战略科学家之间没有适当的差距，也无法起到激励作用。虽然通过配套的绩效工资改革，加强绩效考核，在同级员工之间拉开了一定的距离，但是由于不患寡而患不均的传统文化基因，这个差距还不足以激发顶尖人才的潜能。在这个背景下，在进行绩效工资改革的同时，在现有的工资体制外，引进社会资源，设立冠名教授席位，来适当地拉开顶尖教授和一般教授的差距，对于调动战略科学家的积极性，占领学术前沿，引领科学发展无疑会产生积极的作用。同时，由于实行的是增量改革，不会影响到一般教授正常的物质利益，所以也不会引起一般教授的反感。

笔者认为，在学习借鉴欧美国家大学冠名教授制度方面，我们不能继续停留在看的阶段、观摩的阶段，应该开始尝试。因为当下激烈的人才竞争也不容我们静心思考，我们已经没有从容应对的时间。特别是武汉地区的高校，与沿海、北上广地区的高校竞争，没有丝毫的地缘优势可言。在体制内可以操作的各种手段，都难以与沿海、北上广的一流高校相匹敌，加上本地经济发展水平不高，企业的活跃程度、国际化程度及慈善意愿远低于国际水平，高校筹措社会资源的能力受到极大的制约。华中科技大学在中国整个中南地区虽然是一个强势品牌，但是华中科技大学的文科专业在学校处于从属地位，在社会上的知名度、在校内的话语权还不够高、不够强，以至在资源分配方面一直处于劣势地位。文科院系要打翻身仗，一定需要学校支持，但绝对不能全仰赖学校的支持，可以也应该结合学科、专业的优势，走出校门，走向业界，发掘社会资源，设置冠名教授席位，以延揽一流人才，稳定师资队伍。

## 二　怎么实施冠名教授制度？

在中国目前的情况下，在高等学校大面积设立冠名教授席位是有一定的难度的。但是在少数品牌重点高校，如北京大学、上海交通大学就完全具备条件，而且早已实行。其他如武汉大学、华中科技大学，虽然学校的品牌效应远不如前者，但是在一定地区、行业，还是有相当的号召力。因为其办学历史比较悠久，校友资源比较充沛，特别是其专业教育（如测绘、水电、机械、医疗卫生等）的传统，对某些特殊行业渗透较深，影响很大。如果持之以恒地努力，也是可以做到的。

一般而言，冠名教授席位的设置，有两种基本模式。一种是基于某种基金的冠名教授席位，前述北京大学光华管理学院的"华远管理学讲座教授"就是如此。其本金不动，主要是靠基金滋生的利息来支付讲座教授的酬金和科研经费。这种冠名教授席位实施时间比较长，稳定度高，而且资助的力度也比较大。但是其起点门槛也比较高，出资者需要有较大的一次性投入。在发展中国家，在工资水准比较高的情况下，能够一次性拿出一大笔钱设立基金，而且这个基金的年利息还足以支持至少一个冠名教授席位的工资津贴，其一次性投入起码在500万元。具有这样财力的企业或基金是不多的。另一种是直接冠名教授席位，即它不是以某项基金为基础，而是由某个企业直接出资，与学校约定一定年限，资助若干个冠名教授席位，每年经费若干。约定期限结束，这个合约即告完成。如愿意再续前缘，可续签协议。这样入门门槛比较低，如设立一个冠名教授席位，每年10万元，约定期限3年，其总额也就30万元而已。所以在目前的情况下，我们设置冠名教授席位，应该以第二种为主，虽然其力度、稳定度不如第一种，但是其门槛相对较低，在初创阶段起步比较容易。

那么我们应该向谁去募集这个资金来设立冠名教授席位呢？当然是向有钱人，但不是所有有钱人都愿意出资支持教育。最有可能资助大学教育的有两种人。一种是与大学相关专业相对应的行业企业的企业家或高层管理者，对于新闻传播院系而言，与我们有千丝万缕联系的行业就是媒体行业，包括新媒体、传统媒体行业，这些行业企业长期以来与我们有密切的合作关系，其高级管理人才和主要的技术人才就是来自我们的学校。其他一些与新闻传播有间接关系的行业企业，部分也有这种可能。另一种是我们的校友。从我们学校毕业的校友，他们事业成功了，母校的培育之恩长驻于心，需要寻找报答的路径。而冠名教授席位的设置，对他们而言，可谓名利双收，何乐而不为呢？

笔者有个不成熟的设想，起步阶段可在华中科技大学新闻与信息传播学院设置 10 个冠名教授席位，分为两个层次，一为 10 万元，二为 5 万元；10 万元 4 个席位，5 万元 6 个席位。每年约需 70 万元，如以 3 年为期，一共需要 210 万元。这里就会产生几个问题：这 10 个席位是面向外部觅才而设立，还是面向院内既有师资？为什么是 10 个而不是更多？为什么还分两个层次？笔者是这样思考的，最初设立的 10 个冠名教授席位，主要面向院内教师，也不排除刚刚从外界引入的杰出教授。之所以这样考虑，是因为目前学校的工资水平比较低，对高水平的教授缺乏吸引力，也难以稳定队伍，当务之急是稳定现有的高水平教授。至于从外部引进的杰出教授，可以利用学校的人才引进政策，其实这个政策的力度还是很大的。为什么是 10 个，而不是更多或更少？根据管理学流行的二八定理，通常一个企业 80% 左右的利润来自它 20% 左右的项目；一个科研单位，能够做原创性研究的高水平杰出教授往往只有 20% 左右，而其他 80% 左右的教师做的则是一般的工作。考察当下我们学院的实际情况，师资队伍总盘子不到 40 人，而其中工作最辛苦、贡献最大的不超过 10 个人，也就是 20% 左右。冠名教授席位的功能不是扶贫，不是普遍的福利，而是对优秀杰出人才的鼓励。如果把它作为普遍的福利，我们也无法争取到这个资金。但是也不能少于 10 个，如果少于 10 个，就必须在最优秀的 10 个人中再做选择，就会伤害这些优秀分子的积极性。为什么要分两个层次呢？我们要承认人与人是有区别的，这 10 个优秀教师中，其资历、影响、实际贡献不可能完全一致，把他们分成两个层次，是合理的；同时，只要评审、聘任公正，对于第二层次的教授来说，争取下个聘期进入第一层次的追求，对他们的成长也是个不小的动力。笔者的设想是，10 万元主要面向教授，而 5 万元则主要面向副教授。

经过多方协商和学校同意，湖北日报传媒集团、湖北广播电视总台各出资 90 万元，分别设立讲座教授岗（2 名楚天传媒讲座教授、2 名长江传媒讲座教授）、晨晖学者岗（2 名楚天传媒晨晖学者、2 名长江传媒晨晖学者）；嘉兴日报社、庄凌顾问公司各出资 15 万元，设立晨晖学者岗 2 个。合计起来，讲座教授 4 名，晨晖学者 6 名，前者年津贴 10 万元，后者年津贴 5 万元。2015 年全面正式启动。

岗位设置了，钱也募集来了，应该怎样评审、聘任呢？这是实施冠名教授制度的关键，这个环节弄砸了，不但不能激励人才，留住人才，激发教师创新的活力，而且会产生诸多副作用。笔者有一个设想，在冠名教授席位的评审、聘任方面，学院只是起辅助作用，只确定应聘者的基本资格（比如副教授及以上，年龄 62 周岁以下），负责动员在岗教师申报和资料的审核；而评审和聘任的主导权交给出资方，由出资方组织专家依据严格的学术标准评审，最后由出资方董事会或党委会决定聘任。但是出资方对受聘者的履职不提任何要求，也不干预其职务行为。这种制度设计，一方面，保证了出资者的主导地位，强化了其责任感、荣誉感，有利于调动其积极性；另一方面，又维护了学术自由，保障了杰出学者的创新研究所必需的物质条件。这是一种多方共赢的制度安排。

### 三 实施冠名教授制度需要克服什么难题？

冠名教授制度的实施，是稳定优秀师资、激发创新潜能的好办法。但是要把这件好事办好，落到实处，还有许多细致的工作要做。这是对院系治理能力的考验，也是对院系领导者智慧和毅力的考验。

首先，要做的第一件事是保证资金持续的来源。事情的开始往往是容易的，毕竟学校、院系累积了多年的社会资源，第一次发掘，比较容易得到业界、校友的响应。但是要持续下去，而且可以想见的是，随着经济发展、物价上涨，居民收入普遍提升，冠名教授基金或工资津贴的规模需求也会越来越高，维持冠名教授席位的难度也会越来越大。这就需要在更大的力度上开发社会资源，提供更加优质的社会服务。虽然冠名教授基金属于公益基金范畴，不附带任何条件和义务，但是如果企业在这方面的付出完全没有回报，要想长期维持是相当困难的。所以学校、院系也要考虑，让出资方感到这笔冠名教授资金的投入物有所值，至少在增加企业的无形资产方面和提升其企业品牌方面能够起到加分的效果。这样院系的冠名教授席位才会有源头活水，而且水量会越来越大。

其次，要努力协助出资方做好冠名教授的评审、聘任工作。出资方组织专家评审，在某种程度上，隔绝了院系教职工之间的利益关联，因而更有公信力。但是，企业毕竟不同于学校，对学术水平的评价，对评价标准的掌握，与学校相比会存在较大的差距。要保证企业评价与学校评价的接轨，真正发挥冠名教授席位的建设性作用，院系在企业组织的评审、聘任过程中，要提供必要的专业帮助。比如在评定标准制定方面，哪些条件是必须的，哪些条件可以放宽，哪些标准必须提高，院系的认知可能更加符合实际情况。在资料的审定方面，院系的经验更加丰富。在组织动员方面，院系的工作可以更扎实、更深入、更广泛。广泛的参与能够消除暗箱作业的疑虑。院系的辅助工作做得更细致、更到位，出资方的评审、聘任就会更公平、更公正，其结果就更有公信力，从而更好地发挥冠名教授席位的建设性作用。

最后，做好后续的思想工作。冠名教授制度是个好制度，但是这一制度对学校、院系管理者，对院系的一般职工，对冠名教授席位的得主的意义是完全不一样的。中国是一个刚刚脱离农耕社会的国度，在其传统文化中有深厚的平均主义的精神基因。孔子曾经说："不患寡而患不均，不患贫而患不安。"（《论语·季世》）朱熹对此句的解释是："均，谓各得其分；安，谓上下相安。"（《四书章句集注·论语集注》）这里的各得其分，就是均分。战国时秦国的商鞅甚至主张，国家应该通过政策法令平衡财富的占用，"治国之举，贵令贫者富，富者贫"（《商君书·说民》）。这一思想对今人影响很大，乃至形成了普遍的社会心理。冠名教授席位的设立，虽然不是动用学校体制内资源，没有影响到校内职工正常的利益分配，但是它毕竟拉开了冠名教授与一般教授的收入差距，使二者地位悬殊。这对于崇尚平均主义的中国人而言，是不容易得到大家普遍支持的政策。可是不这样做又不行，如果一味地因循守旧，学科水平就上不去。所以院系领导一定要做好思想工作，结合邓小平的先富后富理论，解开一般教师的思想疙瘩，安抚好全体教职工的情绪，这样好事才能办好。

## 第三节　教学团队建设

进入 21 世纪以来，高等教育界以人才质量为核心的系列建设工程陆续出台，大学教育开始回归到教育的本质。在这个大的背景下，人才培养尤其是本科教育在高等教育中的地位显著提升。围绕社会的人才需求及信息化、全球化带来的挑战，高等院校面临一系列不容回避的问题。这些问题涉及教学团队建设、专业定位的调整、课程体系的重构、实习实验基地建设、课程建设、教材建设等方面。本节拟就新闻传播专业教学团队建设问题略述管见。

## 一 教师与教学团队

在人生的任何阶段，教师都是传授知识、形塑人格的精神力量。孔子云："三人行，必有我师焉：择其善者而从之，其不善者而改之。"（《论语·述而》）唐代思想家韩愈更是这样说："古之学者必有师。师者，所以传道受业解惑也。人非生而知之者，孰能无惑？惑而不从师，其为惑也，终不解矣。"（《师说》）从这两段话即可看出，古人对于教师和教师职业的尊重。不过，古代知识的分化和丰富程度远不能与今日相比，其为师者，不过为社会极少的一部分人而已。

如今，由于知识的分化与创新的加速，知识总量呈爆炸式增加，这一现实决定了即使是博学的人也不可能像古希腊时代的亚里士多德那样，无所不知，什么都懂。而大学的专业教育，虽然只是局限于某一学科的知识范围，但是在其相对狭小的空间里，也包容了无限的知识内容。我们无法想象，在今天大学能够像孔子或柏拉图那样，一个人面对众多的学生，满足他们全部的知识需求。事实上，教师在教室里面对学生，虽然是以个人的身份出现的，但是教师个人往往又是各种不同的教学组织的一员，不管是否意识得到，教师所传授的知识都不过是构成学生知识体系的一部分内容而已。学生最后学成毕业，是众多教师共同教育的结果。纯粹作为个人的孤立的教师是不存在的。

现代大学的教学组织有多种形式，如教研室、教学团队。在一般的情况下，教研室是大学二级学院下基本的教学建制，学院按专业设系，系下面设置教研室。教研室是一种刚性的教学组织，新进老师一到学院就会根据专业和所讲授的课程被分配到相应的教研室，不管他是否喜欢，他必须进入这个业务活动的平台。教学团队不同于教研室，首先在于它是一种柔性的教学组织，进入这个团队不是出于强制，而是成员自己的选择。所以做出这样的选择是因为共同的兴趣和目标。在这个前提下，团队成员相互交流，彼此协作，取长补短，组成了一个命运共同体，共享一切成果。

现代大学教育充满了激烈的竞争。这种竞争不仅以学科、专业为单位，有时亦以教学团队的形式进行。所以建设高水平的教学团队，是确保教学质量、提升办学水平的重要途径。那么应该怎样理解团队？英国学者德里克·托林顿认为："团队可以被描述为由一定的数量的人组成而收益却大于个人简单加总的群体。"① 上海国家会计学院主编的《个体、团队与组织》则主张："团队是由两个以上具备互补知识与技能的人组成的，他们具有共同的目标以及具体的、可衡量的绩效目标，团队成员为达到共同的团队目标相互负责、彼此依赖。"② 团队犹如一支球队，由不同的运动员组成，不仅其知识、能力、个性差别很大，其角色扮演也各不相同，唯有精诚团结，亲密合作，才能完成比赛任务。

教学团队（亦有人称之为教学梯队）是在人才培养过程中，为实施课程教学而采取的一种组织形式。"它是高等学校以课程、课程群组的建设为任务，整合教师力量，形成教学设施、研究与改革的创新型教学业务组合。教学团队以教学内容和教学方法的改革为主要路径，以系列课程和专业建设为平台，以提高教师教学水平和教育质量为目标。"③ 一个教学团队，实际上就是一个命运共同体，它由不同的个体组成，虽然成员的年龄不同、性别不同、专业不同，但是他们有一个共同的目标，愿意承担共同的责任，他们彼此之间相互理解，所以能够相互协作。在同一个教学团队内，可以实现各种教学资源的共享。以团队为平台的各种教学研讨活动，包括集体备课、轮流听课、教学研讨、统一确定教学大纲和教材、共同设计授课PPT，汇集众智，以解决教学中面临的问题。

从不同的角度，我们可以把教学团队划分为多种不同的类型。从行政层次来看，可以把教学团队划分为国家级教学团队、省级教学团队、校级教学团队；从存续时间来看，有临时教学团队，有常设教学团队；从教学内容来看，有综合素质教学团队，有专业课程教学团队，有实践教学团队；从课堂形式来看，有计划内第一课堂教学团队，有计划外第二课堂教学团队；就课程本身而言，有单一课程教学团队，也有课程群教学团队；等等。

建设高水平的教学团队，是提高教学质量，培养和造就优秀的专业人才的基本条件。教育部在"十一五"期间推出的"高等学校本科教学质量与教学改革工程"就把教学团队作为重要的抓手。"加强本科教学团队建设，重点遴选和建设一批教学质量高、结构合理的教学团队，建立有效的团队合作的机制，推动教学内容和方法改革和研究，促进教学研讨和教学经验交流，开发教学资源，推进教学工作的老中青相结合，发扬传、帮、带的作用，加

① 〔英〕德里克·托林顿等：《人力资源管理》（第六版），邵剑兵等译，经济管理出版社，2008，第239~240页。
② 上海国家会计学院主编《个体、团队与组织》，经济科学出版社，2011，第134页。
③ 李进才主编《高等教育教学评估词语释义》，武汉大学出版社，2016，第96~97页。

强青年教师培养。"① 教学团队建设在教育部主导的改革议程中的地位，充分说明了教学团队建设对于人才培养、科学研究的重要性。

## 二　教学团队的功能

教学团队是现代人才培养和课程教学基本的组织形式，在大学教育阶段，教学团队的水平更是衡量其所在的学科发展水平的重要指标。作为现代大学教育的重要组成部分，新闻传播院系自然应该把教学团队建设作为规范教学行为、提高教学水平、确保人才培养质量的重要途径。从教育教学的基本原理而言，在人才培养过程中，教学团队的功能主要表现在教学业务和教师心理两个层面。

### 1. 教学业务层面

从教学业务层面而言，以教学团队为基本的组织形式，可以促进团队成员在教学业务方面彼此交流、相互协作，推进教学改革和学术研究。具体而言，教学团队可以推动开展如下几项重要的工作。

其一，帮助团队成员协调、统一对课程范围内关键知识点、核心概念的理解，消除不同老师因学缘不同、理解不同而产生的歧见，消除学生在课堂上接受、理解的困难，增强教学效果。在没有教学团队或教研室功能不健全的地方，对于课程的讲授，往往是不同的老师各人讲各人的，以至于对同样课程的同一概念、核心知识点的解读，各异其趣，从而造成了学生理解上的困惑，不知道哪个老师讲的是准确的，应该接受哪一种解读。

其二，教学团队在促进成员交流教学经验、切磋学术研究，满足课程教学及课外指导的同时，还能够推动成员开展学理探讨。大学教育不同于中学教育，大学教师不仅要将成熟的知识系统地灌输给学生，也要致力于探索未知，发现和创造新的知识。对于大学教师而言，教学与科研同样重要。在自己所在的学术领域，如果没有独创性的学术研究，是很难成为一个优秀教师的。一个好的教师，应该是一个杰出的学者。他不能满足于一般意义上的经典知识的搬运，而应该将自己探索的最新成果、独到的见解，发掘的新资料、数据，或者对研究方法的创新，直接转化为新的教学内容。这样的内容才能够吸引学生，才是学生最希望接受的。

--------

① 《教育部财政部关于实施高等学校本科教学质量与教学改革工程的意见》（教高〔2007〕1号）。

其三，教学团队的学习探讨，还会帮助团队成员厘清相关课程的边界，实现相关课程知识内容之间的无缝衔接。教学团队的成员可能来自不同的学校，具有不同的专业背景或业界经历。根据课程体系的设计，课程是存在知识边界的，而教学团队成员对其担当的课程的知识范围的理解不一定完全一致，只有加强交流、沟通，彼此合作，才可能在充分覆盖课程知识空间的同时，又不至越界，从而实现无缝衔接，这样既节约了教学时间，又便于学生理解和接受。

其四，教学团队在教学分工的基础上，推动成员之间合作、互补，实现成员教师的一专多能，在特殊情况下，团队成员之间可以彼此替代。这种互补与替代性准备，可以有效地克服主讲教师因不可抗拒的原因缺课而导致的停课，从而在根本上保证教学秩序。

其五，教学团队也称为教学梯队，团队成员不仅有专业与学历、经历之别，更在年龄上有老、中、青的差异；在学术水平上，有学科带头人、学术带头人、中青年学术骨干。这些不同背景、不同年龄的成员会聚在一起，资深的学科带头人自然就能够对青年教师起到传帮带的作用，课程教学的接力棒就会在他们之间平稳地交接。

其六，教学团队的建设使教学改革成为可能。这一点在当今的新闻传播教育领域显得特别重要。传播技术的发展、传播格局的转型、传播流程与信息生产的革命性变化，使得传媒行业的人才需求也发生了重大的改变，这倒逼高校的新闻传播院系和在校的老师们，不仅要在专业定位、课程体系建构等方面动大手术，在课程建设、教材建设、课堂教学方面也要与时俱进，在内容与形式、方法、手段等方面更要大胆创新。有了教学团队，围绕教学改革的探索就有了一个轻松的环境和平台，可以顺利地展开。

### 2. 教师心理层面

教学团队的作用与功能不仅体现在教学业务、教学改革的促进方面，在教师本身的心理层面也会产生积极的影响。

其一，增强团队成员的归属感和安全感。归属感是人们心理的基本需要。没有归属感便没有认同感，也会失去安全感。[①] 人不是生活在真空中，而总是处在一定的现实的历史环境中。物质环境与社会环境的不确定性，工作上的挫折，人际交流的困难，难免会使个体感到失意、孤独甚至恐惧，缺乏安全感。这就使得个体产生了一种寻找"组织""主心骨""靠山"的心

---

① 刘永哲：《团队建设的有关问题探析》，《中外企业家》2015 年第 4 期。

理需求。教学团队就给了团队成员一个安全的港湾、一个可以依靠的组织，在这里他可以就学术研究、教学进行探讨，甚至个人生活方面的问题也能找到倾诉的对象，而不用担心受到歧视、嘲笑或打压。教学团队就是一个命运共同体，大家情趣相投，目标一致，感情融洽，团队的成员不仅能够在这里获得物质和道义的支持，也能汲取源源不断的内在动力。

其二，使团队成员获得成就感。因为有了团队，有了集体的力量，团队成员可以克服个体能力的不足，从而干出自己难以想象的大事情。一个成功的团队，实际上就是一个高水平的平台、一个高效运行的载体。没有飞机时，我们不能快速地飞越高山海洋；没有高铁时，我们无法在一千公里距离的两地当日往返。教学团队就是类似于飞机、高铁的平台、载体。我们个体的生理结构没有变化、生理机能没有增强，我们的智商也没有根本性的提升，但是如果能够利用这些平台和载体，就能够以快于飞鸟、奔马的速度穿行。置身于团队之中和在团队之外的感受是完全不同的。团队成员成功的概率远高于非团队成员，由此带来的成就感也是非团队成员难以体会的。

其三，提高团队成员的自尊心与自信心。因为团队平台的支持，团队中的教师很容易在教学活动中取得突出的成绩，也容易得到院系同事和学生的认可，得到他人的尊重、承认和欢迎，这自然会在一定程度上提升团队成员的自尊心和自信心。因此，在此后的教学研究、教学改革活动中，团队成员更加积极主动，而教学团队自身也会更加活跃，其成效也会更加显著。

其四，促进团队成员的感情交流。教学团队的成员来自不同的专业、不同的地方，年龄、学历、经历也存在很大的差异。他们之所以能够在一起工作，相互协作，彼此促进，除了共同的目标以外，还有一个重要的因素，那就是成员之间作为同事、朋友、师生的感情交流，团队成为他们的精神家园。因为团队的存在，大家培养出了兄弟、师生、朋友、同事的亲情，水乳交流，难以分离。这种深厚的感情，消除了成员之间可能的隔阂，降低了正常的工作争议可能带来的伤害。

## 三 教学团队的构成要素

一个教学团队的构成实际上是多样性的统一。团队的成员本身是多样的，世界上没有两片完全相同的树叶。来自不同学科专业、不同学校并且具有不同经历的个体，本身就具有各自不同的特质，包括历史观、价值观、情感体验和专业取向，对同一个问题，可能存在完全不同的理解或判断。但是为了一个共同的基本目标，他们自愿组成了教学团队这个命运共同体。就团队本身而言，在一个新闻传播院系，可能同时存在性质与形式迥异的多种教学团队，如单一课程的教学团队，这在公共基础课部分比较普遍，有些特别的专业课也会设置，如华中科技大学的新闻评论教学团队；课程群教学团队，多为在院系层面组建的跨专业的教学团队，如新闻传播实务教学团队、新闻传播史论教学团队；还有课程教学计划之外旨在提升学生专业能力的第二课堂教学团队，如华中科技大学的红树林团队、V - fun 团队等。团队的形式多种多样，团队的规模也大小不一，有限于本院师资的封闭式教学团队，也有跨越院系的开放式的教学团队，团队的形式不同，但是教学团队的本质使命是一致的，都是为了造就优秀的传媒专业人才。

一个富有活力的教学团队必须具备如下几个要素。

其一，统一的目标愿景。一个教学团队或学术共同体是由众多单独的个体自愿组成的。这些不同的人之所以能够克服各种差异共建精神家园，是因为他们有一个共同的统一的目标愿景。这是教学团队建设的大前提。有了这个目标愿景，团队成员就都知道他们要实现的目标是什么，他们能够从共同的奋斗中得到什么。这是教学团队发展的动力之源。如果没有这个目标愿景，团队就没有办法树立起吸引成员的大旗，即使吸引了团队成员也难以稳住他们，让他们在这个团队平台上共同奋斗。

其二，有效的沟通。教学团队能否充分地发挥其机能，取决于团队成员之间能否保持有效的沟通，彼此之间是否能够坦诚相见。这种沟通能够保证团队成员之间不仅彼此深入了解，而且还了解彼此的重要关切。在这种心理基础上，成员会自然地产生一种对教学团队的认同感、依赖感，意识到自己是团队的一员，或团队是属于自己的，团队其他成员是自己的战友、伙伴和朋友。

其三，合理的分工。一个教学团队由若干不同的成员组成，这些成员都是一时之选，十分优秀，但是由于知识的分化和爆炸式的繁殖，他们不可能都是通才，而更多的是某个专业、某门课程或者某个领域的杰出专家。要发挥教学团队的效能，对其成员必须用其所长，避其所短，把每个教师放在最适合的位置，让他的才华得以充分展现。

其四，彼此激励、共同承担。教学团队是一个命运共同体，遇到了挫折、失败，成员间要一起承担；收获了成果，大家也会一起分享成功的喜悦。团队的工作，就是成员自己的事业，大家理应共同担当。对于各自负责的岗位、各自承担的领域，成员间也应相互激励。团队成员在做好自己分内工作的同时，也要对团队同事表达一份关爱和支持，这样每个成员才能感受到不是一个人在孤独地奋斗，每个成员的背后都有无数支持的力量和关爱的眼神。这种精神体验，会极大地激发团队成员的潜能，提高团队运作的效率。

其五，彼此信任和默契。① 由于团队成员间充分、有效的沟通，成员之间彼此激励、相互支持，团队因此成长为一个具有活力的命运共同体。由此建立起成员之间的相互信任，每个成员都相信在自己最困难、最需要支持的时候，同事们会伸出援助之手。自己同样也是如此，时刻在准备着支持需要帮助的同事们。成员之间这种相互的信任，升华为一种默契，关键时一个眼神、一个微笑、一个细微的动作就会产生巨大的精神力量。在这个场景下，精神力量完全有可能转化为物质力量。

其六，责任感。教学团队的每一个成员都是命运共同体的一员，都对命运共同体的生存与发展承担着一份责任，无可推卸。这种责任感表现为对团队发展前途的关心，对团队其他成员的生存、生产与生活状态的牵挂，团队成员之间无私的关爱，时刻准备着为团队的发展而付出自己的辛劳、汗水的决心。正是这种强烈的责任感，使得教学团队成为具有强大生命力的有机体，团队成员彼此性命攸关，难以割舍。

其七，足够的资源及其支配权。一个团队要想有效地运转，激励成员的积极性和创造性，必须拥有一定的物质资源，并且能够自由地支配和运用这些资源。教学团队的每个成员都是人，都是有七情六欲的生物个体，都有自己的物质利益诉求。马克思说过，"人们奋斗所争取的一切，都同他们的利益有关"②，所以他主张"以一定历史时期的物质经济生活条件来说明一切历史事变和观念、一切政治、哲学和宗教"③。如果团队成员的努力、创造和奉献得不到起码的物质奖励，他的积极性就难以维持。所以教学团队必须掌握和支配足够的物质资源，并且能够自主地分配和处理这些资源，以调动成员的积极性、主动性和创造性。

## 四 教学团队建设的原则与路径

建设教学团队是提高教学质量，培养高水平专业人才的重要措施，这已

① 万涛、大月博司：《基于目标管理的团队有效性研究》，《企业管理》2016 年第 4 期。
② 《马克思恩格斯全集》（第 1 卷），人民出版社，1956，第 82 页。
③ 《马克思恩格斯全集》（第 18 卷），人民出版社，1964，第 308 页。

成为教育界的共识。但是审视当下的高等教育界，在教学团队建设方面还存在不少的问题。这主要表现为：教学团队建设的总体目标不够明确，有时把具体的工作任务视为总目标，有时把临时性的工作要求视为总目标，以至基于总目标而进行的总体设计偏离了教学团队建设的原有宗旨①；团队组织结构不甚合理，有贪大求全的喜好，认为团队成员越多越好（这是一个莫大的误会，教学团队不同于其他组织，其大小应该适度）；教学团队的运行机制不够完善，团队的评价和奖惩激励办法不够科学，难以调动团队成员的积极性和创造性。

教学团队的建设是一个涉及面非常广的系统工程。首先必须确认和坚守团队建设的基本原则，笔者以为这一基本原则的核心内涵有四。

一是开放性原则。新闻传播院系的教学团队不是封闭的自娱自乐的机构，而是开放的处于发展中的教学平台。教学团队不能局限于某一专业、系，或者局限于某一学院，只要是知识相关、背景相同，就可以跨专业甚至跨学科组建教学团队。尤其是以提升学生综合能力为目标的团队，如华中科技大学新闻与信息传播学院胡怡教授主持的 V–fun 团队就是跨专业、跨学院面向全学校组建的。V–fun 团队每年出品一部以校园生活为题材的大电影，除了制片、导演、编剧是新闻与信息传播学院的外，其他的岗位，包括演职员都是其他学院的老师和学生。这样，每到毕业季，观赏其制作的电影，都会成为校园一道亮丽的风景。

二是结构合理、规模适当原则。教学团队建设不能一味地追求大而全，绝对不是规模越大、人数越多越好。大小适当、适度从紧，是教学团队建设的重要原则。同时团队建设还要注意结构合理。年龄结构上要合理，老、中、青都要有适当的配置，一个团队如果只有老同志、中年同志是没有未来的，如果只有青年、中年，而没有资深的学科带头人，这个团队也难以达到理想的高度。结构还涉及团队成员的学历、经历，即成员的学术背景、工作背景以及与相关行业与学科领域的关系等，不能搞清一色，最好有一些差异，有差异才能互补，有互补才能增强团队对各种复杂情况的适应能力。

三是教学与科研相结合原则。教学团队虽然在名字前面冠以"教学"二字，但其功能和实际活动绝不仅限于教学。既抓教学，又抓科研，同时还致力于将科研成果转化为课堂教学的内容，是教学团队的工作特点。不过这里的科研，指的是与课程教学紧密相关的学术研究。应通过这种研究，不断拓

---

① 肖久灵：《高校教学团队运行障碍与对策研究》，《管理观察》2018 年第 20 期。

展课堂教学的思维空间，不断为教学注入新的内涵，从而提高课程教学的学术品位。这是保证教学质量的必要的措施。一个没有科研成果的教师，绝对难以成为一个学生喜欢的教学名师。

四是优化资源配置原则。教学团队既然是教学的组织形式，并且还拥有一定的教学资源支配权，那么，要用好用活这些资源，教学团队应该优化资源的配置。一方面要注意节约，提高资源的使用效率；另一方面则要合理地配置，把好钢用在刀刃上。在教学资源的配置方面，不能搞平均主义，不论干不干、干得好不好都利益均沾是绝对不行的。唯有在科学评价的基础上，把资源配置与绩效奖惩有机地结合起来，方能提高资源的使用效率。

以上四条是新闻传播专业教学团队建设必须坚持的基本原则。这四条原则本身也存在内在逻辑关系，开放性原则与结构合理、规模适当原则主要是就团队的构成而言的，其核心的要求是贯彻多样性统一的精神。团队成员应该来源多样，各具特色，规模适度，目标一致。教学与科研相结合原则和优化资源配置原则则是针对团队的运行而言的，要求教学团队在运行方面照顾到教学和科研两方面的需求，同时要将两者有机地结合起来，而资源的配置则要服务于团队的高效运行，进而达到团队成员共同的目标。

教学团队的建设不仅涉及面广，而且耗时费力。虽然达成目标的途径有多种，但是在时间、条件、资源有限的前提下，如果能够选择最优的路径，则有可能提前达成团队的建设目标。具体而言，在选择教学团队建设的路径时，有必要注意以下六点。

第一，选择好团队负责人。对于一个团队而言，没有比确定团队负责人更重要的事情了。一个有远见、有胆识、有胸怀、敢担当的负责人，可以使团队成员人尽其才，带领团队不断克服困难，创造佳绩。反之，即便团队拥有一流的师资、充沛的资源，这个团队也难以达到预期的目标。汉高祖刘邦就是优秀的团队负责人。他曾经问臣下："吾所以有天下者何？项氏之所以失天下者何？"高起、王陵对曰："陛下使人攻城略地，因以与之，与天下同其利；项羽不然，有功者害之，贤者疑之，此其所以失天下也。"高祖曰："公知其一，未知其二。夫运筹帷幄之中，决胜千里之外，吾不如子房；填国家，抚百姓，给馈饷，不绝粮道，吾不如萧何；连百万之众，战必胜，攻必取，吾不如韩信。三者皆人杰，吾能用之，此吾所以取天下者也。项羽有一范增而不能用，此所以为我禽也。"（《资治通鉴·汉纪三·汉高帝五年》）教学团队也是如此，如果团队负责人有刘邦的气度和雅量，有识人之明，何愁事业不成？

第二，不拘一格，根据需要和现实条件建设独具特色的团队。如前所述，教学团队有各种不同的类型，组建团队应不拘一格。在新闻传播院系，首先，要建设好课程群教学团队、专业实践教学团队。华中科技大学的新闻传播史论教学团队就是跨专业组建的课程群教学团队，将新闻学原理、传播学概论、马克思主义新闻观、中国新闻史、外国新闻史、比较新闻学、新闻伦理与新闻法规、传播学研究方法等课程的主讲教师组织在一起，现已建设成湖北省优秀教学团队。武汉大学新闻与传播学院为了组织实施学生的专业实践，组建了全院专业实践教学团队，其因突出的业绩获得了国家级教学成果奖。其次，要建设好第二课堂教学团队。如华中科技大学的红树林团队是一支以培养"创意思维—策略制定—问题解决"核心专业能力为宗旨的咨询策划创意团队，深受学生的欢迎。① 最后，要建设好单一课程教学团队。如华中科技大学的新闻评论教学团队就是一支融合学校学界精英和业界高手的"双师型"教学团队。②

第三，培养团队精神。教学团队的组成不仅是团队成员物质上的集合，也是他们精神上的结盟。一个团队之所以能够在教学中取得佳绩，在与其他团队的竞争中立于不败之地，主要在于其团队精神。所谓团队精神，是建立在院系文化基础上的，由全体团队成员拥有的团队归属感、责任意识，以及团结协作、相互配合、共同努力的集体观念和精神氛围。有了这种精神，个体能够体会到作为团队成员的自豪感，能够自愿地将自己的前途和命运与教学团队紧密地联系在一起，能够自觉地为团队的工作努力奉献。同时，在团队成员之间，也会形成彼此信任、相互支持、相互敬重、相互谅解、相互包容的建设性伙伴关系。③ 这种团队精神在特殊情况下会演变成一种强大的物质力量。

第四，健全激励机制。教学团队的正常运行，需要有科学的制度设计和完善的奖惩激励机制。在实际教学过程中，即使条件、环境完全相同，每个团队成员的工作绩效也会出现一定的差异。对于成就卓著者，理应在团队掌控的资源中予以必要的奖励，以调动其积极性。而成绩一般者，也会因此正视自己的差距，寻找自己落后的原因，争取在以后的工作中实现对其他成员的超越。所以教学团队的负责人应该认真研究国家相关政策，结合高校和院

① 欧阳康主编《自主成长与人文情怀——华中科技大学文化素质实践教育探索》，华中科技大学出版社，2012。
② 张昆：《新闻评论教育的"华科大模式"》，《新闻记者》2018 年第 6 期。
③ 刘永哲：《团队建设的有关问题探析》，《中外企业家》2015 年第 4 期。

系工作的实际，完善教学团队管理的具体细则，重视奖惩制度的设计，通过完善的制度激发团队成员的潜能和创造、创新的激情。

第五，营造团队自由生长的外部环境。教学团队的高效运行离不开学校、院系提供的支撑性环境。教学团队本身就是社会教育系统的一个组成部分。一个开放、宽松的环境，有利于教学团队获得更多的社会资源，自主决策、自由思考，发挥团队成员的想象力、创造力。相反，一个过于封闭、严肃、紧张的环境，可能不利于教学团队与院系、学校系统的互动，愈来愈固化教学团队成员的想象与思维，还会限制团队成员自主的创造性活动。在这个意义上，学校尤其是院系应着眼于教学团队发展，建设开放、自由的校园（院系）文化，突出专业特质，营造自主、创新、包容、协作的精神氛围。只有这样，教学团队才能在宽松的文化土壤上健康成长。

总之，高校新闻传播专业教学团队的建设，是新时代提高人才培养质量，加强学科建设的重要举措。而团队建设本身又是一个复杂的涉及面广的系统工程，要实现教学团队建设的目标，必须深入地认识教学团队这种新的教学组织形式的特点及其组成要素，在学校、院系战略的高度思考团队建设的基本原则，选择建设团队的准确路径。

## 第四节　后喻时代的教学相长

教育是传承知识文化的重要途径，同时也是个人发展过程中重要的社会化手段。因而教育中的师与生、教与学的关系一直是人们所关注的重点。在过去，作为晚辈的学生一直都在接受来自作为长辈的老师的文化传喻，美国人类学家玛格丽特·米德在《文化与承诺：一项有关代沟问题的研究》一书中将这种人类文化称为"前喻文化"，是指晚辈主要向长辈学习。同时，她也提到了另一种长辈反过来向晚辈学习的文化——"后喻文化"。这两种文化反映了不同时期人类社会中的文化变迁，而在不同的社会文化背景下，教育中的主、客体及其方法也发生了改变。

### 一　前喻文化环境下的师生关系

原始社会的生产资料单一且简陋，人类一直在竭力维持自身的生存，因而缺乏社会变革所需要的物质基础，整个社会的发展进程十分缓慢。老一辈人为了整个文化的绵延不断，将自身对生活的理解以及公认的生活方式传授给年轻一代。而年轻的一代为了顺利地生存下去，自然会接受父辈的训诫。

在古代社会的师生关系中，文化传承的形式正体现了前喻文化的特征。师生关系是教育活动的表现形式，也就是说，师生关系就是教育本身的表现方式。① 在前喻时代的教育活动中，老师是组织者、实施者和承担者，是教育的主体，而学生则是客体，往往只是教育活动中被动的参与者。韩愈曾在《师说》中说："师者，所以传道受业解惑也。"他认为老师是讲授道理、传授学业和解释疑难的人。因此，一名好的老师应当懂得许多道理，掌握相当多的专业技能，以此来承担整个教育活动的核心职能。在前喻时代，学生了解信息的渠道窄、获取信息的速度慢，因而知识的储备量较少，这就造就了师生之间信息极其不对称的情形。在这种不对称的局面中，老师由于掌握了大量的信息，从而处于权威地位。正是由于权威不可动摇，缺少其他途径的补充和修改导致知识在传播的过程中往往容易固化。米德认为，为了整个文化的绵延不断，每一代人都会将把自己的生活原封不动地传喻给下一代看成自己最神圣的职责。② 前喻文化下的老师也正是如此。最早的新闻传播教育仅以培养新闻媒体从业人员为目的，老师们从老一辈那里承袭了专业的技能和知识，在传统媒体作为主要传播渠道的时代，这些技术和信息具有一定的专业门槛，在他们心中是相当具有权威性的，因而他们很难接受知识的更新和改变，更不用说来自晚辈的质疑和批判。

知识的固化和以老师为主体的教学方式使得前喻时代的学生缺乏质疑精神和自我意识。由于教育活动中地位的不对等、信息的不对称，老师对学生知识的灌输具有自上而下的强制性。学生会慢慢形成一种观念：老师所教授的知识是正确的，是毋庸置疑的。他们并不会去考虑这些知识是如何产生的。这种缺少对信息本源的探索以及质疑使得教育活动变得单一且重复。由于社会变化迟缓，他们尚能顺利地在所熟悉的社会中生存下去，却很难推动社会的发展。学生习惯了以老师为主体，自然而然地忘记了自身作为独立的个体也具有创造和传播信息的能力。一味模仿使得学生的自发性被扼杀，主动性和创造性也随之减弱，从而导致社会变革的动力不足，社会进程缓慢。

老一辈人在潜意识里认为，后辈们所生活的世界应当与自己所经历过的

---

① 金生鈜：《理解与教育——走向哲学解释学的教育哲学导论》，教育科学出版社，1997，第 125 页。

② 〔美〕玛格丽特·米德：《文化与承诺：一项有关代沟问题的研究》，周晓虹、周怡译，河北人民出版社，1987，第 8 页。

世界没有什么差别，因此他们希望通过对后辈们直接进行教化，让后辈能够快速地适应社会生活。在以纸媒为主的社会变化缓慢的时代，由掌握了大量新闻传播业务经验的前辈对知识经验寡淡的后辈直接进行灌输式教育，是使后辈快速掌握职业技巧、适应当下传播环境的最快途径。但这种做法的弊端也十分明显，年轻一代能够稳定地维持既有的报刊处理方式，而当广播、电视等新的媒体相继出现后，业务条件发生改变，只记住知识结果却不知演变过程的学生无法根据已掌握的知识举一反三。当有更多的新媒体出现时，他们很难立马做出调整，适应新的社会环境。

前喻时代的教育模式也使得学生类型单一。老师将自身所教授的知识作为标准来对学生的学习做出指导，对于超出老师所掌握知识范围的部分，老师往往不鼓励不支持学生去发展。一方面，超出部分触及了老师的知识盲区，有损他们的权威；另一方面，老师对他们所不了解的部分无法给学生提供指导和帮助。学生没有别的获取更多信息的渠道，而老师又旨在将学生教化成自己所熟悉和能掌控的类型，久而久之，学生的个体差异被磨平，类型趋于单一。

总的来说，前喻时代的老师具有绝对的权威，是教育活动的主体，他们掌握了学生所学知识的来源，因而很难接受知识的改变和晚辈的质疑。以老师为主的形式也使得学生缺乏质疑精神和自我意识，主动性、自发性和创造性相对较弱，同时知识的固化使他们的学习方式逐渐变得单一，难以适应其他文化环境。

## 二　后喻文化环境下师生关系的变化

18世纪开始的工业革命以机器生产代替了原始简陋的手工生产，自此世界变革的火车开得越来越快。互联网诞生后，世界性社区的出现，使得整个人类第一次共同生活在一个能够互相沟通信息、交换反应的社会之中，分享着知识和忧虑。① 信息浪潮借助媒体的变革以一种势不可当的力量渗透进人们的生活，新闻传播院系的学生原本就频繁接触新媒体，因而对新媒体的运用更加迅速和娴熟，也能获取更多的资源。当年轻的学生正不断吸收变革之后的信息时，他们的老师由于信息的爆炸、世界的变化跨越了数代

---

① 〔美〕玛格丽特·米德：《文化与承诺：一项有关代沟问题的研究》，周晓虹、周怡译，河北人民出版社，1987，第78页。

人的经验，在艰难且缓慢地与新的信息方式进行磨合。由此，前喻时代老师向学生单向传喻的方式被打破，后喻时代的师生通过不断的对话，改变以往"传者""受者"的身份，在信息化的课堂教学中磨合出了新的互动模式。

进入后喻时代，学生最先开始发生变化。信息技术带来社会泛媒介化，每个人都能够通过多种媒介来接触世界，新闻传播院系的学生更是能够快速学会运用新旧媒介来获取自己所需的知识资源。当学生发现在课堂上所学到的知识已经远远与现实世界脱轨，甚至存有矛盾冲突的时候，他们不再片面地接受书本上的知识。而跳出了课堂，学生才开始意识到自己是学习的主体，过去以老师为主体的教育模式渐渐不被学生所接受。对于同一个新闻事件，学生不仅可以从老师那里接收一些观点，更能够从网络世界中获取千万个看法，由此组成了对事物更加全面的评价。老师无法强求学生只听从他一个人的，科技所带来的信息爆炸让学生的视野更开阔，同时也给予了他们反驳老师、反对既有学习模式的勇气和动力。

玛格丽特·米德在《文化与承诺：一项有关代沟问题的研究》中认为，今天，整个世界没有哪一处的长辈知道晚辈所知道的一切。不仅父辈已不再是人生的向导，而且根本不再存在向导。[①] 前喻时代信息闸口单一，且主要掌握在老师的手中。随着媒介的发展，报纸、广播、电视一直到现在遍布全球的互联网，越来越多的信息闸口被打开，信息交流达到了前所未有的畅通，过去老师知识垄断的局面被打破。学生与老师获取信息的地位趋于平等，根据个人搜集信息的能力不同，甚至会出现学生信息量超过老师等信息不对称的逆转局面。可以说，在信息量的掌控上，新闻传播院系的老师面临前所未有的"困境"。学生从网络中了解到新的媒介知识和技术，而这些知识和技术恰恰可能是老师并不了解的。当老师还在谈论互联网时，学生已经开始熟练使用移动互联网中的各种应用。此时的课堂已经不是老师向学生灌输知识，而是掌握了新知识的学生将其基于各种媒介搜集来的信息分享给老师，从而形成师生之间信息的交流与互动。老师和学生不再是知识的传授者和接受者的关系，而是一种共同学习、相互影响的合作学习关系。后现代思想家多尔（W. E. Doll）曾指出："这种关系将较少地体现为有知识的教师教导无知的学生，而更多地体现为一群个体在共同探究有关课题的过程中相互

---

① 〔美〕玛格丽特·米德：《文化与承诺：一项有关代沟问题的研究》，周晓虹、周怡译，河北人民出版社，1987，第85页。

影响。"① 也就是说，老师的"权威主宰"地位逐渐被瓦解，师生之间的界限趋于模糊。

信息的互通也意味着各个领域破除壁垒逐渐渗透、融合。课堂教育也无法只局限在某一专业领域，学生的思维敏捷、开阔，往往能对老师所提出的问题给予多角度、新思路的回答。这似乎是对传统老师的"权威"的一种挑战，但后喻时代师生正是通过这种方式相互启迪、教学相长的。在过去，新闻传播学相关的研究基本上都属于文科领域，近些年来，一些学科相互交叉、彼此借鉴、相互融合，新闻传播学尝试着借用理工科的视角和技术来进行专业的研究。如今新闻传播院系大多以文科出身的老师为主，而学生则可能拥有多样的学科背景，这就极大地促进了学科之间的交融，弥补了专业知识领域的空缺，同时也大大提升了专业研究的创新程度。老师与学生之间，更多的是学科知识的互补与合作，甚至于学生启发老师，带动老师提升创新能力。

### 三　后喻时代新闻传播人才培养中的教学相长

不论是过去还是现在，人们始终关注着教育活动中师生的共同成长。当学生们也能站上讲台介绍自己搜集的信息、陈述自己的观点时，他们已经不仅仅是在学习，同时也在进行传授。老师则拥有了更多的学习空间，教学相长在后喻时代的老师身上体现得更加明显。有学者指出，最早载于《礼记·学记》中的教学相长的思想是针对教师而述的，强调教师运用理性思维，把握自己学习知识和教学技能的缺失，积极开展自主反思，刻苦钻研。② 在如今，不仅老师要做到教学相长，学生也要能够边学边"教"，进行信息的交流与补充，提升自己对知识的理解和应用能力，这就使得后喻时代的学生对老师提出了种种要求。

首先，除了知识的传授外，学生更需要从老师那里获得更多高效的搜寻知识的方式。瞬息万变的世界每分每秒都在大量产生信息，在过去人们利用媒介筛选出有价值的信息进行传播，互联网诞生后却将所有信息尽收网中，随时可供人们调用。人们从被动接受转向主动探索，根据自己想要的去寻找

① 转引自阳荣威、卢敏《后喻文化时代师生关系解构与重构》，《中国教育学刊》2013 年第 3 期。
② 李保强、薄存旭：《"教学相长"本义复归及其教师专业发展价值》，《教育研究》2012 年第 6 期。

相关线索并进行挑选吸收，成为当下学习型社会的典型特征。不过，信息量虽然庞大，接触各种信息的渠道虽然便捷，但如何去搜集有用的信息、快速找准目标信息，使自己不被淹没在浩瀚的信息海洋中，这对于老师和学生来说，都是一项重要的能力。对于学生而言，比起传统的传授知识，他们更希望老师教给他们搜寻这些知识的渠道。所谓"授人以鱼不如授人以渔"，"渔技"才是保证学生持续学习的关键。但是，检索信息的能力并非与生俱来的，学生通过老师的传授能够更高效地获取基本的信息检索能力，在此基础上，学生可以自己进一步去了解更多的信息搜集技能。通过一段时间的自我摸索，每个人所掌握的方法可能有所不同，师生之间通过交流合作能够相互补充和启发，各自的能力都能有所提升。

其次，深度挖掘比泛泛了解更重要。对于学生而言，老师应当是帮助他们深度剖析信息的伙伴。在当下的许多课堂中，老师往往先抛出整个课程的大致框架，介绍几个基本理论，然后让学生分成小组在课后去查找相关资料，通过阅读文献和小组讨论来对知识理论有更加深入的了解。通过学生在课堂上的演讲分享，完成师生角色的互换，加深学生对专业知识的掌握，同时也给老师开启了新的思路、补充了新的知识信息。这种教学模式在后喻时代的课堂中应用广泛，然而离所期望达到的教育效果可能还有一定的距离。一方面，学生利用媒介所检索到的文献繁多，在短时间内难以消化，难以从海量文献中摘取最重要的信息，因而对某个理论往往只停留在浅层的理解上；另一方面，由于学生分成小组进行学习，对于非本小组的其他理论学生可能并没有进行系统的查询。此外，课堂上学生的展示与陈述可能并没有老师讲授得生动有趣，其他学生难以接受和吸收，由此容易造成学生对非本小组的理论学习的印象不深。在当下的课堂中，知识的广度已经借由媒介得到无限的拓宽，人们需要的是对深度的挖掘。学生拥有了扩大自己知识空间的渠道，同时也需要老师对其进行引导。有学者认为，在这个时代，更需要讲究知识传承的方式，有很多核心能力和价值，仍需要通过教师来传承。[①] 挖掘知识背后深层次的因素，才能使学生的学习不流于表面，真正对理论知识理解透彻并能运用到实际的研究中去。

再次，想尽早让社会来检验学生的能力，老师同样也需要保持业务活力。除了理论的学习之外，掌握社会所需要的专业技能同样是教育培养的重

---

① 张小琴、陈昌凤：《后喻时代的新闻教育——清华大学新闻与传播学院的"清新传媒"实践教学模式》，《国际新闻界》2014 年第 4 期。

点。随着技术的革新，过去传统的技巧渐渐被从业者弃而不用，一些新兴的方式为人们所欢迎，成为业界主流。这些新诞生的技能对于老师来说同样是新知识，甚至有可能是未知的领域，而一些对技术感兴趣的同学可能比老师更早地接触和了解这些新技能，但他们尚不具备系统化的专业整合能力，因此，老师不仅应该和学生一起探索研究这些新技术，同时也要紧密联系业界，让社会来检验学生的成果。当微信公众号兴起之时，无论业界学界，许多媒体人都在探索它的经营传播之道。不同于传统媒体的是，学生能够轻易地接触到互联网，并且能够低成本地建立个人的媒体，在此平台上进行有效的实践活动。而检验学生成果的，不再是老师，也不是业界人员，而是学生步入社会后将要面对的受众。此时老师的角色就处于一个备受挑战的地位，当学生在实践方面有天赋和热情时，老师自身应当快速了解和掌握新技术，并在从学生身上学到新技巧的同时，同样地给学生以启迪，维持专业素养，保持业务活力。

最后，学生还需要老师尊重他们多样化的发展。新闻传播教育需要培养学生独立思考的能力，而每一个人所思所想都与他所见到的事物和习得的知识息息相关。利用互联网和其他媒介，学生和老师接触到的信息多种多样，因而做出来的新闻产品也各有千秋。老师应当鼓励每一种思路的做法，而不是只让学生依照范例去模仿。学生的创新会得到时代的检验，他们的作品很有可能会成为别人争相学习的案例。学生的发展不再单一，老师也能够从众多学生的身上拓宽自身知识面。在米德眼中，后喻文化的发展将依赖两代人之间持续不断的对话，通过这种对话，积极主动地自由行动的年轻一代一定能够引导自己的长辈走向未来。[①] 或许未来的新闻传播教育正如米德所想，通过师生之间持续不断的对话、亦"教"亦"学"的成长，无论是老师还是学生都能够在不断变化发展的世界中获得广博而新颖的知识，最终达成良性互动，共同进步。

---

① 〔美〕玛格丽特·米德：《文化与承诺：一项有关代沟问题的研究》，周晓虹、周怡译，河北人民出版社，1987，第98页。

# 第四章　课程建设

近年来，随着信息传播技术的迅猛发展，传媒生态发生了颠覆性的改变，传媒行业的人才需求也产生了重大的变化，新闻传播教育面临严峻的挑战。在新的社会形态和传播环境下，怎样的知识与能力规格才能适应信息化时代的传媒人才需求？这是高校新闻传播院系必须首先考虑的问题。一般来说，高校的人才培养规格，取决于高校的专业培养目标；而专业的培养目标，又是由其课程体系决定的。"栽什么树苗结什么果，撒什么种子开什么花。"高校新闻传播院系要占领目标的人才市场，必须了解市场人才需求的具体规格，在此基础上来设计和建设具体的课程和课程体系。① 这样才能拉近学校与社会的距离，增强新闻传播院系人才培养的针对性，从而确保新闻传播专业人才质量。

## 第一节　课程与课程体系

应该怎样理解课程？怎样解读课程的内涵和外延？学界和业界没有统一的答案，可谓言人人殊。课程的英文"curriculum"，其词根源于拉丁语的动词"currere"，意为"奔走、跑步"，其名词意为"跑步的道路，奔走的过程或进程"，引申为"学习进程或轨道"。② 在中国古代，课程的含义大体上是指功课及其进程，宋代大儒朱熹所谓"宽着期限，紧着课程"（《朱子全书·论学》），就是这个意思。两者在词义上颇为相似。

### 一　对课程的理解

随着教育学的发展，人们对课程的理解日趋多样化，其最具代表性的有

---

① 潘懋元、王伟廉主编《高等教育学》，福建教育出版社，2013，第 125～126 页。
② 李清雁主编《学校教育概论》，北京大学出版社，2015，第 122 页。

以下几种。

其一，"课程是学习者在所有教育项目中获得的全部教育经验的总和，它的目的就是获得在理论和研究、过去和现在的专业训练、不断变化的社会需求的框架内所形成的目的和目标"①。这种解释意味着，课程是教师和学校或其他专业人员事先规划好的项目。

其二，著名教育学者潘懋元教授认为："课程是指学校按照一定的教育目的所建构的各学科和各种教育、教学活动的系统。这个概念中包含几个基本因素。首先，课程是有目的的，不是自然发生的；其次，它是一个有组织的体系，而不是杂乱无章的；第三，它既包括学科体系，也包括其他有目的的教育教学活动体系。显然，这个概念是比较广义的课程概念。"②

其三，李进才教授在《高等教育教学评估词语释义》中认为："课程是指高等学校为实现培养目标而规定的所有教学科目的总和及其进程安排。广义的课程包括学校老师所教授的各门科目和有目的、有计划的教育活动。狭义的课程是指教学计划中设置的一门教学科目。课程是学校培养人才蓝图的具体体现，是教师从事教育活动的基本依据，也是学生吸取知识与经验的主要载体之一。"③

其四，《中国大百科全书》第 2 版第 13 卷对课程的解释是："课业及其进程。"④

另外，还有其他不同的解释。

总而言之，教育界对课程的理解大体上可以归纳为四种：教学科目；教学进程；学习者的学习经验或体验；教育者和学习者预期要达到的学习目标或结果。这些解释看起来存在不小的差异，其实是基于不同的视角对同一事物的观察和判断。从便于使用和避免误读的角度，笔者倾向于把课程理解为"教学科目"。事实上，当前各种官方文件和学校都是在这个意义上使用这一概念的。其他几种看法其实与教学科目也有千丝万缕的联系。一定的教学科目在人才培养过程中总会处于一定的方位，在空间上与其他课程有横向联系；在时间上，它总会处于某一个具体的刻度上。所以说课程是教学进程也是可以的。每种课程或教学科目的学习，总会给学生一定的体验或经验；同

---

① 〔美〕弗雷斯特·W. 帕克、埃里克·J. 安科蒂尔、戈兰·哈斯编著《当代课程规划》（第 8 版），孙德芳译，中国人民大学出版社，2010，第 4 页。

② 潘懋元、王伟廉主编《高等教育学》，福建教育出版社，2013，第 107 页。

③ 李进才主编《高等教育教学评估词语释义》，武汉大学出版社，2016，第 142 页。

④ 《中国大百科全书》（第 13 卷），中国大百科全书出版社，2009，第 80 页。

时每种科目或课程的学习总会或多或少地达到一定的效果，从而实现一定的学习目标。

课程是实现教育目标的基本手段，"是人才培养的核心要素，课程质量直接决定人才培养质量"①。在整个教育活动、教育过程中，课程占据着核心的枢纽的地位。正是一系列具体的课程，把教育者的教育理念、目的与宗旨转化为具体的教学实践，最后落实到教育的成果——学生或人才——身上。对一个学校或院系而言，最能体现其办学特色的莫过于其培养目标，而决定培养目标实现的关键则是其课程。20 世纪以来，"美国的本科教育都遵循着三大目标，而这三个目标又有相互重合的地方。第一个目标就是让学生具备走上工作岗位的能力。……第二个目标究其本源要追溯到古雅典时期，也就是将学生培养成文明人，具有自治和民主的思想，并且能够积极地参与社区事务。第三个目标则是要培养学生广泛的兴趣，让他们具备思考和自知的能力，使他们的生活充实而又幸福"②。美国大学的课程设置就是围绕三大目标进行的。

## 二 课程体系

在教育过程中，单一的教学科目称为课程，而一个学科、专业的人才培养往往需要众多的课程。这些课程基于统一的培养目标构成了有机的课程体系。所谓课程体系，"是指诸多课程相互联系而构成的整体。从层次上来说，课程体系可以分为宏观、中观和微观三个层次"③。武汉大学前校长刘道玉教授从学校、院系、专业或课程三个层面来解读课程体系，宏观对应学校，中观对应院系，微观对应专业或具体的课程。笔者的理解稍有不同。对于宏观对应学校，笔者赞同。不同学校的课程体系确实存在较大的差异，综合性大学的课程体系不同于专科性大学；即使同属工科大学，华中科技大学的课程体系也不同于上海交通大学，华中科技大学率先倡导的人文素质教育就是在学校宏观课程体系上体现出来的。对于中观对应院系，笔者的理解略有不同，愚以为中观对应学科比较合适。因为院系是大学的一个二级管理机构，院系的设置多以学科为依据，但也有跨学科的院系。同一个一级学科下面，

---

① 《教育部关于一流本科课程建设的实施意见》（教高〔2019〕8 号）。
② 〔美〕德里克·博克：《大学的未来》，曲强译，中国人民大学出版社，2017，第 159 页。
③ 刘道玉：《论大学本科课程体系的改革》，载刘道玉《中国高等教育改革论》，武汉大学出版社，2018，第 485~486 页。

往往设置了若干专业。如新闻传播学一级学科下面，现在就设置了九个本科专业。不同的一级学科在课程体系建构方面也存在相当的差异。微观对应的应该是学科下面的专业，因为我们说课程体系，自然不是讲的一种课程，而是众多科目组成的整体。

就学科或专业而言，基于人才培养的目标，其课程体系一般可以划分为三个基本板块：普通教育板块（通识教育）、专业教育板块和选修课程板块。其中普通教育板块、专业教育板块属于必修范畴。普通教育板块的课程旨在帮助学生了解自然和人类文明的历史，形成正确的价值观、世界观、人生观和健全的人格。"普通教育课程是一个体系宽泛、内容丰富多彩的课程集合，它以人类所创立的基础学科为主要范畴，但不限于某一学科领域，而着眼于通用性、基础性、永久性的知识及其所蕴含的生活意义，它求通而不求专，求博而不求深，求悟而不求授。"① 专业教育板块的课程是为了实现某一特定专业的人才培养目标而设置的一系列课程，它往往以特定学科专业的专门知识、能力与素养为内容，对学生进行系统的理论思维和专业技能训练，使其养成专业精神和职业意识，提升职业发展能力。选修课程则是学生在专业培养方案规定的必修课程包括普通教育课程、专业教育课程之外，基于兴趣和爱好，自主选择（一定数量或学分）的专业教育和通识教育的课程。这三大板块的比例如何，每个板块的课程如何设置，不同的学科、不同的专业在遵循一般规律的前提下，可以有自己的个性化安排。

由于今天我们处在媒介信息化社会，信息传播对社会系统及其运行的影响超过了以往的所有时代，新闻传播学在现代高等教育体系中占有特别重要的地位，属于显学的范畴。那么在人才培养方面，新闻传播类专业的教学科目或课程应该包括哪些内容？在不同的国家、不同的经济文化和技术条件下，人们的理解自然是不一样的。根据美国新闻传播教育评审委员会制订的《美国新闻传播教育评审委员会九项评审标准》，新闻传播类专业的课程设置和教学指导应该"确保学生能够学到委员会所确定的在一个多元化社会中工作所必备的知识、能力和价值观。无论学生个人有何特点，评审委员会要求所有毕业生应该认识到某些核心价值并掌握应有能力，并做到如下：了解和运用关于言论自由及新闻自由的原则和法律（包括异议权、监督权、批评权、集会权、申诉权）；了解媒体从业人员和媒体的历史以及在传播过程中所起的作用；从传播角度理解在全球化社会中群体的多元化；在使用、呈现

---

① 别敦荣、王根顺主编《高等学校教学论》，高等教育出版社，2008，第357页。

影像和信息时，能理解相关概念并运用理论；理解职业操守和伦理规范，并在工作中追求真理、准确、公正和多样化；具有批判性、创造性和独立思维；能应用与他们从事的传播职业相适应的方法开展研究，评估信息；能应用与他们从事的传播职业、服务对象和追求目标相符的形式与风格进行准确而清楚的写作；以准确、公正、明晰、相应风格和正确语法为标准，用批判的态度来评估自己和他人的工作；运用基本的数字和统计概念；应用与他们从事的传播职业相适应的工具和技术"①。这些价值观、素质与能力对其他社会和国家的职业传媒人无疑都是适用的。在社会主义中国，这种课程内容虽然适用，但显然还不够。因为它明显地缺乏关于马克思主义新闻观、无产阶级党性和政治意识的内容。

## 第二节　新闻传播类专业课程建设的内涵

课程建设是高校人才培养与学科建设的核心所在。一流的高校往往是以一流的课程和课程体系作为支撑的。所以建设一流的课程是高校面临的重要任务。李进才认为："课程建设是指高等学校根据人才培养目标的要求和学生成才的需求，有规划、有标准、有措施、有成效地建构课程和课程体系的常规工作。课程建设是保证和提高教学质量最重要的基础性建设，是学科专业建设的基础，是深化教学改革的关键，对于建构学生合理的知识结构、能力结构和培养学生的创新精神具有十分重要的意义。"② 课程建设不是仅仅指课程本身的建设，还包括整个课程体系的完善。具体而言，课程建设涉及师资队伍、教学内容、教学方法、教材编撰、教学管理等方面③，是一个涵盖广泛的系统工程。

### 一　课程体系建构

每所大学或大学下的每个院系，因其历史传统、办学条件和办学理念的

---

① 美国新闻传播教育评审委员会：《美国新闻传播教育评审委员会九项评审标准》，载辛欣、雷跃捷等《中外新闻传播教育发展研究》，中国传媒大学出版社，2009，第 212～213 页。
② 李进才主编《高等教育教学评估词语释义》，武汉大学出版社，2016，第 142 页。
③ 《教育部关于启动高等学校教学质量与教学改革工程精品课程建设工作的通知》（教高〔2003〕1 号）。

不同，其课程体系也会存在各种各样的差别，课程体系的多样化正是大学及其学科个性化的具体表现。不过，"尽管这些课程系统千差万别，编排它们总要遵循一定的规则和程序，总要把思想上、观念上的东西加以具体化，经过若干过程与步骤，最终形成所期望的课程结构。这一过程或步骤就是课程编制"①。一般而言，每个专业课程体系的编制都不是随意的，而是在一定的办学理念指导下的创造性思维活动，是基于历史经验和科学论证的顶层设计。它一方面体现出对传统的继承，另一方面则表现出对传统的超越；它不仅彰显特定专业的独特性和不可替代性，而且会在与其他专业交叉的基础上实现一定程度的专业融合。当人们把各种不同的课程加以组合时，就会形成某种课程体系的结构。在这种结构中，每个课程要素都会与其他课程要素形成不同的关系。从时间上看，有纵向的先后关系，某门课程会是其后续课程的前置课程，前置课程为后续课程的学习奠定基础，对学生来说，只有学好了前置课程，才有可能学好后续课程；从空间上看，不同类型或不同性质的课程的知识内容，会彼此支持，相辅相成，如基础理论与专业或行业史课程、专业理论与专业技能课程，或者跨专业的史论课程与实务课程，对学生往往会产生触类旁通、举一反三之效。课程体系的建构，一定要站在学科知识和行业人才需求的顶端，基于科学的逻辑和学生的心理接受规律，全面地考虑不同教学科目在教学课程中的具体方位，审视不同教学科目知识内容之间的相互关系，只有这样，课程体系的结构才能日趋合理，臻于至善。

## 二 一流课程建设

课程建设最高的目标是课程体系整体水准的提升，但是在资源有限、时间紧迫的情况下，能够在质量水平上臻于至善者，不过是其中的极少数。但是这个极少数非常重要，它会成为其他多数的榜样和标杆，其确立的标准，将会成为其他多数课程追求、效法的目标。这也是近年来教育部大力推进精品课程建设的重要原因。"精品课程是指高等学校开设的具有特色和高水平的优秀课程。精品课程建设要体现现代教育思想，符合科学性、先进性和教育教学的普遍规律，具有鲜明特色，并能恰当运用现代教学技术、方法与手段，教学效果显著，具有示范性和辐射推广作用。"② 2003 年，教育部正式

---

① 潘懋元、王伟廉主编《高等教育学》，福建教育出版社，2013，第 121 页。
② 李进才主编《高等教育教学评估词语释义》，武汉大学出版社，2016，第 143 页。

启动高等学校教学质量与教学改革工程精品课程建设。教高〔2003〕1 号文件中规定，在确保教高〔2001〕4 号文件规定的"学校学费收入中用于日常教学的经费一般不应低于20%，用以保障教学业务、教学仪器设备修理、教学差旅、体育维持等基本教学经费"得到落实的基础上，各高等学校还应从事业费拨款中安排一定比例用于精品课程建设。[①]"十二五"期间，教育部在原国家精品课的基础上又提出了精品资源共享课建设规划。"精品资源共享课以量大面广的公共基础课、专业基础课和专业核心课为重点，以课程资源系统、丰富和适合网络传播为基本要求，经过国家、省、校三级建设，形成普通本科教育、高等职业教育、网络教育多层次、多类型的优质课程教学资源共建共享体系，为高校师生和社会学习者提供优质课程教学资源。""2012年和2013 年重点开展原国家精品课程转型升级为国家级精品资源共享课的建设，采取遴选准入方式选拔课程；同时，从 2013 年起，适应新需求，结合高等教育发展趋势和教学改革成果，采取招标建设和遴选准入两种方式建设一批新的课程。"[②] 在建设精品资源共享课的同时，教育部还大力推进国家精品视频公开课、慕课的建设。2019 年以来，一流课程建设更是成为囊括以前包括精品课程、精品资源共享课等在内的所有优质课程的宏大工程。不过，相比以前的精品课程、精品资源共享课程，现在的一流课程建设在教学团队、课程内容、资源和技术要求方面，比过去更加严格。

## 三　优质教材建设

在学校教育阶段，教材是知识的重要载体，也是教育的基本手段。教材的好坏直接关系到人才培养的质量高低。无论是中小学，还是大学，中外各国教育机构无不重视高水平教材的编撰。习近平总书记指出，要站在中国特色社会主义薪火相传、后继有人的高度，深刻认识教材建设是落实党的教育方针、为广大青少年打好中国底色的铸魂工程，是传承中华优秀传统文化、增强全民族自豪感和凝聚力的培元工程，是推进教育现代化、建设教育强国的奠基工程，充分认识加强和改进新形势下大中小学教材建设的重要性紧迫性。[③] 在

---

① 《教育部关于启动高等学校教学质量与教学改革工程精品课程建设工作的通知》（教高〔2003〕1 号）。
② 教育部办公厅：《精品资源共享课建设工作实施办法》（教高厅〔2012〕2 号）。
③ 柴葳：《200 余名专家委员会委员正式"上岗"——国家教材委员会专家委员会工作研讨会召开》，《中国教育报》2018 年 5 月 23 日，第 1 版。

另一个场合，习近平总书记又强调："教材建设是育人育才的重要依托。建设什么样的教材体系，核心教材传授什么内容、倡导什么价值，体现国家意志，是国家事权。"① 为此，国家专门成立了国家教材委员会，教育部专门设立教材局，在国家意志的高度，强化了教材编撰工作。2018 年底，教育部专门设立了 11 个国家级教材建设重点研究基地，负责对全国大中小学教材进行全面的规划和研究。这 11 个基地中，就有属于新闻传播学科的复旦大学基地。目前新闻传播生态正面临急剧转型，新闻生产的流程和岗位设置、新闻传播的模式及传媒的运行机制已经或正在发生深刻的改变，这一切必然会影响到行业的人才需求，进而传导至大学新闻传播院系，从而影响到新闻传播教育。在这一背景下，新闻传播类专业教材的革新自然会提上日程，其紧迫性也为新闻传播教育界所普遍认知。

## 四 教学手段革新

教育理念的变化，教学内容的更新，教学资源的增加，要取得预期的效果还得需要先进、适用的教学手段和方法。"可以肯定地说，课程是指教育'是什么'，教学是指'怎么做'，这两者相互影响。"② 是什么固然重要，怎么做也很重要，使用什么工具、手段，以什么方式去做，则更加重要。因为后者直接影响到课程教学的效果，直接影响到人才培养质量。所以国家教育行政管理部门长期以来都很重视教学手段、教育技术的更新问题。主张"利用现代信息技术，发挥高校人才优势和知识文化传承创新作用，组织高校建设一批精品视频公开课程"，同时，"按照资源共享的技术标准，对已经建设的国家精品课程进行升级改造，更新完善课程内容，建设一批资源共享课"。③ 随着一流课程建设工程的提出，教育部进一步要求高校和教师改进教学方法和对学生的评价。"改革方法，课堂活起来。以提升教学效果为目的创新教学方法。强化课堂设计，解决好怎么讲好课的问题，杜绝单纯知识传递、忽视能力素质培养的现象。强化现代信息技术与教育教学深度融合，解

---

① 王湛、顾海良、韩震：《我国大中小学教材建设步入新的历史阶段——三位专家谈国家教材委员会成立》，《中国教育报》2017 年 7 月 14 日，第 7 版。

② 〔美〕弗雷斯特·W. 帕克、埃里克·J. 安科蒂尔、戈兰·哈斯编著《当代课程规划》（第 8 版），孙德芳译，中国人民大学出版社，2010，第 4 页。

③ 《教育部财政部关于"十二五"期间实施"高等学校本科教学质量与教学改革工程"的意见》（教高〔2011〕6 号）。

决好教与学模式创新的问题，杜绝信息技术应用的简单化、形式化。强化师生互动、生生互动，解决好创新性、批判性思维培养的问题，杜绝教师满堂灌、学生被动听的现象。"同时，还要"以激发学习动力和专业志趣为着力点完善过程评价制度。加强对学生课堂内外、线上线下学习的评价，强化阅读量和阅读能力考查，提升课程学习的广度。加强研究型、项目式学习，丰富探究式、论文式、报告答辩式等作业评价方式，提升课程学习的深度。加强非标准化、综合性等评价，提升课程学习的挑战性。'双一流'建设高校、部省合建高校要扩大学生课程学习选择面，强化课程难度与挑战度"。① 教学手段的改进、信息技术的应用、教学方法和学习评价的革新，将使优质课程的效能得到极大的发挥，从而促成人才培养目标的实现。

## 第三节 新闻传播类专业课程建设存在的问题

第二次世界大战结束以来，尤其是网络新媒体兴起以来，国内外的高等教育发生了深刻的变化。其集中的体现就在于课程的改革。国内知名教育学者潘懋元认为，当今世界各国高校的课程改革，大体上显示出如下几个趋势：课程内容综合化，课程设置和实施多样化，课程性质职业化，课程方向人文化。② 国内的大学虽然也赶上了这一波潮头，适应了生产力与科学技术的发展、社会的整体转型和经济的巨幅增长，实现了规模的极大扩张，其人才培养和科学研究的水准也有相当的提升，但20世纪90年代以前，中国大学一直羞于谈国际排名，当时人们难以想象我们国内的大学也能够进入国际大学排行榜百强。现如今，虽然国际上有多种不同的大学排行榜，每种排行榜中中国大学的排位差异甚大，但是全球高等教育界都认可，中国最好的大学已经跻身于全球50强，进入200强者，有十几所。这是一个巨大的历史进步。

但是国内高等教育尤其是课程改革还存在不少短板。仅就新闻传播教育而言，其对行业环境挑战的应对，对社会人才需求的适应，还有相当大的改进空间。教育部高等学校新闻学学科教学指导委员会原主任委员李良荣教授认为，目前对新闻传播教育界课程建设具有长期影响的因素有四：大学教育

---

① 《教育部关于一流本科课程建设的实施意见》（教高〔2019〕8号）。
② 潘懋元、王伟廉主编《高等教育学》，福建教育出版社，2013，第114~121页。

从过去的精英教育逐步走向大众教育，而且这个趋势不可逆转；新闻传播人才在市场上供过于求的局面不可逆转；各个行业对人才需求急功近利，这是我们没有办法改变的局面；传媒业快速走向融合，媒体融合现在成为不可逆转的趋势。这四个方面的影响将是长期的、不可逆转的。在这种情况下，新闻传播教育界、高校新闻传播院系无法回避的问题是："需不需要重新确立本专业的培养目标？需不需要重建学生的知识结构？需不需要重新设计课程？"① 课程建设、课程改革成为摆在新闻传播教育工作者面前的"拦路虎"，赶不走也绕不过，如果驯服不了这只"虎"，新闻传播教育就难以与时俱进，满足社会的殷切期待。

具体而言，当前新闻传播类专业课程建设存在的问题，主要有四个。

## 一　内容脱节

内容脱节体现在：历史与现实脱节、中国与外国脱节、理论与实践脱节。课程内容存在严重的脱节现象，是当前新闻传播类专业课程建设存在的显著问题。无论是单一课程本身，还是整个课程体系，这种脱节都很普遍。一是历史与现实的脱节。历史尤其是新闻传播史课程是新闻传播类专业的核心基础课，这类课程对于学生的世界观、人生观、价值观的形塑，人文素养和理论基础的夯实，是不可或缺的。但是我们发现这类课程的内容设计存在一个难以忽略的问题，就是历史与现实的脱节。本来一部新闻传播史涵盖的时间不长，可就是这不长的历史，也很少完全覆盖。讲中国新闻传播史，不少学校的课程只讲到 1949 年，比较好一点的讲到"文革"结束。对改革开放四十年的历史很少涉及。外国新闻传播史部分，一般讲到电视时代为止。而沸腾的网络传播历史，则付之阙如。于是在历史与现实之间出现了严重的脱节，以至学生难以将古今衔接起来。二是中国与外国的脱节。今天我们置身于全球化的背景下，世界已经演变为全球村庄。在这种情况下，没有一个国家能够置身于全球体系之外而独善其身。新闻传播的发展也超越了国家与地区的界限，达到了全球的范围。全球规模的传媒集团化、媒体融合，超越国界的传媒竞争，已经成为最吸引人的传播景观。可是我们的课程设计却将中国与外国、美国与欧洲等生生地割裂开来，通过教学我们给予学生的不是

---

① 李良荣：《长期影响新闻教育课程建设的四方面力量》，载李希光主编《新闻教育未来之路》，清华大学出版社，2010，第 3~5 页。

一个完整的世界印象，而是割裂的、碎片化的世界。三是理论与实践的脱节。目前的传媒转型、传播机制、传媒生态的巨变和新闻生产流程的变化，使得信息传播现象日趋复杂化，日新月异的新闻传播实践需要新闻传播理论及时、全面、准确的引领和解释。可是当下新闻传播院系的理论课程教学，除了极少数重点院系外，绝大多数院系远远落后于现实的传播实践。最典型的莫过于每年各院系的研究生考试，不少新闻传播院系指定的参考书多是十年前出版的，那个时候新闻传播界还没有微信、微博，没有客户端，媒体融合也远远没有达到今天的高度。不管是理论还是业务课程或新闻传播史课程的教材，其内容都相当陈旧，离现实太远，无法满足学生学习和业界对传媒人才的需求。

## 二　内卷化趋势

所谓"内卷化"，最早是由美国人类学家戈登威泽提出来的，用于描述一类文化模式，即当一种文化模式达到了某种最终的形态以后，它既没有办法稳定下来，也没有办法使自身转变到新的形态，而是不断地使内部变得更加复杂，形成一种相对稳固的内部发展模式和约束机制，从而导致一种内卷型的增长或是没有发展的增长。[①] 这种内卷化趋势已出现在新闻传播教育界。相比世界范围的大融合，新闻传播教育显得相对保守，固守自己的领地，很少与其他学科交叉，互通有无，以至陷入一种孤立的自我发展、自我繁衍状态。其最突出的表现就是，在新闻传播一级学科范围内，专业越分越细，内容越来越深；新闻传播学科与其他学科的壁垒越来越高。20 世纪 80 年代至90 年代，在本科层次，开始只有一个新闻学专业，随后增加了广播电视新闻专业、编辑出版专业、广告专业。如今在新闻传播一级学科本科层次，设有9 个本科专业：新闻学、广播电视学、广告学、传播学、网络与新媒体、编辑出版学、时尚传播、国际新闻与传播、数字出版。在专科层次，专业的细分更是离谱。根据教育部高职高专的专业目录，与新闻传播相关的两个专业类别——新闻传播类、广播影视类共设有 23 个专科专业。其中，新闻传播类有 8 个：网络新闻与传播、图文信息处理、数字出版、出版商务、出版与电脑编辑技术、版面编辑与校对、出版信息处理、数字媒体设备管理；广播影视类有 15 个：新闻采编与制作、影视动画、播音与主持、摄影摄像技术、广

---

① 刘世定、邱泽奇：《"内卷化"概念辨析》，《社会学研究》2004 年第 5 期。

播影视节目制作、影视编导、传播与策划、影视多媒体技术、录音技术与艺术、广播电视技术、媒体营销、影视照明技术与艺术、音像技术、影视美术、影视制片管理等。① 这样的专业细分必然导致课程细分，专业之间、课程之间的沟壑越来越深，难以跨越交融。新闻传播专业与广播影视专业不相往来，编辑出版与数字出版并世独立，广播电视技术与影视照明技术与艺术、录音技术与艺术、音像技术决然分割等，显然违背新闻传播知识体系的关联与整体性原理，人为的细分割裂，与当今新闻传播领域全面融合的态势背道而驰。

## 三　内容落后于时代

随着时代的飞速发展、传播技术的急速变革与传媒生态的转型，新闻生产流程的再造及新环境下对不同岗位技术能力的要求也发生了深刻的变化。这种巨变的环境，自然会要求新闻传播教育跟上历史的步伐，与时俱进，重新思考专业定位、斟酌目标设定，在新的专业实践和知识创新的语境下，完善课程体系，更新课程内容。但是，现在新闻传播类专业的课程内容、课程体系明显呈现出落后于时代的现象，尤其是在知识更新的节奏上。如今业界的媒体融合如火如荼，传媒行业与其他行业的相互渗透方兴未艾，自然科学各领域、自然科学与社会科学各领域、社会科学各领域之间出现了彼此交融的现象。这导致了不少学科、专业的课程体系的重构及单一课程内容的革新，如工商管理、行政管理等学科。可是在新闻传播学科，主要专业课程，包括理论课程、历史课程甚至业务操作性的课程在内容上都显得十分陈旧。② 不少学校仍在使用十年前的教材，不少学校的专业课程没有涉及微博、微信、客户端及其他新兴媒体，对于数据新闻、数据挖掘、媒体融合、AI、VR 等没有开设专门的课程，对于 21 世纪以来新闻传播领域新的现象、新的趋势、新的问题，亦没有深入解读。学校教育与行业实践存在明显的"代差"。这对于在校的学生而言，是不负责任也是极不公正的。

---

① 张昆：《开拓新闻传播教育史研究的思维空间》，载中国新闻史学会新闻传播教育史研究委员会编《中国新闻传播教育年鉴（2019）》，武汉大学出版社，2019，第 2 页。
② 黄伟力：《提高"马克思主义基本原理概论"课教学质量重在内容更新》，《思想理论教育》2017 年第 5 期。

## 四　课题重于课程、研究生重于本科生

对于大学教师这个职业而言，最重要者莫过于传道授业解惑。教育行政管理部门也多次强调，人才培养为本，本科教育为根，教师必须把主要的精力投入教育教学过程，其中课程建设应该是教师主要耕耘的领域。[①] 但是由于现行高校评价评估制度的偏差，在教育实践中全国高校的校务管理与教学运行几乎都背离了这一常理。学校、院系领导最关注的并不是教育教学，不是课程建设、教材建设，不是教学效果和人才质量的保证，而是科研项目、论文发表、研究经费的数量。几年一次的全国一级学科评估以及博士学位授权点、硕士学位授权点的申请，成为学校、院系负责人压倒一切的中心工作。这种评价评估制度的偏颇让一线的教师不得不把主要的精力投入学术研究、课题申报、科研获奖，院系领导的精力也都集中在学位授权点的申请、建设或评估上。于是出现了重课题甚于重教学的现象，对于教师而言，教学效果好、学生评价高，远不如一个课题或几篇文章给他带来的成就感。在这种情况下，课程建设得不到必要的资源支持，得不到领导和教师的重视，其累积的问题自然难以解决。

总的来看，当前国内高校新闻传播院系的专业课程体系是各方力量妥协的产物。此种情形与美国高校有点相似。美国教育学者德里克·博克在评价美国大学的课程体系时说："现行的大学课程体系可能缺乏可靠依据，但是它却成功满足了各方需求，让教师可以将几乎全部教学精力投入自己的专业学科上，用自己的方式教授喜欢的课程，而不受大多数人干扰。……学生对统一的分类必修要求也比较满意，因为他们可以自由选择想学的课程，同时还有很多机会来为心仪的职业做准备。最后，现行课程体系确保了管理机构不必招聘大量新教师，或是开设耗资不少的新项目。简而言之，以上提到的课程体系更像是一种政策妥协，而不是为了实现一系列共同认可的教学目标，经过深思熟虑得出的框架。"[②] 总之一句话，这种课程和课程体系不是最好的，也不是经过深思熟虑得出来的，但是对教师、学生和学校与院系管理者来说，都是可以接受的。如果我们要办人们满意的新闻传播教育，要培养

---

① 曾媛、王庆海：《以本为本建设"双一流"——依〈新时代高教40条〉为准高标准建设一流本科教育》，《高教研究与实践》2019年第2期。

② 〔美〕德里克·博克：《大学的未来》，曲强译，中国人民大学出版社，2017，第167~168页。

能够满足行业需求的卓越的新闻传播人才，就有必要打破这种妥协或平衡。

## 第四节　完善新闻传播类专业课程建设的路径

　　课程是实现教育目的的基本手段，一流的课程体系是培养一流人才的保证。没有高水平的课程，一流专门人才的培养就会沦为水中月、镜中花。新闻传播教育也是如此。2011 年，教育部、财政部联合发文，要求"引导高校加强课程建设，形成一批满足终身学习需求，具有国际影响力的网络视频课程和一批可供高校师生和社会人员免费使用的优质教育教学资源"[①]。2019年，教育部提出一流本科课程"双万计划"："全面开展一流本科课程建设，树立课程建设新理念，推进课程改革创新，实施科学课程评价，严格课程管理，立起教授上课、消灭'水课'、取消'清考'等硬规矩，夯实基层教学组织，提高教师教学能力，完善以质量为导向的课程建设激励机制，形成多类型、多样化的教学内容与课程体系。经过三年左右时间，建成万门左右国家级和万门左右省级一流本科课程。"[②] 建设一流课程和课程体系，俨然成了一项重要的国家工程。这一工程涉及面极广，涵盖了许多要素或节点，需要统筹兼顾，全面安排。要顺利完成这一工程，笔者认为，应从如下几点着手。

### 一　与时俱进，做好顶层设计

　　要与时俱进，站在顶层设计的高度，做好课程体系建设规划。对一所大学、一个院系而言，人才培养是其最基本的职能，因为课程建设关系到人才培养目标的实现。所以课程建设是比什么都重要的、压倒一切的事情。中国政法大学师生都认同这样一句话："课比天大。"原意是要求全校师生把讲课、备课、上课放在高于一切的地位。其实，这里的课也应该包括课程建设。课程建设是一个系统工程，包括许多子系统和要素，需要学校、院系管理者和一线教师站在顶层设计的高度，全面地考量本专业课程与其他专业课

---

① 《教育部财政部关于"十二五"期间实施"高等学校本科教学质量与教学改革工程"的意见》（教高〔2011〕6 号）。

② 《教育部关于一流本科课程建设的实施意见》（教高〔2019〕8 号）。

程、专业核心课程与基础课程、必修课程与选修课程、理论课程与实践课程
的关系，厘清不同课程的边界，根据知识体系的内在逻辑和学生心理接受的
认知规律，编制全程教育计划，设计课程整体结构，建构完整的课程体系。
一个专业的课程体系，不可能将专业涉及的知识内容全部收罗进去。能够吸
纳进课程体系的，只能是最重要、不可或缺、不可替代的专业知识。课程体
系的建构既要考虑到时间上不同课程的前后承接关系，又要考虑到空间上不
同课程的彼此依存和互补关系，只有这样，才能确保专业课程体系的完整性
和有机性。

## 二 注重交叉，推进融合

推进交叉融合，完善课程内容。就单一课程而言，除了要考虑到与其他
课程的知识关联外，还必须基于课程在课程体系中的位置和分量，合理地安
排课程的知识内容。不要设想将所有关联的知识一网打尽，更不能对所有的
相关知识等量齐观。既要顾及面，也要适当地突出重点。因为每门课程的学
分和课时是恒定的，不能随意突破。至于什么样的知识能够纳入课程之中，
则要基于该课程的定位，考虑该课程的功能和作用。教育家潘懋元主张，选
择课程内容应遵循如下六个原则：适时原则，即课程内容必须跟上时代步
伐，积极防止选择那些陈旧的内容；完整原则，即课程是一个有机整体，必
须保证每个学科自身系统知识的完整性；经济原则，在选择知识时要考虑哪
种知识的效能最大；实践原则，指所选择出来的课程内容必须能够使学生有
机会去实践目标中所包含的"行为"；量力原则，即课程难度不能太大，要
在学生力所能及的范围；满足原则，课程内容应当使学生在实践目标中行为
时有满足感。[①] 这是就一般的课程建设而言的。国家级精品课程、精品资源
共享课程、一流课程的要求更高。最近教育部在关于建设一流课程的文件中
又提出了选择课程内容的三大原则："提升高阶性。课程目标坚持知识、能
力、素质有机融合，培养学生解决复杂问题的综合能力和高级思维。课程内
容强调广度和深度，突破习惯性认知模式，培养学生深度分析、大胆质疑、
勇于创新的精神和能力。突出创新性。教学内容体现前沿性与时代性，及时
将学术研究、科技发展前沿成果引入课程。教学方法体现先进性与互动性，
大力推进现代信息技术与教学深度融合，积极引导学生进行探究式与个性化

---

① 潘懋元、王伟廉主编《高等教育学》，福建教育出版社，2013，第 131～132 页。

学习。增加挑战度。课程设计增加研究性、创新性、综合性内容，加大学生学习投入……严格考核考试评价，增强学生经过刻苦学习收获能力和素质提高的成就感。"① 如果能够坚持这些原则，课程的内容就能够得到优化，达到完善的境界。

### 三 加强教学团队建设

万事均因人而兴，也因人而废。好的课程和坏的课程都是由课程的主持者决定的。要建设国家级一流课程，必须由最优秀的人来主持课程建设，由最杰出的人来讲授课程。为了保证一流本科课程建设进程，教育部明确要求：鼓励两院院士、"长江学者奖励计划"入选者、国家杰出青年科学基金获得者等高层次人才建设名课、讲授基础课和专业基础课，建设一批中国特色、世界水平的一流本科课程。规定要求严格执行教授为本科生授课制度，严格执行国家对高校的生师比要求，完备师资队伍。严格执行课程准入制度，发挥校内教学指导委员会课程把关作用，拒绝"水课"进课堂。与此同时，还要以培养培训为关键手段提升一般教师的教学能力。"高校要实现基层教学组织全覆盖，教师全员纳入基层教学组织，强化教学研究，定期集体备课、研讨课程设计，加强教学梯队建设，完善助教制度，发挥好'传帮带'作用。"②

### 四 强化知识产权管理

课程建设是一项复杂的创造性的思维活动，一门精品课程的建设，往往要耗费大量的财力，也需要主持者投入大量的精力。必须尊重课程主持者的创新性劳动，尊重他们的贡献。但是课程的主持者是根据学校的教学任务并且得到了学校物质支持而申报国家级精品课程和一流课程的，因而得到国家级精品课程、精品资源共享课程、一流本科课程称号的课程应该都是"职务作品"。"高校和建设团队在享有'国家级精品资源共享课'称号及经费补贴的同时，应根据有关协议独家许可国家精品开放课程共享系统单位通过互联网免费传播课程基本资源，并拒绝任何单位及个人以'国家级精品资源共享

---

① 《教育部关于一流本科课程建设的实施意见》（教高〔2019〕8号）。
② 《教育部关于一流本科课程建设的实施意见》（教高〔2019〕8号）。

课'名义商业使用。同时，为尊重和保护高校及教师的知识产权，教育部授权有关单位对符合出版标准的拓展资源按照出版协议进行知识产权保护，明确课程建设方与课程共享系统运行管理者以及使用者各方的权利、义务和法律责任。"① 可见，国家级精品课程、一流课程的知识产权管理，一方面要保障课程主持者的合法权益，保障其投入的必要回报；另一方面则要确保国家级精品课程、一流课程的公益性和共享性，让国家级优质课程在高校专业人才培养中发挥最大的作用。

## 五　完善激励和评价机制

虽然高校及院系是国家级精品课程、一流课程建设的责任主体，但是建设课程的具体任务，一般都会落到课程主讲教师或教学团队身上。要确保一流课程建设工程的顺利推进，必须调动一线主讲教师或教学团队的积极性。为此，有必要"建立切实有效的激励和评价机制"。"各高等学校应对国家精品课程参与人员给予相应的奖励，鼓励高水平教师积极投身学校的教学工作。高等学校要通过精品课程建设，建立健全精品课程评价体系，建立学生评教制度，促使精品课程建设不断发展。"② 2019 年，《教育部关于一流本科课程建设的实施意见》进一步强调政策激励，要让"教学热起来"："以教学贡献为核心内容制定激励政策。加大课程建设的支持力度，加大优秀课程和教师的奖励力度，加大教学业绩在专业技术职务评聘中的权重，营造重视本科课程改革与建设的良好氛围。"③ 这些激励政策的核心在于，通过物质利益和精神荣誉来调动优秀教师的积极性。如果都能够落实到位，就会在高校教师队伍中形成一种重视课程、重视教学的氛围。优质的师资就会流向课程建设和教学岗位，把自己的才华贡献给精品课程、一流课程建设。

---

① 教育部办公厅：《精品资源共享课建设工作实施办法》（教高厅〔2012〕2 号）。
② 《教育部关于启动高等学校教学质量与教学改革工程精品课程建设工作的通知》（教高〔2003〕1 号）。
③ 《教育部关于一流本科课程建设的实施意见》（教高〔2019〕8 号）。

# 第五章　教材建设

　　自 20 世纪初期欧美国家高等新闻传播教育产生以来，在绝大多数新闻传播事业发达的国家，新闻传播界从业者主要来自大学新闻传播院系的毕业生。所以大学新闻传播院系不仅是新闻传播学术的重镇，也是新闻传播人才的摇篮。而新闻传播人才的培养，是一个复杂的系统工程，不仅涉及办学的物质条件（实验设备、资料储备）、师资队伍，更依赖于院系的文化氛围、课程体系和教材建设。其中，教材建设尤其重要。所以，言教育者，不可不谈教材。中国新闻传播教育虽然晚于欧美，但是相对于报业的历史进程，新闻传播教育与欧美诸国的差距并不是太大。1918 年，北京大学新闻学研究会成立之初，徐宝璜、邵飘萍等编撰的第一批专业教材奠定了近代中国新闻传播教育的基础。30 年代以后，新闻传播教育在国内迅速兴起，教材建设也风起云涌，一片繁荣。新中国成立后，新闻传播教育虽然历经坎坷，但是在 80 年代后，随着改革开放、经济社会发展和新闻传播事业及新闻传播教育的繁荣，新闻传播专业的教材建设进入了黄金时代。

　　但是，进入 21 世纪以来，随着网络新媒体的崛起，信息传播生态发生了根本性的变化，智媒体、融媒体、众媒体层出不穷，新闻生产与配送的流程也发生了颠覆性的变化，以至于社会、行业对新闻传播人才的需求也发生了重大的变化。于是高校新闻传播院系原有的专业设置、课程体系、教材体系，都落后于现实新闻传播实践的发展。建设能够满足新闻传播教育发展需要的、立足于世界学术前沿的教材体系，成为新闻传播教育界的当务之急。

## 第一节　教材：功能、源流及挑战

### 一　教材是什么

　　什么是教材（teaching material）？怎样理解教材？不同的人从不同的视

角出发，会有不同的理解。但是从教育的立场而言，教材通常被理解为教学过程中为教师和学生使用的教学材料。《20 世纪的中国高等教育·教学卷》一书主张，"教材（包括教科书、讲义、参考资料及教学辅助材料）是一门学科的知识和技能体系，是体现教学内容和教学方法的知识载体"①。李进才教授则认为："教材是指根据教学大纲编选的指导学生学习的教学材料。它包括文字教材（如教科书、讲义、讲授提纲、参考书刊、辅导材料等教学辅助材料）、视听教材（教学影片、唱片、录音、录像磁带）和网络教材等。"② 从这些定义来看，教材与通常意义上的教科书是不同的，可是过去我们常常把这两者混为一谈。严格意义上的教材，在内涵与外延方面都实现了对教科书的超越，它指的是一切形式的教学材料，这些材料涵盖了相应课程的知识与技能体系，是人才培养过程中不过或缺的教学资源。

教材是伴随着文化传承和人才培养的需要而出现的。中国古代教材的编写始自孔子。孔子是春秋时期最有影响的教育家。周予同先生认为："孔子为了教授的需要，搜集鲁、周、宋、杞等故国文献，重加整理编次，形成六种教本：《易》、《书》、《诗》、《礼》、《乐》、《春秋》，这种说法是可信的。"③ 隋唐以来，随着科举制度的盛行，教材编写成为文化教育领域的核心工作。但是直到鸦片战争，中国人一直没有使用现代意义上的教材概念，而是使用"功课""课业""课本""课程""读本"等指代。根据教育界的研究，中国最早出现的近代意义上的"教材"或"教科书"一词，是西方传教士首先使用的。"清同治光绪年间，基督教会多附设学堂传教，光绪二年（1876 年）举行传教士大会时，教士之主持教育者，以西学各科教材无适用书籍，议决组织'学堂教科书委员会'。该委员会所编教科书，有算学、泰西历史、地理、宗教、伦理等科，以供教会学校之用，间以赠各地传教区之私塾。教科书之名自是始于我国矣。"④

随着近代大学在中国的出现，大学成了教材编撰的主体。晚清戊戌年间，在筹备京师大学堂的过程中，清政府就有设立大学堂编译局的筹划。总

---

① 刘志鹏、别敦荣、张笛梅主编《20 世纪的中国高等教育·教学卷》（上册），高等教育出版社，2006，第 283～383 页。
② 李进才主编《高等教育教学评估词语释义》，武汉大学出版社，2016，第 146 页。
③ 周予同：《经学史论著选集》，转引自熊承涤《中国古代学校教材研究》，人民教育出版社，1996，第 34～35 页。
④ 《教科书之发刊概况》，载中华民国教育部编《第一次中国教育年鉴》（戊编），开明书店，1934，第 115 页，转引自毕苑《建造常识：教科书与近代中国的文化转型》，福建教育出版社，2010，第 1～3 页。

理衙门认为译书一事应和学堂相辅相成，且为措置统一考虑，以大学堂编译局统筹译事——"京师编译局为学堂而设，当以多译西国学堂功课书为主"①。京师大学堂编译局的设立，乃是清政府为应对新形势，整合中西学、建立新教育所采取的措施。这时中国学界对翻译西方教科书有了更加深入的认识。孙家鼐认为："西学各书，应令编译局迅即编译。"学务大臣张百熙指出："译局非徒翻译一切书籍，又须翻译一切课本。泰西各国学校，无论蒙学、普通学、专门学，皆有国家编定之本，按时卒业，皆有定章。今学堂既须考究西政西艺，自应翻译此类课本，以为肄习西学之需。"② 可见，京师大学堂编译局的职能之一，就是组织翻译西方的大学教材。

## 二　教材的功能及面临的挑战

教材是在教学过程中使用的，是为人才培养服务的。通过教材，知识以一种权威性的面目出现。它不仅能够为学生进行知识的导引，而且能够帮助教师明确教学任务，组织教学内容，为教师的授课提供具体的参考。如果从知识与权力关系的角度来看，教科书的编写、选择、使用"都在实践一种权力运作——对读者施加知识的'规训'。其中既有较为明显的部分，比如价值观念、道德评判、文化认同，也包括相对隐性的，诸如知识的分科划界、次第排序、叙述模式等。对于成长中的少年和青年读者而言，这种规训甚至可能成为伴随终生的精神留存"③。从文化传授的角度来看，教材有三个主要的功能："1. 信息功能。教材是一种信息和知识的载体，通过选择有价值的信息、知识，向学习者传递。2. 结构化功能。教材通过对知识、信息的组织向学习者提供一种知识、信息图式，帮助学习者建构自己的知识，使其系统化。3. 教育指导功能。教材还包括学习指导信息，帮助学习者掌握合理有效的学习方式。"④ 因为这些功能，大学通过教师、教材、教学延续了人类的文明，通过知识的传播培养了一代又一代社会的知识阶级，从而推动了社会的

---

① 《奏请京师编译局归并举人梁启超主持片——一八九八年（光绪二十四年）》，载张静庐辑注《中国近代出版史料二编》，中华书局，1957，第9页。
② 《有关京师大学堂附设编译局诸奏疏》，载张静庐辑注《中国近代出版史料二编》，中华书局，1957，第11~13页。
③ 张仲民、章可编《近代中国的知识生产与文化政治——以教科书为中心》，复旦大学出版社，2014，前言第2页。
④ 别敦荣、王根顺主编《高等学校教学论》，高等教育出版社，2008，第350页。

进步。

　　如今，人类文明已经历经农耕时代、工业时代而进入信息时代。数字技术的发展、教育的普及和需求的增长，使得知识总量实现了几何级数的增长。职业传媒人应该有更加敏锐的新闻嗅觉、更加深刻的历史洞察力、更加全面的专业技能、更加丰富的知识储备、更加宽广的观察视野，能够实现新闻传播过程中的不同岗位的自由流动，新闻传播实务操作的十八般武艺应该样样精通。对于这种新的职业要求，必须从学校开始进行有目的、有计划的系统培育。而教材建设就是其中最重要的一个环节。长期以来，新闻传播专业的教材在形式上一直停留在纸质教材的层面；在知识结构方面，基本上都是以课程为单位封闭的知识链环；其内容的组织，大体上都只满足于单一专业领域知识点的梳理和整合。这种教材编撰方式与印刷时代的知识传播特点是直接相关的。可是我们今天置身的时代环境已经全然不同于过去，信息时代的知识爆炸，网络环境下的大数据、云存储及移动互联的便利技术，使得知识的传播和学习方法也发生了重大的改变。在这种情境下，老师与学生的知识不对称状况已经不复存在。在教学过程中，学生比过去任何时候都要主动、积极，其获取知识信息的能力也远胜于既往。这一切不仅对老师的教学提出了严峻的挑战，也对专业教材的编撰提出了更高的要求。

　　另外，在教育领域，后喻时代的来临改变了教学过程中师生之间的信息不对称状况。在这一背景下，教材在学校尤其是大学教育中的地位也发生了变化。"一方面，学生可获得的信息渠道日益多元，使得传统教科书的权威性受到挑战，对教科书的批评性的学习，成为学生成长的一部分；另一方面，教科书依然是课程的中心环节和学校教育的重要载体，教科书的地位同时也得到教师和考试制度的强化。"① 由此可见，网络信息时代，教材的编撰虽然面临新的挑战，但是教材本身在人才培养过程中的角色并没有削弱。建设科学适用的教材体系，是社会的需求，也是教师的天职。

　　高校教材建设是一个复杂的系统工程，其间存在不少复杂的矛盾关系，包括政治性与专业性、管与放、统与分、编与创、教材体系与学科体系等，都需要在理性分析的基础上加以厘清。

---

① 〔美〕M. 阿普尔、L. 克丽斯蒂安－史密斯主编《教科书政治学》，侯定凯译，袁振国审校，华东师范大学出版社，2005，第 1 页。

## 第二节　新闻传播专业教材建设的认识误区

在信息化时代，新闻传媒及其从业者扮演着重要的角色，不仅是环境的守望者、公平正义的护卫者，而且在文化传承及公民的社会化方面发挥着无可替代的作用。传媒的竞争"关键是人才竞争，媒体优势核心是人才优势"。所以，习近平非常重视新闻传播人才的培养，主张"加快培养造就一支政治坚定、业务精湛、作风优良、党和人民放心的新闻舆论工作队伍"①。为传媒输送高素质的专业人才，当然是高校新闻传播院系的责任。而高校新闻传播专业人才的培养又是一个复杂的系统工程，涉及诸多环节和要素，其中教材建设便是重中之重。"教材是供教师讲授和大学生学习的必备资料，是贯彻教学大纲的重要物质基础。因此，编写一部好的教材，就是教学中的一项重要的基础建设。"②

在高等教育领域，教材对于高级专业人才的养成至关重要。它直接影响到人才的质量和规格。在传播技术高速发展、媒介融合如火如荼的今天，高校新闻传播专业教材的建设存在不少问题，诸如数量庞大、质量参差不齐，选用制度不健全，缺乏质量保障机制等，这一切都源于教育管理部门、高校新闻传播院系的领导和教师对教材认知的误区。本节打算就这一议题略做分析。

### 一　误以为教材只是教科书

在教育界，人们常常容易把教材与教科书混淆，以为教科书就是教材。其实两者既相互联系，又有明显的区别。李进才教授认为，"教材是指根据教学大纲编选的指导学生学习的教学材料。它包括文字教材（如教科书、讲义、讲授提纲、参考书刊、辅导材料等教学辅助材料）、视听教材（教学影片、唱片、录音、录像磁带）和网络教材等"③。还有一种近似的说法，"教材（teaching material）是教学材料的简称，指教学所依据的学术资料，包括教科书、讲义、

---

① 《习近平谈治国理政》（第 2 卷），外文出版社，2017，第 333 页。
② 刘道玉：《创造：一流大学之魂》，武汉大学出版社，2009，第 287 页。
③ 李进才主编《高等教育教学评估词语释义》，武汉大学出版社，2016，第 146 页。

参考资料及教学辅助材料等"①。在目前的教学体制下，教材与教科书的内涵与外延都存在很大的差异，两者的关系是整体与部分的关系，教科书是教材，但教材不等于教科书。

教科书（text book）又称课本，英国权威辞典对它的定义是："一种在学习某一特定科目作为规范著作使用的图书。"所附注解为"是学习任何一学科或领域的教学指南，尤其被认为是一种权威著作"。② 人们要学习一定的科目或课程，必须有教科书，但是仅仅依靠教科书是远远不够的，还必须拓展使用更多的资料，包括讲义、参考书刊、讲授大纲、录像片或教学影片、录音、试题库，在今天的语境下，甚至还需要基于网络的数据库等。这些教科书之外的教学材料，对老师和学生而言，是教学过程中不可缺少的资源。

误以为教材只是教科书，或把教科书等同于教材，会把丰富的、复杂的、互动的教学过程简单化。老师要讲授、学生要学习的一门课程或科目，从历史到实践，从本土到国际，本课程与相关课程以及本专业与相关专业的知识头绪繁多，包罗万象。一本教科书，篇幅再大，其容量终归是有限的，其对重点或核心知识点的解读可能比较到位，但是难以实现对课程包含的知识空间的全覆盖；同时，教科书作为一本集纳成熟知识的教材，其出版、修订或再版也有一定的周期，对知识更新和学术前沿的最新变化的反应也不一定总是那么及时。此外，对来自教科书的知识进行检验或强化，从教科书本身很难找到有效的方法和手段。所以，要实现课程教学的目标，提升学生学习的效果，在教科书之外，必须使用更多的辅助性的教学材料。进入21世纪以来，国外开始出现一种新的教材形式，有人称之为"立体化教材"或"多元化教材"，这种教材内容丰富，除了教科书（主教材）之外，还有教师参考书、学习指导书、图片库、试题库等。这种新的教材形式，极大地丰富了课程的内容，延伸了课程的知识空间。无论是从内容还是形式来看，这种"立体化教材"或"多元化教材"的名称似乎都比教材的名称更加贴切。

在高校新闻传播专业教育方面，也存在同样的问题。一提到教材，大家就想到教科书，而且把两者混同起来。不管是纳入教育部规划的"十一五""十二五""十三五"规划教材，还是各学校、出版社自己推出的各种名目的新闻传播专业教材项目，几乎都是作为单一的教科书出版的。在这里，教科书就是教材，教材等于教科书，大家都习以为常。只有极少数出版社出于营

---

① 别敦荣、王根顺主编《高等学校教学论》，高等教育出版社，2008，第350页。
② 别敦荣、王根顺主编《高等学校教学论》，高等教育出版社，2008，第350页。

销的考虑，在纸质教科书上附有光盘，其内容包括教师的讲义、PPT、试题库、案例库等，这才在某种程度上接近了学理意义上的教材。中国高校新闻传播教育界的这种教学现状，显然不利于复合型创新型新闻传播专业人才的培养。新闻传播专业与其他基础文科专业不同，新闻传播专业面向的传媒行业本身就是高新传播技术装备起来的，其技术日新月异，信息生产和传播流程也不断变化，对知识信息生产者的职业技能要求更是今非昔比。在这种环境下，新闻传播专业教育必须打破或改变传统的认知，树立科学的教材观，把教材视为一个包括教科书（主教材）、教师参考书、学习参考书、讲义、案例库、图片库、试题库等在内的多元的教学资源体系。这样一个开放的多元的教学资源体系，不仅会拓展课程或科目的知识空间，而且会增强老师、学生在教学过程中的自主选择性，有利于学生交流、师生互动、教学相长。

## 二 误以为教材建设只是教科书编写者的事情

前面的认知错误连带产生了第二个认识误区。既然教材被普遍认为是教科书，教科书等于教材，那么教材建设，当然就只是教科书编写者的事情。这一认识误区导致的后果更加严重，它把一个本来需要集众智、群策群力的系统工程，窄化为只是教科书编撰者的事情，使得本来可以源源不断地注入教材建设过程的智力资源和物质资源，难以为教材建设发挥基础性的作用。

教育家们早就敏锐地洞察了这一问题。江汉大学原校长李进才指出："教材建设是指教育主管部门、高等学校、出版单位和广大教师根据人才培养目标和教学大纲的要求，所从事与教材有关的各种工作的总称。其主要包括教材的编写、评介与选用，教材内容的优化与更新，优秀教材的推广与使用，教材形式的多样化以及教材的印制与发行等。"① 这一观点为教育部所采纳，成为中国高等教育教学评估对教材建设条目内涵的官方解释。由此可以看出，教材建设，远远超出了教科书编撰的范畴。即便是教科书的编写，也不仅仅是教科书编写者的责任，它还涉及教科书所覆盖的知识领域中的原创作者、使用这一教科书的教师和学生。著名教育家刘道玉曾经创造性地打了一个比方："原始理论作者、教材编写者、教师和学生，他们分别担任的角色犹如作家、剧作家、演员与观众的关系。我以为，把教材编写者定格为剧作家的位子，这一点很重要。因此，教材编写者就要像剧作家那样，要以创

---

① 李进才主编《高等教育教学评估词语释义》，武汉大学出版社，2016，第146页。

造性的姿态从事编写工作。事实上，一本好的教材就像一部改编的优秀的剧本，相对于原始的作品，它是再创造性的成果。同样地，一本好的教材，也只能是在综合各家之言的基础上的再创造的成果。"① 同时，这个剧本要达到叫座的目的，还必须充分地考虑演员和观众的意见，演员在扮演角色时的体验，观众观赏节目时的体验和需求，即使用教材的教师和学生的体验和要求是教科书编写者不可忽视的。

教材建设是一个动态的过程，从建设过程的视角而言，教材建设包含教科书编撰、出版发行、评价推荐、（教师、学生）使用反馈、资料补充、修订再版等环节，这些环节首尾相连，循环往复。不同的环节，涉及不同的主体。在编撰环节，主体为教科书编写者，即刘道玉所谓的剧作家。剧作家是有门槛的，不是所有人都具备编撰教科书的资格。就高等教育而言，如新闻传播专业教材的编撰者，必须是行业的专家或新闻传播院系的教授学者。他们不仅精通专业知识，而且了解行业发展；不仅掌握学术前沿，而且对教师教学和学生学习的需要有深刻的认识和体悟。教科书的内容组织、体系建构，不仅要遵循专业或科目知识体系的内在逻辑，也要正视、遵循学生学习、接受的心理规律。

教科书编写者的任务只是以最严谨、完善的形式完成课程、科目知识体系的内容建构。而将此以书本（教科书）的形式呈现出来，推向市场，向专业教师和学生推荐使用，实现销售过程，则是出版社的责任。在包括教科书在内的教材出版过程中，出版社不仅有责任保证教材的编校质量，确保在政治上、学术上不出问题，而且要以最大的努力实现其市场推广。教材也是一种商品，和其他商品一样，只有通过销售才能实现其价值。好的教材理应最大限度地占领教材市场，为更多的学校、更多的老师和学生所采用。

在教材市场上，同一门课程，往往同时存在多种不同的教材，甚至是几十种、上百种同台竞争。究竟哪一种教材好，或哪种教材更加适合本学校本专业的教学需要，在使用之前教师不清楚，学生更无从知道。从生产者与消费者的关系角度，有人把教材归为"信任品"范畴。围绕"信任品"，生产者与消费者之间存在严重的信息不对称。生产者对产品质量信息的掌握程度远非消费者所能比，甚至在消费者消费完产品后，也难以准确判断其品质的好坏。"教材的信任品特性决定了学生无法'用脚投票'和信号传递（如口碑）来选择有用有益的教材，教师的经验和知识也难以克服教材购买中的信

---

① 刘道玉：《创造：一流大学之魂》，武汉大学出版社，2009，第287页。

息不对称问题。"这一"特性客观上还为'劣币驱逐良币'提供了可能。现代出版是一个竞争化、国际化的市场，每门课程都有众多的编写者、众多的出版者、众多的教材版本供给，而且竞争激烈，丰富教材市场的同时也增加了选择困惑"。① 在这种情况下，需要有一种高水平的、公正的教材评鉴或推荐机构，其对众多教材的评价数据，可以作为各高校新闻传播院系决定购买与否的重要依据。

任课教师对于教材建设也具有重要的意义。任课教师在教学过程中累积的经验告诉他们，其所讲课程或科目的知识内容应该怎样组织，如究竟应该遵循学术逻辑还是心理逻辑。任课教师的意见对于教科书的体系建构绝对是不可或缺的。教科书的编写者应该与高校有经验的资深教授保持紧密的联系。教授授课时肯定不会照本宣科，为了帮助学生理解、接受教科书的内容，其一定会根据教学需要编写讲义、教案，开列参考书目，提供学术论文索引；为了检验学生对知识的掌握和理解，有些资深、负责的教师还会使用教材编写试题库、案例库等。这些辅助性的材料与教科书一起，构成了专业教材的完整体系。

在教材建设过程中，学生往往是最容易被忽略的一个重要方面。教师与学生是教学过程中的两个对等的主体。在今天这个后喻时代，大学生的兴趣内容和接受能力更是不容低估。教科书的编写者在构思写作提纲时，应该首先了解目标学生的知识储备和接受习惯，最好是根据学生的理解能力、接受习惯、认知规律来安排教科书的内容架构。同时，学生在上课学习过程中与教师的互动、课堂讨论和成果的分享，也可以作为同期或后期学生学习参考的内容。如今教育部力推的国家级精品资源共享课，不少课程网站就把学生的反馈资料、成果分享等和主讲教师的讲义、大纲、教案、PPT、试题库等一起作为学生学习的重要材料。

总之，教材建设是一个多元的开放的系统工程。对于作为人文社会科学的新闻传播专业而言，其教材的建设与新闻传播学科的发展密不可分。"学科体系建设上不去，教材体系就上不去"，"在教材编写、推广、使用上要注重体制机制创新，调动学者、学校、出版机构等方面积极性，大家共同来做好这项工作"。② 绝不能把新闻传播专业教材建设的重任只放在教科书编写者身上。

─────────────

① 刘自挥、刘清田：《教材管理的依据与对策》，《品牌研究》2018 年第 6 期。
② 《习近平谈治国理政》（第 2 卷），外文出版社，2017，第 345～346 页。

## 三　误以为教材建设门槛低，人人可编写，社社可出版

教材建设是人才培养的重要依托，关系到国家和民族的未来。中国国家教材委员会主任刘延东认为："教材建设是事关未来的战略工程、基础工程，教材体现国家意志。""要尊重教育规律和学生成长规律，提升教材思想性、科学性、时代性，逐步形成适应中国特色社会主义发展要求、立足国际学术前沿、门类齐全、学段衔接的教材体系。"① 将教材建设提升到国家战略、国家意志的高度，在中国教育史上还是第一次。如此高的定位决定了教材或教科书的编写者，必须有一定的门槛或资质要求，不是所有人都能够承担这一重要的历史责任的。

可是现实的状况却令人忧虑。就高校新闻传播专业的教科书编写而言，对编写者几乎没有任何硬性的资质要求，几乎所有高校的新闻传播专业教师都可以独自或联合编写。只要有出版社接受，就可以拉起一个编写班子。而只要有一定的发行量，或有一定的出版补助，出版社就可以出版。这样一来，同样一门课程或科目，可能同时存在几十种乃至百种以上的教材，其中有的系名校名院资深的教授领衔编写，有的可能由一般院系的一般教师编写。近年来在高校陆续扩招的背景下，一般院校的招生规模越来越大，而重点院校出于培养质量的考虑控制了规模。重点大学由于学科评估的牵引，越来越重视科研和论文，教材的编写难以得到学校的承认和鼓励，所以，这些重点高校的资深教授逐渐失去了编写教材的积极性。而对于一般院校教师而言，由于受教育经历、知识视野的制约，加之繁重的教学工作量的压力，在科研和顶尖论文发表上很难实现突破，而编写及出版教材相对不是那么艰难，为了职称和工资晋级，自然会产生编写教材的冲动。其庞大的在校学生规模对于出版社而言，也是一个重要的筹码。这正是近年来教材建设散乱、遍地开花、良莠不齐的重要原因。

另外，对出版社来说，作为精神产品的生产者，固然要追求社会价值，要把社会价值置于经济价值之上，但是出版社也是企业，考核企业成功与否的重要指标是利润。这一指标对出版社业务的牵引力，实际上远远超过了对社会价值的追求。学术著作的出版利润很薄，风险较高，而教材的出版，由

---

① 《把国家教材建设作为战略性基础性工程抓紧抓实抓好》，《中国教育报》2017 年 7 月 6 日，第 1 版。

于一般院校庞大的学生存量和参与编写的教师对学校采用、学生购买的影响，对一般的出版社有相当大的吸引力。在逐利动机的驱动下，出版社往往以联合编写的方式，组建由各学校专业教师参与的编写团队，这样有利于占领更大的市场份额。

正是这两方面的原因使高校专业教材出现了散乱、良莠不齐乃至"劣币驱逐良币"的局面。这一现象在新闻传播教育领域表现得尤为突出。目前国内新闻传播类专业在校大学生（本科生）约 25 万人，每个年级 6 万多人，全国约有 700 所大学办了新闻传播类专业。这一存量支撑了新闻传播类专业教材建设的基本格局。一般而言，一本教材每年销量能够达到 1500 册，就可以做到小有盈利。在扩招的背景下，如果有四五所高校新闻传播院系集体订购，就可以保证这一起码的销量。虽然在教材市场上，由知名院校知名教授领衔编写、权威出版社正式出版的教材是主流产品，占据了重点院校大半的份额，但是，那些由一般出版社推出的质量不高、品相不好的教材也占有一定的市场。这必然会影响到这些高校新闻传播专业的人才培养质量。尤其是新闻传播史、新闻传播理论课程或科目的教材，其内容经过理性思考能够直达灵魂的深处，直接影响到学生的价值观、专业理想和政治信念的形成，影响到未来的新闻传媒从业者能否坚定四个自信，"保持人民情怀，记录伟大时代，讲好中国故事，传播中国声音"[1]。所以习近平多次强调，教材建设是为广大青少年打好中国底色的铸魂工程，是传承中华优秀传统文化、增强全民族自豪感和凝聚力的培元工程，是推进教育现代化、建设教育强国的奠基工程[2]。要使这一工程达成目标，就应该在教材建设方面建立起编撰、出版的准入制度，明确基本的资质，在学术和政治层面提出起码的要求。只有这样，才能确保高校专业教材的质量，进而确保新闻传播专业的人才培养质量。

## 四 误用专著的标准，混淆了专著与教材的区别

误用专著的标准，混淆了专著与教材、教科书的区别，是目前高校社会科学专业教材建设存在的另一个重要误区。许多教材编写者在相当程度上混

---

① 《习近平致中国记协成立 80 周年的贺信》，《人民日报》2017 年 11 月 9 日，第 1 版。

② 柴葳：《200 余名专家委员会委员正式"上岗"——国家教材委员会专家委员会工作研讨会召开》，《中国教育报》2018 年 5 月 23 日，第 1 版。

淆了专著与教科书的界限，而且现行的高校教师绩效评价机制重专著、论文，轻教材、教科书，从而在制度层面加剧了专著与教材、教科书标准混淆的现象。

教科书不等于专著。专著是一家之言，是作者苦心孤诣长期研究的独家成果。这一研究成果固然是在吸收、借鉴前人成果的基础上获得的，是站在前贤的肩膀上摘下的胜利果实，但是其在知识创新方面最关键的突破是作者自己实现的。教科书则不同，教科书（包括大学的专业教材）的编写者不一定是学科的某一方面、领域的领军人物，其根本任务也不是通过教材的编写实现知识的创新，而是博采相关知识领域的百家之言，帮助学生掌握该领域的基本知识，引领学生进入学科的前沿。所以专著作者可以任意挥洒，甚至偏执一些也无妨，只要实现了独家的创新，这本专著就会得到学界的好评。教科书则不然，尤其是社会科学领域，教科书必须全面地展现学科的知识生态，不同学派不同风格不同观点总有其存在的合理性，总有其可取的内涵。如果编写者任性地坚持自己的偏好，片面地强调个性，则不利于学生对知识的全面掌握和接受。

专著与教材、教科书还有一个重要的差异。专著的作者致力于"专深精尖"的探索，其呈现的是处于探索阶段的知识或不确定的知识，这种探索可能还没有得到学术界的认可，甚至还没有被认定为知识。也许，经过若干年，这些处于探索阶段或不确定的知识，会被常识判定为谬误。一本专著，要想打动人心，多少要有一些这样的内容。如果尽是对已有成熟知识的归纳或解读，没有对知识前沿新的探索，没有一些不确定的知识内容，这部专著的学术性就会引人质疑。教科书则不然。教科书主要是为学生提供的学习资料，是引领大学生进入知识殿堂的指南。大学生还不是科学家、学者和教授。大学生的当务之急，并不是解决学界的未知，而是解决自己的未知。大学生的未知欲知，对于科学家、学者、教授而言，不过只是常识而已。这是一种经典的或成熟的知识，得到了历史与实践的证明。教材、教科书就应该以这种经典的或成熟的知识为基本的内容。通过对这些知识的梳理，让学生领会知识创新的规律，从而强化学生的创造意识。

在知识的呈现形式上，专著与教材、教科书也有诸多不同。专著是作者"十年磨一剑"的产物，是对某一个问题，本着挖深井的理念，不舍昼夜冥思苦想的成果。所以其知识的呈现，显得十分专业、精深，其内容的组织主要依据科学的内在逻辑，一般学生、非专业人士是难以读懂的。教材、教科书则不然。一本好的教材，受到教师和学生的普遍欢迎，往往是基于如下原因。首先，教材是对科目或课程涉及的经典知识精准的概括、归纳，在众多的知识点中，编写者能够厘清重点与一般、核心与边缘，有利于学生学习时提纲挈领，融会贯通。其次，编写者对于教材采纳的经典知识及其原创者，能够站在学术史的视角，进行科学的点评，揭示其在学科、专业发展史上的地位，及其对今天知识创新的启示。再次，教材的编写者能够对课程知识体系进行精妙的剪裁。虽然一门课程涉及的知识的深度和广度是有限的，但是要在一定的篇幅里容纳其全部内容也不是一件容易的事情。优秀的教材编写者的高明之处，表现在他能够根据对教学大纲和学生的接受能力、接受习惯的了解，对课程覆盖的知识体系进行恰当的剪裁。这样，载入教材的知识系统就显得十分和谐、得体。最后，一本好的教材，在一般的情况下，其内在的知识结构既符合知识本身的学术逻辑，也符合学生学习、接受的心理逻辑。

教材虽然不是专著，但教材编写者也绝对需要创新的精神。在秉持创新精神方面，教材编写者和专著作者是完全相同的。简单地辑录和综合是难以编好教材的。教材呈现的是学术界达成共识的成熟的基础理论、基本知识和基本方法，"综合各家之言是必不可少的，也是允许的。但是，完全抄录的方法是必须杜绝的。一种理论或观点，即使是科学定义，完全可以用不同的表述方法予以诠释。不仅编写者、教师应当以自己的理解并用自己的语言来表述，而且也应当鼓励学生这样做"①。

以上四大误区严重地影响了高校新闻传播专业人才的培养。在社会转型、传媒融合的背景下，传媒行业对新闻传播专业人才的需求发生了根本性的变化，社会各界对新闻传播教育的期待也与日俱增。教育部、中共中央宣传部在 2018 年联合发文要求："全面落实立德树人根本任务，坚持马克思主义新闻观，用中国特色社会主义新闻理论教书育人，培养造就一大批具有家国情怀、国际视野的高素质全媒化复合型专家型新闻传播后备人才。"② 制约这一目标实现的因素很多，诸如国家与学校投入不足、扩招过度、师资结构失衡等，这些显的问题，大家都注意到了，教育部、高校与社会各界已经采取不少有效的措施，并取得了一些成效。但是还有一些隐性的问题，教材建设问题就是其中之一。2016 年 12 月，习近平总书记在全国高校思想政治工作会议上明确指出："教材建设是育人育才的重要依托。建设什么样的教

---

① 刘道玉：《创造：一流大学之魂》，武汉大学出版社，2009，第 288 页。
② 教育部、中共中央宣传部：《关于提高高校新闻传播人才培养能力实施卓越新闻传播人才教育培养计划 2.0 的意见》（教高〔2018〕7 号）。

材体系，核心教材传授什么内容、倡导什么价值，体现国家意志，是国家事权。"① 习近平的这一见解，从国家战略的高度道出了教材建设的意义。要解决高素质全媒化复合型专家型新闻传播后备人才的培养问题，必须正本清源，正视教材建设存在的诸问题，认真地研究这些问题，彻底地解决这些问题。只有这样我们高校新闻传播院系才能有效地满足社会的人才需求，回应社会的期待。

## 第三节　教材建设中的五大关系

教材建设是一个系统工程，涉及面很广，不仅牵涉到教育行政管理部门、新闻出版部门、市场营销部门、高校教务管理部门，更重要的还涉及专业教师及相关领域的知名学者。要与时俱进，编撰出符合时代要求、满足教学需要的新闻传播类专业教材，必须妥善地处理好如下五对关系。

### 一　政治性与专业性

教育是千秋大业，不仅关系到文明的延续，更影响到人类的福祉。在政治社会，教育具有鲜明的政治性。教材的编撰当然也会受到这一政治性的影响。习近平多次专门论述教材建设问题，要求站在中国特色社会主义薪火相传、后继有人的高度，深刻认识教材建设是落实党的教育方针、为广大青少年打好中国底色的铸魂工程，是传承中华优秀传统文化、增强全民族自豪感和凝聚力的培元工程，是推进教育现代化、建设教育强国的奠基工程，要充分认识加强和改进新形势下大中小学教材建设的重要性紧迫性。② 习近平以党和国家最高领导人的身份，从国家意志、国家事权的高度，重视教材建设，将其视为铸魂工程、培元工程、奠基工程，是历史上极其罕见的。

为了落实国家事权，2017 年国务院成立国家教材委员会，教育部成立教材局。同时，国家教材委员会设立专家委员会，通过层层推荐、遴选出 200

---

① 王湛、顾海良、韩震：《我国大中小学教材建设步入新的历史阶段——三位专家谈国家教材委员会成立》，《中国教育报》2017 年 7 月 14 日，第 7 版。

② 柴葳：《200 余名专家委员会委员正式"上岗"——国家教材委员会专家委员会工作研讨会召开》，《中国教育报》2018 年 5 月 23 日，第 1 版。

余名专家委员会委员。① 在 2018 年末，教育部还在国内主要重点高校和研究机构正式成立了 11 个国家教材建设重点研究基地，试图在中小学教材、少数民族文字教材、高校思想政治理论教材、专业课程教材的建设方面，从确保意识形态安全、培养中国特色社会主义合格建设者和可靠接班人的高度加强研究和引导。对教材建设的行政管理，事实上不限于社会主义国家。在美国，教科书的发行，不单单被市场这只"无形的手"所控制，同样在很大程度上受到政府关于教科书的审批政策——这只强有力的"政治之手"——的控制。美国将近一半的州——大部分在南部和"阳光地带"——都成立了教材审批委员会。一般来说，由这些委员会决定该州学校将选购什么样的教材。② 在这种情况下，出版商考虑到经济得失，都竭尽所能确保他们的教材在通过审批的书目上占有一席之地。

虽然准确、中立是教育追求的目标，但是教材所传播的不可能是完全准确、中立的知识，而是合法的知识。"将学校课程看作中立的知识，显然是一种天真的想法。相反地，被认为是合法的知识，恰恰是复杂的权力关系以及身份等级、种族、宗教团体不断斗争的结果。"③ 也就是说，教科书尤其是社会科学教科书的编撰出版，是一个复杂的政治过程的产物，是各种政治、经济和文化共同作用的结果。教材的出版是教育决策者、政府部门和其他社会力量共同影响学校教育的一个缩影。这一现实，马克思、恩格斯早在一百多年前就做了精辟的论证："统治阶级的思想在每一时代都是占统治地位的思想。这就是说，一个阶级是社会上占统治地位的物质力量，同时也是社会上占统治地位的精神力量。支配着物质生产资料的阶级，同时也支配着精神生产资料，因此，那些没有精神生产资料的人的思想，一般地是隶属于这个阶级的。"④

教材的编撰固然会受到政治的影响，包括政治、经济、文化在内的各种复杂的权力关系会或多或少地影响或渗透到教材编撰过程，但是由于教材所传播的毕竟是知识，不管是什么样的知识，都在相当程度上体现了真理。尤其是在社会科学领域，权力的涉入程度更高，但是某一学科、专业对特定社

---

① 柴葳：《200 余名专家委员会委员正式"上岗"——国家教材委员会专家委员会工作研讨会召开》，《中国教育报》2018 年 5 月 23 日，第 1 版。
② 〔美〕M. 阿普尔、L. 克丽斯蒂安－史密斯主编《教科书政治学》，侯定凯译，袁振国审校，华东师范大学出版社，2005，第 67 页。
③ 〔美〕M. 阿普尔、L. 克丽斯蒂安－史密斯主编《教科书政治学》，侯定凯译，袁振国审校，华东师范大学出版社，2005，第 2 页。
④ 《马克思恩格斯文集》（第 1 卷），人民出版社，2009，第 550 页。

会现象及其内在规律的认识，固然会受到外界因素的干扰，却未必完全受到现实政治的左右。作为一门学科或专业，对相关领域应该有自己独立的判断，正是这种专业性判断，使得它赢得了社会各界的尊重。自然科学更是如此。所以教材的编撰不能无视政治，但是更不能无视专业，或者因为政治而否定专业。政治与专业是可以统一起来的。教科书的编撰，代表的是专业化的知识，按照编辑理念或是国家官方的蓝图，"化约成普遍性的知识生产；这套知识体系，继之透过教师的讲授，传递至莘莘学子的身上。经由此道，原本专业且零碎的知识形式，透过有意识的编织以及学科建制的过程，转换成系统化的课程用书。教科书的出现，便是国家机器与专业学者携手打造的概念工程"①。在这一过程中，教材的编写者依照国家制定的课程大纲，基于学界最新的研究成果，站在顶层设计的视角，拆解、组装出一套新的知识系统，借助这一系统，教师得以引领学生、启发学生，学生得以掌握其应该知道的专业知识，从而成为国家需要的人才。

## 二　管与放

随着教育的普及，教材的编辑出版成了一个大的产业。"进入 20 世纪，这桩生意的规模之大、影响之广、情状之复杂，自不可与古时同日而语。各类经济、社会、文化资本参与其间，官与民、精英与大众的角力不断。"②1980 年，美国整个出版行业的销售额为 60 亿美元。有人把出版市场做了分割。其中，12 亿美元来自参考书、百科全书和专业类书籍的收入；15 亿美元来自小学、中学、大学教材的收入③；10 亿美元来自图书俱乐部和图书城邮购；面向大众的读物——被称为普通类图书——每年收入为 10 亿美元；最后，6.6 亿美元来自市场巨大的平装本图书的收入。从 15 亿美元收入量来看，教材市场在整个出版行业中的比例，绝对不是一个小数字。就今日中国的教育而言，2018 年，全国在校大学生约 3833 万人，教材市值相当可观。

在当今社会，教材的编辑出版不仅仅具有经济方面的意义，就其内容及

---

① 张仲民、章可编《近代中国的知识生产与文化政治——以教科书为中心》，复旦大学出版社，2014，第 115 页。

② 张仲民、章可编《近代中国的知识生产与文化政治——以教科书为中心》，复旦大学出版社，2014，前言第 2 页。

③ 〔美〕M. 阿普尔、L. 克丽斯蒂安 - 史密斯主编《教科书政治学》，侯定凯译，袁振国审校，华东师范大学出版社，2005，第 34 页。

影响而言，教材建设是事关国家和民族未来的战略工程、基础工程，教材的编撰必须体现国家的意志。教材的好坏关系到能否"帮助学生扣好人生第一粒扣子"，因为教材承载的知识系统反映了社会主流价值。教材编辑、出版、使用的过程，就是教化的过程，会影响到下一代人的理想、信念、价值观和政治态度。"无论古代的官刻、私刻和坊刻，还是现代的出版传媒，无论在社会主义国家还是资本主义国家，出版都具有意识形态属性，都是统治阶级调控社会思潮和价值走向的平台。"① 所以，国家对教材实行宏观管理，乃是题中应有之义。

从教育管理的实践来看，世界主要国家以不同方式对教材进行了不同程度的管理。第二次世界大战以后，各国对教材的管理日益宽松。大体上分为四种制度：教材编写制度、出版制度、审查（认定）制度和选用制度。从编写制度看，少数国家出面直接组织编写教材，如韩国、日本；多数国家通过制定教学大纲或课程标准及考试制度为教材编写提供依据和标准。从出版制度看，有的通过国有出版社和国家授权的商业出版社联合出版，如新加坡、韩国、日本、新西兰；有的由国家授权的商业出版社出版，如法国、德国、匈牙利、西班牙、加拿大；多数国家由商业出版社自主出版，如英国、美国、意大利等。从审查（认定）制度看，所有国家都对教材内容进行审查或认定，并对审定人员、审定时间、审定内容和程序有明确的规定。② 从选用制度来看，有国家指定、国家推荐（目录制）和自主选择等形式。

新中国成立以来，一直重视高校的教材建设。1958 年 9 月，中共中央、国务院颁发关于教育工作的指示："高等学校的教材，应该在党委领导下采取党委、教师、学生'三结合'的方法，经过大鸣大放大争大辩，认真予以修订。中小学教科书，由各省、市、自治区组织力量编写，编写时应当结合当地具体情况。中央教育部应召开各种教材的专门会议，交流经验，推荐较好的教材，确定全国应该通用的那一部分教材，确定各类学校的最低限度和最高限度的科目。"③ 2017 年，国务院正式成立国家教材委员会，赋予其重要的职责：指导和统筹全国教材工作，贯彻党和国家关于教材工作的重大方针政策，研究审议教材建设规划和年度工作计划，研究解决教材建设中的重大问题，指导、组织、协调各地区各部门有关教材工作，审查国家课程设置

---

① 刘自挥、刘清田：《教材管理的依据与对策》，《品牌研究》2018 年第 6 期。
② 刘自挥、刘清田：《教材管理的依据与对策》，《品牌研究》2018 年第 6 期。
③ 范跃进编《新中国成立以来高等教育元政策（1949—2016）》，中国社会科学出版社，2017，第 68 页。

和课程标准制定，审查意识形态属性较强的国家规划教材。① 国家教材委员会主任刘延东主张，"要尊重教育规律和学生成长规律，提升教材思想性、科学性、时代性，逐步形成适应中国特色社会主义发展要求、立足国际学术前沿、门类齐全、学段衔接的教材体系。要深化改革创新，加强完善教材各环节管理，使教材建设规范有序"②。

教材的编撰，关键在于其指导思想。一本教材是否科学、适用，不仅取决于编写者的学术水平，而且取决于编写者的政治信念及其指导思想。20 世纪 60 年代初，周扬负责高校社会科学教材的编撰工作。其在向中央的报告中表示，"我们在编选工作过程中，对教材质量，反复提出以下几点要求"③，其中第一条就是要以马克思列宁主义、毛泽东思想为指导。进入 21 世纪以来，教育部和各高校启动了卓越新闻传播人才教育培养计划。教育部、中共中央宣传部明确要求："加强马克思主义新闻观课程建设，深入推进习近平总书记关于新闻舆论工作的重要论述进教材进课堂进头脑，做到新闻传播院系师生全覆盖、无死角。"④ 在政治上不出问题，是执政党和政府对教材建设的基本要求。

同时，教材编撰还是一项复杂的高级的创造性的精神劳动，要激发编撰者的智慧和想象力，必须给予他们足够宽松的思维空间。也就是说，在坚持政治原则的前提下，还要有学术自由，要有自由讨论、相互启发的空间。周扬同时还建议中央在编写过程中必须保证学术争论的自由："（1）提倡由学术见解相同或接近的人合作编书，人选最好由主编挑选，这样效果较好。结合要根据自愿原则，不愿意合作的人就不勉强组织在一起。同时也提倡个人写作，鼓励写一家之言。同一门课程，可以因学派不同和合作条件不同而同时组织编写几本教材。例如中国哲学史一课，我们既组织集体编写一本，又鼓励冯友兰教授个人写一本，冯的积极性很高。（2）已编出的教材初稿，印发有关专家，特别是不同学术见解的专家，广泛征求意见，展开学术讨论，然后根据讨论的结果作适当必要的修改。我们鼓励不同学术见解的争论，但

---

① 《国务院办公厅关于成立国家教材委员会的通知》（国办发〔2017〕61 号）。
② 《把国家教材建设作为战略性基础性工程抓紧抓实抓好》，《中国教育报》2017 年 7 月 6 日，第 1 版。
③ 刘志鹏、别敦荣、张笛梅主编《20 世纪的中国高等教育·教学卷》（下册），高等教育出版社，2006，第 379～380 页。
④ 教育部、中共中央宣传部：《关于提高高校新闻传播人才培养能力实施卓越新闻传播人才教育培养计划 2.0 的意见》（教高〔2018〕7 号）。

反对宗派、门户之见。"① 这里所谓的学术自由，是鼓励专家们在宽松的氛围下，自由大胆地讲出自己的见解，在平等的条件下，彼此讨论、切磋，取长补短，于是正确的意见被吸纳，不完善的地方得以改进。

## 三　统与分

教材编撰是一个涉及面很广的系统工程，需要很多人参与，所以必须调动多方面、多数相关者的积极性、主动性和创造性。1962 年，负责高校社会科学专业教材建设的周扬提出了五条要求。第一，必须坚持党内外新老专家合作的原则。第二，在编书过程中必须保证学术争论的自由。第三，集体编书必须实行主编负责制，以保证每本教材观点的一贯性和完整性。集体人数不能过多，一般三人五人，至多十人八人。第四，必须建立由专家组成的专业组，分别领导各专业的教材编选工作。第五，需要统一计划和调动全国的学术力量。② 从这些要求可以看出，周扬已经意识到，教材建设不是少数人的事情，它必须集众智，不仅要坚持马克思主义的指导思想，也要面向全国，在党内外寻觅专业人才，做到群贤毕至、老少咸集，要调动大家的积极性，但又要尊重带头人的意见，实行主编负责制。

教材不具有唯一性。教材除了受制于课程与知识外，还受到其他多种因素的影响。"高校的教材具有多样性，同一科目往往有多种教材，有的科目甚至有数十种、数百种教材。"③ 在教材编撰过程中，首先要在正确的思想指导下制定统一的知识标准。不过标准的统一，不等于定于一尊，不等于一门课程只有一个版本。多样化的教材并存应该是教材建设的常态。即使是统编教材，其原意也只是"从各有关大学选拔优秀的教师，集中优势的兵力，避免各校重复编写，这样可以保证教材的质量"，并不是说全国一门课程统一成一个版本。如果定于一尊，"使得众多的教师与学生只能教授和学习一种教材，不利于发挥教师不同的教学风格，也不利于拓展学生的思路"。基于此，武汉大学原校长刘道玉建议："无论是统编教材或是精品课程规划，都不能只搞一种课程和教材，允许几种不同风格的课程和教材并存。在抓统编

---

① 刘志鹏、别敦荣、张笛梅主编《20 世纪的中国高等教育·教学卷》（下册），高等教育出版社，2006，第 380 ~ 383 页。
② 刘志鹏、别敦荣、张笛梅主编《20 世纪的中国高等教育·教学卷》（下册），高等教育出版社，2006，第 380 ~ 383 页。
③ 别敦荣、王根顺主编《高等学校教学论》，高等教育出版社，2008，第 360 页。

教材的同时，我国的重点大学，应当鼓励那些学养深厚的学者，专事教材的撰写工作。"[1] 20 世纪 60 年代初，一门中国哲学史课程，教育部除了组织全国力量统编一本教材外，还专门请冯友兰教授个人编写了一本。花开两朵，任各学校自己选择。这一做法受到普遍的好评。

在教材编撰方面，国内比较习惯于依赖官方组织，而不大习惯于调动民间学界的积极性和主动性。1910 年，上海《申报》发表文章反对部编教科书垄断教育市场，其理由是"凡事以比较而有竞争，以竞争而有进步"。如果任由部编教材垄断，则"民间所编之教科书，势必束诸高阁，等于废纸。……民间既不编辑，则民编教科书之比较竞争之机已绝，在民间固永无良好之教科书出现于世矣"[2]。关于如何发挥官编与民间力量的积极性，清末湖广总督张之洞提出了自己的主张。在他看来，如果所有教材均委托官方编译局编撰，势必勉强。合理的办法，应由中外教员按照现定的学制学时，编成教材，交给学务大臣审订颁行。各省若有文士编成的精善教材，也可呈学务大臣鉴定，予以版权，准其自行印售发行。[3] 1904 年清政府颁布《奏定学堂章程》，即"癸卯学制"，接受了张之洞的建议，在官编教材之外，民间自编教材经学务大臣审定者，亦可采用。现在高等教育界，教材的采用大体上也是这种情形。除了统编教材外，一些教师个人自编的教材，经学校主管部门审批亦可作为正式教材，这在一定程度上弥补了统编教材的不足。

在教育国际化的大背景下，师资、学生、教材等教育资源都实现了在全球范围的自由流动。教材的编撰、选择、采用也不再限于国内。在水平相当的条件下，我们自然应该选择国内的教材，推进大学教材的中国化。但对于外国先进的教材，也必须大胆地引进。在自然科学与工程学科领域，引进外国先进教材没有什么问题。可是在社会科学领域，不少学科专业存在政治敏感性，在引进西方资本主义国家的相关教材时，应该特别慎重。蔡元培在 1931 年专门就国化教科书问题做过深入的探讨。在他看来，采用外国教科书是文化落后国家接受现代知识"不得已的过渡办法"。引进外国教材有不少后遗症，如外国教材所引用的案例均取自编者所在国，中国学生难以理解；国外大学的学制与课程设置不一定与我们完全相同，外国教材难以完全适用于我国大学教育；加上外文原版书的价格高，一般学生难以

---

① 刘道玉：《创造：一流大学之魂》，武汉大学出版社，2009，第 289 页。
② 《论限用部编教科书有妨教育之进步》，《申报》1910 年 3 月 12 日。
③ 毕苑：《建造常识：教科书与近代中国的文化转型》，福建教育出版社，2010，第 131 页。

承受。① 所以他主张要努力提高国内教材编撰水平，逐步实现教材的国产化。20 世纪 70 年代末，改革开放刚刚开始，百废待兴，为了尽快在科学技术方面赶上西方国家，教育部根据毛主席"洋为中用"的精神，"大力加强外国教材的引进工作，有领导、有计划地把各个科学技术比较发达国家的教材引进来"②，加快了我们的追赶速度，避免了走弯路。事实表明，这一举措取得了超乎寻常的效果。

## 四　编与创

教材是根据课程知识的内在逻辑而建构起来的知识体系。就单本教材的编写者而言，总希望教材知识体系越全面越好，内容越丰富越好。但是客观上，每本教材所包含的内容总是有限的，而人们对知识的追求又是无限的。教材的内容篇幅一般是根据该课程在"整个课程体系中的地位、教学学时、学生的基础等多种限制性因素，确定选择什么样的课程知识和学科知识，所以，在高校教材编写中，不能无限制地延长篇幅，不能无节制地罗列学科知识，而应当选择那些与教学目的密切相关的、学生需要且能够掌握的知识，并对这些知识进行体系化的组织和编排"③。这种体系化的知识如何编排、重组，主要取决于三个核心要素。一是教学理念或教学指导思想。如是以学生为中心还是以教师为中心，其内容的结构是大不相同的。二是教学方法。使用什么样的教学方法，会在很大程度上影响到教材内容的安排。三是教学计划。教学计划有两个含义：课程教学计划和全程教学计划。前者决定了教材的内容孰先孰后、孰重孰轻、孰多孰少。后者则决定本教材本课程在整个人才培养过程中的地位，本教材本课程与其他教材其他课程在内容方面的关系。

每本教材知识体系的构成，都有其内在的逻辑。总的来看，教材的编写逻辑表现在三个方面。一是学术逻辑。即根据学科或学术领域知识生成、发展、演变的逻辑来编写，具体表现为由易而难、由浅入深、从古到今、由远到近；注重知识之间的相互联系和知识衔接顺序，使教材内容井然有序。二

---

① 刘志鹏、别敦荣、张笛梅主编《20 世纪的中国高等教育·教学卷》（上册），高等教育出版社，2006，第 297 页。

② 教育部、外交部、财政部：《关于加速引进外国高等学校教材的几项规定》，1979 年 2 月 2 日。

③ 别敦荣、王根顺主编《高等学校教学论》，高等教育出版社，2008，第 360 页。

是心理逻辑。根据这一逻辑，教材编写需要根据学生的学习兴趣、接受能力和接受习惯，以学生容易接受、愿意接受、能够接受为导向。换言之，教材内容的安排不一定遵循学科逻辑，只要是学习者感兴趣的，或容易接受的，就可以纳入教材，而对学习者不感兴趣的，则适当压缩或回避。三是教育逻辑。这种逻辑要求在编写教材时，把学术逻辑和心理逻辑结合起来，使教学内容既具有学科知识的关联性，又有利于学生的学习掌握。① 教育逻辑实际是对前面两种逻辑的中和，在教材编撰实践中，为编撰者所普遍使用。

教材知识内容的安排，要以学生的理解和接受为出发点，既要尊重学生的选择，又要照顾到学生的接受能力。华中科技大学原校长李培根院士主张，大学的专业规范与课程教材要为学生预留空间。在他看来，"越是好的学校给学生提供的选择余地就越大"②。也就是说，在既定的篇幅里，教材的内容空间要尽可能大一些，尽可能充实一些。另外，教材的编撰者也要注意，不要对学生提过高的要求，不要让学生负担过重。古罗马教育家昆体良建议，"教师要克制自己的意愿，迁就学生的能力。因为要把水灌进瓶子，只有慢慢地、一点一点地往里灌，才能把瓶子灌满，所以，必须留意学生的接受能力：凡是他们不能理解的东西，是灌不到他们的头脑里去的，因为他们的头脑还没有完全成熟，还不能接受这样的东西"③。如果无视学生的接受和消化能力，人为地拔高对他们的要求，则可能欲速不达、事倍功半。

教材上所承载的主要是合法的、成熟的、经典的知识，对于这些知识，编撰者只需要梳理清楚其来龙去脉，注意选择解读的视角，寻找恰当的案例，拓宽知识视野，换言之，编撰者只要在选编上下功夫，就基本上能够完成自己的任务。但是我们不要对编撰做简单的理解。好的编撰者不等于"剪刀加糨糊"。一个优秀的编撰者，在陈述学界达成共识的基础理论、基本知识、基本方法时，固然会综合百家之言，但是绝不会简单抄录，而是以自己的语言进行独特的诠释。"一种理论或观点，即使是科学定义，完全可以用不同的表述方法予以诠释。不仅编写者、教师应当以自己的理解并用自己的语言来表述，而且也应当鼓励学生这样做。"④ 谁能在编撰时创新出彩，谁的教材就能得到学生的欢迎。

① 别敦荣、王根顺主编《高等学校教学论》，高等教育出版社，2008，第 353 页。
② 李培根：《认识大学》，商务印书馆，2015，第 304～305 页。
③ 〔古罗马〕马可·昆体良：《论学校教育优于私人教育》，载王意如、刘文荣选编《中外经典作家说教育》，文汇出版社，2015，第 14 页。
④ 刘道玉：《创造：一流大学之魂》，武汉大学出版社，2009，第 288 页。

还应该指出的是，大学教材虽然都以合法性、经典性的知识为重点，但教材编撰者并不是简单的教书匠和知识搬运工。高校的专业教师，包括专业教材的编撰者，也是课程所在领域的专业和权威人士，他们能够在这样的大学任职，或者能够担任教材的编撰者，本身就说明他在这方面的造诣达到了相当高的水平。如果在编撰教材时，能够将他们自己的知识创新即自己创造的增量知识也纳入教材的知识体系，无疑会增加这本教材的亮点。这对于跟踪学术前沿、推广发行教材、提高学生的学术兴趣，无疑都十分有利。

从中外高等教育的历史经验来看，每本成功的教材，实际上都是编撰与创新的统一。只有创新或聚焦创新的出版品不是教材，而是专著，它只能为少数活跃在学术前沿的知识精英所关注。如果教材里面只有经典知识、合法知识、成熟知识，编撰者只是做了"剪刀加糨糊"的知识搬运工作，哪怕它编得再好，也会因缺少前沿与创新而难以得到教师和学生的青睐。只有把编撰与创新有机地结合起来，才有可能成为深受师生欢迎的好教材。此外，正如一幅好画需要适当留白，好的教材也要为使用的教师和学生提供补充和修改的空间。"教师在课堂上使用教科书时都对教材进行补充和修改。同时，在学习知识过程中，学生也加入了具有自己阶级、种族、性别色彩的成分。学生也在选择性地接受这些合法知识，并对它重新解释，丢弃不需要的知识。"① 总而言之，教材只有进入教学过程，得到教师和学生的正确的理解、接受、诠释和创造性的补充，才会越来越充实，越来越完美，得到高校师生们越来越多的欢迎。

## 五 教材体系与学科体系

高校专业教材建设是一个持久性的系统工程。尤其是社会科学领域的专业教材，反映了社会科学相关领域的总体发展水平。当代中国是一个社会主义大国，在发展道路、制度安排以及政治、经济、文化诸领域，与其他国家呈现出完全不同的情况。中国人民建设社会主义的实践，可谓前无古人，没有前例可循。"当代中国的伟大社会变革，不是简单延续我国历史文化的母版，不是简单套用马克思主义经典作家设想的模板，不是其他国家社会主义

---

① 〔美〕M. 阿普尔、L. 克丽斯蒂安－史密斯主编《教科书政治学》，侯定凯译，袁振国审校，华东师范大学出版社，2005，第17页。

实践的再版，也不是国外现代化发展的翻版，不可能找到现成的教科书。"所以，中国当代的社会科学研究不应该跟在外国人的后面，拾人牙慧，而应该以我们自己正在做的事情为中心，面对中国改革发展实践中的新材料、新问题，"加强对改革开放和社会主义现代化建设实践经验的系统总结，加强对发展社会主义市场经济、民主政治、先进文化、和谐社会、生态文明以及党的执政能力建设等领域的分析研究"①，提出新观点、构建新结论，以彰显中国道路、中国制度、中国理论的特色。

立足于当代中国社会科学的发展，中国高校人文社会科学专业的教材建设也应该显示出坚定的文化自信和学术自信。我们是在干前人没有干过的事业，并且在相当短的时间内取得了令世人瞩目的成就。随着中国作为全球大国的进一步崛起，随着中国教育的现代化，及其立足于国际学术前沿的各门类各学科教材体系的建成，中国作为高等教育强国的地位亦将正式确立。这种历史趋势，要求我们以坚定的文化自信和学术自信，引领高校专业教材建设，通过这些教材，显示中国立场、中国智慧、中国价值的信念和信心。②

教材建设与学科建设紧密相连。没有高水平的人文社会科学研究，就不可能有一流的人文社会科学专业教材。习近平认为："学科体系同教材体系密不可分。学科体系建设上不去，教材体系就上不去；反过来，教材体系上不去，学科体系就没有后劲。"③ 人文社会科学领域尤其如此。因为学科决定专业，专业决定教材。学科是大前提，如果学科的研究水平上去了，其研究成果举世瞩目，得到学术界普遍的认同和肯定，那么立足于学科的专业起点就会高，在其基础上，专业教材就能够充分地吸纳该学科领域最新、最先进的学术成果，在这种背景下教材的水平就能够得到保证。

另外，教材的编撰实际上是学术前沿探讨的延续，而且这种探讨是在更广阔的背景下、更丰富的实践层面进行的。来自不同学术背景的学者组成的编撰团队，围绕教材涉及的新问题进行深入的讨论，形成新的学术兴奋点，从而把教材的整体水平提升到一个新的高度。"文科教材建设同整个学术建设是密切联系着的。教材的水平正反映着整个学术界的水平，同时通过教材的编选和讨论，又有助于活跃学术空气，推动学术研究、人才培养，促进学

① 《习近平谈治国理政》（第 2 卷），外文出版社，2017，第 344 页。
② 王湛、顾海良、韩震：《我国大中小学教材建设步入新的历史阶段——三位专家谈国家教材委员会成立》，《中国教育报》2017 年 7 月 14 日，第 7 版。
③ 《习近平谈治国理政》（第 2 卷），外文出版社，2017，第 345 页。

术水平的提高。"① 所以我们常常看到这种情形，一本高水平的教材，往往也会成为一本高水平的经典学术专著。20 世纪 60 年代，由周一良、吴于廑主编的《世界通史》，由王力教授主编的《古代汉语》，都是作为教材编撰的，但是学界普遍视它们为高水平的学术专著。

学科体系的核心是具有创新意识和开拓精神的领军学者，同样，教材的优秀与否也取决于是否由一流学者、教授担纲。一本优秀的高水平教材，能够引起教育界和学术界的巨大反响，其主编或作者将由此成为大家支持的领军人物，进而成为学科建设的带头人；同时，这本高水平教材本身也会成为学术研究的基础。好的教材与好的专著一样，是学科专业知识的重要载体，在建设一流学科的问题上，教材编撰和学术研究是同等重要的。

在教学过程中，教材作为教师和学生的教学材料，会在更广泛的背景下与现实社会实践结合在一起，引起教师和学生的研讨和辩论。教材的理论体系、学术观点、政治立场以及教材编撰所依据的材料数据等，都会在开放自由的环境下得到进一步的检验。教师和学生的观点和建议、师生互动过程中产生的新的兴奋点，不仅会循着反馈的管道达到教材编撰者那里，成为教材下一轮修订的依据，而且会引发前沿学者的关注。在这个意义上，优秀的教材体系对于学科体系的建设具有重要的促进作用。

由于教材体系与学科体系的关系，高校必须把教材建设提升到学科建设的高度，用抓学科建设的劲头抓教材建设，挑选一流学者组建教材编撰团队，或者委托世界级的学者立足于国际学术前沿，在系统归纳、吸收现有经典知识的前提下，聚焦最新的研究进展，同时结合自己的学术探索，根据学术逻辑、心理逻辑和教学逻辑，精心组织知识体系。只有这样，我们才能建设好适应中国特色需求的人文社会科学教材体系。

## 第四节　新闻传播专业教材建设的辩证思考

教材对于人才培养而言，是不可或缺的重要前提。正如教育受到时代和历史条件的制约，一个时代的教材自然会受到这个时代政治、经济与文化环境的影响。如今我们处在信息化时代，政治民主、教育普及、经济发展已经

---

① 刘志鹏、别敦荣、张笛梅主编《20 世纪的中国高等教育·教学卷》（下册），高等教育出版社，2006，第 377～378 页。

成为现代文明国家的标配。为了促进教育的发展，培养社会需要的专业人才，必须建设高水平的、立足于国际学术前沿的门类齐全的教材体系。

作为一项文化工程，教材体系的建设必然存在内容上的政治性与专业性、编撰与创新的关系，编撰组织上管与放、统与分的关系，在宏观的层面上还有教材体系与学科体系的关系问题。如果这些关系处理得当，建设一流教材体系的目标就比较容易实现。

政治性与专业性的关系，任何时代的教材都无法避免。春秋时期孔子为教学而编著的六经教本，就是服务于恢复周礼这一政治目的的。一个社会在经济、政治上占统治地位的阶级，必然会支配该社会的精神生产，将自己的思想意识上升为全社会普遍的思想意识，从而成为指导各种教材编撰的思想基础。教材的编撰绝不可能离开政治。但是教材作为承载社会文化、传播科学知识的工具，在知识的组织与呈现上，必须坚持以准确性、真理性为第一原则。政治是基础，是底线。在此基础上，教材的编撰还必须根据学科专业的知识特性，坚持真理，在内容与形式上力求精湛准确，绝对不能为某种功利目的而扭曲真理、歪曲事实。

在知识经济时代，教材编撰发行已成为一个庞大的知识产业。要维持正常的生产秩序，保证教材质量，应该对教材的编撰与发行进行必要的管理。从农业时代到工业社会，管理教育与教材都是政府的一项重要职能。事实上，现代东西方各国都很重视教材生产的管理，只不过因具体国情不同，管理的模式、方法略有差异。由于教材的生产属于知识生产的范畴，优良教材的生产，不仅需要良好的市场秩序，而且需要编撰者思想解放，在这个意义上，必要的学术自由是一流教材建设的前提。换言之，教材建设需要管理，但是管理要适度，管理方法要科学，要适应知识生产的特性，这样才能避免一管就死。同时学术自由也不是漫无边界的，知识生产者也有其不容推卸的社会责任。在法律许可的范围内，在尊重人类命运和国家利益的前提下，编撰者的学术自由应该得到充分的尊重。

教材的编撰出版由于有利可图，自然会在业界引发分一杯羹的冲动。于是，教材市场的良莠不齐在所难免。人才培养是千秋大业，绝对不能让劣质教材进入教育市场。为此，由教育部或其所属的权威机构（如各种学会）组织国内顶尖教授联合编撰，以优秀的统编教材满足教育界的需求，是一个重要的选项。事实上，在一段时间内，国内高校流行统编教材。这对于确保教育质量诉求而言，是可以理解的。但是一门课程，只有一部统编教材，对相关知识只有一个解释，解读相关定理只有一个视角，没有其他选项，即便教材承载的全部是真理，也不一定是一件好事。笔者以为，在教育部领导下组织编撰统编教材是必要的，但是也没有必要"一统天下"。在统编教材之外，应该允许有条件的高校、高水平的教授自编教材，以弥补统编教材的不足。

教材所承载的大半是成熟的经典知识，它主要是前贤的探索和研究的成果。教材编撰者的任务，是根据专业的人才培养目标，以适合学生接受、理解的形式，将相关的专业知识进行完美的组织和整合。教材编撰者的工作，主要体现在编辑上，搜罗相关知识，梳理来龙去脉，精心挑选，合理组织，画龙点睛。但是教材生产如仅仅停留在编辑方面，那绝对不是一本好教材。好的教材还要通过经典知识的传授，激发学生创新的冲动与活力，引领学生进入学科专业前沿，这方面需要教材编撰者的创新意识和创造能力。对普通原理别出心裁的解释，内容组织上的匠心独运，对前沿领域的深入探索，对学生求真欲望的激发，也属于创新的范畴。这些努力与对经典知识的编辑统一起来，才有可能打造出最好的教材。

教材体系与学科体系紧密相连，学科体系的建设成就决定了教材及教材体系的学术水平；而教材体系的建设成果，又会促进学科建设的发展。教材建设涉及对学科历史的追溯与反思，对各家学说的盘点，对学科前沿的扫描和预判，同时教材建设本身还会培养出一批具有创新精神的杰出学者，从而为学科建设打下坚实的基础。学科水平上去了，在此基础上，各学科专业的教材自然不会差。两者互为因果，相辅相成。

要处理好以上诸多关系，需要在国家战略的高度，从国家事权的视角来思考，在不同的价值观、不同的社会思潮、不同的教育理念碰撞、激荡、融合的背景下，教材建设如何才能与时俱进，反映全球科学技术的最新进展，吸收人类文明的最新成果；如何才能体现国家意志，发挥在人才培养过程中的铸魂作用、培元作用、奠基作用；如何才能进一步完善顶层设计，构建适应社会发展、满足教育需求的完整的教材体系。在"双一流"建设正在加速推进的情况下，高等教育正在回归教育的本质，以人才培养为本、本科教育为根的理念，使得教材建设成为新时代高等教育改革发展的决定性环节。只有突破这一环节，高等教育才能豁然开朗，克难前行。

# 第六章　实践教育

面对信息传播技术的更新迭代与传媒格局的快速变革,新闻传播教育如何回应社会需求与期待,成为新闻传播院系最关注的问题之一。根据2019年中国新闻业年度观察报告,"在经济下行压力与舆论场话语权争夺形势下,更多专业媒体面向移动互联网深度转型,媒体融合进入纵深发展阶段"①。在此趋势下,新闻生产与传播方式的改变正加剧新闻传播从业者的转型与流动,"培养什么样的新闻传播人才""如何培养新闻传播人才"不仅是新闻传播院系的自我拷问,也是社会对传媒教育的急迫追问。

教育实践与行业实际的分离一直是新闻传播教育面临的最普遍问题,在当今的传媒生态环境下显得尤为迫切。专业实践教育作为新闻传播人才培养的重要环节,是实现理论与实践互动的关键结合点,是连接学界与业界、学科与行业、学业与就业的桥梁。在媒介转型与新闻传播教育改革的大趋势下,对专业实践教育的思考与改革比以往任何时候都更具意义。

## 第一节　实践教育的内涵及意义

### 一　实践教育对人才培养的重要性

人才培养是一套系统工程,并非能一步到位、一蹴而就的。如《礼记·中庸》所言:"博学之,审问之,慎思之,明辨之,笃行之。"中国古代教育家以"学、问、思、辨、行"五个阶段揭示了育人过程的内在规律,不仅层次分明,而且循序渐进。其中,"笃行"即实践,就是学以致用,它既是教学方法,又是教育的最终目的。孔子曾说:"诵《诗》三百,授之以政,不

---

　　① 张志安、龙雅丽:《平台媒体驱动下的视觉生产与技术调适——2019年中国新闻业年度观察报告》,《新闻界》2020年第1期。

达；使于四方，不能专对。虽多，亦奚以为？"（《论语·子路》）如果所学知识不会运用到实践中去，纵使学富五车才高八斗也无济于事。所以朱熹在《答曹元可书》中写道："为学之实，固在践履，苟徒知而不行，诚与不学无异。"（《晦庵先生朱文公文集》）更进一步强调了实践的重要意义。

西方教育家同样深谙实践是认知、学习的源泉和动力。古罗马时期，昆体良的雄辩术教学，主张"尽可能与现实生活接近，特别是与法庭上的真正的抗辩相近"，是理论与实践相结合的"典范"。① 自然主义教育家卢梭和实用主义教育家杜威也先后提出了"从做中学""从经验中学习"的教学理论。杜威认为："新教育哲学最基本的统一性在于有这样的观点：即认为实际经验的过程和教育之间有着紧密的和必要的联系。"②

自古以来，实践教育或是模拟情境，或是练习训练，或是现身体验，始终嵌套于人才培养的过程之中。毛泽东在《实践论》中指出："实践、认识、再实践、再认识，这种形式，循环往复以至无穷，而实践和认识之每一循环的内容，都比较地进到了高一级的程度。"③ 可见，知识的习得、技能的练就、品德的塑造，都需经过具体的实践活动实现内化，这正是育人的规律所在。实践教育不仅在于使学生的知识获得更具有直观性、体验性，使教学过程形成一个完整的认知"闭环"，更在于为学生赋能，激发学生的求知欲、创造力和创新力，回到学生作为认知主体和创造主体的本位上来。

在我国教育事业发展与改革过程中，实践始终在教育体系中占据重要地位。教育部早在《关于加强高等学校本科教学工作提高教学质量的若干意见》中，就明确了"实践教学对于提高学生的综合素质、培养学生的创新精神与实践能力具有特殊作用"，并提出要"进一步加强实践教学，注重学生创新精神和实践能力的培养"。④《国家中长期教育改革和发展规划纲要（2010—2020 年）》在创新人才培养模式方面明确要求："注重知行统一。坚持教育教学与生产劳动、社会实践相结合。开发实践课程和活动课程，增强学生科学实验、生产实习和技能实训的成效。"⑤

---

① 赵祥麟主编《外国教育家评传》（第 1 卷），上海教育出版社，1992，第 164 页。
② 〔美〕杜威：《经验与教育》，载《杜威教育论著选》，赵祥麟、王承绪编译，华东师范大学出版社，1981，第 348 页。
③ 《毛泽东选集》（第 1 卷），人民出版社，1991，第 296～297 页。
④ 教育部：《关于加强高等学校本科教学工作提高教学质量的若干意见》（教高〔2001〕4 号）。
⑤ 国家中长期教育改革和发展规划纲要工作小组办公室：《国家中长期教育改革和发展规划纲要（2010—2020 年）》。

实践教学作为高等教育的重要环节，是实现认识世界与改造世界相统一的关键。"高等教育是建立在基础教育之上的专门教育，是学生进入专业领域从事生产、科研和建设的准备。"① 专门人才的造就，不仅需要扎实的理论功底，更需要熟练掌握专业技能，使学生在全面发展、自我实现的基础上，投身到服务于社会发展的浪潮中。实践教育在人才培养与人才应用之间起着承上启下的关键作用，是人才培养体系的重要组成部分。

## 二　实践教育在新闻传播专业教育体系中的地位

新闻传播教育发轫之初，实践教育就被列为人才培养体系的重要环节。世界新闻传播教育发端于欧美，而以德国最早，以美国最盛。美国早期的新闻传播教育以实务训练和技能培养为显著特点，在基础理论课程之外开设了大量的实务训练课程，通过自办媒体和鼓励实习迎合业界需求。作为美国新闻传播教育的先驱，密苏里大学新闻学院第一任系主任华特·威廉就提出了"学习新闻的最佳方式就是实践"的思想和原则。美国职业化的新闻传播教育模式深刻地影响了中国新闻传播教育的发展。北京大学新闻学研究会设立之后，新闻传播教育在各地铺开。当时报学系制定的培养方案中，在开设通识及专业理论课程之外，还设置采编、评论、摄影等实践课程，并安排学生到报馆长期或暑期实习，也有自办刊物和通讯社的做法。如北京平民大学发行的"新闻学系级刊"，"每半月出版一次，为报学界罕有之出版物"；北京燕京大学报学系师生合组"燕京通讯社"，上海南方大学报学系及报学专修科在课余时组织"南大通讯社"，均为各地报馆供稿。②

实践性、应用性是新闻传播专业与生俱来的特质。新闻报道的内容来源于社会实际，采写编评基本功的养成更需勤写多练，"铁肩担道义"职业责任感的树立必须经过社会的百般历练与对人性的深刻洞见。马克思说："报刊按其使命来说，是社会的捍卫者，是针对当权者的孜孜不倦的揭露者，是无处不在的耳目，是热情维护自己自由的人民精神的千呼万应的喉舌。"③ 在信息技术迅猛发展、传播手段日新月异的当下，社会互动对信息的依赖愈加强烈，社会拟态化现象愈加凸显。记者不仅是信息的传播者，

---

①　潘懋元、王伟廉主编《高等教育学》，福建教育出版社，1995，第182页。

②　戈公振：《中国报学史》，湖南大学出版社，2014，第225~226页。

③　《马克思恩格斯全集》（第6卷），人民出版社，1961，第275页。

还是社会的瞭望员，是人民的代言人。正如戈公振所言："道德上理想上以造就报业人才，则报馆不如学校；学问与经验，两不宜偏废也。"① 新闻传播院系承担着培养一线记者和传媒从业人员的教育重任。有学者将新闻传播学比喻为"兵法"，"兵法固然有一套学问和学理，但更重要的还是一种实践性知识和能力"②。也有学者认为新闻传播院系应该像医学院系、法学院系一样具有鲜明的实践指导意义。因而，新闻传播院系不可将课堂囿于"象牙塔"，而要引导学生直面社会变革的洪流，将己之所学在传播实践中检验、运用和创新。

重视新闻传播实践教育是社会发展对传媒人才培养的必然要求。如今，依托于信息技术变革的新型媒体层出不穷，媒介生态环境面临剧变。随着媒介融合的深入，在自媒体及用户生产内容的冲击下，专家型、复合型人才成为传媒行业的普遍要求：不仅如黄远生所言"脑筋能想、腿脚能奔走、耳能听、手能写"，还要能专精、能跨学科、懂技术、能跨终端，在技能上能拥有"三头六臂"，善用"十八般武器"，做出的媒介产品能有"七十二般变化"。传统媒体时代形成的新闻传播教育体系正在被迫解构，各大新闻传播院系在坚守与创新中探索人才培养体系的重构，而实践教育正是育人体系重构中的重要一环。

### 三　我国新闻传播实践教育体系的内容和目标

新闻传播院系在"厚基础、宽口径"的理念下，不断更新人才培养计划，以培养适应信息传播变革、符合社会需求的全媒型复合型专家型高级新闻传播人才。目前，我国新闻传播院系的实践教育体系主要包括专业实践课、专业实习、毕业论文（设计）以及社会实践。专业实践课一方面为实务课程中的实践环节，如新闻采访、新闻写作、新闻摄影等，另一方面为实验室教学，如计算机技术、传播学研究方法、跨媒体传播实验、数据挖掘等。专业实习包括自主实习和集中实习，一般安排在第六学期或第七学期。社会实践主要包括社会调研、创新竞赛、志愿服务、公益劳动等，以课外活动形式为主。

---

① 戈公振：《中国报学史》，湖南大学出版社，2014，第223页。
② 李彬：《新闻教育：重思理论与实践的辩证关系——在2006年美国哥伦比亚大学国际新闻学院院长论坛上的发言》，《现代视听》2007年第4期。

　　总体而言，各新闻传播院系的培养模式虽不尽相同，但都在实践教育改革中摸索前进。其一，在人才培养方案的设计上做出调整，"各学院在培养方案里还设计了诸如社会实践、媒体实习、跨媒体工作坊等实践环节的学分，在教学方案设计中体现出新闻传播学科重实践的特点"①。其二，经过多年的实习基地建设，大部分新闻传播院系的实习环节得以有序开展，并进一步尝试扩展学生的实习时长，兼顾实习体验与课程学习，如复旦大学新闻学院制定了"小实习＋大实习"的实习制度，将小实习安排在大学第四学期。其三，在实践教学改革上，部分新闻传播院系结合办学特色进行了各方面尝试，如南京大学新闻传播学院的"未来编辑部"实践课程，为学生的实践创新提供了平台。其四，在实验室建设上，各院校加大资金投入力度，积极与业界合作，跟进建设了一批融媒体实验室，探索开展虚拟仿真实验教学，如北京师范大学新闻传播学院和微软集团、封面传媒共同发起成立了全国首个人工智能与未来媒体实验室，中国人民大学新闻学院与北大方正合作成立了智慧媒体未来实验室。其五，在课外实践中，一方面通过社会调研和志愿服务，引导学生深入社会、走进基层，了解国情、社情，另一方面通过学科竞赛及双创活动，鼓励学生出作品、创精品，提升创新能力。

　　面向媒介变革新趋势，在"卓越新闻传播人才教育培养计划 2.0"意见的指导下，新闻传播专业的实践教育在实践育人、教学内容、教学方法、设备建设上面临新的时代要求。习近平指出："媒体竞争关键是人才竞争，媒体优势核心是人才优势。"② 在新闻传播教育"不得不改"的共识下，新闻传播教育探索实践教育的革新理应奋勇当先。

## 第二节　新闻传播实践教育面临的挑战

　　在新闻传播院系的探索转型过程中，新闻传播实践教育已大为改观。但信息技术的层出、传媒生态的变幻、人才需求的迫切始终没有停歇，新闻传播实践教育面临的形势愈加严峻。

---

① 倪宁、蔡雯：《媒介融合时代的中国新闻传播教育：基于 18 所国内新闻传播院系的调研报告》，《国际新闻界》2014 年第 4 期。

② 《习近平谈治国理政》（第 2 卷），外文出版社，2017，第 333 页。

## 一 传媒生态与新闻生产的变化

技术变革的浪潮、媒介形态的突变以及传媒行业的重组，给新闻传播教育带来兴奋点的同时，也蒙上一层浓重的焦虑感。以培养适应传媒业态人才为目的，以对接传媒行业为目标的新闻实践教育正陷入两难境地。

一方面，信息传播的技术转向对新闻传播教育的内容导向形成冲击。在大数据、可视化、VR 虚拟、AI 智能等信息技术的侵袭下，新奇的、顺应潮流的传播形式受到追捧，"内容为王"的呼声渐弱。实践教育若不顾层出不穷的技术新形态，仅坚守以内容为核心的实务教育，仍沿袭采写编评基本功的传统训练，则难以使学生把握信息传播的新特征。若跟进技术变革潮流，上新技术课程，引进先进实验设备，增加技术训练，又极易走向"技术中心主义"。"教育对实践亦步亦趋的跟随不仅会破坏传授知识的稳定性，而且知识的科学性也难以得到有效的保障。"① 最终导致学生的知识结构缺乏系统性，人文素养积累薄弱，独立思维与批判精神缺失。

另一方面，传媒行业的产品导向对新闻传播教育的社会公器理念形成挑战。用户内容生产平台、自媒体、新闻众筹的出现，使信息传播成为"零门槛"行为。新闻报道在多媒体的包装和多终端的呈现下成为新闻产品，用户订阅和流量数据逐渐成为评判新闻产品的标尺。"当'以客观、真实、准确的态度去报道事实'的新闻专业主义与在媒介融合环境下信息传播主体的平民化和'新闻消费主义'发生冲突时，不可避免地对新闻专业主义的坚守提出严峻挑战。"② 新闻实践教育若以市场化为导向，片面追求制作高点击量、高转赞量的新闻产品，则容易削弱学生的独立精神与批判思维，消解学生的职业理想与社会责任感，以至使其在走上工作岗位后违背伦理道德；若空谈新闻理想而不顾行业现实，又容易使学生缺乏对媒介变革的敏锐感知力与适应能力，而陷入曲高和寡的理想主义境地。

## 二 人才培养与人才需求的矛盾

变革中的传媒行业对人才的需求不断变化，对人才培养的要求不断更

---

① 何志武、董红兵：《新闻传播教育改革的逻辑》，《新闻与传播评论》2019 年第 5 期。
② 强月新：《媒介融合背景下的新闻传播人才培养》，《人民论坛·学术前沿》2019 年第 3 期。

新。为跟上行业的发展变化、抢占教育改革先机、增强学生就业竞争力，全媒化、融媒化、智能化的实践教学改革正在各大新闻传播院系铺开，包括重新修订人才培养方案、增加技术课程或实践环节、建设虚拟仿真实验室等。但现实是，技术、设备的更替周期愈加缩短，在教育规律、资金投入、建设周期的限制下，新闻传播实践教育的人才培养与传媒行业的人才需求间始终存在"时间差"。

首先，人才培养与人才需求存在"理念时间差"。当新闻传播教育以报刊纸媒为人才培养的对接平台时，广播电视媒体已经开始提出视听传媒人才的需求。而当新闻传播教育已经调整适应电子媒介形态时，新媒体、社交媒体开始急需"互联网＋"新闻传播人才。当新闻传播教育终于追上网络媒体的步伐，传媒业已经跨入"多媒体、多终端、多用户、多需求的时代"，"会新闻又会技术，懂采编又懂管理，能做新闻报道也善于推广宣传，坚持主流导向又具有市场头脑，成为各大媒体的招聘需求"。① 人才培养对人才需求的变化始终处于"慢半拍"的节奏。

其次，人才培养与人才需求存在"内容时间差"。从采写编评到增加音视频制作、出镜采访，到网页制作、网络写作，再到数据新闻、媒介产品设计、数字传播技术，新闻传播教育中实践课程设置、教学内容和实践方法不断增加、更新。但高校不是培训班，更不是速成班，人才培养具有鲜明的周期性与稳定性。"专业、课程调整有政策的要求，也有人才培养的基本规律，不能兴致所至，随意变更。"② 因而实践教学内容与行业前沿之间始终存在差异。

最后，人才培养与人才需求存在"技术时间差"。传播技术设备的推陈出新极大地推动着传播生态的改变，算法推荐、数据挖掘、谷歌眼镜、无人机、智能机器人等软硬件产品已然成为媒介行业竞争力的核心内容，熟练运用新技术、新设备已成为显著的人才优势。然而对于各大高校而言，前沿技术设备的采购，意味着巨额资金和巨大人力的投入，且不说招标论证程序的时长，单就培养方案调整、授课教师培训与教学大纲架构，就会导致"上新"就"过时"的尴尬境地。

---

① 高晓虹、赵希婧：《融合时代新闻传播教育的坚守与创新》，《新闻与写作》2017年第1期。
② 顾理平：《新媒体环境下新闻传播教育的核心、支撑与融通》，《现代传播（中国传媒大学学报）》2016年第8期。

### 三　统一模式与个性发展的纠葛

随着媒介融合的纵深发展，传媒人才的市场需求逐渐扩大，新闻传播教育的边界越来越模糊。一方面是社会对传媒人才能力的要求增多，另一方面是学生对自我价值的期望提升，人才培养的统一模式与学生的个性发展之间的纠葛愈加凸显。

行业层面的媒介融合直接催生了"多能"的复合型人才需求，而产品层面的受众细分与精准推送则推动了"一专"的专家型人才要求的产生。新闻传播实践教育在"多能"的培养上正下足功力，不仅通过对融合新闻生产模拟还原训练学生的跨媒介技能，而且不断推进多学科交叉及跨学科联合培养；而"一专"往往依靠学生的个人兴趣与自我发展，新闻传播院系尚无法实现对每个学生"专能"的个性化系统训练。在有限的培养周期内，学生的"一专"与"多能"之间如何平衡，怎样实现两者的共同发展，对新闻传播实践教育而言还是一个考验。

不仅专业能力有"一专"与"多能"之分，学生的生涯规划也有"职业化"与"学术型"之异。是就业创业，还是升学深造，学生比以往有了更加多元的选择，学生的学业规划愈加个性化。综观当前新闻传播院系的培养方案，实践教学多集中于专业技能的训练和专业素质的培育，而学术研究的技能训练大多仅设置传播研究方法一门课，有的甚至不设实验操作环节，前沿的学术研究软件、数据库也相当匮乏。新闻传播实践教育体系的这种职业化偏向，对部分有升学打算的学生形成掣肘。

## 第三节　新闻传播实践教育存在的问题

人才终究要放置于社会中接受检验。长期以来，新闻传播教育界在业界的需求与评价中难免显露尴尬，无非是培养的人才"没法用""不好用"。其实，这是其他专业也会遭遇的困惑，是高等教育面临的普遍问题。毕竟高等教育不是职业教育，"不能流行什么就迎合什么"，"大学应满足社会的需求，而不是它的欲望"。[①] 但这并不意味着我们就可以无视教育中存在的问题。综

---

① 〔美〕亚伯拉罕·弗莱克斯纳：《现代大学论——英美德大学研究》，徐辉、陈晓菲译，浙江教育出版社，2001，第3页。

观当前新闻传播院系的专业实践教育，确实还有很大的改进空间。

## 一　观念错位

观念的错位体现在两个方面。其一，对实践教育的认知存在局限性。新闻传播教育的强实践性使其无法脱离社会变革而闭门造车，仅凭新闻传播院系一己之力恐怕难上加难。就教育主体而言，新闻传播院系是培养新闻传播人才的"主力军"，但实际上却沦为"孤军"。部分新闻传播院系在开放性办学上缩手缩脚，与业界的联系不够紧密，实践合作项目流于形式。"媒体与高校新闻院系的合作缺乏可操作性的制度化设计，主要靠人脉关系随意变化组合，没有持续的良性发展机制。"[①] 传媒业界虽然承担大量实习基地的建设任务，且对入职新人开展职业培训，但对人才培养的规律认识不足，坐享其成的观念多，主动参与的想法少。全社会对高校育人寄予厚望，但批评苛责往往多于建言献策，对实践教育的承接力不足、延续性不强、包容性不够。

其二，在坚守与革新中迷失。新闻传播实践教育直接面向行业需求，强调对媒介形态变革的感知与对新技术、新技能的适应。面对信息技术更新的加速，部分新闻传播院系对其中的不确定因素把握不透，对教育规律认识不到位，对教育改革表现得过于急躁，照搬照抄西方教育经验，频繁调整培养方案，以前沿技术训练替代基础能力培养，忽视专业素养和伦理道德的培育，朝着短效的职业训练方向"跑偏"。而这种偏向不仅破坏了知识体系建构的整体性，打破了实践能力培养的可持续性，而且是对新闻传播教育的窄化，是对大学教育精神的背弃。

## 二　资源匮乏

国内新闻传播院系普遍存在实践教学师资紧缺的现象。新闻传播院系大多没有设置专门的实践教师岗，新闻传播实践教学基本上全部由学术型教师承担。而大部分学术型教师来源于国内外科班出身的博士毕业生或博士后。高校人才引进所设置的学历"高门槛"，又将新闻传播实践教育急需的经验多、能力强、资历深的媒体从业者拒之门外。"在结构组成上，擅长基础理论研究和教学的人多，能够教授业务实践类课程的人少；高学

---

① 胡德才：《媒介融合时代新闻传播人才培养的理念与路径》，《新闻大学》2015 年第 5 期。

历的人多，有业界工作经验的人少。"① 行业经验缺乏、业务技能欠佳的教师在实践教学中难免会"纸上谈兵"，现实中却是没做过记者的老师在上新闻采编课，没扛过摄像机的老师在上摄影摄像课。老师不自信，学生不相信，这样的教学场景在很多新闻传播院系中都存在。近几年，有部分新闻传播院系把握"部校共建"的机遇，大力推进与业界的联系互动，包括新闻传播院系与媒体单位互派教师与记者到对方单位挂职，聘请资深记者或媒体管理者到高校做兼职教师、导师，开展交流会、参访活动等，但这种合作随意、随机的性质比较突出，"救兵""救场"现象仍然存在，缺乏稳定长期的规划与政策支撑。

在师资管理与考核方面，重科研教学，轻实践指导。教师绩效评价体系对实践指导的指向性不明显，考核标准不明确。实践教学不仅需要教师投入大量的时间精力，还需要教师连续性地、有针对性地进行指导，关注学生的个性发展，许多工作属于隐性的、难以量化的，考核指标上无法体现。若仅凭教师的良心和热心，教学实践难以持续开展下去。

同时，新闻传播院系在实验设施方面也严重落后，难以满足需求。在融合媒体时代，培养具有融合思维和跨媒体技能的人才必然需要前沿技术设备的支持。"实务需要动手练习才能具体应用各种理念也早已成为新闻传播教育界的共识，因此，可以让学生动手操练的相关实验设备成为衡量学院实力的重要标尺。"② 然而，用于实践教学的技术设备不仅耗资巨大，而且更新周期短，新闻传播院系尤其是地方高校新闻传播院系的实践教学如做"无米之炊"。"由于教学投入不足，绝大多数新闻专业的实验室规模过小，机器设备不仅数量少，而且陈旧失修，许多摄影器材已是10多年的'老存货'。"③ 不仅硬件设备陈旧老化、损耗大，软件设施也更新滞后、配置低，融合实验平台、虚拟仿真新闻室等大型实验室建设困难，部分新闻传播院系只得停留在传统媒体形态的实践教学上。即使有的新闻传播院系引入了先进的实验设备，但在管理本位思想的主导下，学生使用审批程序烦琐，下了实验课就再无机会接触技术设备，专业技能的训练只能浅尝辄止。

---

① 蔡雯：《新闻教育亟待探索的主要问题》，《国际新闻界》2017 年第 3 期。
② 钟新、周树华：《新闻传播教育的若干核心问题——对国外 20 所新闻传播院系的调研报告》，《国际新闻界》2006 年第 4 期。
③ 吴廷俊、王大丽：《从内容调整到制度创新：中国新闻教育改革出路》，《西南民族大学学报》（人文社会科学版）2012 年第 7 期。

## 三　体系薄弱

专业实践教育是一个完整的体系，但是这一体系的诸多环节还十分薄弱。首先，课程结构比例失调。其一，实验实践课在课程体系中比重较小。专业实务课程如新闻写作、新闻评论、新闻摄影等课程的实践环节占比较小，真正让学生动脑动笔、走出教室的机会少、时间短。上机实验课程整体偏少，教师讲授偏多，学生训练偏少，且多以选修课形式开展，收效甚弱。其二，学术实践课欠缺。实践教学体系以专业技能为导向，多设置实务实践环节。而专业理论的学习、规范的学术研究实际上也需要学术实践的训练，如研究方法的学习、学术工具软件的使用、学术论文的写作技巧等。然而，此类课程不仅本科阶段普遍缺乏，大部分高校的硕士研究生、博士研究生培养阶段也都没有专门设置。其三，专业实习时长难以保证。大部分新闻传播院系将专业实习安排在第六学期或第七学期，且与当年暑假合并以保障学生的实习时间。"由于急剧扩招、就业困难等多种因素，新闻媒体容纳实习学生和毕业生的空间在日渐缩小。相当一部分学生实习靠人情关系，或者干脆逃避实习。"① 其四，对社会调研、社会实践的重视程度不够。对于新闻传播教育而言，社会调研、社会实践是学生认识社会、了解国情的主要途径，更是培育家国情怀、树立社会责任感的必修课程。但从思想认知和组织管理上看，部分新闻传播院系认为这只是学生的课外活动，属于思政工作范畴，而没有纳入实践教学体系中。

其次，实践教学体系松散。实践教学既属于人才培养体系的一部分，自身又是一套完整的教学体系，需遵循科学的教育规律。但是许多院系的专业实践规划不合理，运行不规范，体系化程度不足。具体表现在：教学内容上，更新慢，跨度小，教学案例过时，与社会发展结合不紧密；教学方法上，困于课堂，模式单一，缺乏仿真模拟和实战演练；实习安排上，撒手"放养"，反馈不及时，全程指导力不从心；实践教学改革"不痛不痒"，"'实践基地的拓展建设'、'实验教学的进一步设计调整'侧重于教学手段与外围资源的利用"②。

---

① 雷跃捷：《社会转型时期我国新闻传播教育的成就和问题》，《现代传播（中国传媒大学学报）》2013年第3期。

② 倪宁、蔡雯：《媒介融合时代的中国新闻传播教育：基于18所国内新闻传播院系的调研报告》，《国际新闻界》2014年第4期。

最后，学生成绩评价方式单一。课程评价方式是学生学习行为的风向标。实践课程考查的是学生对技能的掌握程度和实际运用，所以过程表现和作品成果应成为考查的重要指标。当前部分新闻传播院系仍固守单一的考核方式，与教学目标对接不恰当，表现为以卷面考试为主，作品考查被列入平时成绩，所占比重较小，对学生的实践能力体现不足。此外，毕业论文（设计）作为实践教学体系的最终环节，几乎全部要求撰写理论性的学术论文，考查的是学生思维、研究、写作等学术能力，但专业实践水平难以在其中获得体现。相比较而言，一些美国高校则不对毕业论文做硬性规定，例如密苏里大学新闻学院的本科生不要求写毕业论文，硕士毕业论文可以提交新闻作品，也可以撰写理论性文章。[①] 考虑到新闻传播专业的实践性，毕业论文（设计）或许可以在呈现方式上更加多元化。

## 四　实践与理论断裂

一方面，理论教学缺乏对实践的观照和指导。新闻传播实践教学的表层是专业技能的训练，但其内里在于传媒素养、价值观和专业理念的培育，与新闻传播理论教学的关系犹如"唇齿"。脱离了理论的观照，新闻传播实践只会是缺失灵魂的机械重复。理论教学最终落脚点在于知识体系建构之下的深刻领悟与综合运用，从而形成对实践的指导。尤其是面对媒介融合之下"杂交的媒介生态"，"商业的、公共的、政府的、个人的、专业的、业余的等等一切机构与群体甚至个人发布的信息都混杂在一起，难以剥离，也无法简单地概括与区分，这就需要运用综合化的理论知识分析媒介生态的媒介化社会的复杂问题"。[②] 反观当今的新闻传播教育，史论课程只见"谈古"，不见"论今"；理论课程讲西方理论的多，结合我国实际的少；实务课程重于技能训练，轻于理念的阐释。在新闻传播实践中做什么，如何做，更重要的是为什么这样做，都需要理论来回答、指导。缺乏理论基础，学生的认知链发生断裂，就无法实现良好的实践效果。

另一方面，实践教学缺乏对理论学习的反馈和修正。实务课程的实践环节多被安排在课程最后，即先由教师讲授，再带学生训练技能。讲授与训练

---

①　吴信训：《美国新闻教育扫描及启示》，《新闻记者》2006 年第 7 期。

②　单波、陆阳：《媒介融合时代的新闻传播教育创新》，《湖北大学学报》（哲学社会科学版）2010 年第 4 期。

相互分离，无法形成对照，难以从实践再回到对理论的理解。同样的问题在专业实习中表现得更为突出。集中实习安排在大四前后，实习指导教师覆盖面难以覆盖全部实习生，跟踪工作开展困难，学生在实习过程中遇到的问题无法及时获得解决。实习仅以总结大会的形式结束，而没有接续性的课程进行问题修正和总结积累，加之随后面临的升学就业压力，学生宝贵的实践经验没有机会回到理论，实现知识的内化。

## 第四节　确立新闻传播人才培养的"大实践"观

新闻传播教育正在经历如火如荼的改革，从复旦大学新闻学院推出"2＋2"培养方案，中国人民大学新闻学院探索大类培养改革，再到最近引起广泛热议的清华大学新闻与传播学院停招本科生改以"书院制"进行人才培养，我们需要明了哪些发生了变化，哪些没有变化，而哪些是需要变化的。"新闻教育的核心理念是概念、哲思和技能的平衡。"[1] "大实践"观就是以培养适应社会发展的"全人"为目的，统合理论概念、哲思批判与技术技能的实践教育观念，具体而言是实现学界与业界、技术技能与理论学术、专业实践与社会实践、传媒素养与人格塑造的融合与平衡。

### 一　学界与业界

人才培养是高校与社会共同承担的责任与义务，任何一方都不可轻易退出。信息技术变革时代下，传媒行业所经受的挑战，也正是新闻传播院系所面临的困惑，而这道时代难题的"题眼"在于"人才"，这正是学界与业界需要共同发力的着力点。"大实践"观正是通过"破界"使学界与业界联合成为"育人共同体"的。

第一，在课程协作上，学界与业界在共同研讨协商的基础上制定和更新人才培养方案，共同承担实践课程的讲授工作。实务课程打破空间界限在教室与媒体后台、课堂与报道一线转换，与业界共同建设专业实务案例库并定期更新，将业界评价作为课程考核的重要组成部分，将学生的课堂作品推向

---

[1]　World Journalism Education Council（WJEC）："Declaration of Principles," 2008, https：//wjec. net/? page_id＝32108.

传媒一线发表发布。

第二，在师资配置上，一方面，将媒体人引进学校，有条件地设置实践教师岗，选聘条件以从业经验、业界评价、专业成果为标准，不仅有媒体管理层，更要有一线记者、评论员、主持人、广告人等不同层面的业界人士，配套合理的晋升评价机制；另一方面，将媒体人引入课堂，形成长久固定的合作模式，以常态化的研讨交流、讲座沙龙、专题研究等形式参与实践教学。

第三，在设备建设上，以"部校共建""校企合作"为驱动，引入社会资源填补技术设备的"无底洞"。在虚拟仿真实验室、融媒体平台、信息前沿技术等设备资源的建设与使用上开放共享，不仅用于课堂教学和技能训练，还可与业界合作承接项目，开放商业使用，增加学生"真题真做"的机会。

第四，在实践实习上，学界与业界需共同搭建全过程实践平台，即将实践贯穿于学生的专业认知、理论学习、专业实习的整个时间线。在学生的实践实习过程中，学界与业界都应互相沟通，一对一跟踪指导，随时反馈与修正。

## 二　技术技能与理论学术

信息技术的革新作为媒介形态变革的主导因素，是新闻传播教育改革首先要直面和解决的问题。新的媒介环境是以技术为平台、以技能为依托的，新闻传播实践教学自然要教授技术、训练技能。然而，实践教学若走向技术崇拜，是盲目而危险的。"密苏里大学、威斯康辛大学和哥伦比亚大学等新闻传播教育'重镇'一直强调在职业技能训练的同时，也要注重新闻学理、通识教育与专业主义精神的培养"[①]，要培养学生成为驾驭技术技能的"主人"，就需要以知识理论与学术研究为支撑而形成技术思维与技能理念。所以"大实践"观强调的是建构理论与实践充分互动互融之下的实践思维、实践知识、实践技能"三位一体"的实践体系。

"大实践"观下的实践教学是将课程进行有效整合，将理论与实践融入课堂，沿着理论—实践—反思—研究—创新的连续性路径而开展的。在信息技术的教学中，教师不仅要教会学生使用技术，更重要的在于技术逻辑的认

---

① 涂凌波：《实用主义影响下学理与术业之并重：再论 20 世纪初中国新闻教育观念》，《现代传播（中国传媒大学学报）》2016 年第 3 期。

知与技术思维的培养，以批判反思的精神去理解技术、选择技术、评价技术，甚至提出创新的理念而超越技术。在技能训练的课程中，教师不仅训练学生的实务技能，还要将学生的技能学习与专业理论、通识知识相联结，将技能训练与专业精神、职业道德相联结，培养专业素养与独立精神。在专业实习中，教师应给予跟踪式的学术指导，以理论反思来回应学生的实践体验，形成理论知识的深化、内化，使理论与实践的互动形成良性循环。

"大实践"观强调重视实践教学中的学术实践与创新研究。技术技能只是社会变革的表象，科学创新的理念才是真正的驱动力。所以实践教学不能被窄化为仅仅是技术技能的机械训练，而应该教会学生如何开展调查研究、搜集数据，学会"去伪存真""由表及里"。所以，实践教学需要在实务实践课程之外增开学术实践课教授科学研究方法，建设学术研究实验室开展学术实践，开发创新实践项目培养创新思维。这样，一方面，尊重了学生的个性化发展，为学生无论是就业还是升学都打下坚实的实践基础；另一方面，新闻传播院系就不仅仅是为业界输送人才的"培养皿"，更是传媒行业创新思维的"发源地"。

## 三　专业实践与社会实践

"大实践"观是将实践教学从对接传媒行业扩展到全社会层面，从而使学生走向更广阔的时空。张静庐在《中国的新闻记者与新闻纸》中说："新闻记者要具备丰富的常识可以说是包罗一切的常识；能具备了丰富的常识，才能熟知一切，然后无论采访新闻，编审新闻，评论新闻，都不至于有盲目之弊。"① 所谓"读万卷书，行万里路"，常识一方面通过高校开设的通识课程学习获得，另一方面需要通过广泛的社会实践体验获得。更进一步而言，新闻传播教育不是单纯的专业与行业之间的衔接，更是学科对国家、对社会、对公众的社会责任。"卓越新闻传播人才教育培养计划 2.0"明确要求："加强国情教育，强化实践育人，建设一批'进基层、懂国情、长本领'新闻传播实践育人项目，推动师生深入基层、深入群众，培养学生为党为国为人民的深厚情怀和担当意识。"② 新闻传播院系的实践教学需要深入社会、走

---

① 张静庐：《中国的新闻记者与新闻纸》，现代书局，1932，第 22 页。
② 教育部、中共中央宣传部：《关于提高高校新闻传播人才培养能力实施卓越新闻传播人才教育培养计划 2.0 的意见》（教高〔2018〕7 号）。

进基层，将专业实践与社会实践深度融合，以专业视角观照社会发展，以公共伦理对照职业素养，培养既能"著文章"又能"担道义"的新闻传播从业人员。

一方面，专业实践教育应广泛地走入社会。新闻传播实践扎根于社会的每寸土地，实践教育就需要引导学生走进街头巷尾，俯身田野之间，开展持续深入的调研。清华大学李希光教授创造的"大篷车"教学堪称专业实践教学的典范。由于条件限制，我们做不了"大篷车"，可以尝试做"小篷车"，以团队、项目的形式带领学生调研社会，采访写作。此外，实务课程的实践环节应尽可能"真枪实弹"，与地方媒体、社会媒体合作，以专业标准去要求和检验学生的实践，为学生的成果作品提供发表的平台。而专业实习可探索"集中＋分散"模式：以媒体观摩、校园媒体作为实习的准备阶段，以课余时间做地方媒体通讯员作为入门阶段，以寒暑假小实习作为进阶阶段，以集中大实习作为完成阶段。这样有层次的进阶式实习体系，有助于使学生始终处于理论与实践、课堂与社会常态互动的学习状态。

另一方面，专业实践要与社会实践充分互动。2005 年，时任清华大学新闻与传播学院院长的范敬宜将二年级学生李强写的一篇农村调研报告《乡村八记》寄给了温家宝总理，温总理亲笔回信对大学生社会实践表示肯定，指出"从事新闻事业，我以为最重要的是要有责任心，而责任心之来源在于对国家和人民深切的了解和深深的热爱"①。培养学生的媒介思维、职业精神和社会责任感，就需要将专业所学与社会关切结合起来，脚上沾泥土、身上带露珠地真切体验。社会实践活动要有专业教师全程参与，甚至可以对接专业教师承担的研究课题，围绕社会问题、行业问题、学术问题开展实地调研，培养学生的问题意识和调研能力，磨炼学生的意志品格，培养学生的社会责任感和爱国情怀。

## 四　传媒素养与人格塑造

"大实践"观基于人的全面发展的育人理念，旨在以实践育人。全媒化复合型专家型的高级新闻传播人才的要求，究其根本还是在于人的全面发展，核心在于立德树人。在工具主义盛行的信息社会，新闻媒介要突破重围，关键不在于对技术技能的追赶，而在于对人的关怀、对社会的责任、为

① 《温总理回信振奋清华》，《光明日报》2005 年 6 月 17 日。

公众鼓与呼的勇气和担当。而这些都离不开每一个新闻工作者的职业素养与人格品质。高等院校的新闻传播教育虽是对接传媒行业的一种专门教育，但终归是面向人的教育。新闻传播院系的实践教育应通过专业技能的训练，帮助学生理解新闻传播与社会的互动关系，培养学生的批判思维、人文关怀与公共服务精神。

"大实践"观强调的是以职业伦理和社会责任为基石的传媒素养。世界新闻教育理事会（WJEC）在新闻传播教育的《原则宣言》中指出："新闻学专业的毕业生应该做好准备，成为见多识广、有强烈责任感的实践者，具有高尚的道德原则，能够履行对其工作至关重要的公共利益义务。"[1] 新闻传播的专业实践教育应超越对技能技术的执着，而更多地将伦理道德、独立人格和批判精神嵌入职业理想的树立中，将对人性的洞察、对行业的反思和对社会的责任融入专业素养的塑造中。

"大实践"观的根本目的在于塑造完整的人格，实现学生的成长成才。一方面，专业实践教育引导学生到真实的、火热的社会场景中理解新闻传播活动的意义，以掌握的人文社科知识和专业理论去观察、反思社会问题，以扎实的知识功底和思维创造能力去适应传媒行业的千变万化。另一方面，即使学生未来走向其他行业，也能以新闻传播的专业所学、实践所感，成为一个人格健全、视野开阔、责任感强烈、具有家国情怀的人，以其卓越的传媒素养结合现实的岗位需求，实现自己的人生价值与社会价值。

总而言之，"大实践"观意在突破当前实践教育的片段式教学、单一的模式和孤立的评价，而将实践的主体重新回归到学生自身，使学生将知识、思维、技能、人格整合起来发展为不可复制的人才，去适应、去融入、去开创新闻传播行业的未来。当然，评价新闻传播人才优劣的指标不一，衡量新闻传播院系成功与否的标准各异，传媒教育的方向是充满挑战与不确定性的。"大学不是孤立的事物，不是老古董，不会将各种新事物拒之门外；相反，它是时代的表现，是对现在和未来都会产生影响的一种力量。"[2] 可以肯定的是，新闻传播教育改革更需着眼于对人的发展的支持和对社会进步的指引，这也是高等教育所承担的时代使命。

---

[1] World Journalism Education Council（WJEC）："Declaration of Principles," 2008, https://wjec.net/?page_id=32108.

[2] 〔美〕亚伯拉罕·弗莱克斯纳：《现代大学论——英美德大学研究》，徐辉、陈晓菲译，浙江教育出版社，2001，第1页。

# 第七章　学生事务

学生是教育的中心，也是教育的主体。没有学生就没有教育。学生与教师是矛盾的统一体，唇齿相依，互为条件。学校则是联结教师与学生的教育平台。新闻传播教育作为大学教育的重要组成部分，也是围绕学生这个中心展开的。学生事务是院系的中心工作，学生事务处理好了，学校、院系的任务就完成了一大半。认识学生，了解学生事务，是新闻传播教育走向成功的第一步。

## 第一节　解读学生事务

### 一　认识大学生

1957 年 11 月 17 日，毛泽东利用访问苏联的机会，接见了在莫斯科的我国留学生、实习生。毛泽东一开头就对他们说："世界是你们的，也是我们的，但是归根结底是你们的。你们青年人朝气蓬勃，正在兴旺时期，好像早晨八九点钟的太阳。希望寄托在你们身上。"① 在这次讲话中，毛泽东纵论天下，旁征博引，给青年大学生巨大的精神鼓舞。的确，对国家和社会来说，青年代表着未来，代表着希望，他们是怀揣梦想、面向未来、肩负历史责任的一代人。作为教育机关，学校承担着教化、启迪、栽培这些青年的使命，自然责任重大。

大学生不同于中小学生，后者尚未成年，心智还不成熟。进入大学阶段的学生基本上已经站在 18 岁的门槛上，已经是成年人，按照宪法已经开始享有公民权。而且他们完成了中学阶段的教育，积累了关于自然、社会的基本知识，人生观、世界观、价值观基本形成，对国情、对世界、对社会也有

---

① 《毛泽东年谱（一九四九——一九七六）》（第 3 卷），中央文献出版社，2013，第 248 页。

了基本的认识。心智比较成熟，情商也有一定的发展，在处事方面有了相当的主动性，自尊心、自信心也比较强。

同时，大学生已结束人生的一个重要阶段——和家人同居生活的阶段，迎来一个离开家庭、独立生活的新时期。此前，由于面临升学的压力，中小学生在家里虽然可以感受到亲情的呵护，但是几乎失去了学习与生活的自由。何时起床、何时上学、选择什么专业、读些什么书、上哪些兴趣班、和哪些朋友一起玩耍，都要受到家长的干预，如果家长不高兴，学生很难固执地采取行动。如今，刚入大学的大学生们，进入了一个全新的世界，而且是一个充满活力、充满幻想的青年人的世界，自然十分兴奋，急切地希望把失去的给追回来。

但是，这些兴奋、激动、朝气勃发的大学生，也有自己的困惑、烦恼。过去什么都有人安排，上课、自习、做作业、读书等，在家有家长，在学校有班主任。进入大学后，虽然也配备了班主任或辅导员，似乎替代了原来的家长、班主任，但是这个角色与原来的家长、班主任在管理学生的方式方法、管理涉及的程度上完全不同。至少，他们不会喊学生起床，不会叫学生吃饭，不会催他们上课也不会催他们交作业。过去一切都在老师的安排之下，有人提醒，有人催促，一切都不会耽误。但是现在不同了，学生学习、生活上的一切，都要自己做主、自己负责、自己承担后果。

在学习方面，中学阶段的学习材料主要是教科书，大学阶段则是开放的学习世界，教科书、参考书及拓展阅读材料，还有中文的外文的文献，令人眼花缭乱。过去，学生只要把课堂上、教科书上的内容记住就可以，而且这些内容都是属于已知世界的确定、经典的知识；现在则不然，大学的专业课程，不仅传授成熟的经典知识，也要延伸到未知的世界，探索、创造新的知识。配合老师的教学，在课外学生需要付出大量的时间进行拓展阅读，跟随老师进入学术的前沿。

大学阶段与中学阶段最大的不同，还是多种多样的社团活动。中学阶段也有社团活动，但是在数量、种类、空间和功能诸方面，与大学阶段完全不能同日而语。社团活动往往直接联系社会，对接学校上层，会带来许多机会与资源，所以参与社团活动的功利性动机也十分显著。表面上积极性、公益性的背后，也有不少个人的盘算。

大学不同于中学，不仅表现在环境方面，学生自身的学习、交往、实践各方面也都存在根本性的差异。所以进入大学的学生们第一个要过的关口，就是转换角色。由高中生转变成大学生，不仅是身份的变化，心态、责任、交往、学习的态度都在变化；由未成年进入成年，不仅是年龄的增长、心智的成熟，也意味着责任意识和担当精神的觉醒；从家乡到学校，不仅意味着空间的转换，也意味着个性的丰满、精神的延伸、意志力的张扬。学生如果能在教师的指导下顺利地完成角色的转变，大学教育就成功了一半。

## 二 什么是学生事务

"学生工作"这一术语出现于 20 世纪 90 年代早期。在社会主义市场经济发展和高等教育改革进程中，"德育"的工作事务逐渐扩充，"人们认识到德育之'筐'难以反映新增事务的特征。于是，一般意义上的'学生工作'开始频繁地使用了"[①]。"学生工作"是我国的特有名词，同样性质的工作在国外被称为"学生事务"（student affairs）或"学生服务"（student services）。对于学生工作的概念，学界尚未形成统一的认识。胡志宏认为："（学生工作）是指那些直接作用于学生，由专门机构和人员从事的有目的、有计划、有组织地发展、养成、提高学生政治、思想、品德、心理、性格素质，和指导学生正确地行为的教育、管理和服务工作。"[②] 方巍认为："学生事务工作是指学生非学术方面或课外活动的管理。"[③] 蔡国春在对"学生工作""学生事务管理""学生管理"等概念进行中美比较与辨析的基础上，提出学生工作是"高等学校通过非学术性事务和课外活动对学生施加教育影响，以规范、指导和服务学生，丰富学生校园生活，促进学生成长成才的组织活动"[④]，并且认为鉴于汉语"工作"的习惯用法，学生工作与美国的学生事务及其管理一样，进而建议"学生工作"应该逐渐被"学生事务"或"学生事务管理"取代。

笔者认为，理解学生工作可以从不同层面展开：宏观层面，学生工作可以理解为面向学生的所有工作；中观层面，学生工作面向学生的成人与发展，体现在教育、管理、服务和支持四个方面；微观层面，参照承担专职学

---

[①] 储祖旺、蒋洪池：《高校学生事务管理概念的演变与本土化》，《高等教育研究》2009 年第 2 期。

[②] 叶骏、金永发主编《高等学校学生工作规范与指导》，同济大学出版社，1991，序第 1 页。

[③] 方巍：《美国高校学生事务工作与启示》，《高教与经济》1994 年第 4 期。

[④] 蔡国春：《高校学生事务管理概念的界定——中美两国高校学生工作术语之比较》，《扬州大学学报》（高教研究版）2000 年第 2 期。

生工作的辅导员的职业能力标准，学生工作是一套支持学生成人的工作体系，内容涵盖思想政治教育、党团和班级建设、学业指导、日常事务管理、心理健康教育与咨询、网络思想政治教育、危机事件应对、职业规划与就业指导等方面。本章中的学生工作主要是从中观层面而言的，即学生工作是直接面向学生，以教育、管理、服务和支持的形式，促进学生全面发展，支持学生"成人"的工作体系。

## 第二节　中外高校学生事务之比较

面向大学生的教育、管理和服务，在欧美高校中虽不称"学生工作"，但与此概念相对应的"学生事务"却比我国起步早，体系更加完备，研究更为深入。因此，有必要对中外高校学生事务进行比较，梳理先进的经验做法以供借鉴。

### 一　思想基础："立德树人"的全面发展思想与民主化的"全人"教育理念

我国教育始终延续着为学与修身并举的育人理念，带有以"德"为先的鲜明伦理倾向，如《大学》所言："大学之道，在明明德，在亲民，在止于至善。"作为社会主义国家，我国高等教育确立了以马克思主义为指导思想，以立德树人为根本任务，培养德智体美劳全面发展的社会主义建设者和接班人的教育方针。马克思主义关于人的全面发展理论以及"明明德"的传统教育思想是我国学生工作的思想基础。

欧美国家高校学生事务的理论基础和工作理念是与资本主义宪政和市场经济制度的社会生态相适应的。发端于文艺复兴的人文主义思想，开始重视教育对人的培养作用，提倡教育的民主性。夸美纽斯的泛智论提倡人人都应该接受"周全的教育"，"成为现代西方教育理论的基本框架"[1]。杜威阐述的"民主的社会……只有通过教育才能形成"[2] 的教育民主性思想，对美国

---

① 朱永新主编《中外教育思想史》，南京大学出版社，2000，第251页。
② 〔美〕杜威：《杜威教育论著选》，赵祥麟、王承绪编译，华东师范大学出版社，1981，第163页。

乃至全世界都产生了重大影响。

## 二 工作理念：教育管理服务与支持学生发展

随着高等教育体制改革以及高校大规模扩招，我国学生工作逐渐从"重管理"向"教、管、服"相结合的理念过渡，逐渐从思想政治教育单一模式向德智体美劳全方位引导的多元模式过渡，学生自治组织和自我管理方式在高校中普遍展开。但在长期的行政化思维定式下，学生工作仍多以管理、服务为名，却行的是管教、约束之实，在本质上仍然是"替代父母"的工作理念。学生是被管理者，而不是被服务者和主动参与者。

"替代父母"制在欧美高校的历史上也存在过，但目前基本已过渡到支持学生发展阶段。大学生是成熟的成年人并且能够为自己的行为负责，成为学生工作者的共识。学生事务工作理念主要是支持学生个人发展与自我管理。美国大学人事协会（ACPA）和美国学生事务管理学会（NASPA）联合发表的 LR 报告认为："学生周围的环境是具有教育意义的，应该被用来帮助和促进学生的全面发展，学生应对自己的发展负主要责任。"[1] 英国于 2016 年公布的《高等教育与研究白皮书》中就表示，"我们将继续设立高标准的教育质量，以确保学校为学生和纳税人提供物有所值的服务"[2]。

## 三 工作模式：行政模式与研究模式

行政化与职业化。我国高校学生工作普遍表现为党政合一、科层结构的行政化模式。学校领导层设有分管学生工作的副校长和副书记，中层为学生工作处（部）主导，团委、教务处、招生就业处、财务处、后勤处分管不同工作条块，二级学院设分管学生工作的副书记，基层由辅导员、班主任组成。行政化的管理体制下，各部门各司其职，便于统一管理，保证了工作效率，但也存在政治气息浓厚、专业性不强的缺陷。相比之下，欧美高校的学生事务工作已经走上职业化的道路，突出特点是结构扁平化、服务亲民化。

---

[1] NASPA, ACPA, "Learning Reconsidered: A Campus – wide Focus on the Student Experience," https: //www. naspa. org/images/uploads/main/Learning_Reconsidered_Report. pdf.

[2] "Higher Education and Research White Paper," https: //www. timeshighereducation. com/sites/default/files/breaking_news_files/higher – education – white – paper – success – as – a – knowledge – economy. pdf.

"美国高校学生事务管理采取的是一级管理体制，条状管理方式，机构设置和权限划分在学校一级进行，院和系没有学生事务管理组织。"① 法国、德国高校学生事务基本是由独立于学校的公共机构来承担的。

学生事务与学术事务的分割与交融。从职责划分来看，我国高校的学生工作属于非学术性事务，与教学科研等学术事务是相分离的。两种事务有相对独立的运行机制和评价体系。学生工作与教学工作之间缺乏沟通交流机会，大部分学校的信息管理系统中，两者之间的数据库相互独立，信息不共享。在实际工作中，"第二课堂"与"第一课堂"甚至存在对立倾向。而欧美高校则更加强调学生事务与学术事务的融合，即通过服务和支持学生最终达到教育和促进学术发展的目的。美国早已认识到学生事务与学术事务紧密联系的目的在于"使学生事务管理者成为真正的教师，并最终扩大教师的普遍关注层面，使其既包括学习内容、认知发展和知识习得，也包括过程、情感发展和能力培养"②，开始以"学生学习"作为结合点，不断推动两者融合。英国、澳大利亚等高校的学生事务体系中也设有提供学术支持的专门机构，致力于促进学生学业发展。

思想政治教育与价值观教育。我国学生工作一般被称为思想政治教育工作，集中体现在有组织性的党团活动中。但长期以来，思想政治教育多注重讲座、会议等外显式的活动，忽视了价值观的内化效果，没有渗透到学生的日常生活中，往往看起来"热闹"，但实际效果不佳。欧美高校同样重视价值观教育，但教育方式更加隐蔽。美国将价值观教育渗透到大学通识教育改革中，"重视全球化趋势下的国家认同"以及"强调国际化竞争中的精英领导力"③，引导学生思考国家未来和参与社会变革。英国则善于将校园传统节日和仪式作为教育载体，将社会价值、道德价值以及民主观念植入学生的日常生活中。

## 四　队伍建设：政教体系与专业体系

我国高校从事学生工作的专职人员基本由辅导员和班主任组成。班主任一般只在新生入学教育阶段发挥作用，而辅导员所带学生人数多，事务琐碎

---

① 方巍主编《学生事务管理的流派与模式》，浙江大学出版社，2014，第115页。
② Robert D. Brown, "Student Development in Tomorrow's Higher Education: A Return the Academy," *Student Personnel Series* 16 (1972).
③ 蔡瑶：《价值观教育与大学责任——基于对美国大学通识教育变迁的研究》，《高教探索》2019年第12期。

繁杂。辅导员的招聘要求一般为硕士及以上学历，多数不限制专业。辅导员大多数来源于留校或应届毕业生，虽然学历层次较高，但多数缺乏教育学、心理学知识，对学生发展规律把握不清。他们多数忙于日常事务，很少有系统化的学术研究。欧美高校的学生事务队伍管理各有特色，但都表现为突出的专业性。在美国，高校学生事务管理已经"形成了自己独立的学术地位、理论支撑和研究领域……各大学都有从事高校学生事务管理的科研队伍和设施"①。法国、德国的学生事务人员大多具有博士学位，是长期从事某一领域的专家。澳大利亚国立大学形成了"学术引领学生工作的发展创新"的共识与模式②，十分重视学术研究、实证调查、数据分析。

总体上看，由于政治制度、社会环境和文化观念的不同，中外高等教育体制存在很大的差异，学生工作所基于的理论资源不尽相同，从工作模式到工作队伍建设也相去甚远。从发展趋势来看，中国学生工作的模式一直处于欧美国家学生事务的"延后"位置，在中国高校还在强调以学生为本、增强服务意识的理念时，欧美高校已开始出现由"以学生为中心"向"以学生的学习为中心"的转变，如法、德高校以外部独立的学生事务机构支持高校专注于学术事务，美国高校的学生事务则出现学生事务与学术事务的融合态势以支持学生的学习。但也可以看出，中外学生事务在最终的培养目标上殊途同归，即将人的全面发展作为人才培养的根本目标。培养完整的人、促进学生的全面发展是中外高校学生事务共同的逻辑起点，也是高等教育的精神实质。

## 第三节　当前新闻传播院系学生事务存在的问题

在经济全球化、媒介技术革命的浪潮中，传媒行业的变革给新闻传播教育带来了前所未有的挑战，也使新闻传播院系的学生工作陷入了新的困境，在一定程度上影响了学生成长。

### 一　学生工作与学术事务相分离

"学生工作"和"教学"是高校人才培养体系的两条主线，虽然面向的

---

① 方巍主编《学生事务管理的流派与模式》，浙江大学出版社，2014，第116页。
② 董晓蕾：《"学生体验至上"理念引领学生工作专业化发展》，《中国高等教育》2017年第22期。

主体都是广大学生，但多数情况下鲜有交集。学生工作与学术事务相互割裂，甚至出现对立的倾向，有悖于促进学生全面发展的教育理念。主要表现在以下几个方面。

第一，工作模式各自为政，互不通气。在管理体制的约束下，"教"与"学"界限分明，学生工作被认为就是辅导员的职责，教学被认为就是教师的事情。一方面，两个"课堂"缺乏协调沟通机制。学生的成人成才本是一个有机统一的目标，可在行政管理思维的主导下被人为割裂。另一方面，学生工作没有有效配合学术事务，有些情况下甚至"拖累"学生的学业。此现象在新闻传播院系尤甚，新闻传播专业的学生个性张扬，热衷参加社会活动，经常活跃于校园媒体、比赛活动，学习时间被严重挤压，"挂科"现象屡见不鲜。

第二，工作队伍分离孤立，难成合力。辅导员与教师之间缺少沟通交流，虽同属一个院系，辅导员按"学"字文办事，教师以"教"字文教学。学工团队与教学团队各自"封闭"，开会、培训极少涉及对方的内容，形成了大学校园里的"信息茧房"。长久下来，辅导员不了解学生的学习状况，教师不了解学生的思想生活，如同"盲人摸象"，谁也无法对学生进行清晰全面的"画像"。

第三，工作效果评价困难，引导弱化。目前，"学业指导"被列入辅导员职业能力标准评价体系，"师德师风"在教师职称评定、推优评先中拥有"一票否决"权。但育人工作具有软性、隐形的特点，在实际中难以量化考核，无法体现于绩效评价。实际工作效果如何从"纸面"落到学生"心里"，如何与学生全面发展效果相衔接，还缺乏有效的评价激励机制。

## 二　学生事务队伍力量薄弱

学生工作队伍是承担高校人才培养任务的重要力量，而辅导员又是学生工作队伍的主力军。但长期以来，这支队伍始终属于"弱势群体"，处于高等教育教师队伍的边缘地带，职业化、专业化发展没有得到科学规划。

第一，职业化程度不高。从个人层面看，辅导员多由留校生或应届毕业生组成，年龄较轻，缺乏管理经验，面对数百乃至上千的学生和方方面面的问题，难有招架之力；许多辅导员仅将从事学生工作作为权宜之计，没有长期打算，工作之余谋求转岗机会，无法全身心投入。从组织层面看，高校对辅导员职业成长规划和激励机制不完善，职称评定和职级晋升落实困难，辅导员教师和干部的双重身份无法得到兑现，职业发展空间不足；缺乏科学的培训体系和学习交流机制，辅导员专业知识欠缺；在实际工作中将辅导员视为"万金油"，"上面千条线，下面一根针"，辅导员疲于应付，普遍存在职业倦怠。

第二，专业化程度不够。多数辅导员没有以"专家型"人才严格要求自己，没有将《高等学校辅导员职业能力标准（暂行）》对照自身工作；忙于处理日常事务，忽视思想引领和育人职责；对学生工作研究甚少，工作缺乏理论依据。同时，多数辅导员对学生专业不熟悉。在新闻传播院系，理工科背景的辅导员不在少数，工作思路和个人风格与学生特质不相匹配；对新闻传播专业领域知之甚少，学业指导缺乏针对性，组织活动缺乏专业特色；对媒体行业发展态势不甚了解，对在校生的职业规划和毕业生的就业创业指导力不从心。

第三，职业地位不高。"学生工作就是辅导员工作，学生的事就是辅导员的事"，这一观念在我国高校普遍存在。学校管理者没有树立以学生为本的工作理念，高高在上，甚至不愿见学生。有些人对学生工作的复杂性缺乏认识，认为谁都可以当辅导员。辅导员在高校教师和管理队伍中被边缘化被轻视，工作开展阻碍重重。

## 三 学生事务存在时空局限

面对信息技术日新月异、媒体业态风云变幻，新闻传播院系传统模式化封闭式的学生工作已经难以适应新的形势。"高等教育作为一个相对独立的社会系统，就其外部关系而言，它与社会其他因素有着千丝万缕的联系；就教育的内部关系而言，则与人的发展有着十分密切的联系。"[①] 然而，忽视学生发展规律和跟不上社会发展态势仍然是当前学生工作的软肋。

一方面，学生工作内容被阶段性分割、模块化分离。高校学生工作习惯以目标效果为导向，而轻视学生的成长过程。无论什么专业，无论学生有怎样的职业规划，大学生活都被简单划分为入学教育、课程学习、专业实习和毕业就业四个阶段，而一年的学生工作亦被分割成固定模块。在阶段目标和模块任务的导向下，学生工作极易懒政怠惰。新闻传播院系的课程安排和学生活动多集中于大学前两年，而事关学生专业能力提升和人生规划关键期的

---

① 顾建民主编《高等教育学》，浙江大学出版社，2008，第33页。

大三、大四，反而成为学生工作的"空窗期"，师生之间见面交流少，班级组织涣散，思想政治教育流于形式。

另一方面，学生工作被限制在大学阶段，被局限于校园之内。媒体、影视、广告、互联网等新闻院传播系学生就业的重点行业时时革新，对人才素质要求不断提高，学生工作却迟迟跟不上步伐。突出表现在缺乏对行业动态的追踪，综合素质和专业技能培养不打"提前量"，学生在校所学所练与行业要求相去甚远。此外，学生工作局限于将社会资源"请"进校园，而没有组织学生"走"进行业。校园内的社会实践、社团活动、讲座交流无法使学生深入知晓行业规则，了解职业前景，树立职业理想。

## 四　专业特色不突出

由于时代环境的变迁，新闻传播教育转型刻不容缓已成为业界的共识，育人理念、培养方案、课程体系、技能训练都在被重新定义，学生工作同样需要推陈出新。在专业特色建设上，新闻传播院系学生工作还存在以下问题。

第一，马克思主义新闻观教育缺位。新闻传播院系的学生不同于其他专业学生，其对于社会热点、新闻舆论、数据信息更具敏锐嗅觉，思想活跃，更需要正确及时的思想引领。然而，当下学生工作中，马克思主义新闻观教育流于表面形式，尚未渗入日常教育和学生活动中，没有植入学生的职业规划和职业理想中，更没有渗透到学生的价值观中。

第二，"第二课堂"与"第一课堂"缺乏互动。学生工作者对新闻传播专业人才培养方案不了解，在对学生上什么课、练习什么技能、到哪里实习、将来从事什么职业没有基本认识的情况下，"第二课堂"极易偏离人才培养目标。学生在课堂之外难以对专业知识进行内化提升，以致专业归属感不强，学习热情难以持续。

第三，难以适应新媒体网络思政。新闻传播院系学生在网络和媒体使用上更加活跃，热衷于表达和传播。但在新媒体使用上，由于代际差异，学生工作者总是慢于学生一步甚至几步，与学生不在一个频道，无从了解学生的所思所想，以致难以沟通、互动。

## 第四节　铸魂：学生事务的主旋律

在信息时代，没有比新闻传播更重要的职业。但是随着网络媒体的崛起，人人都有麦克风，人人都有摄像头，"公民记者"论开始甚嚣尘上。不过，在众声喧哗中，在信息弥漫和奔涌之下，公众并没有感到欣喜，反而平添了更多的不确定性和惶恐之感，人们还是在期待理性的声音。职业传媒人的公信力和权威性仍然是不可替代的重要品质，只不过，他们还要适应网络时代的传播现实，应该习惯于插上网络的翅膀。

新闻传播教育存在的价值在于向社会输送有专业理想、有职业能力、有道德操守、有大局意识的传媒人才。这种人才对于信息时代社会的有序运行、媒介社会的社会沟通、文明的传承是不可或缺的。习近平在党的新闻舆论工作座谈会上说："做好党的新闻舆论工作，事关旗帜和道路，事关贯彻落实党的理论和路线方针政策，事关顺利推进党和国家各项事业，事关全党全国各族人民凝聚力和向心力，事关党和国家前途命运。"① 在这个意义上，新闻传播教育可以说是百年大计。

所以在中国高等教育迅猛发展的情况下，新闻传播教育成为高等教育界的一个不可或缺的领域。以中国当下的情况而论，截至 2015 年底，全国有高等学校 2824 所，其中 681 所大学开设新闻传播类专业，开设新闻传播类专业的高校约占全国高校总数的 1/4。而"985""211"大学中开设新闻传播类专业的大学比例高达 55.9%。可见大学层次越高，创办新闻传播教育的积极性越大。这些学校共设有 1244 个本科专业点，其中新闻 326 个，广电 234 个，广告 378 个，传播学 71 个，编辑出版 82 个，网络与新媒体 140 个，数字出版 13 个。其本科生在校学生总规模达 22.5691 万人。② 这还不包括研究生，事实上，许多重点高校研究生的招生规模远远超过了本科生。

新闻传播教育一片繁荣，同时也面临社会各界的批评。第一，表面上的问题。在媒介融合如火如荼的背景下，新闻传播院系的专业设置却越来越细，专业之间的壁垒越来越深，似乎与社会进化、传播大势背道而驰。新闻

---

① 《习近平谈治国理政》（第 2 卷），外文出版社，2017，第 331～332 页。

② 张昆：《记录历史，引领未来》，载中国新闻史学会新闻传播教育史研究委员会编《中国新闻传播教育年鉴（2016）》，武汉大学出版社，2016，第 3 页。

传播院系的毕业生到传媒行业就业的比例呈持续下滑的态势。此不赘述。第二，内在的问题，即繁荣表象下的问题。这方面的问题集中体现在教育过程中一些主要矛盾关系的轻重失衡。具体而言，有如下四点。一是重物质而轻精神。在办学理念上，重视硬件建设，物质投入增加了，技术条件大大改善了，却忽略了软件建设，忽视了文化建设，以至精神境界没有随着物质一起提升。二是重技巧而轻操守。把新闻传播视为一种普通的职业，专注于职业技巧，而忽略了新闻传播的社会责任，忽略了传媒行业的职业操守和行为底线。三是重知识而轻道德。无论是教师还是学生，大多以为学生的天职是学习、摄取知识，却不知道德的重要性，忽略了做人优先于做学问的基本道理。四是重现实而轻理想。行为应该立足于现实，但也应该有高于现实的理想追求。但是我们现在的教育，引导学生如何尊重现实，向现实妥协，却没有给学生愿景，没有引领学生追求理想。

总之，现在中国的新闻传播教育，表面上轰轰烈烈，蔚为大观，十分繁荣，实际上问题严重，其要害之处在于拘泥于现状，落后于现实，丧失了理想，忽视了灵魂。从古到今，中外的教育家们无不把教育的本质定位为格物致知、形塑人格、净化灵魂，三者缺一不可。可现实的情况是，我们只关注致知，而忽略了人格和灵魂，尤其是灵魂。这里所谓的灵魂不是宗教意义上的灵魂，而是属于意识形态范畴，它是指在一定的教育和社会环境的熏陶影响下，经过主体长期的积淀和内化而形成的理想、信仰、人格、责任感、价值观等精神内涵。这种精神内涵一旦形成，将会在一段比较长的时间内保持稳定，不仅会对主体的行为产生导向性的作用，而且会对其同伴或所在的群体的心理认同产生一定的影响。

在当下，中国新闻传播教育界最应该做的事情，是在教书育人的过程中，营造良好的学习氛围，在建构学生合理知识和能力体系的前提下，重视学生灵魂的熔铸和精神的引领。应该说，在新闻传播院系学习新闻传播类专业，专业知识摄取和业务技能的锻炼自然是题中应有之义，但是如果没有高尚而纯洁的灵魂，没有崇高的精神境界，即便具备了完备的专业知识，掌握了高超的专业技能，也未必能够在传媒岗位上服务人民，为社会的进步提供正能量。

因此，为新闻传播院系的莘莘学子熔铸专业之魂，提升他们的精神境界，乃是新闻传播教育工作者的天职。但是专业之魂本身内涵丰富、博大精深，专业之魂的熔铸，更是一个复杂的系统工程，涉及人才培养过程的各个环节、每个层面。从课程、教材、教师、实习，到培养模式及全程教学计划，无不影响着学生的内在精神。作为教育工作者，笔者认为可以从如下几个方面努力达成铸魂的目标。

第一，责任感。责任感乃是一种意志力的表现。它是主体不仅对自己，更重要的是对他人、对家庭、对组织、对社会、对国家，乃至对自然界，主动积极地施以正面、积极影响的心理状态或精神状态。这种责任感在本质意义上，肯定主体利己的行为，但是同时又必须利及他人、利及组织、利及社会、利及国家，而且当个人的利益与组织、社会、国家的利益发生冲突时，要以后者为优先考虑。责任感与责任最大的不同，在于责任是主体分内应做之事，有不得不做的被动性质；责任感则是主体积极自觉地做好分内分外一切有益事情的一种主动的精神状态。新闻传播专业学生的未来，是从事新闻传播事业，这一职业最大的特点是公益性，故责任感是从事这一职业的基本前提。

第二，使命感。在社会系统中，每一个人都有属于自己的并且适合自己扮演的社会角色，如医生、教员、牧师、军人、科学家等，与这种角色直接对应的责任、任务或者命令，就是使命。使命感则是主体对这种属性的追寻和实现。新闻传播职业被定位为社会的瞭望者、公平正义的守护者、社会文化的传承者，对于社会的有序运行和公众利益的维护来说不可或缺。由于在履行职业使命时，必然会牵动既有的利益格局，所以连带地会产生一定的风险。在和平时代，记者可能是风险系数最大的职业。但是新闻报道事关国家和人类的命运，所以从事此业者，必须有强烈的使命感，乃至有为了使命奉献生命的勇气，正如孟子所言，"虽千万人，吾往矣"。没有这种精神准备，传媒人是难以胜任自己的角色的。

第三，信仰。一般来说，信仰是主体的一种强烈的情感体验，是一种心灵的产物。它表现为主体对某种宗教、主义、主张，或者对某种人、组织，或者对某种事物的信奉和敬仰。强烈的信仰是人们的行为源源不绝的动力，它会排除一切障碍，不达目的不罢休。在当代中国，对马克思主义理论、共产主义愿景的信仰，是传媒人的精神皈依和职业行为的动力。当然，在一个日趋多元的社会，人们的信仰也会趋向多元化。信仰自由是宪法赋予人们的基本人权，只要不违背人类的共同价值，不危及人类共同的利益，不是极端的主义和信条，这种信仰就值得肯定，就应该坚持。不同信仰的人们从事着同一事业，有利于从不同的角度共同推进这一事业的发展。

第四，理想。理想是对未来的愿景，或者是主体对未来美好的想象和希望。理想是人生的奋斗目标，有理想才会有追求。在这方面，理想与信仰有相同之处。但是理想是源于实践、基于现实的有可能实现的向往和追求。理想不是空想，不是幻想，更不是妄想。新闻传播教育应该引导学生适应现实，但又应该鼓励他们超越现实，不满足于现状。新闻传播院系应该给学生以未来的愿景，给学生以理想，但是这种愿景、理想，应该有其实现的可能性。有理想的新闻工作者，才会有进取心、创造性，才会有绵绵不绝的原动力。

第五，价值观。价值观是主体对各种客观事物的评价，这种评价往往是从是非、善恶、轻重等维度展开的。诸如民主、自由、平等、幸福、权威、服从、诚信、自尊等，在主体的心目中，自有主次轻重之分、是非善恶之别，从而构成了他的价值体系。人们的价值观的形成是一个漫长的过程，家庭、学校、朋友、媒体都会在不同程度上影响到它的形成。而价值观一旦形成，就会在相当程度上决定人们的态度和行为。大学是学生价值观形成的重要阶段，应该在培养过程中，通过完善的课程体系和实践环节，帮助学生形成正确的价值观，从而为其今后的职业生涯打下坚实的基础。

第六，道德。道德是一种社会意识形态，是调节人们行为的规范或准则。道德常常以善恶为准则，通过内心信念、社会舆论和传统习惯来评价人们的社会行为，调整现实生活中人们之间包括人与人、人与社会间的相互关系。有一般的道德，也有行业或职业的道德。新闻传播是一项影响深远的公共事业，其职业道德准则对于传媒的有序运作具有重要的意义。所以，新闻传播院系在给学生灌输知识的同时，应该给学生完备的道德理念，使其掌握判断善恶的标准。这样才会有有操行的传媒人和有道德的媒体。

第七，人格。"人格"主要是一个心理学的术语，它是指主体独特的稳定而统一的心理品质，是构成人的思想、情感和行为的特有的统合模式。一般而言，人格由两个部分组成，即性格和气质，性格主要体现在行为模式上，气质则主要体现在心理活动层面。人格最主要的特征是独特性，世界上没有两片完全相同的树叶，也不可能有两个完全相同人格的人。所以特立独行是人格的核心诉求。新闻传播重视独家视角，多元社会要求多样思维，唯有人格独立，唯有张扬个性，传媒才不会成为整齐划一的世界。

第八，理性。理性往往与感性、激情相对应。理性一般是指主体能够自信、冷静地面对现实和问题，基于现有的科学理论与方法，通过判断、分析、综合、比较，运用合理的逻辑推理得到确定的结果。理性这种思维品质对新闻传播从业者特别重要，在信息化时代，时空的压缩、节奏的加快，要求及时、正确、全面地报道现实世界的变化。这就要求新闻工作者以冷静的心态、求真务实的态度处理新闻事件，而绝对不能以感性的态度、煽情主义的手法放任自己的激情。唯有理性，才能维持传媒的公信力，才能彰显传媒人的权威性。

传媒人的专业之魂是传媒人区别于其他职业，确保自己权威性、公信力的根本条件。而这种专业之魂又有丰富的内涵，包括责任感、使命感、信仰、理想、价值观、道德、人格和理性。这种内在的精神内涵的形成，在相当程度上依赖于大学教育。换言之，大学新闻传播院系是浇铸传媒人专业之魂的熔炉，通过合理的课程体系、周到的导师引领、前沿的社会实践，水滴石穿、积沙成塔。在这个意义上，传媒教育工作者责任重大，要想受教育者得到教育，教育者必须先教育好自己。同样，要让学生具备专业之魂，新闻传播院系的教师则必须事先拥有。这是教育者的天职，也是教育者的使命。

2014年春节，笔者感于时势变幻和传媒行业的艰困，仿四言古诗作了一首《传之魂》，现录于下，以与读者诸君共勉。"喻家山麓，东湖水滨；乔木参天，人杰地灵。学子问津，切磋争鸣；楚才砥柱，于斯为盛。大学之道，善止德明；矢志弘毅，木铎金声。春秋大义，昭彰群伦；天听民听，至真至诚。经世文章，鉴古察今；闯关越险，拨乱反正。迁固风流，铁笔垂勋；术精思锐，求微索隐。匡扶社稷，与时俱进；秉中持正，求新博闻。穿云破雾，洞照万仞；天地共鉴，斯为传魂。"

## 第五节　新闻传播院系学生事务的创新路径

2017年，中共中央、国务院印发《关于加强和改进新形势下高校思想政治工作的意见》，提出"坚持全员全过程全方位育人"[①] 的"三全育人"工作原则；2019年，在中共中央政治局就全媒体时代和媒体融合发展举行第十二次集体学习时，习近平提出了"全程媒体、全息媒体、全员媒体、全效媒体"的概念。联通高等教育与传媒行业的新闻传播院系的新闻传播教育理应把握"全"的融合理念，实现学生事务与学术事务的深度融合，构建"全员学工、全过程学工、全方位学工、全媒体学工"的"四全学工"新格局。

---

① 中共中央、国务院：《关于加强和改进新形势下高校思想政治工作的意见》。

## 一　全员学工

"谁在培养人"不应成为高等教育的困惑。学习不只发生在课堂，人与人的交往、榜样的引领、环境的熏染都是引导学生成人成才的"隐性课堂"。因此，学生工作者应涵盖高校育人的各类主体，既包括学生工作专职队伍，也要将任课教师、教辅人员、职能部门管理人员甚至宿管人员纳入进来，让其自觉承担育人使命，自信发挥育人功能，形成学生发展的全面支持体系。作为发展主体，学生更应该成为学生工作的主要力量，这里不仅指个别学生干部的培养，还指所有学生基于自我成长的需要激发自我效能、实现自我约束、组织自我管理。从宏观上讲，家庭、传媒行业、社会也是新闻传播院系学生的"培养人"，应着力形成校内校外育人体系的联动，充分利用社会资源助力学生成长，将学生工作置于社会化的大环境之中。这才是全员学工的真谛。全员之间，还需建立协同沟通机制，将学生视为一个个鲜活的、完整的个体，打通各体系间的数据库，建立交流互通平台，实现学生成长信息的及时流动和有效共享，帮助学生工作者掌握学生学习生活全貌，对学生的发展动态即时跟踪，对学生的支持服务及时到位。同时，还要建立全员学工的绩效评价机制，有效激励全体人员愿意面对学生，真正走入学生，积极支持学生。

## 二　全过程学工

高校学生工作必须在对学生成长的认识上具备全局观和历史观。学生的发展成人是一个漫长的过程，而大学正是这一过程的关键阶段，既承接学生的学业发展，又指向学生的职业生涯，甚至影响学生整个人生轨迹的走向。这就需要遵循学生成长规律，树立全过程学工的理念。从微观上讲，要建立学生工作信息反馈机制，使面向学生的每项工作都形成"闭环"，有始有终，"有去有回"，及时评估工作效果，优化工作模式。从中观上讲，全过程学工要求学生工作涵盖学生在校发展的各个阶段，从入学适应大学生活，到基础知识学习，再到专业能力塑造，最后面向社会就业，每一阶段的成长都事关学生个人发展走向，学生工作必须保证时时"在场"。从宏观上讲，全过程学工还需考虑到学生个性形成的"前因"与未来发展的"后果"：探究"前因"就是追溯入学前，还原学生的成长轨迹，关怀学生的需求愿望，挖掘学生的发展潜力，建立"一生一档"工作机制，个性化定制符合学生特质的生涯规划，帮助每一个学生练就扎实的能力素质，形成完善的人格特质，使学生在校所学和在校所得受益一生；追踪"后果"就是延伸到毕业后，关注学生的未来发展，建立校友联络与服务机制，为校友提供支持与帮助，将大学精神渗透到每个学生的人生轨迹中。

## 三 全方位学工

全方位学工意在对现有的学工体系进行全方位、立体化的扩张。学生工作是面向学生发展的系统性工程，理应覆盖学生在校体验的方方面面。全方位学工既指向学生工作空间的延伸，又在于学生工作功能的拓展。空间上，要打通课堂内外、校园内外、线上线下的资源和信息，建立互融互通的学生工作"中央厨房"。课堂内外，就是要注重"第一课堂"和"第二课堂"的互动互补。新闻传播作为一门应用型学科，对学生的观察写作、组织交际、表达沟通等方面能力有极高的要求，这就需要"第二课堂"为学生提供广阔的锻炼平台，将学生在"第一课堂"所学与在"第二课堂"所练精准衔接，激发学生对新闻传播专业的学习实践热情。校园内外，就是要把握"部校共建"新闻传播院系的机会，强化马克思主义新闻观教育，引导学生树立职业理想和职业责任；积极与传媒行业、互联网企业开展合作，吸纳优质社会资源，使学生拓宽理论视野、了解传媒前端动态、获得实习就业机会；引导学生走向市井、深入农村开展实践调研，树立社会责任，培养家国情怀。线上线下，就是充分利用新媒体平台推出短平快的学工思政产品，利用社交平台完善学生工作支持服务，如定期推送院系新闻、政策宣讲，组织线上班级管理和党团活动，开展网络上一对一、一对多的谈心谈话、心理健康咨询、职业生涯规划指导等。功能上，全方位学工要致力于建构学生以"成人"为核心的思想、学习、才艺、体魄、劳动实践均衡全面发展的"同心圆"。一方面，学生工作体系要扩大覆盖面，在强化思想政治教育的基础上，支持学生的学业发展，搭建才艺展示平台，鼓励学生走向操场强身健体，引导学生走进社区志愿劳动；另一方面，建立全校协同支持机制，学生工作体系应与学校各职能部门充分对接，为学生发展创造全校支持环境。

## 四　全媒体学工

育人也是一种传播行为，实现育人效果必然需要传播效果的达成。传媒行业的新技术、新业态、新模式层出不穷，媒介生态、传播格局正在重塑再造。新闻传播专业的教育者需要辩证看待传媒业的变革，这不仅是人才培养面临的挑战，也是教育工作可用的资源。新闻传播院系学生工作大可依托专业优势，形成虚拟与现实相互渗透、传统媒体与新媒体互相补充、社会媒体与学工自媒体积极互动的全媒体学工格局。首先，学生工作需要把握好虚拟与现实的关系。学生工作既要上网上线，做到网、端、微、屏多终端平台上去，使育人传播达到"全息"境界，也要进教室，进宿舍，走到学生身边，与学生面对面，使育人效果落实到学生的"心里"。其次，学生工作要兼顾传统媒体与新媒体。一方面，学生工作应利用传统媒体严谨权威的内容，引导学生关注国内外时事，进行深刻思考与理性表达，帮助学生树立社会责任感与家国情怀；另一方面，学生工作也要占领社交媒体、短视频、直播平台，开展"互联网＋学工"，学生工作者要熟知会学生日常活跃的网络平台，把学生工作和思政教育做到QQ、微博、微信、抖音、快手、B站上去，紧跟青年思想文化潮流，与学生平等对话，深入交往。最后，学生工作要利用好学工自媒体与社会媒体。建设一批新闻传播院系自己的学工自媒体阵地，为朋辈教育搭建平台，鼓励学生参与运营，将专业所学应用到新闻传播实践中，以互动式、服务式、体验式的育人场景渗透到学生学习生活的方方面面。学生工作不仅要发挥新闻传播专业优势，与社会媒体合作，为学生提供实践机会，还要注重利用社会媒体增强学生工作的影响力和被认可程度，将育人工作放置于社会环境下形成全社会的向心力。

总之，"四全学工"的理念在于打破学生工作与学术事务的边界，使高校育人体系产生以"立德树人"为核心的聚合效应。所有这一切，都立足于让学生成人成才，成为全面发展的具有家国情怀、国际视野的高素质全媒化复合型专家型新闻传播人才。当然，学生工作改革是一个渐进的长期过程，新闻传播教育面向的又是瞬息万变的传媒世界，故难以一蹴而就。我们必须持之以恒，秉持"苟日新，日日新，又日新"的创新精神，在全新的格局下，不断改革与创新新闻传播院系的学生工作，全面提高新闻传播专业人才培养质量，以满足社会与传媒行业的期待。

# 第八章　院系文化建设

新闻传播人才培养是新闻传播院系的基本职能，但人才培养是一个系统工程。这个系统涉及诸多要素，不仅包括人力资源、物理空间、实验设施、实践基地，更重要的还有学院的整体氛围或学习环境。长期以来，在新闻传播院系的建设和传媒专业人才培养方面，人们习惯于重视物质条件和硬件设施的改良，而在一定程度上忽视了学院的文化软环境或学习氛围的营造，以至于在人才培养方面难以达到预期目标。当务之急是改变观念，以学院文化建设为抓手，把环境和氛围的改善提升到战略的高度。

## 第一节　文化、校园文化与院系文化

### 一　文化是什么？

在社会科学领域，大概没有比对文化的理解更加众说纷纭的了。在中国古代，文化的含义具有文治与教化两个方面的内涵。《易·贲》曰："刚柔交错，天文也。文明以止，人文也。观乎'天文'，以察时变；观乎'人文'，以化成天下。"孔颖达对此的解释是："'观乎人文以化成天下'者，言圣人观察人文，则《诗》、《书》、《礼》、《乐》之谓，当法此教而'化成天下'也。"① 在西方，"文化"一词来源于拉丁文"cultura"，原意为对土地的耕耘和对植物的栽培，以后引申为对人的身体和精神两方面的培养。中国人在19世纪把这个含义从日文转译过来。② 广义的文化指的是人类在社会历史实践中所创造的物质财富和精神财富的总和，而狭义的文化则指精神生产能力和精神产品，包括一切社会意识形式，有时又专指教育、科学、文学、艺术、

---

① 李学勤主编《十三经注疏·周易正义》，北京大学出版社，1999，第105页。
② 张昆：《大众媒介的政治社会化功能》，武汉大学出版社，2003，第142页。

卫生、体育等方面的知识与设施，以与世界观、政治思想、道德等意识形态相区别。① 从本质上讲，文化是人类历史长期积淀的成果，是一种历史现象，它既寄生于物质之中，又游离于物质之外；既存在于历史之中，又能够延续于今天与未来。文化的本质功能在于化成，即对人的教化。

人类的文化包罗万象。在特定地区或国家，除了主流文化或综合文化之外，还有非主流的次文化或亚文化。它们与主流文化相对应，属于局部或某个特定集体的文化现象。这种次文化或亚文化，不仅拥有与主流文化相同的文化精神，也有自己独特的价值与理念。校园文化就是一种典型的亚文化或次文化。校园文化（本处的校园文化系指大学校园文化，下同）是以大学校园为空间边界，以学生和教职工为主体，以课外文化活动为核心，以服务人才培养为主要导向，以物质文化、制度文化、精神文化和行为文化为主要建设内容，以学术理想和校园文明为主要特征的一种群体文化。它主要表现为包括第二课堂在内的课外活动、各种各样的学生社团和社会实践，校园的文化体育设施、文化氛围，学校的历史文化积淀和学术传统等，其中最能体现校园文化本质特征的是校园的风气和大学精神。这种校园文化是社会总体文化的一部分，但又具有自己独特的个性特征，对于在校大学生的培养具有十分重要的意义。

## 二　院系文化的内涵

院系文化则是校园文化之下的二级次文化或亚文化现象。它是校园文化的重要组成部分，在共同的大学精神、学术氛围下，院系作为一个亚文化的主体，除了拥有校园主流文化的基因和脉络外，还具有自己学科专业性的特色。院系文化在一定程度上由校园文化所决定，但院系文化的发展和繁荣会在更大程度上丰富校园文化的内涵，增强校园文化的活力。一所大学由不同的学科、院系组成，每个院系都有不同的研究方向和历史传承，其培养的学生的基本规格和最终归属也不尽相同。各院系学生的多样化的精彩表现，一方面，取决于不同的课程体系、不同的师承及不同的实践历练；另一方面，也受不同的院系文化、专业精神的熏陶和影响。正如法学院系沉浸在公正、法治与独立的精神之中，新闻传播院系的院系文化所敬仰的则是真实、公平和自由的精神。新闻传播院系的院系文化还有一个重要的特色，那就是强烈

---

① 《中国大百科全书》（第23卷），中国大百科全书出版社，2009，第281页。

的现实性，即对现实的关注。长期以来，大学被视为"象牙塔"，研究远离俗世的形而上的学问。新闻传播院系与其他注重基础研究的院系不同，它关注现实社会的变动，研究变动的信息如何传播，以至怎样引发社会的适应和变迁。新闻传播院系的学生有梦想，但是更关注脚下的土地。还有一点是院系文化的包容性。一个院系是一个小的天地、小的宇宙，宇宙的多样性同样体现在院系的文化之中。一个问题、一个现象，存在不同的解释、不同的见解；一门学科，也会有不同的流派、不同的风格。新闻传播学科历史既短，又是学习、借鉴其他学科融合而成的，所以在学缘、理念、方法等方面异彩纷呈。这自然会影响到院系的文化精神，使得多元包容成为院系文化的重要内核。

院系文化与校园文化在逻辑上属于种属关系，其结构和功能十分相似。虽然两者在空间与内涵上不尽相同，但在以文化成、文化育人方面则是完全一致的。院系文化整体可以细分为物质文化、制度文化、精神文化和行为文化四个方面，与校园文化基本相同。物质文化涉及院系的物理空间、公共领域、实验设施、景观安排等；制度文化涉及院系的制度设计、院（系）训院（系）规、质量规格、学籍管理等；精神文化指院系的历史文化基因、办学传统、专业精神和职业理想；行为文化则与学生未来的职业相关，指在社团活动、社会实践和专业实习中，以职业传媒人的行为模式为榜样，自觉地扮演好未来的职业角色，履行社会责任。

在新闻传播专业人才培养方面，与校园文化相比，院系文化的作用与影响更加直接。所以，为了培养一流的新闻传播专业人才，加强校园文化尤其是院系文化建设是十分必要的。但是观察当下的新闻传播教育界，院系文化建设却正是新闻传播教育最大的短板。根据水桶理论，水桶最大的容量取决于最低的那块板子的高度。反思今天的新闻传播教育，有两个问题值得注意。其一，过于重视硬件投入，忽略了软件建设。重视大楼建设、设备更新，在这方面不惜重金，以提高档次，却忽视了院系文化和专业精神的熏陶。其二，重视校园文化建设，注意大学共同的精神熔铸，而忽视了院系学科的文化建设。每个大学都重视编修校史、锤炼校训、设计校徽，组建学生社团，强化第二课堂，活跃校园文化体育活动等，可对于院系学部层面的文化精神，却没有足够的投入，以至于在文化建设方面，重整体而轻个体，有全局而没有局部。因此，大学的学生越来越多，院系的规模也越来越大，但是学生对专业的认同、对院系的归属感却没有相对提高，甚至有所下降。这一倾向，应该引起我们的注意。

## 第二节　院系文化是专业人才的培养基

### 一　从泡菜理论说起

院系文化是专业人才养成的培养基。"培养基"（Medium）是一个生物学的名词。它指的是供微生物、植物组织和动物组织生长和维持用的人工配制的养料，一般含有碳水化合物、含氮物质、无机盐（包括微量元素）以及维生素和水等。不同的生物及其在不同的生长阶段需要不同的培养基。人们可以根据不同的需要，在培养基中添加新的营养物质。用培养基来比喻院系文化，笔者认为是比较贴切的。因为两者都是人的主观意识的产物，都是经过人的努力营造出的适宜生长的一个小环境。院系文化这种环境对于学生的成长具有非常重要的意义。

华中科技大学的哲学教授涂又光在人才培养方面提出了著名的"泡菜理论"。他把校园文化比喻为泡菜汤。在他看来，泡菜的味道主要取决于泡菜汤。虽然泡菜的原料、制作工艺、保存方式、环境温度等会在一定程度上影响和决定泡菜的质量，但是真正决定泡菜口感风味而又不易为人所模仿的却是泡菜汤。校园文化环境犹如泡菜汤，它深深地影响和决定了浸润其中的学生们，形塑着他们的人格和个性，熔铸了他们的思维方式和行事风格。好的校园环境如同一缸好汤，学生进了这个环境，好比泡菜原料投入汤料之中，就会潜移默化，时间一长就会产生化学反应，最终成为人格健全、身体强健、学富五车、能力卓越的高级专业人才。涂又光的泡菜理论主要是就学校文化、校园文化而言的。但是院系是学校的组成部分，是学校大系统的子系统。所以这个理论同样也适用于院系的文化建设。

一方水土养一方人。对于育人环境的关注并非始自今天。早在两千多年前，孟子的母亲就知道环境对孩子成长的意义，所以她一而再再而三地择地而居。荀子说："蓬生麻中，不扶而直。白沙在涅，与之俱黑。""故君子居必择乡，游必就士，所以防邪僻而近中正也。"（《荀子·劝学》）南北朝时学者颜之推则称："与善人居，如入芝兰之室，久而自芳也；与恶人居，如入鲍鱼之肆，久而自臭也。"（《颜氏家训·慕贤第七》）古人所强调的环境与今天我们所说的校园文化、院系文化大体上是相通或相近的。从古人的论述来看，环境或院系文化对学生的影响，不是暴风骤雨式的，而是潜移默化、润物无声、水滴石穿的。学生置身于院系特有的文化氛围中，不知不觉之间，就打上了院系的烙印，内化了院系的精神，植入了职业的梦想。

## 二 院系文化的育人功能

一般而言，院系文化对学生成长的影响，主要是通过如下的途径进行的。

第一，提升学生的道德。大学教育不仅在于灌输知识，建构完善的知识与能力结构，更重要的在于完善学生的人格，提升学生的道德水准。经过大学阶段的教育和院系文化的渗透和浸润，学生不仅会成为有知识、有文化的人，更会成为道德高尚的人；不仅适应社会一般的道德规范，体现出大家普遍推崇的道德品质，如诚实、勤劳、公道、正直等，而且在自身专业所对应的行业领域，也有较高的道德素养，如真实、公正等。这是学生进入职场前的必要准备。

第二，塑造良好的情操。情操常被人们视为一种高级的感情，通常指几种情绪以某一事物为对象结合而成的一种复杂的、有组织的、比较稳定的情感倾向，如求知欲、爱国心、悲悯、慷慨等。在心理学界，还有人把情操分为理智感、道德感和美感三种。良好的情操是人们普遍的追求。峻青在其《秋色赋·傲霜篇》中说："然而我更爱的却还是那傲霜斗雪不怕寒冷不畏强暴的高尚情操和斗争精神。"对于一个职业传媒人而言，良好的情操更是不可缺少的。在浓郁的学院文化的浸润之中，未来的传媒人可以逐渐养成健康、积极、稳定的高级情操，从而为将来的职业生涯注入正能量。

第三，强化专业精神和责任意识。院系文化的重要特色之一，就是学科与专业的特质。不同的院系有不同的专业特质，因而有不同的院系文化，经受院系文化培养基浸润的莘莘学子，也会因此具备不同的专业精神和职业梦想。职业传媒人常被公众誉为"无冕之王"，是社会环境的守望者、党和人民的喉舌，因而承担了重要的历史使命。新闻传播事关社会稳定、文化传承、族群和谐和信息安全，所以职业传媒人责任重于泰山。没有强烈的社会责任感，没有对新闻传播专业的执着追求，对国家、公众的期待没有正确的体认，传媒人将难以回应社会的需求，满足公众的期待。

第四，营造学习氛围。每个人都处在不同的学习状态中，但是学习的绩效大不相同。这种绩效固然与个体的精神状态、学习的积极性直接相关，但最重要的影响因素还是学习的氛围。中国古人讲近朱者赤近墨者黑。在某个特定的群体或特定的空间，大家彼此都喜爱学习，以学习为乐事，洋溢着爱学、乐学的氛围，在这种环境下，你即使想轻松些，想放松地玩一玩，都很难放松自己。在武汉地区高校流行着这么一句话："学在华工，玩在武大，爱在华师。"这句话不一定正确，甚至有些绝对化，但是不少学生、家长最终选择华工（华中科技大学），就是因为这里的学风好。好学的氛围、追求真知的冲动、对真理的热爱、对探索的痴迷、学风的严谨、思维的张力，会使置身其间的每个学生静下心来，潜心学习，追求上进。

第五，增强对院系与专业的认同感。笔者在前面说过，随着高校的扩招，各新闻传播院系的招生规模在持续扩大，尤其是一般院校。同时，由于近年来网络媒体的崛起，传统媒体处于低迷甚至萎缩的状态，学生们对传媒行业的前景不再乐观，对传媒专业的认同度开始下降。在这个背景下，新闻传播院系招生面临困难，第一志愿考生所占比例逐年下降。非第一志愿考生或调剂考生来到新闻传播院系，缺乏对专业的兴趣，学习动力不足，因而对院系的归属感较弱。于是学生普遍不稳定，一旦面临第二次专业选择，不少新闻传播院系面临学生出走潮。要解决这个问题，也只有从院系文化建设着手，营造专业氛围，描绘职业梦想，增强学生对院系学科的归属感；组建富有活力的专业社团，开展充满魅力的实践活动，吸引学生的兴趣，调动学生的积极性，提升学生对专业的认同度。

# 第三节　影响院系文化的四大要素

院系文化对生活于其中的师生的影响是巨大而深远的，建设富有活力的院系文化是新闻传播院系的当务之急。环顾宇内，开设新闻传播院系的学校八百多所，而每个院系的文化都不尽相同，可谓千姿百态。同样是新闻传播院系，何以会出现差异如此大的院系文化？究其原因，不外乎以下几点。

## 一　校园文化的影响

现在国内新闻传播院系有八百多个，这些院系分属于不同的大学。按照隶属关系，有教育部直属大学、省属大学、民办大学等层次划分；按照学科性质，又可把大学划分为综合性大学、文理类大学、理科类大学、文科类大学、工科类大学、师范类大学、财经类大学、农林类大学、政法类大学、管理类大学、艺术类大学、外语类大学、体育类大学等。不同类型的大学有不同的大学文化基因，决定了校园文化的底色。作为大学的二级院系，新闻传播院系的院系文化自然会受到校园文化的影响。综合性大学，一般来说相对于其他类大学会有更大的包容性，多元并存，和谐共生。其校园文化精神中，民主、平等、参与的意识会更加鲜明。综合性大学的新闻传播院系，基础厚实，左右逢源，发展的条件更加充分，其院系文化更加自信。工科类大学或理科类大学，虽然现在也在朝着综合化的方向发展，但是总的来说优势学科相对比较单一，人文社会科学专业比较薄弱，新闻传播院系可以利用的人文社会科学资源十分有限。有一种流行的偏见，说工科大学有科学无人文，有知识缺文化。这种说法比较极端，但也说明了一种客观现象。欠缺人文社会科学资源是短处，但这种短处又迫使这些学校的新闻传播院系与理工科交叉，利用理工科的优势资源，重视传播技术、数理方法的教学研究，大开大合，反而将新闻传播教育办出了自己的特色，所以这些学校的新闻传播院系往往具有强烈的开创精神和进取意识。外语类大学的先天优势是开放办学，通晓世界大势，与国际惯例接轨，所以外语类大学的新闻传播院系，往往洋气十足，国际化程度比较高，其师生开阔的国际视野是其他大学新闻传播院系无法比拟的。政法类大学的法制文化氛围使自由、民主、公正的精神深入人心，师生们的权利意识鲜明，同时又有明晰的底线意识。其他如师范类大学、农林类大学、艺术类大学、体育类大学、管理类大学、财经类大学等，其校园文化特色鲜明，对于学校所属的新闻传播院系的文化建设，都会有不同程度的影响。

## 二　地域文化的影响

文化作为人类创造的物质财富和精神财富的总和，在不同的地域空间，会表现出鲜明的差异。这些差异会体现在语言、民居、饮食消费、行事风格、婚丧节庆、民间信仰、价值观诸方面。大学作为知识密集型的文化群落，置身于特定的地域文化之中，难免会受到它的影响和感染，从而使得大学乃至其所属的院系这一亚文化群也呈现出或多或少的地域文化特色。中国是一个具有五千年文明历史的大国，地大物博，交流广泛，由于不同的地理环境、历史上的行政区划变更、移民及宗教文化背景的交互作用，形成了不同的地域文化，诸如海派文化、京派文化、岭南文化、中原文化、三秦文化、燕赵文化、中州文化、齐鲁文化、三晋文化、湖湘文化、巴蜀文化、楚文化、徽文化、赣文化、闽文化等。这些各具特色的地域文化对成长于其中的大学文化、院系文化也产生了深刻的影响。如以上海商业化大都会为代表的海派文化，在吸纳西方文化、融合吴越文化的基础上，呈现出开放性、创造性、多元性、功利性的特色，彰显了海纳百川、兼容并蓄的大气风范。这种文化气质，在一定程度上使上海地区的大学在校园文化建设方面站位较高，具有国际视野和开放的胸襟，大幅度开放，融入全球体系，敢于与全球先进的大学文化接轨。以北京地区为代表的京派文化，因北京自古以来就是中国的政治文化中心，自然之中洋溢着一种傲视群雄的大气，表现出一种难得的从容。以广东地区为代表的岭南文化，表现出了鲜明的商业化特质，具有悠久开放传统和包容的特性，重视世俗性、享乐性和实用性，呈现出突出的现实取向和唯实精神，这种文化氛围也会深深地影响广东地区的大学文化。其他的地域文化，也会在不同程度上对本地域的大学及其院系的文化产生影响。

## 三　时代精神的影响

一所大学的校园文化或院系文化，一方面受到地域文化的影响，另一方面又是其自身历史发展自然累积的结果。中国现代意义上的大学出现得比较晚，不过百多年的历史，但是这段历史波澜壮阔，精彩无比。尤其是20世纪80年代以来，随着改革开放的不断深入，中国进入持续高速发展的腾飞时期，不仅深刻地改变了中国的地标景观，积累了丰富的物质财富，而且进一步完善了国家的制度设计，普通中国人享有比历史上任何时代都更多的人生出彩的机会，人民的光荣感、自豪感、成就感空前增强，拥有前所未有的自信心。中国作为一个负责任的全球大国正崛起于世界的政治和历史舞台，当今世界各种问题的解决，大多要倾听中国的声音。这是一个伟大的时代，是一个狂飙突进的时代。在这个沸腾的时代，开拓的勇气、进取的精神、创新的动力、宽广的胸怀、包容的气度，促进了中国的发展。这种精神气质、包容博大的情怀，对于新闻传播院系的文化是再好不过的滋养。进入21世纪以来，一个令人鼓舞的现象就是中国大学在全球大学排行榜上的地位逐步提升，在世界大学百强、五百强中，中国大学的名字不断增加。这种上升的态势，自然会在一定程度上影响到新闻传播院系的文化建设。

### 四 物质环境的影响

狭义的文化是指一个社会的精神生产能力和精神产品，包括一切社会意识形式，有时又专指教育、科学、文学、艺术、卫生、体育等方面的知识与设施。很显然，狭义的文化是与物质条件相对应的，一定的精神文化总是建立在相应的物质基础之上。大学文化或校园文化、院系文化也属于狭义文化的范畴，当然也会受到物质条件的制约。院系文化建设，千头万绪，也需要经费投入，需要购置设备，需要物质空间，需要人力资源。缺乏起码的物质条件，幻想建设先进的、丰富多彩的、充满活力的院系文化，事实上是不可能的。环顾当下中国的新闻传播教育，800多所大学设有新闻传播院系，分布在东西南北、发达地区落后地区、沿海富裕地区内陆贫困地区，不同地区的新闻传播院系拥有的办学条件、能够支配的教育资源和人力资源存在天壤之别。在这种现实环境下，内陆经济落后地区新闻传播院系的办学水平很难达到沿海开放地区的水准，如果一定要期待这些地区的新闻传播院系在院系文化上实现超常规的发展，与沿海发达地区比肩，自然是不现实的。笔者曾经在武汉大学、华中科技大学两所"985"大学新闻与（信息）传播学院工作，武汉地区居天下之中，是西部落后地区与东部发达地区的连接地带，既不穷也不富，笔者常常感叹比上不足比下有余，正是因为物质资源的匮乏，在学院建设事业发展方面，经常有捉襟见肘之感。

## 第四节 几种有代表性的院系文化

由于中国的特殊国情，新闻传播教育在高等教育系统占有特别重要的地位。几乎所有的重点大学都办有新闻传播教育专业。在这些大学，新闻传播院系是一道亮丽的风景。依托所在大学的物质条件与文化氛围，沐浴着地域文化的风雨，不同大学的新闻传播院系建立和发展了各具特色的院系文化。根据笔者对教育和文化的理解，将国内各大学新闻传播院系的院系文化分为如下五种基本类型。

## 一 树大根深、枝繁叶茂型

中国人民大学新闻学院可以说是这一院系文化类型的代表。中国人民大学新闻传播教育虽然正式开始于 1955 年，但是从新闻传播教育史的角度看，中国人民大学的新闻传播教育也是源远流长的。燕京大学新闻系作为中国人民大学新闻传播教育的源头之一，其创办的时间（1924）比复旦大学还要早。悠久的历史传统形成了中国人民大学新闻学院的文化精神——"正道明德，大气养成；种树培根，史论立基；关怀现实，成就生态"①。中国人民大学的新闻传播教育，在新中国的历史上打下了深深的烙印。中国人第一次登上珠穆朗玛峰的报道、关于"实践是检验真理的唯一标准"的讨论、"东方风来满眼春"对邓小平"南方谈话"的报道，都是出自中国人民大学学生的手笔。中国人民大学新闻传播教育与中国的改革开放、中华民族的崛起紧密联系在一起，写下了浓墨重彩的一页。如今的中国人民大学新闻学院新闻学科，已是两个国家级一流学科之一，是中国新闻传播教育界难以撼动的学术重镇和高级新闻传播人才培养中心。不仅如此，对于推动新中国新闻传播教育的发展，中国人民大学新闻学院也扮演了重要的角色。国内许多重要大学新闻传播院系的院长（主任）、教授都出于此。尤其是改革开放以来几十年间，中国人民大学新闻学院在学术研究和高级人才培养方面成就斐然。还有一系列共建计划，将中国人民大学新闻学院与内陆欠发达地区的新闻传播院系紧密地联系起来。中国人民大学新闻学院犹如一棵大树，深深地扎根于中国大地，枝繁叶茂，为中国新闻传播教育界提供了一片绿荫，人们在这里充电、交流、憩息，养足精神，再重新出发，又是动力十足。中国人民大学新闻学院就像是家之长子，对于一众弟妹关怀提携，带动了新闻传播教育的整体发展。中国人民大学新闻学院的这种雄浑大气、家国情怀、责任意识，在中国众多新闻传播院系中独树一帜，令人敬仰。

中国传媒大学也应该属于这一类型，不过中国传媒大学作为一所完整的大学，放在与二级院系平行的位置讨论似有不妥。但其作为一所以传媒为中心发展起来的综合性大学，真可谓树大根深、枝繁叶茂。其历史虽不及复旦

---

① 在 2020 年 7 月 10 日中国人民大学新闻学院举行的"双一流"建设计划第 27 期深研会上，中国人民大学新闻学院执行院长胡百精教授将中国人民大学新闻学院的文化精神归结为"正道明德，大气养成；种树培根，史论立基；关怀现实，成就生态"。

大学、中国人民大学，但是在办学规模、学科专业齐全、人力资源充沛及业界影响渗透方面却有过之而无不及。中国传媒大学下设的新闻学院、电视学院、广告学院，都是中国新闻传播教育界的翘楚，其办学水准堪称一流。在第四轮全国一级学科评估中，中国传媒大学的新闻传播学科（综合新闻学院、电视学院、广告学院等教学研究机构）与中国人民大学新闻传播学科并列 A＋。在"双一流"建设大潮中，中国传媒大学的新闻传播学科也与中国人民大学新闻传播学科一起携手进入国家一流学科建设行列。中国传媒大学的新闻学院、电视学院、广告学院各有擅长，但在人文情怀、服务精神和责任意识上是一致的，他们扎根中国，深耕新闻传播教育，理论联系实际，服务广播电视业界，对中国的新闻传播教育、广播电视及网络新媒体行业的发展做出了重大的贡献。

## 二　雍容大度、从容不迫型

在中国新闻传播教育界，这种类型的院系文化，以复旦大学、北京大学的新闻传播学院为典型。此类新闻传播院系，大多数出自国内外名牌大学，具有悠久的办学历史，人才济济，声名远播，在教育界有很高的知名度、美誉度，有较大的号召力。如复旦大学，属于海派大学校园文化的代表，其新闻传播教育源远流长。著名教育家、复旦大学校长、共产党宣言中文翻译者陈望道曾任复旦大学新闻系主任，并为它确立了"宣扬真理，改革社会"的指导思想，把"好学力行"作为系铭。九十年的办学历史，为中国培养了一大批杰出的新闻传播人才和新闻传播院系的优秀师资。如今中国东南半壁新闻传播院系的主要负责人多是复旦大学新闻学院毕业生。北京大学的名气更大，在全球大学排行榜中，也能进入前五十甚至前二十。其建制性的新闻传播教育虽然开始得较晚，但是著名的"北京大学新闻学研究会"在中国新闻传播教育历史上写下了灿烂的篇章，毛泽东就是在这里得到系统的新闻传播教育，而后才回到长沙创办《湘江评论》的。这些大学本身就是中国大学中的贵族，拥有杰出的品牌和丰富的教育资源，素为学界所重，在高等教育界处于领袖地位。在这里生长起来的新闻传播院系，承接着学校的荣光，加上自身的努力，在新闻传播教育界拥有相当分量的话语权。因为拥有强势品牌，资源丰富，所以在吸引人才方面有得天独厚的优势。在当下激烈的你追我赶的教育竞争中，这些新闻传播院系不像一般院系那样汲汲于名利，对数据、指标甚至排名都不是特别在意，颇有大家风范或者说是贵族气质。数据提升或降低，排名上升或下降，并不对其造成影响，其仍是一如既往，按照原来的节奏有条不紊地运作。

## 三 锐意进取、大开大合型

锐意进取、大开大合型院系文化的主体，往往是历史不那么悠久、积淀不那么丰厚、资源不那么充沛的新办院系。其所在的大学有一定的知名度、一定的地位，但是比起传统名牌大学还有相当的差距。如果甘于平庸，随学界大溜就可以了；若要追求卓越，就必须另辟蹊径，锐意进取，大破大立。华中科技大学、中山大学的新闻传播学院堪称这一模式的典范。1983年，华中工学院（华中科技大学的前身）初创时，学校没有人文社会科学的基础支持，与同时建系的武汉大学、厦门大学、兰州大学、吉林大学完全不同。所以在思考华中工学院新闻传播人才培养方案时，其首届系主任汪新源认为不能"和人大、复旦、武大办的一样"①。华中工学院新闻系另辟蹊径，为本科生开出了高等数学、自然科学概论、计算机算法语言三门必修课，选修课有科学学与科学哲学……这一培养计划打破了国内新闻传播教育的原有模式，在教育界和社会上产生了很大的影响。学院的领导和教师，都认识到自己的地位和追赶者的角色，所以在建设学院文化时，特别重视发展理念和精神状态的调整，"敢于竞争，善于转化"成为华中科技大学新闻与信息传播学院的核心理念。这种理念渗透到学院的价值取向和目标中，成了华中科技大学新闻与信息传播学院开拓进取的动力。原校长朱九思说："通过竞争，就肯定会有转化。转化有两种：一种是从弱转化到强，从小转化到大，从非重点转化成重点；一种是相反。"作为领导，"要下决心干，敢于竞争，善于向好的方面转化"②。华中科技大学新闻与信息传播学院三十多年的历史，就是一段不断进取、敢于竞争、不断转化的历史。

属于同一类型的还有中山大学传播与设计学院。中山大学的新闻传播教育创办的历史更短，同时其人文社会科学院系在学校的地位远远不及自然科学院系。学校不保证弱势学科专业长生不死，而是见花浇水，优胜劣汰。在这样的大学办新闻传播教育，只有大踏步前进，破釜沉舟，才能觅得生机，

① 申凡主编《华中科技大学新闻传播教育史稿》，华中科技大学出版社，2013，第32~33页。
② 朱九思：《竞争与转化》，华中科技大学出版社，2001，第245页。

否则只有死路一条。可以说，中山大学的传播与设计学院面临比华中科技大学更大的压力。如果把这种压力转化成动力，学院就能够向死而生。中山大学传播与设计学院的历任领导深知其中奥妙，锐意进取，大胆开拓，终于在很短的时间内解决了生存和发展的问题。和华中科技大学新闻与信息传播学院一样，其瞄准中国新闻传播教育界第一梯队，奋力追赶，成就斐然。在第四轮全国一级学科评估中，华中科技大学新闻传播学科进入 A 档，与复旦大学齐名；中山大学新闻传播学科也顺利进入 B 档。这种追赶者角色，竞争力十足，令人印象深刻。

## 四　开放办学、独领风骚型

　　开放办学、独领风骚型院系文化，多出现在国际化程度比较高、教学资源丰富的名牌大学。其中最具典型意义的有清华大学、上海交通大学、厦门大学。其新闻传播学院有很高的办学起点，立足于学校的优势资源，尤其是开放性的国际化环境，在中外合作办学，拓展学术交流，引进一流国际化学术人才及与国际常规接轨方面，先声夺人，独领风骚。比如清华大学就有开阔的国际视野，思想解放，不循陈规，敢于另辟蹊径，开辟学术新领域。他们大力创新人才培养模式，推进中外合作办学，在全球范围内发掘教学资源，以世界顶尖的标准，合作培养高级专业人才，同时面向世界，海纳百川，适应国外传媒的需要，为其培养、输送通晓中国国情的新闻传播专业人才。清华大学与国外知名大学联合开办的双硕士项目，为第三世界国家开办的新闻传播人才培训班，与国内外新闻传播业界顶尖公司的业务合作，"大篷车"课堂走向丝绸之路沿线国家等，开创了中国新闻传播教育的新境界。上海交通大学媒体与传播学院在国际化方面也不落人后，尤其是其引进人才使用国际化标准，教师学术成果的国际发表远高于国内同行，高水平的国际学术会议接连不断，这种融通中外的办学格局，令国内新闻传播教育界耳目一新。厦门大学新闻传播学院的学院文化也属于这一类型，它是国内新闻传播院系中第一个在院系名称中使用"传播"一词的学院，体现了厦大新闻传播人"敢为天下先"的开拓精神。1993 年，在传播学学者余也鲁教授的倡议和支持下，厦门大学成立传播研究所。研究所设立的目的，主要是协调海峡两岸暨香港、澳门开展华夏传播研究。虽然厦门大学的物质条件不如清华大学、上海交通大学，但是其在吸纳全球资源服务于人才培养方面也做出了巨大的努力。2020 年夏天，厦门大学为研究生第三学期开设的计算传播研究、话语分裂与情绪聚合、健康传播、数字媒体与营销传播、网络社会研究、形象传播与全球议题、影像传播研究、算法与平台媒体研究专题等八门课程，主讲教师全部来自校外，包括芝加哥大学、加州大学、中佛罗里达大学、伊利诺伊大学、汕头大学、华中科技大学、中国传媒大学、浙江大学。这种开放办学的气魄，对中国新闻传播教育界的影响将会逐步释放开来。

## 五　艰苦奋斗、深耕地方型

中国的高等教育正如中国的经济发展，存在明显的地方差异。沿海开放地区与东北、西北内陆地区，大都会与中小城市，在教育发展、经济水平方面存在相当的距离。特别是高等教育，西北地区、东北地区的高等院校，在物质环境、师资力量、资金投入、人才需求等方面，与北京、上海及东南沿海地区的大学存在巨大的差距。在经济落后的欠发达地区办教育，遇到的困难是发达地区的高校难以想象的。比如干旱苍凉的甘肃兰州地区，其周边的自然地理环境，与沿海城市和南国水乡完全不能同日而语。加上城市基础设施薄弱、学校财力不足、国家拨款有限，不仅难以维持一流的师资，而且对学生的吸引力也大大下降，其本科生、研究生生源远远不及沿海同类高校。所以在这里从事高等教育，是要有高度的责任心，需要一定的牺牲精神的。兰州大学新闻与传播学院就是在这样的环境下创立并发展起来的，艰苦的环境需要有坚忍不拔的意志和艰苦奋斗的精神。兰州大学新闻与传播学院和国内其他大学的新闻传播院系鲜明的不同，就是以这种意志和精神为核心的学院文化。兰州大学新闻与传播学院以其资深前任领导人刘树田教授来命名这种精神为"树田精神"。在这片新闻传播教育的园地，他们守望着这方蓝天，深耕新闻传播学术，真诚地服务地方，以贡献求发展，这种学院文化，在化成育人方面的功能特别显著，这也是兰州大学新闻与传播学院的学子们广受欢迎的原因。

与兰州大学新闻与传播学院相似的还有河北大学新闻传播学院。这所大学靠近首都，却不在省会，物质条件上与首都的巨大差距加剧了其办学的难度。在这里我们也看到了奋斗精神和坚忍的意志。河北大学新闻传播学院就在这贫瘠的土地上，辛勤地耕耘，认真地夯实学科发展的基础，真诚地服务河北的经济文化发展，终于收获了学科建设的成果。在激烈的学科竞争中，河北大学新闻传播学院取得了一级学科博士学位授予权，这可以说是一个奇迹。创造这个奇迹的力量，正源于河北大学新闻传播学院独特的文化精神。

当代中国经济文化发展的地方差异，是一个客观的存在，这种差异还会持续下去。发达地区、富裕地区只是中国国土的一部分，大多数省区还处于欠发达的状态。这些地方的新闻传播教育发展，不能寄希望于等靠要，而是要立足于自己的努力和奋斗。在这个意义上，艰苦奋斗、深耕地方型的新闻传播院系文化，还会继续展示其旺盛的生命力，在中国新闻传播教育发展进程中，还将发挥积极的建设性作用。

## 第五节　建设院系文化的路径

如前所述，文化的主要功能是教化。院系文化及其所营造的氛围，是专业人才的培养基。所以，在大学教育阶段，仅有社会主流文化、校园文化是不够的，院系文化也是人才养成不可缺少的精神环境。我们不能满足于物质投入的增加，物质上的丰富不能解决精神上的贫困。事实上我们目前面临的正是院系文化建设方面的短板。人们看到的是有学校文化，没有院系文化；有校史无院（系）史；有校歌、校训、校徽，院系层面几乎完全没有这些表征院系精神的载体。在这个背景下，学生只知有校系，不知有院系；只知有学科，不知有专业。对专业的认同感、对院系的归属感日渐稀薄，因此当务之急是加强院系的文化建设。

### 一　弘扬历史传统

每个院系都有自己的由来，从无到有，由弱到强。在这个历史进程中，总有一些院长（主任）的奋斗业绩令人自豪，总有一些知名学者的学术成就令人骄傲，总有一些成功的学长令人钦佩。这本身就是一种激励学生前行的精神力量，一种强化归属感、认同感的催化剂。可以想象，中国人民大学新闻学院的学生每当听到或看到安岗主任、何梓华院长治院的理念，或者回味甘惜分教授、方汉奇教授、郑兴东教授的风采，或者在书本上读到自己的学长胡福明、陈锡添的光辉事迹时，他们会有什么样的感受；可以想象，复旦大学新闻学院的学生们每当听到陈望道、谢六逸、王中的名字时，或者在梳理学术历史的过程中，看到学院的老师或学长留下的痕迹时，他们的心情该是怎样。当然，并不是所有的新闻传播院系都像中国人民大学、复旦大学新闻学院那样有如此悠久的历史和传统，但是即便年轻的新闻传播院系，哪怕刚刚草创，其筚路蓝缕，以启山林的经历，也足以鼓励学生们发愤图强。前辈们克服困难、驰骋职场的英姿，会引领后学者继续前行，鼓励他们加倍努力，在学业、道德、人格、体魄诸方面做好准备，以迎接时代的挑战。华中科技大学新闻传播教育创立于1983年，在30周年院庆时，学院请专家编撰了一本《华中科技大学新闻传播教育史稿》，洋洋50万字，在学生和校友中深受好评，教育界同行也给予高度的评价。因为从这本书中，学生和校友看到了学院秉持初心一路走来的身影姿态、路线轨迹，一种自豪感、光荣感油然而生。

## 二 丰富精神文化

狭义的文化，主要是指人类在改造自然的社会实践中所取得的精神成果。院系的精神文化，是在院系的空间平台上形成的具有专业特色的价值、理念、信仰和梦想。在这点上，院（系）训、院（系）歌、院（系）徽的作用最为直接。一些有名的新闻传播院系，在学校校训的基础上，结合学科专业特色，制定了院（系）训。院（系）训犹如座右铭，将院系的宗旨、信条、理想融入其中，在反复吟诵之中，自然地嵌入学生灵魂的深处。如华中科技大学的校训是"明德厚学，求是创新"。在此基础上，华中科技大学新闻与信息传播学院制订了院训"秉中持正，求新博闻"，不仅彰显了学科与专业的特色，而且与校训一脉相承，彼此烘托。这八个字经中国记协原主席、北京大学新闻与传播学院原院长邵华泽题写，其雄浑深厚的字体完全吻合院训的意涵。学院不仅将其篆刻于院徽之上，还在学院大楼旁竖立了一个高达7.5米的院名石碑，"秉中持正，求新博闻"在石碑上熠熠生辉，成为学校的一道景观。这个院训还被植入院歌之中。其歌词曰："喻家山下，醉晚亭旁。新闻学院声名扬。我们怀着青春热血，梦想从这里起航。铁肩担道义，妙手著文章。追求真相无止境，我们一直在路上。秉中持正，公信昭示社会；求新博闻，实践引领天下。新闻学子，来自四方，齐聚共筑梦的家。春风化雨，满园芬芳，绽放传媒人的花。"笔者多次参加华中科技大学新闻与信息传播学院的开学典礼，学生们佩戴着院徽入场，有一个环节是朗诵院训释义，场面令人震撼。当师生一起合唱院歌时，可以看到不少学生泪流满面，激动不已。这实际上是一场灵魂的洗礼。经此过程，学生对专业的认同感、对学院的归属感会大大强化。事实就是如此，在影响学生的诸多因素中，仪式、感性有时比理性更有力量。

### 三 引领学习风尚

学生进入大学主要的任务是读书，在读书的过程中，在思考的基础上接受新知。当前高校最大的问题，是学生被外界的喧闹吸引，难以静下心来。尤其是新闻传播类专业的学生，担心落后于传媒转型，同时期待着带薪的专业实践，还有各种校园社团活动，能够用于读书的时间少之又少。新闻传播院系应该考虑建立一种机制，引领学生读书，回归学术经典，与圣贤对话。可以通过编制阅读书目，通过班规系规院规和学分制度，塑造引领班风系风院风。清华大学、中国人民大学在这个方面做得不错。中国人民大学陈力丹教授推荐的大学生必读书目、清华大学李彬教授发布的书目清单，在大学生中影响很大，深受欢迎。学生们在读书的过程中思考，在思考中理解，在理解中接受，而不是盲从。长此以往，学生们自然会变得深刻。读书活动应该不限于有字之书，还应该拓展阅读的范围，同时读好无字之书。古人云，读万卷书，行万里路。当在书斋里读有字之书达到一定阶段时，就可以走出校门，带着问题，去阅读国家、社会这本无字之书。这种无字之书博大精深、浩渺无际，值得我们去深究。如果能够将有字之书与无字之书结合起来，相互参详，就能够触类旁通，相得益彰。读书是学生的本分，读书应该是学校尤其是大学最亮丽的风景。当读书、学习、思考成为院系的时尚，这个院系及其院系文化才可以说臻于化境，这才是真正的人才摇篮。

### 四 提升行为文明

青年学生是国家的未来，尤其是大学生，一经毕业就可以直接进入职场，扮演建设者的角色，是国家、社会未来的支柱。事实上，当学生进入大学时，他们基本上都成年了，开始独立地享有公民权，对自己的行为承担法律责任。在大学期间，除了正常课程学习之外，还有众多的课外活动、社团活动、专业实习和社会实践活动。通过这些活动，与社会、与公众、与同学、与行业维持正常的互动交流。这些活动本身一方面是学生验证、活用课程知识的重要途径，另一方面也是学生正式进入社会之前，以公民身份预先扮演社会角色，履行社会责任的重要平台。各种学生社团干部的选举、学生对公共活动的参与、学生的专业实习和以认识了解国情为目的的社会实践，都会在一定程度上体现学生的行为文明及其程度。学生在参与这些活动时，要注意权利与义务的平衡，不可能只有权利没有义务，反之也是如此。同时也要理解自由与责任的协调。不少学生对裴多菲的诗句念念不忘："生命诚可贵，爱情价更高。若为自由故，两者皆可抛。"但是理性地思考后，谁都理解天下没有绝对的不受限制的自由，即便是在自由资本主义时期，自由都是伴随着一定的道德责任的。自由只是法律范围内的自由。任何社会都会在自由与秩序之间确定一个显而易见的平衡点。新闻传播院系对学生的学习、实践和社会活动也应该明确行为的边界，一方面要鼓励学生大胆创新，激发他们思维的张力；另一方面也要提醒学生不要忘记自己的责任和底线，一切行为都应该符合文明的常规，既有开拓创新的勇敢，又有文质彬彬的优雅。这是社会对大学生的期待，也是院系文化在人才培养中重要的着力点。

院系文化建设是一个系统工程，涉及许多要素、众多节点，要做好这件事情，必须在战略的高度做好顶层设计，统筹安排。虽然院系文化主要属于精神意识的范畴，在今天这个功利的时代，不大容易引起人们的关注，但是由其决定的精神氛围、学习风气，在人才培养方面影响深远，所以新闻传播院系的领导们必须高度重视，切实地把院系文化这篇文章做好。

# 第九章　学科建设

随着以计算机和网络为代表的信息技术的迅猛发展，人类已经进入个人电脑为操作工具、互联网为运行平台、数字化为技术特征的信息化时代。[①]信息时代不仅改变了人们认识世界的方式，同时也影响着人们改造世界的途径。更多的信息容量、更低的运输成本、更宽广的传播空间都提醒着人们在面对越来越猛的信息浪潮时，如何把控手中的媒介、把握信息的闸口才是关键。技术的革新不断渗透和辐射到社会的其他领域，并引起了新一轮的变革。1993年9月，美国正式提出建设"国家信息基础设施"计划，在计划中尤其把IT在教育中的应用作为实施面向21世纪教育改革的重要途径。[②]在信息和传播技术逐渐走向成熟的背景下，与其息息相关的新闻传播学科也面临巨大的发展挑战，同样也需要面对学科建设理念的变革。

## 第一节　当前学科建设的时代背景

如今，新闻传播学科的发展面临全新的时代环境。要把握当今环境的变化，下面四个观测点是不能忽视的。

### 一　数字化、网络化与多媒化

如果说工业时代是解放了人的双手，将生产程序机械化，那么信息时代则是凭借计算机网络高速处理和传输信息进一步解放了人类的大脑，给予人类更多的自由和更强的主体性。数字化、网络化以及多媒化是信息时代最为

---

[①] 杨永林：《面向全球化、信息化、数字化时代的英语教学——基于"体验英语写作"训练系统建设的研究》，《外语与外语教学》2008年第5期。

[②] 南国农主编《信息化教育概论》（第2版），高等教育出版社，2011，第18、2页。

突出的三个特征。生活中实体事物的信息被编码为数字在计算机中运行、传输、储存，统一的标准使得复杂的事物被简化并易于传播。在信息时代，被数字化的有用信息将成为重要的智力资本。智力资本作为独特的生产要素取代了人力资本，信息和知识成为资源和财富的主要表现形式。[①] 一个人拥有越多的知识信息，在网络社会中就越富有。搜集、处理和传递信息不再只是传媒人的专属技能，其他人也都在努力地追求这种能力。

因特网和数字卫星系统，再加上数字移动通信系统在世界上编织了层层网络，使得一个个的数字化网络系统能够互相联通。网络化变革实现了巨大资源的共享和多向互动，时空的概念被淡化，不受"异步"阻碍的人们能够更加自由地交流信息。网络实现了虚拟世界的四通八达。当社会各领域全面深入地运用现代化信息技术来促进社会改革和社会发展时，其结果必然是形成一种新的社会形态——信息化社会。[②] 不论是过去还是现在，新闻传播学科都与"信息"紧密相关，技术的变革带来技能的更新换代，不断激增的信息意味着新闻传播学科面临严峻的挑战。

数字化、网络化是多媒化的基础，过去的口语、文字、印刷、广播电视等所承载的内容和形式被数字化，进而在互联网上为不同的终端所呈现。网络将以往的媒介统一标准化，媒介之间的边界变得模糊。随着越来越多的信息需要快速、清晰地被传递开来，媒介间开始相互渗透、彼此融合。美国马萨诸塞州理工大学普尔教授最早于 1983 年在《自由的科技》中提出了"传播形态融合"，即"媒介融合"，本意指各种媒介呈现出多功能一体化的趋势。[③] 也就是说媒介融合的本质在于协作。信息时代需要多媒化，需要媒介间的协作与融合，同时这也给新闻传播教育提出了新的要求。相比以往传媒人单打独斗的生产方式，未来的新闻传播需要的是团队合作。过去，传媒人才专业能力相对比较单一，工作岗位也比较固定，现在则需要将各种技能集于一身，能够在传媒行业实现全流程自由流动。很显然，这对新闻传播教育界提出了不少难题。

## 二　教育全球化趋势

全球化与世界劳动力市场的发展是同步的，全球化直接影响了世界劳动

---

[①] 南国农主编《信息化教育概论》（第 2 版），高等教育出版社，2011，第 18、2 页。

[②] 张屹、祝智庭：《信息时代全球化教育的知识结构》，《全球教育展望》2001 年第 11 期。

[③] 孟建、赵元珂：《媒介融合：粘聚并造就新型的媒介化社会》，《国际新闻界》2006 年第 7 期。

力市场体系，而世界劳动力市场体系分工越严密，全球化程度就越高。① 作为劳动力供给源的高等教育，不可避免地受到了经济全球化直接或间接的影响。产业分工的细化以及产业全球化的需要使得高等教育在培育人才的同时不得不借助于外界更广泛的资源。当人们已经可以自主浏览世界各地的信息时，对新闻工作者来说，这挑战的是他们是否有全球性眼光和国际化思维。经济、文化、理念的全球化迫使各国打开其教育市场，让教育资源在全球市场上流通。随着全球化程度的加深，我国的高等教育越来越离不开国际市场，也离不开与国际高等教育之间的合作。

现代信息科学技术的迅速发展为高等教育的全球化创设了条件。以电脑、电视和卫星为主体的现代化信息网络，已经把世界联结为一个整体，形成了全球性的信息一体化趋势②，信息的同步打破了地域之间的界限和时间的阻隔，正如麦克卢汉的"地球村"理论所描绘的一样，传播速度的提升让人们拥有在第一时间得知消息并交流的可能，时空被压缩，人们生活在一个共同塑造的全球社会中。这个不大的全球社会促进了不同国家和地区的人们沟通交流，慢慢消除了人们之间观念、文化上的界限和矛盾。国际交往既为教育的国际化提供了广阔的发展前景，同时也需要教育观念和方法的全球化作为后盾基础，培养出有国际意识和国际竞争能力的人才。

教育市场的打开不仅意味着教育理念的转变，同时教学方式和内容也需要与国际接轨。在知识经济时代，知识由分科化知识向综合化知识转变，个性理性知识逐渐向社会的理性和非理性知识转变。③ 通识教育与精英教育缺一不可，单靠一国的教育资源不仅容易使专业视野狭小，而且不利于各学科间的交叉融合。开放教学，将本国的资源展示出去，同时也能借鉴国际市场上的资源，促进知识的交流与更新。与国际接轨，让自己的老师、学生走出去，接受国际化培养；与国外的教育机构合作，将优秀的师资、留学生引进来。中国教育国际交流协会《2016 中国高等教育国际化发展状况调查报告》显示，85.32% 的高校制定了完善的与国际化发展相关的规章制度，加大国

---

① 毛亚庆、吴合文：《多维视角下的高等教育全球化》，《清华大学教育研究》2012 年第 2 期。

② 杨德广、王勤：《从经济全球化到教育国际化的思考》，《河北大学学报》（哲学社会科学版）2000 年第 4 期。

③ 韩炼：《面向全球化的中国新闻教育改革》，《现代传播（中国传媒大学学报）》2004 年第 2 期。

外人才引进力度的同时也鼓励本土教师、博士生等出国交流。[①] 截至 2017 年
2 月，华中科技大学在校境外学生有约 3600 人，其中外国留学生有 3300 余
人，港澳台学生 200 余人。其中，外国留学生来自世界五大洲 130 多个国家。

随着世界高等教育改革的深化，新闻传播学科积极广泛地参与到国际教
育交流与合作中，交流形式也变得丰富多样。除了举办国际型学术研讨会
外，还互相派遣访问学者，促进课程内容的国际化和双语教学，有利于不断
跟踪国际学术发展前沿与世界接轨。[②] 此外，引进国外智力资源甚至接受国
外大学在我国设立分校等也能够更好地将学科教育国际化，做到资源共享、
理念互通。

## 三　对教育的投入大幅增长

教育是国家经济和科技发展的重要基石，教育事业的发展将为国家储存
更多的优秀人才，这关系到国家的前途与命运。同时，也只有国家稳定、国
力强盛，才能让一个国家的教育事业真正发展起来。改革开放以来，我国先
是将教育确定为经济发展的战略重点，随后提出科教兴国战略并不断推进实
施，再到近年来党的十八大提出并确立建设人才强国和人力资源强国的目
标，国家逐渐意识到 21 世纪不仅要造就能够运用技术的劳动者，更需要培
养的是具有国际竞争力的高端人才，而人才的培养与教育事业的发展密不可
分。教育发展与人力资源开发是一个国家国民素质竞争力特别是科技竞争力
的重要前提，是形成国际核心竞争力的关键所在。[③] 近几年我国不仅在科学
技术的研发和应用上加大人才投入，使得国家的硬实力位列世界前茅，而且
在国家的软实力方面也逐步重视起来，国家形象的塑造和对外传播需要更多
的新闻传播人才，国家对新闻传播教育也有了更多的要求与关注。

随着经济的发展，我国在教育经费上的投入也逐年增加。国际上通常用
一个国家"公共教育经费占国民生产总值（GNP）的比例"或"公共教育经

---

① 中国教育国际交流协会：《2016 中国高等教育国际化发展状况调查报告》，2016，第
55 页。
② 韩炼：《面向全球化的中国新闻教育改革》，《现代传播（中国传媒大学学报）》2004 年第
2 期。
③ 胡鞍钢、孙文正、熊义志、王德文、李延成：《大国兴衰与人力资源开发》，《教育发展研
究》2003 年第 4 期。

费占国内生产总值（GDP）的比例"作为衡量该国将财政资金投入教育的指标。[1] 在 2008 年以前，我国教育支出占 GDP 的比重一直在 3% 以下，相比国外发达国家该比例还是较低，直到 2010 年比重上升至 3.13%，之后持续上升，到 2012 年我国教育经费支出占 GDP 的比例首次突破 4%，达到了国际标准。经费的投入最直接地体现于物质条件的改善上，教学工具升级、教学环境优化更有助于学生理解和吸收知识，研究设备更新、大型实验室的建设能够让我国的科学技术手段紧跟世界前沿。此外，国家也将重点放在人才身上，各种政策的引导，各种辅助、补助计划的设立，都是为了更多地吸引优秀人才、留住优秀人才。此后，国家根据人才培养成长的规律，将青年学者视作主力军，大力培养具有潜力的优秀青年，为今后中国科技和经济的腾飞式发展埋下种子。越来越优渥的计划和政策都体现了国家对宝贵人才的珍惜、重视以及大力发展教育事业的决心。这些政策一方面鼓励青年学生继续深造投身科研事业，另一方面也能不断扩充优秀师资队伍、提升师资水平，更有利于人才的挖掘与培养。

## 四 "双一流"建设

高等学校学科建设的发展历程往往直接反映国家政治、经济、社会和科技发展的总体状况和趋势，成为国家战略决策的重心所在。[2] 自改革开放以来，我国一直在探索高等教育的改革与发展，逐步形成根据国家经济建设和社会发展的实际情况和需求，科学地、有计划地配置教育资源。1985～1993 年是高等学校学科建设的起步阶段，国家高校教育建设重点由宏观的全面建设转向微观具体的重点学科建设，由以前的重点高校建设转向重点高校建设和重点学科建设并重。1993～1998 年是高等学校学科建设的发展阶段，随着高校体制的改革，多所学校进行合并，这不仅促进了学科之间的交叉和融合，更创新了学科布局，推进了高校中的学科发展与建设。1995 年 11 月，"211 工程"启动，这一工程加剧了高校之间的竞争，增强了学校的学科建设意识。随后 1999 年国务院又启动了"985 工程"，高等学校的学科建设迈入提高阶段，科技创新创造能力被视为重要发展点，战略发展目标也从国内转

---

① 喻恺：《我国财政对教育的投入能力分析》，《教育研究》2009 年第 4 期。
② 张晓玲、李庆丰、王晶：《改革开放以来高等学校学科建设的发展阶段及其特点分析》，《学位与研究生教育》2009 年第 7 期。

向全球。国家高度重视学科建设，鼓励加强国际交流与合作，力求创建世界一流大学和一流学科。

进入 21 世纪，国家对高等学校教育及学科建设的关注始终不减，改革和政策导向使得重点高校间的竞争愈加激烈，同时也加速了学科建设的良好发展。继"211 工程"和"985 工程"两项重点工程之后，2012 年教育部启动了第三个重大国家工程"2011 计划"，旨在进一步提高各高校的创新能力。2013 年有 14 个协同创新中心获得认定，2015 年国务院正式取消了对 2011 计划协同创新中心的认定。随后，2016 年教育部启动了世界一流大学、一流学科建设工程，简称"双一流"建设工程，该工程打破了"211 工程"和"985 工程"给高校带来的"身份固化"，让更多有潜力成为一流大学或者拥有部分一流学科的大学能够获得国家和地方政府的支持。但同时由于"双一流"建设工程分类别、分层次，在评估高校时有国家级和省级的差别，省级、国家级重点学科的有无，关系到学科地位的高低以及经费投入的多少，因而加剧了高校之间的竞争。一方面，拥有一定实力的重点高校在建设"双一流"时会积极吸纳更多的优秀人才，努力建设世界级一流大学；另一方面，拥有特色重点学科的高校将更加重视重点学科的建设，以学科竞争力提高学校竞争力。在经济全球化、高等教育国际化的当下，我国的高等教育建设更要将目光放向全球，力求达到国家级、世界级的标准。

# 第二节　学科建设及学科评估

## 一　学科与学科建设及评估

"学科"是知识发展并分化到一定阶段时产生的一个概念。在古希腊时期并没有像现在如此多类别的学科，所有的知识被统称为"哲学"，直到文艺复兴时期自然科学才从"哲学"这个大门类中分离出来。随着知识的不断发展和扩充，产生了系统化、专门化的学科。根据国家标准（GB/T13745 - 2009）学科分类的表述，学科（discipline）是一个相对独立的知识体系。[①]人类在活动中产生经验，通过经验的积累、归纳、抽象和创造形成知识，根

---

① 高久群、郑华、余全红：《交叉学科设置和研究生培养的实践与思考——以中山大学为例》，《高教论坛》2015 年第 2 期。

据共性特征而划分的知识体系成为学科。可以说,知识分化是学科产生的前提。"学科"(discipline)一词源自希腊文中的"didasko"(教)和拉丁文中的"disco"(学)。① 国外的一些著名辞书都将学科与教学、学习和规训等联系在一起,可见学科不仅承担着教育与学习、知识的深化研究,也带有一定的管理和制度层面的性质。在高校中,学科建设牵涉到方方面面,不仅有学科自身的学术水平建设,同时也涉及师资队伍、教育制度、资源配置和教育管理系统诸多方面。因而在各高校的学院中,学科建设的管理往往是"一把手"的责任,其关系到学院的整体基调,是一项综合性、持续性、系统性的基础建设工作。学科建设的基本要素总结起来可分为四点:学术队伍、学术平台、科学研究和人才培养。学术队伍建设涉及师资的数量和研究能力,由学科内顶尖人才带领的研究队伍能够促进学科的发展。此外,近年来引进业界的有经验人士作为兼职教授等,对学科发展中的社会行业知识进行了补充,也是另一种壮大学术队伍的途径和手段。科学研究和人才培养涉及师生间的教与学,教师既要搞好学术研究,也要把课上好,培养更多的专业人才。老师的科研成果和学生的专业能力是建设学科的重要因素。学术平台指的是学科活动的环境与条件。一个好的学术平台能够给予学科充足的发展和展示的空间,容纳以及吸引更多优秀的资源和人才,除了学术杂志外,一些基地、重大课题和重点项目的建设也能成为学科建设的平台。

建设起来的学科需要经过一系列评估。学科评估是对某高校某一学科的科学研究、人才培养活动所要达到的目的、价值或效果、效率进行的综合评价,是学科建设与管理的重要组成部分。其中的核心指标是师资力量,一个学科队伍应当配备学历较高、年龄结构均衡的师资梯队,以严格的标准要求师资的知识结构和科研能力,并不断提升师资队伍的水平、凝聚高水平师资的力量,以此确保学科稳定、持续的发展能力和核心竞争力。论文、著作、获奖以及学术声誉等是学科评估的关键指标,权威期刊文章和代表性著作发表、出版数量和质量都反映了该学院学科的专业能力,而获奖和学术声誉则是该学院学科影响力和知名度的体现。除此之外,在学科评估中还存在一些重要指标,例如科研项目经费的多少、科研平台的建设以及学科办学条件好坏。政府会依据学科发展的绩效来进行相应的拨款和资助,学科建设得越好越能得到社会、政府的支持,得到的资金可用于科研设备和技术更新、人才

---

① 康兰:《关于大学学科和大学学科建设概念的思考》,《科教文汇》(中旬刊)2010 年第 2 期。

扶助和培养，以此更好地促进学科的发展，形成良性循环。在教育全球化的当下，学科国际化水平也是重要的指标之一，与国际学术市场紧密联系、互相沟通，才能让学科走在世界发展的前端，证明该学科的尖端性、先进性。除了科研条件和学术水平，人才培养也是学科评估的重要指标中极受重视的一个，从生源到就业率，学生能力的成长被视为学科潜在的发展能力，而杰出校友则代表了学科一定的学术水平和成功的培养机制。有源源不断的科研人才被培养出来，学科才能有蓬勃持久的发展能力。

## 二 全国一级学科评估回顾

对学科进行系统的评估，是教育部学位与研究生教育发展中心的基本职能。其目的有三。一是服务大局，即服务于研究生教育"提高质量、优化结构、协同创新"的大局；二是服务高校，也就是通过对学科发展水平的综合评估，帮助高校了解学科发展存在的问题及优势与劣势，促进学科内涵的提升，提高人才培养质量和科研水平；三是服务社会，通过评估为社会大众提供客观的可信的第一手数据，提供各个高校不同学科的全国性排名，以便于学生选报学校，便于高校与社会、行业的互动交流。基于这些目的，2002年，教育部学位与研究生教育发展中心正式启动第一轮一级学科的综合评估，迄今已经进行四轮。目前即将启动第五轮全国一级学科的评估。

第一轮一级学科评估在2002～2004年进行，因为是首次进行，持续的时间比较长。此次评估分三次进行。2002年评估的一级学科有12个；2003年评估的一级学科有42个；2004年评估的一级学科有26个。此轮一级学科评估本着自愿申请参加的原则，三次评估一共有229个单位1366个学位点参加。其中新闻传播学科的评估在2004年。此次新闻传播学科参与评估的高校一共只有9个，包括中国人民大学、复旦大学、清华大学、华中科技大学、厦门大学、暨南大学、四川大学、北京印刷学院、广西大学。

第二轮一级学科评估开始于2006年，2008年结束，分两次进行。相比第一轮评估，本轮评估有一些改进，加强了信息的可信度。主要是完善了评估指标体系，强化分类评估；同时首次使用"学科类信息采集客户端"系统进行数据报送，保证了数据的规范性。其中第一批31个一级学科的排名于2007年公布，第二批剩余50个一级学科的评估工作结果于2009年1月公布。第二轮一级学科评估，也是根据自身需求自愿申请参加。共有331个单位的2369个学位点自愿申请参加，参评学科数比第一轮增加了73%。其中新闻传播学科参评学校有 31 所。

第三轮一级学科评估在 2012 年实施，历时一年。此轮评估也遵循自愿申请参加的原则，在评估方式上比前两轮有所完善。本轮评估采取主观评价和客观评价相结合的方法，所需数据由政府相关部门、社会组织公布的公共数据和参评单位报送的数据两部分构成，除对相关数据进行公示、核查外，还邀请学科专家、政府部门及企业界人士进行主观评价。第三轮一级学科评估共有 391 个单位的 4235 个学位点参评。其中参与新闻传播学科评估的学校有 48 所。这轮评估的数据，实际上对后来"双一流"建设的一流学科名单的确定起到了摸底的作用。

第四轮一级学科评估于 2016 年 4 月启动，2017 年完成。此轮评估在 95 个一级学科范围内开展，共有 513 个单位的 7449 个学位点参评，数量比第三轮增长 76%。全国高校具有博士学位授予权的学科有 94% 申请参评。此轮评估虽然也坚持"自愿申请、免费参评"原则，但带有一定的强制性，采用了"绑定参评"规则，即同一学科门类满足参评条件的学科须同时申请参评或均不参评。依旧采用"客观评价与主观评价相结合"的方式进行。此轮一级学科评估与以往最大的不同，是根据"学科整体水平得分"的位次百分位，将前 70% 的学科分为 9 档公布：前 2%（或前 2 名）为 A＋，2%～5% 为 A（不含 2%，下同），5%～10% 为 A－，10%～20% 为 B＋，20%～30% 为 B，30%～40% 为 B－，40%～50% 为 C＋，50%～60% 为 C，60%～70% 为 C－。此轮参与新闻传播学科评估的高校有 81 所。

到目前为止的四轮一级学科评估，评估的方法越来越完善，评估的权威性越来越强，参与评估的学科和学位点越来越多，而且就其实际效果而言，对于参评学科及学位点的建设和发展真正起到了促进的作用。

2020 年即将启动的全国第五轮一级学科评估，在方式方法方面还会有进一步的改进和完善，参与的学校、学科、学位点肯定会进一步增加。

一级学科评估开始以来，对学科建设起到了推动、牵引作用，这已为学界所普遍认知。在学科建设的过程中，各项工作纷繁复杂，如果不能系统地、有主次地处理好每项工作在学科建设中的位置，将有可能影响到学科出成绩、出成果。学科评估机制的有效建立和良好运行，能够为学科建设提供参考项目和标准，并以评估指标为基准，规范学科建设。学科评估也为学科建设注入了活力，为未来学科的发展方向、资源分配方案提供了重要的依据。此外，学科评估的结果能够激励高校间进行竞争，促进学科沿着正确健康的轨道快速、长久地运行，同时引导学科建设全面发展，将高校教育同学术研究并重建设，提高学校的整体水平。

## 第三节　制约新闻传播学科发展的要素

　　新闻传播学科的建设在当下信息技术背景下有广阔的前景，然而在学科发展的道路上仍然存在一些"顽石"，能否尽早、巧妙地"搬走"这些"顽石"，将决定新闻传播学科今后发展的进程和速度快慢。在过去，人们认为新闻传播学科的地位不高，因而国家对其资金投入过低，这制约了新闻传播学科发展。然而，近些年来，随着"双一流"建设工程的不断推进，新闻传播学科在文科中的领先地位为其争取到了更多的资源，资金显然不再是制约学科发展的要素。① 无论是国家社科基金项目还是教育部人文社会科学重大攻关项目，对新闻传播学的学术研究资助经费都有较大的提升。例如，2012~2016 年，国家社科基金资助新闻传播学的研究项目就有 594 项，其中重大项目 8 项、重点项目 39 项，资助的金额也增加到了几十万元。② 这说明国家看重新闻传播学的相关研究，并投入了大量的资金来鼓励学科的发展。十八大以来，习近平在许多场合都发表了关于新闻舆论工作的讲话，提出了"加快传统媒体和新兴媒体融合发展，占领信息传播制高点"等一系列重要论述。在信息飞速传播、世界联通的当下，新闻工作备受党和国家的重视，新闻传播学相关的研究在国家级课题项目中的地位大幅提升。国家的支持、稳定的资金投入为新闻传播学科的建设和发展提供了基础的物质保障。

　　相比物质条件，仍有许多体制上的问题制约了新闻传播学科的发展。首先，存在师资队伍的转型问题。在许多高校新闻传播院系的师资队伍中，刚参加工作不久的青年教师还处于成长阶段，一些 80~90 年代就职的中年教师仍是学科队伍的顶梁柱。在 80、90 年代，这些教师由于入职时专业对口、国家包分配，精于传统新闻的采写编评等专业技能。然而进入互联网时代后，信息爆炸式涌现，各种新技术也不断推陈出新，知识的更新换代速度远远超过了人们接受的速度。对高校新闻传播院系的老师而言，他们既要教授学生专业知识，又要学习新的技术，同时还承担着学术研究的重任。进入信息化

---

① 张晓玲、李庆丰、王晶：《改革开放以来高等学校学科建设的发展阶段及其特点分析》，《学位与研究生教育》2009 年第 7 期。

② 参见全国哲学社会科学规划办公室（2018 年 1 月更名为全国哲学社会科学工作办公室）2017 年 9 月数据。

社会，他们的知识虽然专业，但难免显得有些陈旧，有些观点、技术已不符合现今社会发展的真实情况。在媒介融合的趋势下，社会需要的是全能型人才，既能熟练掌握各项媒介技术，又能灵活组合使用媒介。业界对学生能力要求的提高同样也是对新闻传播学科老师严峻的挑战，如果不能尽早适应社会转型和媒介融合，那么将难以肩负起培育人才的重任，也会制约新闻传播学科向前发展。此外，信息融通也带来了学科之间的交叉融合，除了与社会学、语言学等文科类专业联系得更紧密外，当下的新闻传播学研究也借鉴了心理学、计算机科学诸多偏理科类专业的理论、视角，从而开辟出新的发展领域。因而各学科之间更应当进行知识的交流、人才的互通，新闻传播学科需要引进具有其他专业背景的老师，从以往的单一学科的师资队伍向多学科、多层次的师资团队转型。

其次，高校院系中存在行政化、机关化办学的问题。在高校学术管理中有两种权力体系，一种是以学术组织为主体、以学科研究为主的学术权力系统；另一种则是以行政管理机构为主体的行政权力系统。通常学术权力系统以教授为核心，学术成就越高的人拥有越多的学术权力。而行政权力系统则主要是为了保证学校事务的正常运行，自上而下地贯彻上级的政策法规。然而由于行政权力系统通过科层制来实施权力，中国自古便有"官本位"的思想，行政级别越高，手中的资源就越多，一些年轻学者为谋求行政职位，花费了大量的精力和时间，从而耽搁了自己专业学术领域的研究。在高校里行政人员按照党政机关模式处理事务本是为了更加高效、清晰地进行管理，然而在新闻传播学等学科的发展过程中，日渐行政化、机关化的学科管理风气不仅容易误导许多青年人才放弃科学研究之路，同时也弱化了教授学者们的学术权力，大大打击了做出学术贡献的研究者们的积极性。由于行政权力代替了学术权力，一些科研项目的立项、学术活动的申报等重大环节都需要公关，因而高校学科建设过程中管理的行政化、机关化也极容易滋生腐败。此外，学术研究人员对自身专业领域、学科发展状况最为了解，且重视同学生的教育联系，学科的建设应当由他们来把握主要方向。① 然而在人才选拔和培养的过程中，由于学术权力的弱化，常常会出现行政人员决策影响力大于学术人员，使得在人员配置、资源应用和学科方向等方面的决策只围绕上级领导部门的意志转，而违背高校学科发展规律，影响了学科健康、稳定的建设与发展。

———————————

① 陈磊：《高等学校学术权力的反思与建构》，《高等教育研究》2002 年第 4 期。

最后，以数字指标为核心的评估机制带来了功利导向的弊端。在学科评估机制中，师资队伍作为核心指标成为学科建设的重点。然而"十年树木，百年树人"，真正有学术贡献的教授不可多得，年轻的学者们又需要一个慢慢积累、沉淀的成长过程。现下的评估机制要求师资队伍中教授、副教授占有一定的比例，因而众多高校老师为了评职称，将大把的精力与时间用于研究、写论文，而放松了对学生的教育，出现了为搞研究而不好好备课、上课甚至缺课等忽视基础教育的现象。师资队伍的壮大本是为了给学生提供更好的教育资源，人才培养同样是学科建设中的重要一环。为了迎合评估机制，一味追求职称指标，却放弃了学科的基础教育，实在是本末倒置。量化的评价制度以数字指标为核心，原本是出于激励学者创新研究的考量，现在却越来越凸显其功利导向，甚至引起畸形的恶性竞争。评估学科需要考察相关研究课题的级别、已发表论文的数量与质量，这就造成了越来越多的学者追求在短时间内快速制造学术论文的急躁风气。学者们重数量而轻质量、重形式而轻内容、重短效而轻长远，很难沉下心来钻研值得挖掘和突破的研究，反而进行一些较功利的、短时间内能出成果的研究。这样下去，教师之间盲目攀比文章数量，产生了大量的"学术泡沫"，最终有可能会导致"劣币驱逐良币"的逆淘汰现象，不仅学科的创新发展会受到阻碍，甚至有可能导致学科倒退、歧路发展的严重后果。

## 第四节　案例：华中科技大学新闻传播学科的发展

新闻传播教育是中国高等教育的重要组成部分。在中国高校几百家新闻传播院系中，华中科技大学新闻与信息传播学院创办的历史不是很久，但是发展上升的势头很猛，成了教育界普遍关注的对象。笔者有幸在2006～2018年担任华中科技大学新闻与信息传播学院的院长，在此想以华中科技大学新闻与信息传播学院为案例，解读新闻传播学科发展的相关问题。

### 一　从评估看华中科技大学新闻传播学科的发展

如前所述，学科评估对高校的发展、学科水平的提升具有重要的意义。华中科技大学新闻与信息传播学院参加了全部四轮一级学科评估。每轮评估的数据，比较完整地记录了这个独特的学院的学科发展历程。

2002～2004 年，教育部学位与研究生教育发展中心分三批实施了第一轮全国高校一级学科评估。其中新闻传播学科的评估在 2004 年实施。因为初次进行，全国大多数高校尚不明了评估的价值和意义，所以此次参加新闻传播学科评估的大学一共有 9 所。这 9 所大学是中国人民大学、复旦大学、清华大学、华中科技大学、厦门大学、暨南大学、四川大学、北京印刷学院、广西大学。根据评估的数据，华中科技大学综合得分排在第四位。仅看这个全国第四的数字，是相当不错的。但是了解新闻传播教育界内情的人都知道，第一轮新闻传播一级学科评估，本着自愿参加的原则，没有强制性，有不少高水平的大学都没有参加，如中国传媒大学、北京大学、浙江大学、南京大学等，这些学校的新闻传播学科就其办学水平而言，在当时绝对不在华中科技大学之下。在这个意义上，基于这次评估的高校新闻传播学科排行榜的可信度是令人质疑的。

第二轮一级学科评估开始于 2006 年，2008 年结束，分两次进行。这轮评估还是本着自愿参评的原则进行。由于第一轮评估的排行榜在社会上产生了较大的影响，参加第二轮评估的高校数量大幅增加，其中参加新闻传播学科评估的大学数量从第一轮的 9 家剧增到 31 家。其中当时的 6 个新闻传播学一级学科博士点单位全部参加评估，具有"博士点"授权的单位共 8 个，本次参评 5 个。还有 12 个具有"硕士一级"授权和 8 个具有"硕士点"授权的单位也参加了评估。总的来看，中国新闻传播教育界的知名新闻传播院系基本上都参加了。根据评估的数据，推出了一个新的排行榜。位居前十的高校分别是：中国人民大学第一，中国传媒大学、复旦大学并列第二，清华大学、武汉大学并列第四，浙江大学第六，北京大学、南京大学、华中科技大学并列第七，厦门大学第十。此轮评估的结果及学位点排名的可信度比上一轮大大提高了。

第三轮一级学科评估在 2012 年实施。此轮评估还是执行自愿参与的原则。与以往两轮评估最大的不同，在于引入了客观评价与主观评价相结合的方式，所需数据由相关政府部门、社会组织公布的公共数据和参评单位报送的材料构成。除对相关数据进行公示、核查外，还邀请了学科专家、政府部门及企业界人士进行主观评价，并在此基础上形成最终评价结果。虽然是自愿参与，但是参与这次评估的学校、学位点都有较大的增幅。参与新闻传播一级学科评估的大学达到了 48 家。根据评估的数据，列出了包括 48 所大学新闻传播学科的排行榜。位居前十的学校分别是：中国人民大学、中国传媒大学并列第一，复旦大学第三，武汉大学第四，清华大学、华中科技大学、四川大学并列第五，北京大学、暨南大学并列第八，上海交通大学、上海大学、浙江大学并列第十。由于此轮评估知名大学尽数参与，加之评估的形式及数据采集的方式更加科学，这轮评估的排行榜得到了教育界的普遍认可。

第四轮一级学科评估于 2016 年 4 月启动，2017 年 12 月 28 日正式公布。此轮评估也是按照"自愿申请、免费参评"原则，采用"客观评价与主观评价相结合"的方式进行。评估体系在前三轮的基础上进行了诸多创新（详见本章第二节内容）。此次参与新闻传播一级学科评估的大学有 81 所，国内重点大学的新闻传播院系全部参评。根据评估的数据，最终进入 A 档，即在参评学校中百分位在前 10% 的学校有八所，其中 A＋档两所：中国人民大学、中国传媒大学；A 档两所：复旦大学、华中科技大学；A－档四所：清华大学、上海交通大学、武汉大学、暨南大学。应该说，进入 A 档的高校及其新闻传播学科，可以相当于一流大学、一流学科了。

根据前四轮一级学科评估的数据，我们可以制作一个关于华中科技大学新闻传播学科发展轨迹的表格（见表 9－1）。从这个表格可以看出，仅仅从排位上，是不足以理解华中科技大学新闻传播学科发展的内涵的，因为参评学校的多少及其性质会影响排位的可信度的高低。百分位是一个可信的数据，在重点院系广泛参与评估的情况下，某学科在所有参评院校中的百分位，能够比较准确地反映这个学科的实际水平。

表 9－1　华中科技大学新闻传播学科四轮评估综合一览

| | 参与学校数 | 排位 | 百分位（%） |
|---|---|---|---|
| 第一轮（2004 年） | 9 | 4 | 44 |
| 第二轮（2008 年） | 31 | 7（并列） | 23 |
| 第三轮（2012 年） | 48 | 5（并列） | 10 |
| 第四轮（2016 年） | 81 | 3（并列） | 5 |

## 二　华中科技大学新闻传播学科迅速发展的原因分析

在当今中国新闻传播教育界，处于第一方阵的八所大学（学科评估位居 A 档），除了中国传媒大学具有不可比的因素外，其他学校都比华中科技大学历史悠久，积淀丰厚。但是华中科技大学的新闻传播学科的发展十分迅速，而且后劲十足，正如前面评估的结果所展示的。应该怎样理解华中科技大学新闻传播学科的迅速发展？笔者认为有三个重要的因素值得我们关注。

第一，跨专业跨学科交叉融合，变劣势为优势。

在国内几百所大学新闻传播院系中，华中科技大学新闻与信息传播学院的历史不是很长。它创立于1983年，当时教育部的同一张批文上批准四所大学设立新闻学专业：武汉大学、兰州大学、吉林大学、华中工学院（华中科技大学的前身）。华中工学院初创新闻传播教育时，自身还是一个纯粹的工科类大学，没有一个正式的文科类专业。这与同是新办者的武汉大学、兰州大学、吉林大学完全不同。这些学校有比较雄厚的人文社会科学专业的基础，笔者本人就是在武汉大学历史系本科毕业时，直接留校参与创办新闻系的。同一批留下来的有六个人，分别来自历史系、中文系、哲学系、经济系。可是华中工学院原来没有相关的人文社会科学专业，要组建师资团队，人文社会科学基础课程的师资严重缺乏，这种困难是其他高校新闻传播院系的同仁们难以想象的。这是华中工学院的劣势，但正是这个劣势，后来转变成了华中工学院的优势。

当时的华中工学院缺乏人文社会科学基础，但是它的理工科，尤其是数学、信息科学、计算机科学等专业很强，按照学科分类，这些专业似乎与新闻传播学科相距很远，但是实际上这些学科专业与新闻传播学有天然的联系。因为这些学科专业的本质内涵都是信息处理。华中工学院的领导深知其中奥妙，故在专业教学体系建构时，扬长避短，在补足人文社会科学师资短板的同时，实现与理工科的大跨度交叉。在人才培养方面，发挥工科强大的优势，在课程体系中纳入理工科的课程，如高等数学、中外科技史、自然辩证法、计算机语言、数据库等，甚至还把汽车驾驶作为本科生的必修课，在中国新闻传播教育界独树一帜，走出了一条与中国人民大学、复旦大学、武汉大学不同的道路。在学术研究方面，华中工学院新闻系也与其他大学的新闻院系大异其趣，在研究领域的选择、学术方向的凝练方面，受到工科大学办学传统的影响，注重学科交叉、边缘学科建设，尤其重要的是，将研究的中心聚焦于新闻实务、策略传播，在引进人才、研究生教育方面都朝着这个中心倾斜。长期坚持下来，就形成了华中科技大学新闻传播学科自己的研究特色。现在，华中科技大学新闻与信息传播学院的综合实力排位比较靠前，与其富有特色的教学团队和研究成果有直接的关系。在每年的国家、教育部社会科学基金项目申报评审工作中，华中科技大学新闻与信息传播学院都属于大户，40个人的师资规模，最多时，一年能够成功申请各种国家社会科学基金课题8项，这些项目基本集中于政治传播、战略传播、网络新媒体等研究领域。

第二，制度创新，激发资源潜力。

作为新闻传播教育界的后来者，而且又是出自一所工科类大学，华中科技大学新闻传播学科实际上是没有多少优势的。要在竞争激烈的新闻传播教育领域拔得头筹，不仅需要学校的物质支持，更重要的是需要制度创新。事实上，华中科技大学新闻与信息传播学院正是在这方面大展拳脚，取得了显著的成就。

与其他知名新闻传播院系相比，华中科技大学新闻传播学科的学缘结构比较好。其专职教师有多种来源，有国外的和国内的，国内的也来自不同的高校，本学科本学院留下来的教师极少。2006 年，华中科技大学新闻与信息传播学院就明确规定，本院的博士毕业生不能直接留校；本院博士后流动站不接受本院的博士研究生。但是本院毕业的博士如果表现优异，若干年后可以人才引进的方式召回。2006～2018 年，新闻与信息传播学院共引进 20 多位教师，这些教师绝大多数毕业于其他知名高校或是来自业界的高手。因为学缘的多元化，华中科技大学新闻传播学科的教师来自五湖四海，教师之间的关系因而相对简单，学院的政策也比较公平，在资源和机会分配方面，不看关系，也没有什么"山头"，大家公平竞争，学院因此风清气正。同时，因为学缘多样，接受不同学校教育、师承不同的教师，可以在学院这个平台交流切磋，取长补短。因而华中科技大学新闻传播学科总是充满活力，在这里工作的教师十分认同学院和学科，向心力、凝聚力很强，近十年来，华中科技大学新闻传播学科的师资队伍十分稳定，这在国内新闻传播教育界是比较少见的。

华中科技大学新闻与信息传播学院还有一个重要的特点，就是在人力资源管理方面进行因才使用、分类管理。鉴于人与人之间的差异，每个人都有自己的长处，也有自己的短处。学院在人才的使用方面，应该扬其长避其短。基于这一考虑，学院将专业教师岗位总体上分为三类：教学型、科研型、教学科研并重型。每种类型又按教师的级别设立具体的岗位。不同的类型、不同的岗位适用不同的考核标准，教学型教师在教学方面的要求比较高，科研型教师科研任务比较重，教学科研并重型的教师则是兼顾教学与科研任务。这种分类考核，有利于发挥教师的特长，让教师充分地发展自己的优势。成绩突出、贡献卓越的教师，根据现有的政策可以跨级享受高一级甚至两级的岗位津贴。这种分类管理，让绝大多数教师能够在学院找到自己合适的位置，从而增强了对学校、学院的归属感。

华中科技大学新闻与信息传播学院还设计了一种冠名教授制度，利用学院学科与业界、社会的紧密联系，募集社会资金，吸引传媒机构或其他企业在新闻与信息传播学院设置冠名教授席位。这种冠名教授的津贴，由传媒机构或企业出资。这是一种慈善或公益行为，而不是投资行为。在2015年实行这一制度时，学院一共设立了10个冠名教授席位。与国外高校的冠名教授不同的是，华中科技大学新闻传播学科的冠名教授席位，系面向学科内优秀教职工设置，只有学院内的教师才能够申请。两年一个聘期。冠名教授的评聘由出资单位组织专家进行，学院的党政领导无权参与。聘期内冠名教授对出资单位没有任何义务。冠名教授的津贴与教师校内的工资津贴并行不悖。这种制度设计，保证了评聘的公平，大幅度地提高了优秀教师的待遇，对于调动优秀教师的积极性、稳定优秀师资，发挥了重大的作用。

第三，物质强基、文化铸魂。

华中科技大学是一个以工科为主体的大学。按照国内教育体制，工科大学办学经费往往比综合性大学充足。工科大学远比综合性大学重视实验室建设，在投资实验室、人力资源开发、学科专业建设等方面，比文科院校、综合性院校要大气得多。华中科技大学就是一个典型。早在20世纪80年代，新闻传播学科初创时，华中工学院就为新闻系建设了完备的实验室，购买了成套的《申报》《大公报》等影印版，从美国进口的教学用电视摄像机比湖北省电视台的专业设备还要先进。如今，在新闻与信息传播学院大楼里，学院为每个教师准备了独立的工作室，室内的办公用品由学院配齐，这在国内是十分少见的。

在注重硬件设施建设的同时，华中科技大学还非常重视学院文化建设。在国内高等教育领域，工科院校往往缺少文化氛围。华中科技大学是一所典型以工科为主体的大学，但是华中科技大学的学校领导十分重视校园文化建设，非常重视大学生的文化素质教育。从杨叔子院士，到李培根校长，三十年一以贯之，校园文化建设成就斐然。在此基础上，华中科技大学新闻与信息传播学院基于新闻传播学科的专业特色，致力于建设富有活力的学院文化。为此，学院做了大量的基础性工作。编修院史，创作院歌、院训、院徽，竖立起承载学院精神的院名石，成为学校的一道文化景观。学院还秉持学校"敢于竞争，善于转化"的精神，强化了学院师生的竞争意识、进取精神。在浓厚的学院文化氛围中，培育了学院师生强烈的专业意识和职业理想，学院师生的专业认同、学科认同、学院认同的程度很高，产生了强大的向心力。

以上因素，筑成了华中科技大学新闻传播学科发展的深厚基础。从物质到精神，从学院到专业，从教师到学生，从院长到普通员工，达成了共识，形成了学院、学科发展的不可阻挡的势头。内在的动力源源不断，即便困难重重，也难以阻挡学院和学科的进步和超越。

## 第五节 发展新闻传播学科的路径

学科建设是一个复杂的系统过程，涉及上上下下、方方面面的多种因素，可谓千头万绪。新闻传播学科还有不同于一般人文社会科学学科的特质，它的职业教育特性，它与行业的广泛联系，甚至还有部校共建工程等，要综合考虑所有这些因素，高屋建瓴，统筹规划，才可取得实效。

### 一 顶层设计：认清校情、尊重传统、明确定位

大学由许多不同的院系组成，而院系是学科建设和发展的平台。学科脱离了院系和高校就无法延续，因而想要设立和长远地发展一门学科，就得清楚地认识到这门学科所处的大环境，并因地制宜，结合高校的发展目标有效地建设学科。想要发展新闻传播学科，首先得认清学科所处的学校想要创办成一所什么样的大学，新闻传播学科在整个学校中处于什么样的地位，并明确学校对新闻传播学科发展的态度等，这些都决定了新闻传播学科发展过程中可利用资源的多寡。入选"211""985"工程的学校或者建设成为"双一流"大学的学校都将拥有更多来自国家的资源和帮助，不仅如此，这些荣誉还会影响到学科建设中的经费、师资队伍，甚至影响到生源和就业率等。如若是在综合类偏文科的院校中，新闻传播学科属于学校重点、品牌学科，则拥有较为雄厚的学科基础，对这些学科而言，所要做的是继续保持学科优势，充分利用各项资源，并广泛与其他不同院校的新闻传播院系紧密联系，不断拓展学科发展的新领域。对综合类偏理科的院校而言，新闻传播学科的发展稍显艰难，困难的一面在于校方的资源可能会优先给理工科专业，一些优惠政策可能难以惠及新闻传播学科建设。然而有利的一面也十分明显，理工科院校的新闻传播学科与其他学科交叉融合面更广，在当下信息化、网络化的社会中，一些与技术相关的专业诸如计算机、电信工程等都可以与新闻传播学科巧妙结合与联系。文理有机融将开拓创新更广阔的领域，同时也能让新闻传播学科拥有自己的学科特色。

学科需要借助院系、学校的平台来进行交流和成长，因而在建设学科的过程中，要注意尊重学校一贯的办学传统，让学科的发展理念和学校的办学理念相一致，以此树立鲜明稳固的学科形象。不同的高校自建校以来逐渐摸索和创建了属于自己的办学特色。有的学校学风严谨，注重学术钻研；有的学校开放教学，鼓励学界业界联动发展；有的学校长期以来尝试多学科交叉融合发展；还有的学校长期致力于国际交流、培养世界性人才。可以说，不同的学校有不同的风格，新闻传播学科想要在高校中稳定发展，就需要找准自己学科的定位，明确并坚持自己发展的道路，融入整个学校的发展洪流，结合时代的背景，办出有学校特色、有自身院系特色的新闻传播学科。

## 二 目标导向：达成共识、凝练方向、优化布局

新闻传播学科包含许多种专业，随着时代的进步、媒介的更替，每个专业也在不断更新、发展。传统的新闻报刊编辑、广播电视研究、互联网时代正欣欣向荣的新媒体，不同专业领域的创新研究共同组成了新闻传播学科向前发展的动力。然而也正是因为每一个不同的专业领域都有自己发展的广阔空间，如果没有一个共同的目标导向，则研究的力量无法汇聚，一来分散的研究缺少系统的总结，难以形成新的创新领域，二来后续的拓展缺乏基础的研究，难以进行有层次的、深入的学术探究。因而在建设新闻传播学科的过程中，学科发展的目标是什么、重点往哪个方向发展等一系列问题都需要达成共识。不仅如此，关于培养什么样的人才、科研和教学如何平衡等细节问题也需要反复商讨，在全院系达成一致意见，作为院系的办学理念长期地贯彻实施下去。此外，每个老师都有自己的研究方向，要将每个老师的研究力量集聚在一起，拧成一股"绳"，则需要高度凝练出若干大方向，总结出几个学科发展突破点。根据大的研究方向，每位老师结合自己擅长的领域，再做出学术上的探索与突破。一方面，大方向的设立给了老师们学术研究上的指引，心往一处想，劲往一处使，才能发挥出最大效力，产出一定的学术成果；另一方面，有针对性、有方向性的研究是树立学科特色的基础，院系在申请相关的国家重大课题时也更容易成功。依照制定的学科发展的目标导向，坚持做好某个方向的研究，不仅能够树立有代表性的院系学科形象，也能在该领域形成较为权威的研究。

学科的发展壮大必然伴随着专业领域的扩充、新旧知识的冲撞与重组。院系的教学、科研资源有限，不可能满足每一个专业扩展的需要。凝练方向

意味着在建设学科的同时，专业发展资源的配给也存在一定的差异。新的技术带来新的媒体，也造成了对"旧"媒体力量的削弱。新闻传播学科在紧跟时代脚步、致力于新媒体研究的同时，与纸媒等传统媒体相关的专业受到了时代的挑战，不仅包括知识的更新换代，人才培养、科研重心等一系列问题也需要重新规划。处理好新发展的专业与老牌专业之间的资源、人力分配问题，不断优化布局，根据院系实际情况、办学条件和方针，有主有辅地进行学科建设，重点发展优势专业，才能促进新闻传播学科向前发展。

### 三　资源配置：完善制度、盘活资源、突出重点

现今的量化评价制度在很大程度上导致人们逐渐变得功利化，从而不利于学科的健康发展。要想让学科建设走在正确的轨道上，一些制度的不合理、有缺陷等问题必须得以解决。在科学研究相关的制度方面，减轻量化评价占比，采用主观与客观相结合的方式进行评估，重新调整论文、著作等论著质量与数量在评估机制中所占权重，以实际的学术贡献为主，但也要注意避免学术腐败等问题的发生。在科研与教学方面，将老师的教学成果也纳入考核指标，同时控制招收学生数量，控制好师生比，鼓励老师在做学术研究的同时也不落下人才培养的重任。此外，要划清行政事务与学术事务的界限，不能让行政权力过多地干涉学术研究，事关学科建设和院系发展等重要事务的决策权要重新掌握在学术人员的手中。完善制度，让大小事务顺畅运行，院系中学者队伍的实力才能真正发挥和显现，才能助力学科的建设和发展。

完善了制度，评估出的学科实力和声誉能够赢来更多的资源。资源不是等来的，而是努力争取到的。一方面，通过申请重大项目、课题，获得科研经费；另一方面，不断提升学科自身的实力，扩大影响力，自然会吸引相关资助和研究人员。此外，还可以通过在社会上的合作项目增加收入。就算资金收入不成问题，资源的分配也要合理，把钱花在该花的地方。例如，用于新闻传播学科的学术研究建设，更新设备，设立实践基地；用于人才培养，支持师生出国访学、研修等；还可以与其他社会或者学术组织合作，设立不同层次的奖学金，既鼓励师生大胆科研，做出一定的学术贡献，也鼓励那些勤于实践、在社会媒体行业做出一定成绩的学生。有了一定的成果和声誉，院系的名声打响了，国家和社会上的资源资助也会源源不断而来，再将这些资源用于学科的发展和建设，从而形成良性循环，手中的资源也被盘活。当

然，资源的配置有主有辅，有重有轻，重点资助哪一部分的发展建设在很大程度上会影响学科的未来走向。如果将资源平均分配到各个专业、各个领域，很可能什么都发展不起来，一事无成。根据学科发展目标，突出学科中的几个领域进行重点培养，反而更能收获到期望的效果，打响学科品牌，从而引入更多的资源，带动学科的其他领域发展。

## 四 能力提升：稳定队伍、提升平台、改善环境

想要发展新闻传播学科，拥有一支稳定的师资队伍是首要前提。只有队伍稳定了，才能齐心朝着既定的目标发力。青年人才的培养需要一定的时间和过程，学院需要广纳贤才，尽快充实学科建设的队伍，让青年教师一边成长，一边融入学院的教学科研生活之中，慢慢成为学科建设的稳定的中坚力量。当然，稳定的环境和优渥的条件能让老师们安心教学和科研，但过于稳定的环境反而不利于学科的发展。在一个超稳定的状态下，老师容易消磨斗志、尸位素餐，老师缺少创新进取的动力，学科自然故步自封。因此，既要提供良好的环境和条件稳定人心，避免频繁的人事变动带来人才培养的时间、精力损失，同时也要引入适量的竞争机制，增加老师们的压力，使其在竞争与合作之中不断推陈出新，为学科的创新发展做出贡献。

在稳定师资队伍的同时，不断提升自身平台、不拘一格招收贤才能够吸引众多的学者加入学科建设的队伍。在信息化、网络化的社会背景下，多学科交叉融合是主流，院系应当引进拥有不同专业背景的老师，形成专业与专业之间的交流与合作，互相借鉴、启发提升科研水平。此外，不要拘泥于业界与学界的分隔，邀请业界精英办讲座和授课有利于推进学术研究和人才培养。不断加深与国际组织的联系和交流也能让学科走上国际化的道路，开放办学，与国际接轨，积极欢迎国外学者、留学生来华访学，鼓励院系的老师、学生"走出去"，不仅能够明晰新闻传播学科在世界的发展状况，还能提升师生的学术研究水平，从而提升整个院系的平台，让新闻传播学科在不断升高的平台中获得更好的发展。

在软件条件尽量满足的情况下，硬件条件的改善同样有利于促进学科的建设。新闻传播学科属于文科，很难像其他理工学科一样拥有较大的实验室，然而这并不说明新闻传播学科就不需要做学术研究的实验室了，相反，在做有关社会调查之类的研究时，拥有一间正规的实验室、一套用于学术研究的设备无疑将大大有助于研究的展开。此外，学生的上课条件也需要改

善，这不仅包括教室环境、上课时的先进设备，更多的是用于学生实践操作时的硬件条件。例如，新闻学和广播电视学专业的学生需要摄影棚、演播厅等模拟实践环境，需要摄像机、话筒等设备；而网络与新媒体专业的学生则需要更多丰富先进的多媒体，来实际操作体验社会中的媒体运作。办学条件的改善、学术环境的改善都是为了避免院系与社会脱轨、与世界学科发展水平脱节。闭门造车只能让学生和老师苦陷于陈旧的知识，只有不断提升平台，促进与外界的交流合作，改善学术环境，才能为新闻传播学科的顺利发展保驾护航。

信息与传播技术的发展改变了人们获取、处理信息的方式，也带来了整个社会的变革。信息容量巨大、瞬息万变，而新闻传播学科的发展要适应这不断变化的信息时代，在这个过程中存在学科建设和发展的变与不变问题。首先，发生变化的是，互联网联通了全世界，教育全球化使得新闻传播学科建设不再局限于一个国家，而是全球教育资源的分享、交流，过去的保守教学理念转变为现今更加开放的办学思想。应与国际接轨，让学科走向世界平台，共享人类的知识财富。其次，国家经济兴盛，逐渐重视学科教育，改善学科发展条件、增加投入、大力扶持，启动"双一流"建设，这使得高校学科间的竞争更加激烈，而现有的学科评估体制还不够完善，无法正确地展现学科真实实力。因此，想要合理评价学科，赶走学术浮躁之风，就要完善制度，让新闻传播学科建设中的投入和获得相符。最后，新闻传播学科将迎来更多的发展机遇和资源，因而要灵活把握机遇、合理利用资源，找准信息时代新媒体研究方向，探索传统媒体专业在新媒体时代的学术研究点，不拘泥于传统教学方式，学科间应交叉融合，开拓创新。

当然，即使是在日新月异的信息时代，新闻传播学科建设也仍有不变之处。第一，依然尊重学校传统的办学风格和理念，新闻传播学科应认清所在高校平台的定位，找到自身优势所在，在新时代下放大优势，办出新闻传播学科的特色。第二，师资队伍的稳定是新闻传播学科稳健发展的关键，无论社会格局变化多么迅猛，坚持引进学界、业界优秀人才，达成一致发展目标，才能让每一位优秀学者发挥自身才能，为新闻传播学科的建设添砖加瓦。

# 第十章　院系管理

作为现代大学的一个二级院系，新闻传播院系是高等新闻传播教育的实际承担者。举凡学科专业建设、师资队伍建设、课程教材建设、院系文化建设、学生事务管理、课堂教学和实验实践活动及第二课堂建设等，都是以院系为单位进行的。学校作为新闻传播院系的母体，只是负责办学经费的筹措、上级管理部门政策的传达，决定院系负责人的任免，以及在学校的平台上统一安排教学日程、招生和其他社会服务事项，监督院系的教学运行。从新闻传播教育的实际运作来看，院系实际上负起了组织新闻传播教育的主体责任。新闻传播教育的目标定位是否精准？新闻传播教育的导向是否正确？新闻传播教育培养的人才是否符合社会与传媒行业的需求？新闻传播教育是否回应了社会的期待？这些问题都与新闻传播院系的管理有直接的关系。管理者的目标导向、管理原则、管理行为，在一定程度上决定了新闻传播院系的运行状态及绩效，决定了新闻传播院系在人才培养、科学研究与社会服务方面的成果。所以研究、从事新闻传播教育，不能不关注院系管理。

## 第一节　新闻传播院系的办学定位

随着信息传播技术的迅猛发展，新兴媒体不断涌现，传播格局和媒介生态发生了重大的变化，整个社会的结构和运行也都在进行深刻的调整。在这个背景下，传播媒介、传媒职业、新闻传播教育成了引领社会前行的力量，引起了社会的普遍关注。近年来，一种来自传媒业界的呼声越来越强烈，其基本诉求在于改革现有的新闻传播教育，以适应业界变化了了的人才需求。各高校新闻传播院系从不同的角度做出了回应，但是从实际效果来看，虽然有不小的进步，但是远远没有满足业界的期待。

## 一　背景与问题

要分析当下中国的新闻传播教育，以下三个时代特征必须把握。

第一，媒介融合与传播生态的转变。由于数字传播技术的发展，媒介融合的趋势愈演愈烈，来自不同渠道不同介质的信息产品，如文字、图片、音频、视频等，可以承载于一个统一数字平台，原来各种不同媒介画地为牢、各行其道的局面被彻底颠覆。由此带来了新闻传播机制、信息传播模式、信息消费形态、新闻生产流程、传媒经营形态的变化，这一切又倒逼传媒人才在知识体系和能力结构方面适应再造了的新闻生产流程，满足媒介融合条件下不同岗位对于新闻传播人才的需求。

第二，互联网崛起，网络巨头携巨额资本进军传统媒体领域。例如，2015年12月11日，阿里巴巴正式收购《南华早报》。此前，马云已通过关联公司、个人入股等方式进军24家媒体。这24家媒体包括传统媒体与新媒体，如第一财经、光线传媒、新浪微博、今日头条、优酷、土豆、封面新闻等。

第三，大国崛起与中国教育的发展。得益于近年来中国经济的高速增长，高等教育界吸纳了越来越多的资源，加上对外开放的政策，中国高等教育达到了新的水平。一些重点大学综合排名全面提升。北京大学、清华大学进入全球顶尖大学的前五十名。其中，清华大学的工程教育超越麻省理工学院，居全球第一。当然，无须否认，当前中国的高等教育存在很多问题，但是世界教育发展的规律表明，一个国家经济上的腾飞，最终必然会推动其教育的提升，美国、德国的历史都证明了这一规律。如果中国未来几十年发展的趋势不变，那么中国的大学教育，包括新闻传播教育也会面临一个空前的发展机遇。

以上三个背景因素告诉我们，媒介融合背景下传统媒体式微并不意味着整个传媒行业出现了危机，相反，随着互联网巨头的渗透与扩张，传媒行业的生存空间得以拓展，社会对传媒及关联行业人才的需求将会大大增加。同时，基于综合国力的提升，中国教育发展的机遇自然会惠及新闻传播教育领域。

中国当前的传媒教育怎么样了？我们可以看下面一组不完全的统计数据。2015年底，中国有1080个新闻传播类本科专业，分布在637所学校，其中93所学校设有新闻传播学硕士点，17所学校设有一级博士点，在校大学生约 20 万人；大约有 5000 名在校专职教师服务于新闻传播教育。也就是说，中国大约有 1/4 的高校涉足新闻传播教育领域，包括"985"高校、"211"高校、一般高校、独立学院，可谓规模空前。但是问题也不少，仅就一流大学新闻传播教育而言，有两个问题值得注意。一是人才培养严重滞后于业界的需求。业界实践已经远远地抛离了教育界，在全球传播、大数据、数据新闻、社交媒体、文化产业、政治参与、社会转型等方面，大多数学校的新闻传播院系都没有跟上。大多数高校的新闻传播院系仍陷于专业细分化与融合化的矛盾中难以自拔。二是学术生态的恶化。新闻传播学科在高校整体学科格局中的地位越来越低，新闻传播学科对整个人文社会科学的贡献度没有提升反而在下降，新闻传播学科与其他学科之间的差距越来越大，与其他学科的对话日益艰难。

这些问题的根源在于新闻传播教育的定位不准、思路不清。几乎所有的高校，一流的、二流的、三流的，都是同一个定位，而这个定位都源于新闻传播教育的职业特征，千篇一律，没有区别，没有个性，没有特色，以致受到社会各界的批评。

## 二 一流大学新闻传播学科定位的内在矛盾

我们可以比较一下国内外一流大学。在高等教育、信息传播最发达的美国，著名的常春藤盟校，包括哈佛大学、耶鲁大学、普林斯顿大学、哥伦比亚大学、宾夕法尼亚大学、达特茅斯学院、布朗大学及康奈尔大学，只有哥伦比亚大学设置了新闻学院，而且其主体在于研究生教育。在英国，牛津大学、剑桥大学都没有新闻传播专业。日本东京大学也没有新闻传播专业。其他国家也是如此，顶尖大学普遍都没有设置新闻传播类本科专业，设置该专业者只是少数。之所以会出现这种情况，与这些顶尖大学的办学定位直接相关。一流顶尖大学大都定位为学术型、研究型大学，以探索真理、追求真知为目的，而很少有功利上的考虑。所以其学科专业的设置，以基础理论学科为重点，致力于知识增长，而不大在意知识的应用。在人文社会科学领域，文史哲经法等学科被置于重要的位置，而一般应用专业，则难以进入校长的法眼。

中国则不同，一流大学如北京大学、清华大学、上海交通大学、复旦大学、浙江大学、南京大学、武汉大学、华中科技大学、中山大学等，全部都涉足新闻传播教育，建设了从本科到研究生的专业体系。何以如此？恐怕与下面两个因素有关。一是近代中国的历史传统。中国共产党走上执政之路，缘于共产党宣传与武装并重。一手抓枪杆子，枪杆子里面出政权；一手抓笔杆子，笔杆子影响社会舆论，决定人心向背。这种政治传统影响了学校的办学理念。二是媒介化时代信息传播的重要性。中国现代高等教育起步较晚，正值近代报业繁荣、广播电视兴起的时刻，特别是进入20世纪中后期，尤其是21世纪以来，随着网络新媒体的崛起，新闻传播对社会的影响超越了此前的任何时代。信息弥漫于社会生活，像空气一样，无处不在，无孔不入，不仅影响到个体的生产、生活、认知、情感和行为，而且直接影响到社会系统的有序运行。在这个背景下，将新闻传播纳入重点大学的学科专业体系，就顺理成章了。

根据国家的要求和学校自身的定位，一流大学全部定位为研究型大学或学术型大学，以探究科学规律、增加知识存量、传承人类文化为己任。但是，新闻传播类专业又具有鲜明的职业教育性质。与传统的人文社会科学相比，新闻传播类专业背后有一个影响巨大的文化产业，新闻传播类专业分类与这一产业的岗位设置高度相关，或者说具有相当程度的匹配性。不仅人才需求量大，而且对社会的渗透和影响也极其深远。在人才培养方面，与信息传播相关的知识传授及专业技能的养成占有非常重要的地位，与作为基础学科的文学、历史、哲学完全不同。从国家教育行政管理部门颁布的专业目录和核心课程体系的要求来看，无论什么类型、层次的大学，其新闻传播类专业所培养的都是新闻传播专业人才，属于应用型人才的范畴。

也就是说，一个研究型、学术型大学创办的新闻传播类专业实际从事的是职业型教育。而对于这些学科专业水平的评价，按照国内通行的标准和办法，却又是完全的学术导向。其评价的指标体系，基本上有利于研究型、学术型的学科专业。如在师资队伍考核方面，非常重视高端学术人才，重视来自海外的博士研究生；特别重视学术论文的发表，尤其是SSCI、CSSCI期刊论文的发表；重视重大课题和研究经费；重视高级别的尤其是政府颁发的学术奖；追求研究生学位点，起码是硕士点，稍有条件的就要追求博士点。而与技能、专业知识相关的要素在整个评价体系中所占的权重很低，如学生的质量、课程的水平、实务课程教师的业界经历、实验实践环节等。于是，一方面要保证学科的学术水平，要重视研究和论著的发表与出版，另一方面又要进行一流的职业素养教育，让学生具备良好的知识结构和杰出的职业技能。两手都要抓，两手都要硬，实在难以做到。

困难在于每个学科专业的人力资源有限。编制有限，学术型的师资多了，事务型的老师就会缺额，反之亦然。同时每个教师的精力也很有限，能文能武、左右开弓的全才型老师是很少的，顾了教学，可能会削弱科研；重视了科研，教学可能顾不上。学校的经费投入也有限，可能只能满足研究或教学中的一种。学校的办学空间也会在一定程度上制约办学者不得不在研究与职业教育方面做出选择。总之，在现有的办学格局下，国内一流大学的新闻传播学科普遍纠结于职业型与学术型的矛盾。在这种情况下担任新闻传播院系的院长（主任），实在是左支右绌，难以两全，乃至陷于"人格分裂"的境地。

## 三　一流大学新闻传播教育应如何定位

中国一流大学的新闻传播教育究竟应该如何定位？笔者认为，当前中国一流重点大学新闻传播教育的定位，应该是研究型新闻传播职业教育。这里有两个关键词应该注意。

一是"研究型"。既然是研究型院系，在科研方面，就应该有一流的学术研究，致力于传播现象、自然现象、社会现象及人类命运的探索，不仅关注当下的现实，更要回溯既往，前瞻未来。学术研究旨在追求真相、填补空白、探索真理、创新知识，如两河流域的泥板书、埃及的纸草文书、中国的甲骨文等先贤对于信息传播的智慧，今天看来未必实用，但是能够为既有的知识提供增量，填补人类认知的空白，有利于丰富人类的思想，提升人类的心灵境界。

在人才培养方面，在强化技能训练的同时，要注重基础理论、科学方法的教育，引导学生探究传播学理，或透过传播视窗关注自然、社会和人生的问题，重视批判思维、独立思考，重视开阔学生的视野，提升他们的境界，激发他们的创新能力。这就是古人所说的道。也就是说，在新闻传播人才培养方面，道应该重于术。在人道、世道的认识方面，在求道的路径探索和能力建构方面，一流大学的新闻传播院系应该走在一般大学的前面。

二是"职业教育"。新闻传播教育不同于传统的文史哲等学科。社会上没有独立的历史学家、哲学家、文学家职业，虽然学习了相应的专业，但是不一定就能够成为历史学家、哲学家、文学家。而新闻传播则不然，社会已经为新闻传播专业准备好了一个庞大的媒介产业，新闻传播学科的每一个具体的专业都可以在这个行业里面找到对应的位置，而且容量巨大。只要愿意，新闻传播院系的毕业生成为职业传媒人绝对不是一件难事。在新闻传播教育中，专业技能不可或缺，新闻的采写编评摄、广告与公共关系策划、媒介经营等，这些不可替代的专业技能，是传媒人的看家本领，是人才培养过程中必须教给学生的。要达到这一目标，就要重视实验实践环节，强化实验装备和实验教学，重视实践基地的建设，发挥实践基地在人才培养过程中的基础性作用。更为重要的是专业精神和职业理想。虽然今天社会化媒体迅猛发展，人人都有麦克风，人人都有摄像机，但是绝不是每个麦克风传播出的都是权威的声音，也不是每个镜头都能对准我们应该注意的方向。众声喧哗，人们最需要的还是理性声音的引领，这就是职业传媒人存在的依据。

一流大学新闻传播教育的定位必须将这两个关键词结合起来。一言以蔽之，就是研究型新闻传播职业教育。只有坚持这样的定位，才能够将一流大学与一般大学的新闻传播教育区别开来。一流大学的新闻传播教育应该瞄准传媒行业的高端市场，应该占领主流媒体，发出权威的声音。为此，从这里毕业的学生，应该独立思考，应该有批判精神，应该有历史的洞察力，应该有广阔的视野，应该有家国情怀。坚持研究型新闻传播职业教育还有利于将新闻传播专业与其他人文社会科学专业区分开来。新闻传播专业与其他专业一样，为人们提供了一种认识社会和自然的工具，但是新闻传播专业具有差异化的独特的认识视角，其基础在于其独特的知识体系与能力结构。因此，新闻传播从业者对新事物更加敏感，具有更加快速的节奏、更加活跃的联想、更加强烈的批判意识，在承担社会的瞭望者、守卫者的职能方面，新闻传播专业的学生具有其他人文社会科学专业学生难以替代的品质。而在学术研究方面，探讨新闻传播现象或者通过传播视窗研究社会现象、问题，在方法论上新闻传播学科也有其独特的优势，能够在相当程度上实现与其他社会科学学科的互补。

## 四　怎样办好研究型新闻传播职业教育

怎么才能办好研究型新闻传播职业教育，是困扰一流大学新闻传播院系的现实问题。至少目前在中国还没有成功的范例。笔者认为，如果从如下四个方面努力，或许能够达成目标。

第一，以研究生教育为主，本科生少而精。一流大学都是研究型大学，拥有一流的学术精英和研究设施，自然应该以学术研究为主，为社会培养高端的学术研究人才。故以高层次研究生培养为主，是一流大学的必然选择。但是研究生教育不只是一流大学有，一般大学也有。所以前者的定位也不能与后者混为一谈。研究型大学的研究生培养，目标更优、要求更严、水准更高。在研究生之外，本科生教育也不可或缺。本科生教育也是一流大学的核心职能。因其拥有一流的师资、一流的设施，加上一流的生源，故在本科生教育方面具有其他一般院校无法比拟的优势。要保持这一优势，必须适当地控制本科生的规模。这样一方面可以保证本科层次人才的优良品质，另一方面也能够保证其师资有足够的时间从事学术研究或研究生的培养。

第二，研究生阶段，实行学术硕士与专业硕士分流，以学术硕士为主。目前国内已经设立的几十个新闻传播、出版等专业的硕士点，看起来似乎解决了学术硕士、专业硕士分流的问题，其实不然。根据顶层设计，学术硕士的目标是培养研究型人才，是博士教育的前期阶段，其规模不宜过大，教育培养的重点在研究方法、学术规范、问题意识，引领他们进入学术前沿。专业硕士则不然，其有鲜明的职业导向性，直接目标就是培养高层次的新闻传播从业者，故其教育的重心在于专业知识的系统建构、专业技能的养成、职业理想的形塑。学术硕士与专业硕士目标不一，培养模式和基本要求也大异其趣。但是在国内，许多学校并没有理解学术硕士与专业硕士分设的真谛，而是将两者混为一谈。这不仅背离了顶层设计的宗旨，而且削弱了学术硕士的研究性，同时淡化了专业硕士的职业性。一流大学的研究生教育应该明确地将两种研究生教育区隔开来，学术硕士少而精，趋向前沿理论研究；专业硕士适当扩大，注重专业知识和职业技能，以占领高端传媒市场。

第三，贯彻双师制，实行分类管理。美国大学的新闻传播教育先于中国，其教育模式对中国有重大的影响。一些知名大学的新闻传播院系如哥伦比亚大学、密苏里大学的新闻学院，在师资队伍建设方面，就形成了双师制的传统。即他们的师资队伍由来自两方面的人组成，一是具有博士学位、受过系统学术训练的学者们，他们在教授学生基础理论的同时，结合新闻传播专业进行系统的学术研究，其成果表现为论文、专著；二是来自业界或具有业界经验的传媒人，他们一般没有博士学位，没有经受系统的学术训练，但他们具有丰富的传媒从业经验，对传媒内容生产、信息产品分销、传媒管理与经营等环节驾轻就熟，在传播实务类课程教学方面具有不可替代的优势。这两种师资对于高水平的新闻传播院系都是不可或缺的。没有第一种人，就没有学术，研究型大学就会落空；没有第二种人，就没有高效的技能培养，职业教育就会成为泡影。但是国内大学特别是一流大学的生态环境并不利于第二种人的生存和发展。因此，有必要改革大学管理制度，在新闻传播院系明确实行双师制，对两类教师实行分类管理，给他们足够的成长空间。

第四，产学联通，组建利益共同体。高校的新闻传播教育不同于一般的社会科学教育。新闻传播院系面对的是庞大的传媒产业。一方面，正是这个产业为院系的人才培养提供专业师资、实践场所、人才市场、资源补给地。没有这个行业，就不会有今天发达的新闻传播教育。另一方面，对于传媒行业而言，新闻传播院系又是他们人力资源的基本来源，是他们制定战略规划的重要咨询对象，是传媒发展不可或缺的智库。也就是说，一流大学的新闻传播院系和传媒业界，在客观上唇齿相依，共存共荣。这种关系在媒介融合的环境下应该进一步强化，上升到利益共同体的高度。只有从彼此合作中得到双赢，这种关系才能维持、发展下去。

总之，一流大学的新闻传播教育应该不同于一般大学的新闻传播教育，也应该与一流大学的其他人文社会科学专业区分开来。如果能够坚持研究型新闻传播职业教育的定位，并且在实际运作中保证这一定位落地，就能够使其拥有一流的学术研究，同时又能培养出高端的专业传播人才。在学术研究上，其新闻传播学科将拥有不输于其他人文社会科学学科专业的学术地位，同时保证对新闻传播教育的引领；在人才培养上，则能够拉开与一般大学的距离，占领高端的传媒人才市场，以权威的资讯服务于社会、国家和人类需要。

# 第二节　院系管理中的十大关系

在媒介化时代，新闻传播作为社会的黏合剂，对社会机体的正常运行发挥着不可替代的作用。而新闻传播系统的运作始终离不开有思想、有意识、有感情的人，人始终是新闻传播活动的主体。新闻传播教育的基本职能就是向传媒业界输送专业人才，以满足新闻传播事业发展的需求。自20世纪初期美国率先出现新闻传播教育以来，新闻传播教育在其他国家和地区也迅速发展起来。在网络新媒体崛起及整个社会全面转型的今天，中国的新闻传播教育正面临过去无法想象的困难和机遇。要保持新闻传播教育的持续、健康发展，满足社会和业界的期待，必须处理好以下矛盾关系。

## 一　教学与科研

就大学的社会职能而言，它既是为社会培养高级专业人才的工厂，又是社会系统的智库。从人才生产的角度来看，学生是大学能够提供的主要产品，产品的质量高低不仅取决于原材料和生产工艺，更取决于生产者的工作动机和精神状态。大学教师就是专业人才工厂的主要生产者。教学是大学教师的基本工作，教授的职称就来自教学工作，不搞教学，哪来教授？所以教育部规定，教授不担任本科教学工作，就会自动失去教授职务；教学工作量不满，也不能晋升更高一级的教师职务。在这个意义上，教学是大学教师的安身立命之本。同时，大学的职能不仅在于传授知识、培养人才，更重要的还在于它能够创造知识、发现真理。这种创造和发现，显然是通过严谨的科学研究活动实现的。科研不仅是大学的灵魂，而且是衡量大学水平的重要指标。科研与教学工作是相辅相成的，新的科研成果能够充实教学内容，完善教学手段，引发学生兴趣，提高教学质量；而持续进行的教学活动，会给科研提出新的课题，在教学相长的过程中，师生相互切磋、彼此砥砺，也会激发各自的灵感，点燃智慧的火花，从而促成科学问题的解决。

教学与科研是大学教育的一对永恒的矛盾。在高度功利化的社会环境中，大学的实际运作，往往使教学的重要性受到忽视。虽然各个学校、院系都强调教学与科研并重，但是在与科研的比较选择中，几乎所有大学的政策导向都是重科研，轻教学。教学与科研，一手软，一手硬。有的干脆将教学与科研对立起来。特别是在进行教师职称评审时，科研方面的指标，如经费、项目、论文成了绝对的硬指标，可以一票否决，而教学方面的要求则相对要软得多。这是没有远见的行为。教学和科研本是一个问题或一个过程的两个方面，两者唇齿相依，相辅相成。教学水平的提高要靠科研来保证，科研的灵感、动力和突破往往来自教学过程。一个没有科研经历、没有学术成就的人，绝对搞不好教学；同样，一个没有经过教学磨炼的人，要搞好科研也是非常困难的。所以，世界一流大学流行的做法是在坚持重视科研的同时，加大对教学的投入，不仅加大经费投入，而且鼓励教师在时间、精力方面加大投入，及时地将科研成果转换为教学内容，使教学活动紧随科研前沿向前推进；此外，还在政策上鼓励教师根据教学的需要，或者根据教学过程中的新发现，不断拓展新的研究方向，探索新的科学问题，从而实现科研与教学的有机统一，实现科研与教学的彼此促进。

## 二　理论教学与实践教学

在人文社会科学领域，新闻与传播类各专业是偏重于应用的文科专业。

根据教育规律和业界的人才需求，新闻与传播类各专业的大学生应该在规定的学业年限内，掌握系统的理论知识，具备宽广的视野、活跃的思维和突出的专业技能，能够在尽可能短的时间内，胜任业界赋予的各项工作任务，同时具有深厚的专业潜能。要做到这一点，新闻传播教育单位必须根据业界的需求，做好专业定位，建构合理的课程体系，使理论课程与业务技能课程保持大致的平衡，在第一课堂和第二课堂之间也能保持总体的均衡，这样才能使学生达到知识与能力的协调，既有深厚的理论学养、强烈的职业意识，基础扎实，思维活跃，视野开阔，又有杰出的专业能力，能够适应在新闻传播全行业、全流程不同业务岗位上的自由流动。

要做到理论课程与业务课程的平衡，相对而言并不是那么困难。在目前的情况下，新闻传播类各专业理论课程基本上大同小异。纯理论课程有新闻理论、传播学概论、新闻伦理与法制、马克思主义新闻经典导读等，再加上新闻史方面的课程，如中国新闻史、外国新闻史、广告史、广播电视史等，理论课程约占专业核心课程的一半。这些史论类的课程决定了学生基本的知识架构和理论基础，以及思维的广度和深度。而业务方面的课程涉及采访、写作、编辑、评论、摄影及媒介经营与管理等，其内容直接涉及新闻传播的实践操作层面，是相关职业的看家本领。这方面的内容弱了，会影响到学生的职业技能，使学生不能在专业上很快上手，迅速进入状态，从而直接影响到学生的就业。合理的课程结构，必须使这两类课程达到并保持总体平衡。史论课程比重过大，业务课程比重过小，则容易造成眼高手低、纸上谈兵；反之，业务课程比重过大，史论课程比重过小，则容易使学生满足于专业技能而忽略理论功底，最终虽然可能使学生成为一流的匠人，但是难以成为有思想、有深度的新闻传播工作者。

在理论与实践教学方面，还有一个课堂教学与实践教学的关系问题。[①]新闻传播专业的特殊性质决定了实验实践环节在人才培养过程中的重要地位。就在校培养过程而言，理论教学与实验教学应当并重，不可偏废。特别是业务类课程，如摄影、编辑、采访等，在坚持理论教学的同时，辅以必要的实验实践，在课堂上或实验室里，让学生自己动手，以验证性实验强化理论教学，有利于提高教学效果，并强化学生的专业意识。除此之外，由于学

---

① 苏成雪等：《完善实践教学环节，培养创新型复合型新闻人才》，载李文鑫主编《实践教学改革的理论与实践——2002 武汉大学实践教学改革研讨会论文集》，武汉大学出版社，2003。

校实验实践平台的局限性，要提高学生的职业素质，还需要拿出较长的、成块的时间安排高年级学生到媒体或专业公司进行集中的专业实习。为了保障专业实习的稳定性和可持续性，与媒体或专业公司合作建立高水平的实习基地，以协议的方式确定双方的权利与义务，实现学校与媒体、专业公司的互利双赢，已成为当下流行的做法。如华中科技大学新闻与信息传播学院沿京广线实行专业实习基地的布点建设，在与全国性媒体如人民日报、新华社、经济日报、中国青年报、中央电视台、新浪网、腾讯、网易、搜狐等联合建立实习基地的同时，还在郑州、武汉、长沙、广州、深圳等地与当地主要的传统媒体和新兴媒体建立了稳定的合作关系，每年能安排200人实习3~6个月的时间，从而保证了实践环节的高水平运行，进而保证了人才的质量。

理论与实践教学如车之双轮、鸟之双翼，在新闻传播专业人才培养过程中，不可偏废。由于大学教育毕竟不是职业教育，所以，在整个大学期间，特别是在大学阶段的前半期，应该以理论教学为主，通过系统的理论学习进行科学的思维训练，开阔视野，夯实基础。要鼓励学生潜下心来，多读些书，像古人要求的那样，板凳要坐十年冷。但是，面向业界的实践教学，绝对不能忽略，在整个课程体系中要确保占有一定的比例。即便是在理论教学过程中，也要强化实践意识、专业意识，否则，新闻传播院系的人才产品将难以受到业界的欢迎。

## 三 研究生教育与本科生教育，全日制教育与非全日制教育

到目前为止，国内有几百所大学设有新闻传播院系或专业。而这些院系或专业，除少数二、三本学校外，大部分院系都同时进行着不同层次的新闻传播专业教育。由于教学资源有限，加上持续多年扩大招生规模，即便是一流的新闻传播院系，也难以满足不同层次新闻传播专业教育对教学资源的需求，于是便出现了不同办学层次间的矛盾。

新闻传播院系不同办学层次的关系，大体上涉及两个方面的内容。一是研究生教育与本科生教育的关系。本科生是绝大多数新闻传播院系在校学生的主体。开办新闻传播研究生教育的学校不到100所。其中只有14所高校同时设有新闻传播学的硕士点、博士点，开展硕士研究生、博士研究生的培养。近百所学校的新闻传播院系同时开办了本科点和硕士点。其他数百所学校的新闻传播院系只开设了新闻传播类的本科专业。我们这里所讲的研究生教育与本科生教育，主要是针对前面近百所学校而言的。这些学校的新闻传

播院系，教学资源丰富，师资力量雄厚，办学历史相对比较长，有一定的传统和经验。但是面对这些不同层次的学生，在资源分配方面，也有捉襟见肘之感。在本科生教育与研究生教育之间，孰轻孰重，哪个应该得到优先保障，是不能回避的问题。笔者认为，无论在哪所学校，本科生教育都应该是立家之本、重中之重，因为它是大学教育的基础。没有高质量的本科生教育，就不可能有好的研究生教育。本科生教育的重点是知识的传授以及能力、技能的培养，其目标是向社会提供知识结构合理并且具有较强的专业技能和适应能力的新闻传播专业人才。而研究生教育则是高级研究型的人才培养，其规格比本科生高，对师资、办学条件的要求也比本科生高。研究生教育，特别是博士研究生教育的水平，直接标志着一所办学单位的学术水平。质量是研究生教育的生命线。这就决定了不是所有院系都能够办研究生教育，办研究生教育的院系也不是所有人都能够参与研究生教育，特别是博士研究生教育。在本科生、硕士研究生、博士研究生之间，应该有一个合理的比例，理想的状态是三者呈金字塔式结构，位于塔尖的是博士研究生，位于塔基的是本科生，介于两者之间的是硕士研究生。

对全日制教育与非全日制教育的关系，也必须予以正视。全日制教育包括本科生、硕士研究生、博士研究生，是大学正规人才培养的主体。其规模的大小决定了院系的基本编制和基本运营经费。不管是什么学校，都把全日制教育当成塑造学校品牌的拳头产品，集中资源，全力以赴。近年来进行的本科教学评估就是针对全日制教育而言的。非全日制教育，主要指成人教育，本科层次包括自学考试、函授、夜大，研究生层次包括学位课程班等。对于办学单位来说，非全日制教育既是它们拓展社会服务的一种形式，又是学院预算外的收入来源，是院系办学经费的主要补充，可以直接表现为学院教职员工的福利。从直观上看，非全日制教育的直接目的主要是创收，增进教职员工的福利。非全日制教育的运作，是讲究效益的，追求投入与产出的最佳比例。在办学资源总体固定的情况下，在非全日制教育方面投入资源多一些，必然会导致在全日制教育方面的资源投入减少。对于国家政策作为保证的重点大学来说，其基本任务是以全日制教育的方式为国家培养高层次的专业人才。事实上，国家现行政策已基本上排除了重点大学从事自学考试等本科层次的非全日制教育的可能性。所以，当下全日制教育与非全日制教育的关系，主要是就普通高校新闻传播院系而言的。虽然普通高校在获取国家资源方面比较困难，需要开展非全日制教育来弥补，但是不管是全日制教育还是非全日制教育，都必须坚持质量至上的原则，都必须有高度的热情和责任心，都要坚持社会效益优先的原则，人才质量始终是教育的生命线。一般大学新闻传播院系必须坚持质量底线，在确保全日制教育质量的前提下，适度开展非全日制本、专科教育。重点大学在研究生教育层面，也要确保全日制教育这一重点，适度控制非全日制研究生规模，绝不能单纯受利益驱动。只有这样，才能满足社会的期待。

### 四 大规模生产与精细化生产

新闻传播教育是工业时代大众化报业发展到一定阶段的产物。这种时代特征不仅决定了工业产品的大规模生产模式，而且决定了新闻传播人才的生产模式。虽然世界上的新闻传播教育千姿百态，不同大学各具特色，但不同的大学、不同的新闻传播院系，基本上是按照同一模式、同一规格、同一流程，也就是说按照大工业生产的思路生产品质相同的专业人才，这些专业人才的目标指向也是同一的。但是，如今在工业领域，相同规格产品的大规模生产模式已逐渐被精细化、个性化生产模式所取代。如生产同一规格或级别的汽车，在颜色、配置方面，消费者会有不同的需求。如果产品完全相同，固然能够满足部分人甚至是大部分人的需求，但是必然会有一部分人因为局部的不满意而转向其他产品。新闻传播专业人才的培养也是如此。同样是面向报社，不同的报社，如党报、都市报、专业报等对人才的需求会表现出相当的差异；同样是面向电视台，不同的电视台以及电视台的不同频道，对专业人才的规格也会有不同的要求。但是，我们的专业人才教育，培养模式、课程体系乃至教材教案，基本上都是根据统一的国家标准设计的，以同一规格的产品，面向不同趣味、不同要求的消费者，这是当前新闻传播教育的又一重大问题。虽然社会对新闻传播教育的期待及业界对新闻传播人才的需求有相当程度的趋同化倾向，而且对人才质量最低规格具有共同的认知，但是，差异化竞争、个性化生存的现实，要求新闻传播院系对不同用人单位的特殊需求做出及时的回应，以柔性化的课程体系，进行精细化的人才生产，满足媒体及社会的个性化要求。

### 五 数量与质量

在大学新闻传播院系，数量与质量的关系既表现在科研方面，也表现在人才培养方面。在科研方面，我们正面临前所未有的泡沫化浪潮。数量式的粗放经营成为当前中国学术界的主要景观，在经费上追求数量，在成果上追求数量，讲师、副教授如此，教授、大师级的学者也为数量的膨胀所迷惑。所以我们看到不少的学校、院系研究经费在上升，课题数量在增加，研究成果特别是专著、论文、教材的数量也在持续增长，但是真正有分量的、能够经受住时间考验的学术精品并不多。在学术成果方面，数量与质量不成比例。这不仅有害于学术的进步，不利于新闻传播院系的形象和品牌的塑造，而且直接地影响到新闻传播专业人才培养的质量。

在人才培养方面，也面临质量问题的严峻挑战。在利益驱动下，连续几年的扩招，包括本科生、硕士研究生的扩招，使大学的人才培养能力扩张到了极限，已经在一定程度上影响到学生的质量。因为同样规模的教学资源，面对数倍差距的学生规模，其效果是决然不同的。① 尽管规模扩大对办学经费的筹措以及人员编制的维持有正面的效益，但规模扩张一旦超过极限，就必然会影响到人才培养的质量。我们绝对不能以牺牲质量为代价。劣质的新闻传播教育，不仅误人子弟，而且会贻害社会。我们有必要适度控制新闻传播各专业的招生规模，在师生比上维持一个最佳的比例关系，一方面充分发掘现有的教学资源，另一方面则保证教师有足够的时间从事科研。如果学生的增加导致教师工作量的膨胀超过了可持续发展能够忍耐的极限，则只能牺牲科研、牺牲未来，这是我们不愿意见到的。不管是在科研方面，还是人才培养方面，新闻传播院系都要坚持追求有质量的数量，质量是前提，没有质量的数量不仅不会给大学增光添彩，还会使大学蒙羞。

## 六　接轨国际与中国特色

在全球化时代，不仅科学无国界，就是经济乃至教育也超越了国家的界限，实现了全球范围的大汇流。这种时代背景决定了科学与教育的发展必须对外开放，加大国际交流的力度，实现与国际社会最高水平的接轨，以整个世界为平台实现学术资源的优化配置。这样才能主动融入世界经济、科学、教育发展的主流中。在当今的媒介化时代，新闻传播学科与新闻传播教育已成为中外各国的显学，因为随着新的传播技术的不断涌现，新闻传播无处不在、无孔不入，全面渗透到社会生活的各个角落、每个环节。它不仅影响到

---

① 何梓华：《控制办学规模　提高教学质量——新闻教育亟待解决的问题》，载何梓华编《迈入 21 世纪的中国新闻教育》，中南大学出版社，2007。

社会的运行，影响到人们的物质生活，更是深刻地影响到人们的精神世界。在传播技术、传播规律、传播流程及业务准则方面，新闻传播具有跨越国家、政治乃至意识形态的共同特性。无论什么国家，在新闻传播领域，都有一些共同的话语或者同样必须遵循的规范，如快速、客观、公正、平衡、正义等。正是因为如此，不同国家不同地区的新闻传播院系，存在极大的交流互动、取长补短的空间。通过学术交流，或者联合举办学术会议，或者交换师资，或者合组学术团队研究共同感兴趣的课题，探索新闻传播学术的前沿问题，与国际接轨，实现新闻传播学术的创新；通过交换学生，增进中外新闻传播专业大学生的交流和理解，弥合新闻传播的政治、文化鸿沟，培养人类命运共同体意识，营造课堂的创新氛围，促进教学相长。如果偏离世界新闻传播教育的主流，置身局外，自娱自乐，无论什么大学的新闻传播院系，都不可能有知识方面的创新和实质性的进步。

我们同时也要认识到，在新闻传播领域，由于媒介本身具有的意识形态属性以及由国家制度安排所决定的政治及阶级属性，不同国家的特殊国情也会给不同国家的新闻传播打上特殊的烙印，以至于对同样的传播现象，依据不同的话语系统会做出全然不同的解释。这必然会影响到不同国家的新闻传播教育。中国作为当今世界最大的社会主义国家，而且是具有中国特色的社会主义国家，其新闻传播系统的性质、运行模式、管理制度、社会功能及其对从业者的政治与业务要求，与西方资本主义国家是有显著区别的。所以，中国大学的新闻传播院系在推进与国际新闻传播教育界的横向交流与合作时，要在技术与业务运作层面与国际接轨，坚持国际标准，以保证国内的新闻传播教育不低于国际水平。与此同时，中国大学的新闻传播院系还要彰显自己的特色，毕竟中国的新闻传播教育植根于中国自己的土壤，其培养的人才主要是面向中国的传媒业界。中国的新闻传播界虽然也认同传媒业务的国际标准，但是在业务准则与政治准则发生冲突时，中国新闻传播是有自己的判断的。政治标准优先于新闻标准，社会责任优先于新闻自由，国家利益优先于媒体利益，是中国新闻传播不同于西方资本主义国家的关键所在。所以，中国新闻传播教育必须坚守自己的底线，绝对不能为国际化而放弃自我，绝对不能全盘西化。

## 七　教师与学生

在大学，教师与学生的关系应该怎样理解，直接涉及基本的办学理念。

教师是学校的根本。铁打的营盘流水的兵，学校这个营盘是靠教师坚守的，学校水平的高低更多地取决于学校的师资水平。所以每个教育家都知道，要以师资队伍建设为本，只有拥有一流的师资，才能有一流的大学。但是就人才培养的过程而言，学生又是办学活动的主体，学校的一切活动都是围绕学生展开的。一方面，教学相长，教师要成为学术大师，离不开与学生的互动，如果没有学生智慧激发的创新火花，教师要想在学术上实现突破是很困难的；另一方面，现代大学都不是义务教育，政府的拨款有限，大学只有靠向学生收费才能生存。在这个意义上，学生是大学教育的消费者，是学校的"上帝"，是学校的衣食之源。从长远的角度看，学生更是代表着学校的未来，是学校、院系将来必须依赖的重要的社会资源。

教师对自己在学校人才培养过程中的地位应该有明确的认识。教师的责任是传道授业，启人心智，唯有如此，才能在大学里安身立命。学生是教师的服务对象，是教师的衣食之源，没有学生就没有教师的饭碗。教师要平等地对待学生，全身心地投入教学，真心地爱护自己的学生。[①] 最近几年，在中国广大农村地区，许多学校关门了，许多中小学教师被精简，原因就在于没有生源。多数大学目前还感受不到这种压力，特别是重点大学，学费再贵也不怕没有学生。但是，高校之间激烈的竞争，已经从争抢生源延伸到整个培养过程，因为这一过程直接关系到其最终的"产品质量"。品质低劣的产品不可能赢得市场，教学质量低劣的学校也不可能得到学生及其家长的青睐。所以，学校及新闻传播院系要重视学生工作，重视学生在人才培养过程中的主体地位。学生工作不仅仅是主管学生工作的副书记的事情，也不仅仅是学生工作领导小组的事情，还是全体教师的事情。首先，学校要把好入口关，争取最好的生源；其次，在培养过程中也要尽心尽力；最后，要找好出口，教师要尽其所能帮学生找到最好的归宿。教师的作用不仅限于课堂之上，在课堂之外，教师的言传身教对学生的成长也具有不可忽视的影响。所以，教师作为灵魂的工程师，不仅要为人师表，善尽责任，而且要坚守师德底线，捍卫学校这方净土，为社会的未来固本培元。

## 八　专职教师与管理人员

大学的员工关系，主要是指教师与管理人员的关系，同时还涉及教师队

---

① 〔美〕肯·贝恩：《如何成为卓越的大学老师》，明廷雄、彭汉良译，北京大学出版社，2007，第140～144页。

伍内部的老中青不同年龄段之间的关系。这两大关系影响到院系的稳定与和谐。一般认为，教师是学校的主体，没有教师，就没有大学。学校之所以能够吸引学生，能够正常运转，是因为有教师传道授业。但是学校的运行，仅有教师是不够的。教师只是大学这部机器的一个组成部分，只是一个关键的齿轮，没有其他部件，教师是难以发挥他们作为灵魂工程师的职能的。在这个意义上，管理人员也是大学及院系不可或缺的重要组成部分。他们和教师一样，具有重要的存在价值。教师和管理人员应该是唇齿相依、荣辱与共的关系。教师和管理人员，要明确自己在院系的定位，凡属职责范围内的工作，一定要做到位，但不能越位。只有管理人员和教师相互理解、彼此支持、相互尊重，院系才能够正常运转，才能营造一个良好的育人环境。因此，必须提倡平等的价值观，尊重不同岗位员工在权利、地位及人格上的平等。同时，也要承认劳动差异、报酬差异的合理性，但是要防止差异过大化，否则将导致教师和管理人员的对立，从而破坏大学及院系的团结与和谐。

在教师队伍中又有中老年与青年之别。一方面，中老年教师是院系的支柱和招牌，院系的历史是他们创造的，院系的光荣属于他们，正是他们搭建了全体教职工赖以安身立命的平台。同时，中老年教师有丰富的人生阅历以及多年的知识积淀和教学经验，他们在单位时间的劳动付出和绩效是青年教师所不能相提并论的。所以在利益分配方面，必须照顾他们正当的物质权益。另一方面，青年教师是学校及院系未来的希望，是未来的基石，他们思想活跃，敢于创新，深受学生的欢迎，是教学、科研的主力军。但在目前的利益分配格局中，青年教师们往往处于弱势地位。而青年时期又是人生最困难的时期。这时他们最需要一间能够放下宽敞书桌的安静书房。但是这时的他们没有名气、缺少经费、没有项目，正需要院系的扶植。所以，院系在政策上，应该对青年教师予以一定的支持，雪中送炭远比锦上添花好得多。要处理好教师与管理人员、中老年教师与青年教师的关系，必须在发展中适当调整院系的利益分配格局，缩小两极分化，使中老年教师与青年教师能够共享发展成果，营造和谐的院系氛围。[①] 同时，还要在院系提倡青年教师尊重中老年教师，中老年教师也要爱护、提携、关怀青年教师。只有这样，才能形成和谐、温馨的院系文化，维持正常的学术生态，保证全体员工利益共享、和谐共生。

---

① 张昆：《媒介转型对新闻教育的挑战》，《今传媒》2010 年第 9 期。

## 九　稳定队伍与竞争机制

对于任何社会组织来说，稳定都是最重要的。稳定是发展的前提，只有在稳定的状态下，才能思考发展之策。但是稳定总是相对的，如果一个社会组织变成了一个超稳定系统，这种稳定不仅难以促进发展，反而会使社会凝固起来，从而在一定程度上扼杀发展的可能性。中国封建社会就是一个超稳定系统，它有周而复始的循环，却鲜有突破性的革命进步。

新闻传播教育领域也是如此。新闻传播院系要发展，也要有稳定的环境。院系要稳定，首先要稳定队伍，特别是专职师资队伍。全体教职工安心工作，心无旁骛，才能集中精力完成所有既定的目标。但是，如果队伍太稳定，长期不进不出，几年、几十年一以贯之，就会形成一个超稳定系统。在超稳定的环境里，人没有风险意识、危机意识，没有竞争，没有压力，就会不求上进、消磨斗志、尸位素餐。现在社会上许多人认为高校是最好的避风港，工作安稳，薪水又高。事实上也是如此，不少高校在教师之间没有竞争机制，教师的日子很好过，每周几节课，反复讲，用不着准备，虽然科研上没有课题、经费、文章、专著，但也没有压力，每个月工资、津贴照拿不误。进取精神、创新动力都没有了。管理人员方面也有这个问题。责任心不强，奉献意识缺失，专业精神淡漠，自我利益至上。这样的稳定是一种不正常的超稳定，是以牺牲发展为代价的。所以，大学及新闻传播院系要保持活力、永续发展，必须引入竞争机制和合理的评价机制，奖优罚劣，使教学与科研资源向优秀的、富有责任心的教师倾斜，使院系变成一汪活水。同时，还要引进优秀人才，通过顶尖人才的加入重组学术团队，运用狼入羊群的效应激发学术团队的潜在能量。当然，当顶尖人才进入院系的学术平台后，还必须处理好"外来和尚"与"本土和尚"的关系。"外来的和尚好念经"是客观现实，但是不能因为对"外来和尚"的过分倾斜，而冷了"本土和尚"的心，对于"本土和尚"与"外来和尚"，在物质待遇与精神待遇方面应该保持适度的平衡。

## 十　院与系（教研室）

院与系（教研室）关系也可理解为整体与局部的关系。学院是得到学校充分授权的办学主体，在学校的领导下，学院拥有一定的人财物权，既是组织教学、科研和社会服务的主体，又是一级不完全的财务分配主体。而系（教研室）则隶属于学院，是从事教学、科研工作的实体。在坚持学院集中领导的前提下，如何调动各系（教研室）的积极性、主动性，直接关系到新闻传播学院的健康发展。

从国内新闻传播教育界的一般情况来看，院与系（教研室）的关系，用政治学的术语来说，主要有三种形式：中央集权式，联邦式，邦联式。①中央集权式。学院是绝对的权力中心，掌控全院的人财物。各系（教研室）主任由学院任命，履行学院赋予的职能。各系（教研室）是办事实体，而不是权力主体。其好处是便于学院调控，集中力量办大事；不利的是各系（教研室）缺乏积极性、主动性，工作比较被动。②联邦式。其核心在于各系（教研室）既是办事实体，也是一定程度上的权力主体，拥有一定的人财物控制权。各系（教研室）工作积极、主动，富有创造性，学院也有一定的调控能力。③邦联式。邦联式院、系（教研室）结构的核心标志为各系（教研室）是权力主体，也是办事实体，拥有独立的人财物控制权。学院仅具有形式的意义，对各系（教研室）缺乏必要的调控力，各系（教研室）独立运行。

目前国内新闻传播学院在院与系（教研室）关系上大部分属于中央集权式。学院的权力相对比较集中，控制了人财物，在教学科研及社会服务方面，管得过多、过细，各系（教研室）的自主自为空间过小，主动性、能动性缺失。这在学科发展的上升期是有其必然性的。当新闻传播学院处于爬坡阶段时，需要万众一心，集中力量办大事。但是，当学院的学科发展已经到一个比较高的平台时，就需要适当调整院与系（教研室）关系，学院要把集中控制的权力适当下放到系（教研室），调动它们的积极性、主动性。同时，又要保持学院必要的调控能力，避免"诸侯坐大，藩镇割据"。只有这样，才能调动院与系（教研室）双方的积极性，进而避免"一放就乱、一管就死"的局面。

总之，在全球化加速和媒介转型的背景下，新闻传播教育面临新的挑战与机遇，这不仅是世界新闻传播教育界的一般趋势，对我国新闻传播教育而言，更是具有特别的意义。面对特殊的时代环境和变化的业界需求，各大学新闻传播院系必须审时度势，认清各自面临的难题，思考应对的方略。而所有这些问题都或多或少地与以上十种关系相关。所以，处理好以上十种关系，对于我国大学的新闻传播院系，对于整个新闻传播教育界，甚至对于转型期的我国传媒业，都具有重要的指导意义。

## 第三节　院系管理的基本原则

所谓院系管理，就是在院系的空间范围里，以人为中心，通过计划、决策、组织、协调、控制和创新等手段，合理地配置各种资源，以实现预期目标的活动。新闻传播院系能否有序地运行，能否在与同行的竞争中处于有利的地位，最终战胜对手，完成自己的目标，在相当程度上取决于院系管理。院系管理是否科学、有效，对于院系战略的实现与否具有决定性的意义。

### 一　以人为本的原则

大学的院系作为教学科研组织，不同于一般的企业或政府机关。新闻传播院系是一个集教师、学生于一体的知识密集型的命运共同体，其核心职能是教育。"教育是以人为对象的实践活动，必须贯彻以人为中心，人的自由、民主、人格、志趣、尊严和选择权等必须得到尊重和保障。"① 组成新闻传播院系的人，是院长（主任）、教职工和学生，他们都是院系的主人。要管理好新闻传播院系，保证院系有序地运行，并且实现其人才培养、科学研究和社会服务的目标，必须坚持以人为本的原则。所谓以人为本，就是尊重人，尊重他们的人格、自由和选择的权利，一切以他们的根本利益为出发点。

以人为本首先是以教师为本。教师的存在对于新闻传播院系来讲，是院系存续的先决条件，没有教师就没有院系。一个优秀的院系，绝对是以其杰出的师资为前提的。美国哈佛大学第 23 任校长詹姆斯·B. 科南特说："高校的荣誉不在它的校舍和人数，而是它一代又一代素质优良的教师，一所学校要站得住，教师一定要出色。"② 俄罗斯教育家康·德·乌申斯基也强调了教师的重要作用："教师对学生的影响是学校的任何规章和大纲、任何组织都不可能代替的一种教育力量。""在教育中一切都应当以教育者的人格为基础……只有人格才能够影响人格的发展和形成。"③ 院系的院长（主任）必

---

① 刘道玉：《中国高等教育改革论》，武汉大学出版社，2018，第 276 页。

② 马骥雄：《科南特的教育思想》，《外国教育资料》1982 年第 4 期，转引自刘道玉《中国高等教育改革论》，武汉大学出版社，2018，第 426 页。

③ 〔苏〕巴拉诺夫等编《教育学》，李子卓等译校，人民教育出版社，1983，第 2～3 页。

须明白，其先于一切的工作，就是组建一支高水平的具有人格魅力的师资团队，同时还要千方百计地调动教师的积极性，让这些优秀的教师心甘情愿地在教学、科研上全心付出。因此，他必须尊重教师的主体性，尊重教师的人格，维护教师的利益。教师有权选择自己的研究方向，选择教授的课程和教学团队，有关教师工作的安排必须尊重教师的意见。不能像企业或政府机关的领导处理与下属的关系那样，以简单甚至粗暴的行政命令处理与教师之间的关系。院长（主任）千万不要迷恋权力，不应该有权力的傲慢。院长（主任）与教师不是简单的上下级关系，而是同仁、同志加朋友。这种关系是建立在彼此信任、欣赏、关心、理解的基础之上的。在中国，知识分子有一种可贵的情结，那就是士为知己者死。领导的欣赏、信任、理解，比物质上的奖励更能够打动人心。在教师面临工作或生活上的困难时，院系的领导应该尽全力去帮助解决。当教师因特殊原因需要保护时，哪怕是冒有一定的风险，院长（主任）也应该挺身而出。曾经在一所知名大学，有个知名教授受到某位上级领导的点名批评，教授本人并不在场，学校领导主动承担责任并且为教授解释，领导没有将这件事告诉教授，几年后政治环境变化了，教授的观点被实践证明是正确的，教授也从其他地方知道了这件事，他非常感动。在那个特殊的环境下，领导不落井下石就很难得了，能够代人受过更是需要勇气。一个有作为的院长（主任），应该有这样的气魄。

以人为本还指以学生为本。学生也是院系的主人，没有学生，院系就失去了存在的根据，教师也会失去安身立命之基。学生是有主见和情感的，学生有选择的权利，在法律的范围内，学生有思想和行动的自由。学校、院系必须尊重学生的权利，尊重学生的选择。事实上，学生中发生的许多问题，尤其是与学习相关的问题，往往是在学生的权利被无视的情况下发生的。比如，在不少大学，学生没有自由选择专业的权利。因为招生时"服从调剂"的承诺而被分配到自己不喜欢的专业，尽管他们没有兴趣，但也必须坚持，这是不恰当的制度设计。如果校长、院长（主任）的孩子也面临这样的处境，他们也很难容忍这样的政策。以学生为本不是一句口号，而是一份情感的投注。只有真心地爱学生，才能真正做到以学生为本。爱是建立在理解的基础上的，只有理解了学生，理解了学生的情感、志愿和梦想，并且尽一切可能去成就它，才是真爱。院长（主任）、教师有这种爱的付出，才能得到学生爱的回报。教育是充满了爱的师生互动，是洋溢着人间温情的交往实践，我们不能用惩罚的教育去打碎学生的梦想。教育家刘道玉曾这样说："惩罚教育是一种很糟糕的手段，是不相信教育的力量的表现，也是教育者无能的表现。无论是学校的管理者或是教师，如果把惩罚视为主要的教育手段，那他们就曲解了教育任务的真正本质。教育的根本目的是，使那些具有个体性格的人真正获得内在的精神自由，进而使他们的知识、智慧、善良的美德和意志得到解放。"① 这才是真正的以学生为本。

## 二　公平与效率统一的原则

新闻传播院系会聚的是知识分子，知识分子最看重的就是自由、公正、民主。每个知识分子都希望能够在参与学术研究、公共管理及社会服务方面和利益分配方面具有平等的机会和权利。这一诉求对于院系的教师、学生来说具有同样的意义。对于教师而言，在一个学术竞争异常激烈的环境下，公平意味着大家有同样的出彩的机会，意味着排除了权力、关系、资本对平等竞争的干扰，在这种情况下，竞争中的失败者，也能够坦然地接受结果；公平意味着自己的付出、自己的贡献能够得到合理的回报。有了公平，和谐才有可能。但是在现实生活中，由于人与人之间客观存在的种种差异，实际上难以达到绝对的公平。有的人资质平平，有的人智力超群；有的人身强力壮，有的人疾病缠身；有的人业务精湛，有的人水平一般；有的人功勋卓著，有的人碌碌无为；有的人心怀坦荡，有的人阴谋算计；等等。具有如此显著差异的各色人等，生活在一个共同体中，要给他们完全同等的机会，给予他们同样的激励和酬劳，这本身也不公平。对学生来说，也存在同样性质的问题。奖助学金的评审、推免研究生资格的确定、组织发展问题、社会实践机会等，相对有限的资源面对近乎无限的需求，要做到绝对公平，是完全不可能的。所以，有史以来，人们都认同公平的价值至高无上，认为公平是一个值得向往、追求的目标，但是彻底的公平永远都不可能实现。人们可以期待的只是相对的公平。

与公平联系最紧密的是效率。公平与效率问题一直是哲学家、经济学家、社会学家和法学家探索与争论的重大理论问题，尤其是在社会的政治、经济发生重大变化时，在社会转型时期，公平与效率的关系问题总是会成为引人关注的焦点。由于人性自私，无差别的平等或公平，可能会破坏奖勤罚懒的机制，每个人无论贡献大小，其得到的机会和报酬基本一致，能力弱、贡献小的人自然会满意，但才华卓著者的积极性会受到影响，因而不利于有

---

① 刘道玉：《中国高等教育改革论》，武汉大学出版社，2018，第 242~243 页。

才华的人做出更大的贡献，这必然会大大地降低社会的生产效率。如果要提高效率，则一定要考虑到人自然趋利的本性，实行多劳多得、奖勤罚懒的制度，使贡献大的人不仅能够得到更多的物质报酬，而且能得到更多出彩的机会。于是贡献大者会努力做出更大的贡献，贡献小的也会努力改进，奋起直追，拉近与强者的距离。对于效率的追求，必然会在事实上影响到绝对公平的实现。所以公平与效率之间存在一定的矛盾。在市场经济条件下，虽然也追求公平，但是在与效率冲突的情况下，一般以效率优先。如果过于追求效率，过大地拉开人们之间的差距，又会打破人们心中公平的梦想。

新闻传播院系既是一个人才培养与知识生产的共同体，又是一个荟萃社会精英的平台，这种知识密集型组织本身就存在追求公平的内在冲动。人们向往公平，希望能够发挥自己的能力，自由地在公平的环境下进行创造性的人才培养和知识生产，并且得到预期的报酬和成长的机会。但是这种绝对公平在人世间是根本不存在的，如果一定要坚持这种绝对公平，对报酬和机会平均分配，那只会破坏效率。所以，院系的管理者承担着院系发展学科建设的责任，必须采取各种措施保持一定的效率，与此同时，还要尽可能地保证公平，至少是形式上的、相对的公平，来满足人们对于美好生活的向往。也就是说，一个优秀的学院管理者，必须尽可能做到公平和效率的统一。[1] 尤其是在知识分子群体中，片面地强调绝对公平，或者绝对地追求效率，都是不可取的。

### 三　统筹兼顾的原则

新闻传播教育是高等教育系统的一个子系统。在大学，新闻传播院系是学校的重要组成部分。其规模虽然不大，但五脏俱全，自成体系。其人员涉及干部、学生、老师和教辅人员，其管理涉及教学、科研、行政、环境、就业、实验室、技术等要素，几百上千人的规模，数以千万计的资产，没有全局意识，没有长远眼光，不能够统筹兼顾，是很难管好新闻传播院系的。清人陈澹然在《寤言二·迁都建藩议》中说："自古不谋万世者，不足谋一时；不谋全局者，不足谋一域。"这句话反映了中国古人对战略的深刻认识，他建议当事者站在顶层的高度，对相关事务做出关系全局、涉及长远的谋划。

---

[1] 卫兴华：《怎样准确把握"效率与公平"的演变与内涵》，《人民论坛》2013 年 6 月（下）。

这就是所谓的战略思维。战略思维是思维主体的高级认识活动和智力活动，其思维指向是对问题的整体性解决，因而需要高瞻远瞩、统揽全局，能够把握事物发展总体趋势和方向的能力。① 新闻传播院系的管理涉及面广，上承学校，下接师生，中间还要对接社会、行业，千头万绪，院长（主任）犹如夹心饼干。新闻传播院系的院长（主任）应该具备战略思维、大局意识，否则会头痛医头、脚痛医脚，不知道主要矛盾和矛盾的主要方面。战略思维要求新闻传播院系的院长（主任）胸有成竹、高屋建瓴，并且在此基础上统筹兼顾。

第一，新闻传播院系的管理要处理好眼前利益与长远利益的关系。眼前利益看得见、摸得着，对院系师生员工有吸引力、诱惑力。院长（主任）必须重视，让院系的师生感受到院系领导是在切实地为大家干实事、谋利益，而且这些努力还要有实际的效果。但是，新闻传播院系的领导不能沉浸在眼前利益所带来的快乐之中，如果眼中只有现在和眼前利益，将会失去未来。进入 21 世纪以来，教育部举办的一级学科评估和学校组织的各种绩效考核，令院系负责人十分苦恼。每次评估、评比都不能轻视，每次评估、评比的数据和排位都要看得过去，使各个院系的领导全部身心都放在一年一次的评比、四年一次的评估上，注重短期的效应，很难做长远的前瞻规划，并立足于前瞻规划扎扎实实地打基础，厚积薄发。结果是短期的效果不错，可是远期成就看淡。一些院系为了满足教职工眼前的物质利益，将很大的精力放在社会服务和创收方面，没有想方设法将教师的注意力集中在教学和科研方面，于是教师的收入上去了，学科整体水平却下降了。一个没有未来的院系，即便眼前丰衣足食，也难以得到同行的敬重，也没法激起同仁的光荣感和自豪感。正所谓"自古不谋万世者，不足谋一时"，院系的领导必须立足长远，以前瞻性思维处理眼前利益与长远利益的关系。

第二，新闻传播院系的院长（主任）还要处理好新闻传播院系这个局部与学校整体以及新闻传播院系这个整体与下属专业的关系。一方面，在今天中国的大学体制下，院系是学校下面的一个二级单位。学校是院系的母体，院系是学校的组成部分。院系的学科发展固然能够促进学校的整体提升，但是学校的战略思考不等于各个院系战略的简单相加。学校的下属院系很多，不可能齐头并进；学校的资源有限，也难以平均分配。学校必然会有自己的战略侧重点，作为学校的一部分，院系应该在服从、配合学校战略的基础

① 张昆：《新闻学院院长的战略思维》，《新闻与写作》2018 年第 12 期。

上，谋求院系的最大发展。不过学校在确定战略重点时，也应该考虑到学科间的公平，应该力争给各个院系充分的自主发展空间。另一方面，在与下属专业的关系上，院系又是整体，是专业的母体，专业则是院系的组成部分。院系的战略自然高于专业，但是院系的战略规划必须给下属的专业预留足够的发展空间。专业应该服从于院系发展的整体战略，在主动配合院系战略的前提下，专业应该充分利用现有的条件，并且再创造一些新的条件，争取实现超越常规的发展。

## 四　融通中外的原则

在中国高等教育界，新闻传播教育不同于其他的文科专业教育，它具有鲜明的职业教育特性和意识形态属性；同时它也明显地不同于欧美其他国家的新闻传播教育，表现了突出的政治特性。中国新闻传播教育的独特性主要体现在：第一，坚持马克思主义新闻观，让马克思主义新闻观进课堂，用马克思主义新闻思想武装学生的头脑；第二，强调新闻传播工具的意识形态属性和新闻传播教育的政治性，整个教育过程，包括新闻传播院系的运行，都在党委的领导之下；第三，部校共建制度，为了强化对新闻传播教育的政治领导，同时也为了筹措更多的教学资源，中国在高等新闻传播教育领域，选择了一些重点大学，由地方党委（省委）、中央媒体和大学共建新闻传播院系。这一独特的办学模式，是中国的独创，可以说是中国特色新闻传播教育的重要体现。

中国特色社会主义的建设、中国特色新闻传播教育的性质，决定了在中国办新闻传播教育，必须扎根中国大地，立足于中国的实践，面向中国传媒产业的发展和中国社会发展进步的需求，而不能像自然科学专业那样照搬国外的模式。中华人民共和国成立 72 年来，中国新闻传播教育不仅建成了不同于自由主义国家新闻传播教育的专业体系、课程体系和教材体系，而且在人才培养模式方面另辟蹊径，探索出了一条独特的道路。

新闻传播教育虽然有其政治属性、意识形态特性，但是作为一门科学和专业，也有超越国家、政治和意识形态属性的内涵。在理论研究、历史解读方面，新闻传播难以摆脱政治或意识形态的影响，但是新闻传播的实务操作、技术方法是没有阶级性的。事实上，自近代报刊诞生以来，西方的新闻传播发展一直走在中国的前面，其新闻传播教育也在传播技术、数理方法、跨文化交流、民意调查、战略传播、效果评估等领域，积累了丰富的学术成果和技能训练的成功经验，而这正是中国新闻传播教育所欠缺的。在全球化的背景下，尤其是在目前高等教育领域欧美国家远远领先于中国的情况下，我们不能闭门造车。这些国家的成功经验及其教训，应该为我们所借鉴。如果能够弥补这些不足，中国新闻传播专业的人才培养将会提升到一个全新的水平。

如今的国际社会，因为商业贸易、文化交流、信息传播的全球化发展，国与国之间、民族与民族之间相互交融，难解难分。没有一个国家能够自立于全球体系之外而独善其身。不同的国家虽然在物质经济方面发展的程度不同，但是在文化上不存在高低优劣之分，实际上还有互鉴的空间与可能。在高等教育领域，中国的现代大学起步较晚，直到今天中国大学水平在整体上仍然落后于西方发达国家，这是一个不容否认的客观现实。在这个转型的时代，如何办大学，如何办新闻传播教育，在不少地方还需要向国外的先进大学学习、借鉴。习近平曾要求"认真吸收世界上先进的办学治学经验，更要遵循教育规律，扎根中国大地办大学"①，同时，又主张开门办学，吸收借鉴国外成功的经验。2017年中共中央办公厅、国务院办公厅联合下发的《关于深化教育体制机制改革的意见》指出："坚持扎根中国与融通中外相结合。继承我国优秀教育传统，立足我国国情，遵循教育规律，吸收世界先进办学治学经验，坚定不移走中国特色社会主义教育发展道路。"② 这一精神对新闻传播教育也有很强的针对性。它告诉我们，要发展我们的新闻传播教育，推进新闻传播事业的发展，在坚持我们的基本传统和原则立场基础上，我们应该敞开胸怀，吸纳西方先进国家新闻传播教育体系中合理的成分，中外融通，为我所用，这样才能够实现我们的目标。

## 五　权利（力）与责任对等的原则

新闻传播院系是一个教学单位，也是一个学术组织，其主要的职责是人才培养和知识生产。从形式上看，它不是一个行政部门，但是要有效地运作这样一个组织，也要发挥管理的作用。在这个知识密集型组织中，也存在目标制订、工作安排、资源分配、绩效评价、职称晋升等内容，权力这只"看

---

① 习近平：《青年要自觉践行社会主义核心价值观——在北京大学师生座谈会上的讲话》，人民出版社，2014，第13页。

② 《中办国办印发〈关于深化教育体制机制改革的意见〉》，《人民日报》2017年9月25日，第1版。

不见的手"在这里也会有运作的空间。院系的权力运作虽然不像政府机关和企业，雷厉风行，但是和风细雨式的院系管理，对组织内资源的调动、目标的达成、人心的聚散也有重大的影响。甚至院系的一般行政事务，如本科、研究生招生，人才引进，绩效奖酬分配等，都可能存在"灰色"空间。外界也会想象权力可能带来的影响，因而各种请托在所难免。对于新闻传播院系的院长（主任）而言，其拥有的权力、资源远远超过一般的教师，但是同时他也担负着学科人才培养、学科发展、水平提升的重大责任。院长（主任）及管理层的权力不是绝对的，权力总是伴随着责任。权力与责任是对等的，有多大的权力，就承担着多大的责任。院长（主任）及管理者的任期是既定的，对于专职教师而言，院长（主任）只不过是一个兼职而已，总有一天他要回归到一般教师的身份。院长（主任）及管理层履行职责的结果如何，也要接受院系教职工和上级领导部门的考核。

除院长（主任）以外，新闻传播院系的教师、学生，也有权利与责任对等的问题。作为知识分子，新闻传播院系的教师有思想自由、学术自由，自由地选择自己喜欢的研究领域，自由地发表自己的研究成果，选择自己感兴趣的课程，甚至在指导研究生方面，也是自由地选择自己满意的学生。这是教师的基本权利，没有人会干预，这也是学人愿意选择教师职业的重要原因。作为学者，教师对新闻传播现象、传播规律乃至当下的重大事件及政策问题的认知，不一定与主流意见相同。从学术研究的角度，他可以自由地探讨，但是在公开发表方面，则应该考虑发表后产生的影响；学术论坛上的交流、切磋，可以百无禁忌，但是在课堂教学方面，也应该遵循教学纪律，知所进退，因为不成熟的意见可能会对学生的成长产生消极的影响，如果产生了消极的影响，当事者自然应该承担相应的责任。

在学生方面也是如此，大学时代是学生天性自由得到充分发展、放飞理想、张扬个性、追求真理的人生阶段。按照现在的大学制度，学生与学校、学生与教师是双向的自由选择的关系。学生进入某所大学，进入某个院系、专业，是双向自由选择的结果，当然也不排除有少数学生因为调剂而进入相应学校、专业。实际上调剂也是一种选择，在自己的条件相对较弱的情况下，想进入相对理想的学校或专业，才不得已退而求其次。既然是自由选择的结果，就要承担、接受。在学习过程中，在必修课程之外，学生还有大量的自主选修课程，同样的课程还可以选择不同的教师、不同的课堂，在有些高校学生甚至可以选择上不上课。学生还有政治权利，参加地方选举，参与各种社团活动，竞选社团领导职务，在各种集会上演讲，参与国内外的社会实践，等等。但是学生也须明白，自己的权利受到法律保护，同样法律也有底线和边界。超越了法律底线、边界，就应该承担相应的法律责任。这种常识，也应该融会在学生的知识体系之中。

新闻传播院系作为新闻传播教育的实际承担者，在整个社会的有序运行中扮演着重要的角色。院系的潜力能否充分发挥，院系的目标能否实现，社会和行业对院系是否满意，在相当程度上取决于院系的管理。院系的事务千头万绪，人才培养、学术研究、社会服务、教辅后勤，哪样都需要关注，哪一项掉链子都会拖累院系的发展。院系的院长（主任）及领导班子成员，应该秉持战略思维，坚持科学管理的基本原则，以宏观及前瞻的视野，做好顶层设计，充分地调动人的积极性，发挥教学资源的潜力，只有这样，才能达成学院的目标，满足社会的期待。

# 第十一章　新闻传播教育改革

我们今天置身于一个新的历史时代，整个全球的力量格局、社会结构、传媒生态都在发生颠覆性的变化，大学教育因此迎来了一个大变革的时代。作为高等教育系统的一个重要组成部分，新闻传播教育处在变革的风口上。原有的专业结构、课程体系、教材体系、培养模式、师资队伍及院系组织结构都面临改革的压力。新闻传播教育向何处去，新闻传播院系、新闻传播专业的教学改革如何进行，新闻传播学科怎样建设，不仅影响到新闻传播行业及高等教育的发展，也在考验院长（主任）及广大新闻传播教育工作者的智慧。

## 第一节　新闻传播教育的支点错位

在媒介化社会，新闻传播教育扮演着重要的角色。它承担着向社会输送职业传媒人的责任。大凡经济发达、信息化程度高的国家，都会有发达的新闻传播教育。新闻传播教育作为现代大学教育的主要分支，本身也是一个完整的系统。如果把新闻传播教育视为一个平面，那么这个平面就是建构在三个重要的支点之上的。犹如几何学告诉我们的，非共线的三个点确定一个平面。这三个支点是什么？笔者认为是教师、学生和人才市场。一般而言，市场需求决定师资配置，师资结构影响学生质量，学生质量决定市场需求是否得到满足。三者的关系正常，新闻传播教育就能够顺利发展；如果关系颠倒了，新闻传播教育就会出现种种问题。综观今天的新闻传播教育，可谓问题丛生，困难重重，推其大原，在于这三者的错位。

### 一　新闻传播教育常态下三大支点

教育是千秋大业。古人云，十年树木，百年树人。教育的正常运行，首先取决于教育的主体——教师。唐代学者韩愈讲："古之学者必有师。师者，所以传道受业解惑也。人非生而知之者，孰能无惑？惑而不从师，其为惑也，终不解矣。生乎吾前，其闻道也固先乎吾，吾从而师之；生乎吾后，其闻道也亦先乎吾，吾从而师之：吾师道也，夫庸知其年之先后生于吾乎？是故无贵无贱、无长无少，道之所存，师之所存也。"（《师说》）教育的天职是传承文化、培养人才。历史上虽然不乏自学成才者，但是从社会文化传承的历史意义上讲，没有教师，就没有教育；没有教育，文脉就会断绝。教师存在的价值在于启迪学生的心智，在于引导学生成才。学生是教师彰显其价值的名片。孔子之所以被称为中国历史上最有影响的教育家，就是因为他不仅有三千弟子，更有七十二贤人。教师因学生而存在，学生因教师而成才。教师与学生的关系是教育过程中一对基本的矛盾关系。

如果说教师是教育过程的主体，那么学生就可以说是教育活动和教育过程的中心。学校的一切工作、教师的一切工作都要围绕学生本身、学生培养、学生成才来展开。在知识社会，学校特别是大学被视为大规模的标准化的人才"工厂"，而学生就是其主要的"产品"。华中科技大学原校长、学生心目中敬爱的偶像校长李培根说，在教学过程中，学生是待雕琢的原材料，是教师的工作对象。在其担任华中科技大学校长时，就提出要实现从"以教师为中心的教育"向"以学生为中心的教育"的转变。[1] 大学的核心工作，一切都是为了学生的成才。评价大学的绩效、大学的好坏的重要标准之一，就是这所学校培养了多少优秀的学生，这所学校的校友在国际国内社会扮演着什么重要的角色，为社会发展和文化昌明做出了哪些突出的贡献。学生在教学过程中的中心地位，在市场经济条件下更为突出。因为学校的运作所需的物质供给，相当大部分来自学生的学费，或者是基于学生教育的政府拨款，也就是说教师的薪酬中，有相当的份额是学生的学费或者因学生存在而产生的政府投入。教师之所以能够在大学这个"象牙塔"安身立命，学生在其中起到了重要的作用。

学生是学校工作的中心，是教师的工作对象，也是学校最重要的"终极产品"。但是这个"人才产品"，是否能够适应社会的需要，是否能够为社会所接受，才是问题的关键。人是人类社会历史的主体，历史能否延续取决于一代一代的接班人在保证自己生存的同时，是否能够传承前辈创造的文化。

---

[1]　李培根：《师问》，《批判性思维与创新教育通讯》电子双月刊总第 19 期。本文系李培根院士 2014 年 7 月 22 日在全国第四届批判性思维教学研讨会上的发言。

如果回答是肯定的，这样的"人才产品"才是社会所需要的。根据经济学中需求决定生产的原理，只有能够满足社会需求的生产才是有效的生产，也只有这种生产才能够实现它的最终价值。在这个意义上，人才市场的需求对大学教育具有根本性的牵引、推动或决定性作用。若大学培养的正是社会需要的人才，学生的专业能力和知识结构、综合素养能够胜任社会分配给他们的工作，社会或者职场必会以开放的胸襟欢迎、拥抱这些学生。

由此可见，在现代大学教育中，教师是学校教育的主体，学生是学校工作的中心，学校的一切工作必须围绕学生教育运转。而学生的培养目标、学生的知识与能力，必须适应社会的人才需求，只有适销对路的"人才产品"才会受到社会的欢迎。而只有适销对路，"人才产品"才能源源不断地流向社会而不致产生积压或过剩。因为有了优秀的人才，社会的发展才有了绵绵不绝的动力。同时，学校也能够从社会获得更多物质资源的反哺，于是学校才能步入良性的人才生产循环。

教师、学生与人才市场的三角关系，不仅对一般教育具有普遍的意义，对于新闻传播教育更是如此。无论是国内还是欧美新闻传播事业发达的国家，新闻传播教育的繁荣莫不建立在这种良性关系的基础之上。20世纪40~60年代，美国新闻传播事业之所以得到发展，一个重要的原因就是新闻传播教育为传媒行业提供了人才和智力的保障。20世纪末21世纪初，在改革开放、经济发展的背景下，中国大学新闻传播教育迅猛发展，新闻传播专业教学点遍地开花，有大约1/4的高校创办了新闻传播类专业，在校新闻传播专业大学生由几百人增长到二十余万人，其重要的原因便是中国新闻传播事业空前繁荣的拉动，正是这种繁荣发展产生了对职业新闻传播人才的巨大需求。新闻传播教育发展与新闻传播行业的繁荣相得益彰，彼此互助，实现了共赢。在这个过程中，新闻传播院系的教师也得以分享发展的红利，作为学校教育产品的新闻传播专业的学生们，也获得了施展抱负的广阔天地。

## 二 当下新闻传播教育支点的错位

置身今天的信息化社会，审视我们的新闻传播教育界，会发现存在诸多问题，如教育与业界脱节、人才培养质量下降、学生能力与知识结构不合理及就业水平不高等，社会的批评，学生、家长的质疑不绝于耳，新闻传播业界的社会满意度也有所下降。其原因虽然多种多样，但最主要的还是三大支点的错位。

　　在常态的教育体系中，教师是教育过程的主体，主体决定着教育的展开和结局，决定着学生的知识与能力，决定着社会需求的满意程度，但是这个主体必须围绕一个中心工作，这个中心就是学生。教师的一切工作都是为了学生的成才，都是为了学生能够满足社会的人才需求。可是在当下新闻传播教育领域，教师队伍的工作似乎并不是完全围绕学生展开的，似乎并不是完全根据人才市场的需求在培养和塑造学生，教师自我成长、自我价值的实现和自身利益的追求似乎成了其职业行为的基本动力。一些教师自身的利益格局和思维方面的惰性，越来越成为教学改革的阻碍。在师资队伍中，年轻者、加入教育行业时间不长者或许更容易对时代的诉求做出敏感的反应，主动地摄取新知，探索驾驭新的传播技术；而资历越深、从业越久、地位越高者，可能在知识与能力转型方面的困难和阻力越大。

　　从学生方面来看，在常态教育的格局下，学生是学校工作的中心，是学校能够提供给社会的主要产品，也是学校教育的基本目的。可是现在，学生在教育过程中的中心地位越来越淡化、越来越模糊。因为在越来越多的高校，特别是重点高校，真心以教学为本、以教学为业的教师在师资队伍中的比例在持续下降，人才培养作为教师本职工作的重要性也大不如前。在一些教师看来，与其把精力耗费在学生的身上，还不如在科研上多做一些工作，这对自己的成长、发展更加有利。教学工作虽然说起来重要，但是在学校的考核评价中，科研的权重越来越大。在这种情况下，教师不得不关注自身，很难把精力分配到学生的身上。中心地位的削弱，自然会影响到学生的主动性、积极性和创造性，进而影响到师生互动、教学相长。

　　那么人才市场呢？根据经济学的原理，在一般的情况下，市场需求的导向能够起到引领资源配置的作用。市场上需要什么产品，生产部门就会组织各种资源生产这种产品。市场上需要什么样的人才，教育部门自然会根据这一要求配置相应的师资和物质资源。市场需求有一种强大的传导力量，引导生产部门在生产资料配置、生产过程中做出相应的调整。可是当下的新闻传播教育界，似乎并没有展示人才市场的这种引导力量。需求侧没有影响到供给侧。现在我们看到的是基于数据技术的革命性发展，媒介融合方兴未艾，可是新闻传播教育界仍然困守在细分的专业壁垒之中；我们知道业界在呼唤全能型的新闻传播人才，可我们仍然深陷于基于不同介质媒体的专业教育的窠臼难以自拔；我们明明知道，新闻传播越来越成为公众的基本需求，新闻传播专业学生的就业正趋向多样化，可我们仍然坚守着专业对口的教育理念。

总之，人才市场的需求变化没有及时传导至教育领域，没有形成对教育领域的压力、牵引力和驱动力，也就是说人才市场没有发挥其最终决定人才生产的作用，以至于教育领域教师的主体地位被过度强化，甚至在一定程度上扮演了学校中心的角色，教师在教育教学方面的责任弱化，其自我发展、自我实现的诉求成了其职业行为的主要驱动力；同时，学生在学校和教学过程中的中心地位被弱化，学校系统、教师并不是完全围绕学生在运转，人才培养作为学校、教师基本工作的定位越来越淡化，学生主动学习的积极性、创造性也弱化了。换言之，以常态的眼光审视当下中国的新闻传播教育，教师有些不像教师，学生有些不像学生，人才市场有些不像人才市场。角色混淆，支点错位，滋生了新闻传播教育界的一系列问题，如人才培养质量下降、就业困难等，影响到教育目的的实现，进而制约了媒介功能的发挥，以至于在很大程度上辜负了社会的期待。

### 三　为什么会出现支点错位？

新闻传播教育界为什么会出现如此严重的支点错位现象呢？原因很多，主要表现在以下三个方面。

一是突飞猛进的传媒转型将新闻传播教育系统远远地抛在了后面。在20世纪末21世纪初，基于信息传播技术的突破，网络传播迅速崛起，各种新的媒介形式如互联网、移动互联网、数字电视网络、博客、微博、微信、客户端等如雨后春笋般遍地生长。在网络新媒体的冲击下，传统媒体陷于停滞甚至萎缩状态。不同性质的媒体之间的渠道融合正在如火如荼地进行，新闻生产的流程被再造，内容生产的机制在转型，人们信息消费的形式与渠道在变化，传媒单位的岗位设置及其技能要求也在发生深刻的变化。"中央厨房"主导下的内容生产与分发、基于大数据技术和移动互联网平台的信息推送、全能记者在报道前线活跃的身影等，改变了新闻传播生态。这种变化必然会对新闻传播教育界提出新的要求，期待新闻传播院系在专业设置、课程体系、知识能力规格、培养模式、教学环节等方面做出相应的改变。可是，传媒系统的急剧变革并没有及时拉动新闻传播教育系统，新闻传播院系与业界的距离渐行渐远。

二是高等教育改革的严重滞后。20世纪80年代以来，中国的改革开放全面推进，社会系统的各个子系统、各个要素无不受到影响，从政治到经济、文化各个领域，都发生了深刻的变化，整个社会也产生了巨大的变化。

今天回过头来审视这段改革的历史，如果要评价各个领域、各个部门的改革力度及成效，那么教育部门尤其是高等教育部门可能是最差的，这也几乎是全民的共识。教育系统基本上是一个自我封闭的系统，它与社会大系统及其他子系统互动的活跃度远远低于其他系统间的互动联系。系统之间的物质、信息和能量的交换，在教育领域也处于较低的水平。在外部世界今非昔比的情况下，教育系统特别是高等教育领域俨然是一个"世外桃源"。高等教育领域的管理制度、运行机制、人事政策、教育模式、质量评价、资源分配等，基本上沿袭了传统的做法，行政主导了学术学科，求稳是其最基本的逻辑。所以，政治、经济、军事、外交、文化等领域都换了人间，而教育领域依然固步自封，基本上没有感受到变革的压力。

三是人性的弱点。如前所述，教师是教育系统的主体，教师决定了教育和学生的发展空间。教师作为学生的引路人和启蒙者，本来应该走在社会的前面，走在学生的前面，对新闻传播类专业而言，更应该走在新闻传播行业的前面，与时俱进。可是教师也是人，是人就会有人性的弱点，就会有惰性。这种惰性表现在对现状的维持。正如大家所知的，最近十多年新闻传播行业在信息技术革命驱动下的急剧变革，完全超出了人们的想象。20世纪末的人们很难想象到今天的信息传播生态。而新闻传播院系的教师，其主体部分都是在20世纪末或21世纪初毕业的，而且还有相当一部分不是出自新闻传播类专业，他们在学校学习的课程、他们的知识体系与能力储备、他们现在研究的课题和学术兴趣，大多与当下信息传播的现实不搭界。换言之，他们的知识与能力结构在相当程度上都过时了，都不是学生和社会急需的，这是一个残酷的现实。要让他们正视现实，转换视角，另辟新的未知领域，开设新的课程，研究新的问题，练就新的专业能力，对他们来说实在是一件很痛苦的事情。

由于这些原因，新闻传播教育界面对外界火热的现实，缺少一种内生的革新冲动。在教师、学生和人才市场三大支点的关系方面，学生作为教育活动的中心地位大大被削弱。作为学校教育的终极产品和老师们的工作对象，学生丧失了磁吸各种教学资源的能力，无法完全调动教师和各种物质资源服务于自身的成长。另外，人才市场新的需求压力因为教育系统的自我封闭难以传导至新闻传播院系，难以对教师的教学科研活动起到引领作用，于是安于现状成了教师的思维定式。在这种情况下，教师在教学过程中的角色悄然地发生变化，不仅坚守了主体的地位，而且渐渐地具备了"中心"的特质。其对自我利益的追求逐渐压缩了对学生、对社会服务的空间。学生的中心地位因此而被大大削弱，教育越来越背离使学生成人的本质使命。

## 四　复位：新闻传播教育当务之急

如前所述，三大支点的错位严重地影响了新闻传播教育系统的稳定运行，动摇了新闻传播教育的根基。要改变这种现状，笔者认为，应该综合施策，统筹应对。

首先，当务之急是打开封闭的教育之门，让高校直接感受到社会的脉动，使社会的人才需求成为教育资源配置的决定性引导力量。新闻传播教育界目前的问题在相当程度上源于高等学校与社会系统的脱节，大学自成一体，与社会大系统基本上处于隔绝状态。在改革开放的大背景下，全社会都打破了"铁饭碗"，破除了计划经济的樊篱，市场成为决定资源配置、利益分配的基本杠杆；可是在高等学校，仍然是计划经济、行政主导。学校运行、学科建设、人才培养，看不到社会需求在背后的影响。学校与社会的脱节，到了令人匪夷所思的地步。所以，如果再不打开学校的封闭之门，学校如果仍然呼吸不到社会的空气，感受不到社会的脉动，学校的人才培养与社会需求会愈加背离，其结果是可以想见的。

其次，回归教育的本质，落实以学生为中心的教育理念，强化学生的中心地位。教育的本质是什么？这是一个一直困扰着人们的哲学问题，可谓见仁见智，言人人殊。"真正的教育，其责任必须以引导学习者成人为务，以发展人性、培养人格、改善人生为目的。"① 简而言之，笔者认为，教育的本质是使人成为人，即使学生成为大写的人、舒展的人、人格健全的人。俞敏洪说过这样一句话，可以说是对这个本质的注解："教育的本质应该是培养一个人格健全，加上知识结构完整的人，同时还要加上旺盛的求知欲、创新能力和探索未知世界的能力。"② 这是教育的本质使命。围绕这个使命，为师者须聚精会神地唤醒学生的灵魂。正如德国存在主义哲学家雅斯贝尔斯所说的："教育的本质意味着：一棵树摇动一棵树，一朵云推动一朵云，一个灵魂唤醒一个灵魂。"③ 教师要致力于唤醒或启迪学生的灵魂，不仅要有这种自觉意识，更重要的是，在学校层面还需有一种具有可操作性的制度安排。只

---

① 贾馥茗：《教育的本质——什么是真正的教育》，世界图书出版公司北京公司，2006。
② 《俞敏洪：中国教育需要回归本质》，网易教育，2015 年 11 月 9 日，http://kids.163.com/15/1109/17/B80DTFGS00294MO6.html。
③ 〔德〕雅斯贝尔斯：《什么是教育》，邹进译，三联书店，1991。

有这样，这种本质要求才能落地生根，开花结果。

最后，强化师者的使命感和责任意识，完善自我，提升境界，让爱心、责任、义务贯彻到教书育人的实践全过程。教师是教育的主体，教师的水准决定了学生能够成长的高度和广度，这是毋庸置疑的。虽然在今天这个后喻时代，教师的主体地位今非昔比，但是教师在引领学生成长方面的作用仍然不可或缺。从历史进化的角度看，教师在人类文明传承中的角色更不能被忽视。所以教师应该有更加强烈的使命感和责任感，为了学生，为了社会，为了明天，教师应该与时俱进，不断地完善自我，让爱心、责任、知识丰富自己的内心，掌握新技术、新技能，勇敢地以今日之我告别昨日之我。在今天这个瞬息万变的信息时代，这种觉悟对于新闻传播教育领域的从业者尤其重要。没有这种自觉、没有这种觉悟，承担传道授业职能的教师，就难以战胜自我、超越自我，回应社会的期待。

## 第二节　部校共建与校企合作

在高等教育领域，大学与企业强强联手，互惠互利，是国内外通常的做法。但是大学与党政权力系统联合办学，共同建设新闻传播学科，促进新闻传播人才培养，却是地地道道的中国特色。因为没有前例可循，所以尤其需要深入探讨。

### 一　部校共建

#### 1. 何以要部校共建？

所谓部校共建，就是地方党委宣传部与大学联合共建新闻传播教育、共管新闻传播院系。部校共建新闻传播院系是中国特色新闻传播教育的重要景观，其他国家没有，中国高等教育界其他的学科专业也没有。大学作为相对独立的事业单位，其新闻传播教育何以迥然不同于其他学科专业，偏要联合地方党委政府来共建？

新闻传播教育的部校共建是有原因的，以下几点值得注意。

第一，新闻传播教育不同于其他专业教育。新闻传播教育影响重大，新闻传播院系的学生将来的职场主要是新闻媒体，而媒体是社会的守望者，是公平正义的捍卫者，是社会交流的意见平台，是公民参与和社会监督的重要渠道。对在校的学生也就是未来传媒行业的后备专业人才的培养，事关传媒行业的发展繁荣，事关国家与社会治理，事关国家和人类的未来命运。所以，党和政府、新闻传播业界关心、支持、资助新闻传播教育也在情理之中。新闻传播影响深远，在未来从业者的培养教育方面，一开始便注意在政治和道德方面的引领，有利于避免其在实际运行中犯错误，走弯路。

第二，新闻传播教育的天职主要是为新闻传播媒体培养优秀的从业者，新闻传播从业者主要来自新闻传播院系的毕业生，新闻传媒之所以有今天的地位和影响，新闻传播教育功不可没。新闻媒体作为受益者，适当回馈作为新闻传播教育机构的新闻传播院系也是理所当然。事实上，当前的新闻媒体也面临转型的巨大压力。许多理论与实践问题需要解答，一些重大的战略决策也需要新闻传播院系的智力支持。而新闻媒体的主管部门正是当地的党委宣传部。为了重视建构新闻媒体与高校的互利共赢关系，由党委宣传部出面，联合高校共建新闻传播教育可谓名正言顺。

第三，20世纪末以来，随着改革开放，西方的各种文化思潮开始涌入中国，高校人文社会科学领域也深受影响。尤其是在新闻传播教育领域，自由主义新闻思想流行，在青年大学生中颇有市场，而马克思主义新闻观的教育没有得到应有的重视。学生们没有马克思主义的武装，在政治上思想上不是很成熟，可能对未来的职业生涯产生负面的影响。教育行政管理部门、大学、地方党委宣传部对这些情形相当了解。这种情形如果不加改变，其后果将十分严重。实行新闻传播教育的部校共建，有利于政治把关，有利于加强对未来职业传媒人的马克思主义新闻观教育，从而提高新闻传播院系学生的思想政治觉悟，强化他们的社会责任观念和大局意识。

第四，也是最重要的一点，21世纪以来，随着信息传播技术的迅猛发展，新闻传播媒介对技术的依赖越来越严重。新闻传播教育也深受其影响，作为一个需要高新技术装备的专业教育领域，新闻传播院系在技术装备、实验设施方面的投入巨大，而且更新的频率越来越快，运行成本高昂，大学实在难以承受。要培养适应社会需求的新闻传播人才，优化培养环节，新闻传播院系急需新闻传媒行业的支持。首先，实验设备购置需要新闻传媒企业、地方党委政府的资助；其次，新闻传播院系的专业实践环节不仅需要业界资深传媒人的指导，也需要直接利用新闻媒体的运行平台，如果新闻媒体能够成为新闻传播院系的专业实践基地，就会在相当程度上扮演新闻传播教育的同盟者、合作者的角色，在实际上为新闻传播院系分忧。

可见，新闻传播教育的部校共建，涉及三个主要的方面，地方党委宣传部、新闻媒体、学校三者互有需要。共建对三者而言是三方共赢的美事。新闻媒体出资金、提供实习实践平台，换来源源不断的优秀后备人才补给和智力支持；新闻传播院系出学生、给课堂，输出部分智力资源，得到的是业界的物质补偿和先进的实习实践平台；地方党委宣传部通过和新闻媒体、学校的合作，可以加强对高校新闻传播院系的管理，保证新闻舆论的政治导向，同时解决高校的教学资源匮乏和新闻媒体智力资源的补充问题。

**2. 部校共建的发展**

中国新闻传播教育部校共建的源头，可以追溯到 2001 年。当年中共上海市委宣传部与复旦大学签署了共建协议，设立了复旦大学新闻学院院务委员会。上海市委常委、市委宣传部部长和复旦大学主要领导担任主任，相关负责人和业界知名人士担任委员，负责制定学院发展规划等重大事项。在院务委员会的领导下，复旦大学新闻学院创新完善了一系列体制机制，完善了新闻媒体领导和业务骨干授课讲座制度，强化了校外实践基地建设，落实青年教师到新闻媒体挂职锻炼，实现市委宣传部对学院物质支持的机制化。

复旦大学新闻学院的共建模式引起了高层领导的关注，中宣部、教育部决定在全国推广复旦大学的经验。2013 年 12 月，中宣部、教育部联合发布《关于地方党委宣传部门与高等学校共建新闻学院的意见》，并在上海复旦大学召开现场会。该意见规定："坚持以马克思主义新闻观为统领，以创新新闻传播人才培养机制、培养为我所需为我所用的一流新闻传播人才为出发点和落脚点，推动地方党委宣传部门与高等学校共同建好一批新闻传播学院，努力开创高等新闻传播教育新局面。"该意见还要求，"按照'成熟一个，建设一个'的原则，在 2014 年基本实现共建工作全覆盖，每个省（区、市）党委宣传部门都应和高等学校重点共建一个新闻学院。原则上中央主要新闻单位也应与高等学校共建一个新闻学院。力争通过四年左右的建设，健全具有中国特色的部校共建新闻学院机制，推动形成高等新闻传播教育与新闻实践相互贯通、深度融合、协同发展的新格局"①。根据这一精神，中宣部、教育部确定首批 10 个省市（北京市、江苏省、山东省、安徽省、湖北省、广东省、吉林省、四川省、海南省、重庆市）作为试点率先开展共建，其他地方和中央新闻单位积极跟进。各地部校迅速仿效，启动了共建的进程。2014 年 4 月，光明日报社与中国政法大学合作共建的"光明新闻传播学院"正式

---

① 中共中央宣传部、教育部：《关于地方党委宣传部门与高等学校共建新闻学院的意见》，2013 年 12 月 12 日。

签约，紧接着又与北京师范大学商定共建新闻传播学院，拉开了中央媒体与高校共建新闻传播学院的序幕。随后，新华通讯社与北京大学、湖北省委宣传部与武汉大学、人民日报与清华大学也相继签署共建协议。

复旦大学会议后，为了加紧推进部校共建，中宣部、教育部又相继在南京、郑州召开了两次会议。2015 年 4 月 27 日，中宣部、教育部在南京大学召开部校共建新闻学院工作推进会，提出应进一步创新新闻传播人才培养模式，推动新闻传播教育改革发展，为党的新闻传播事业发展提供坚实有力的人才支撑。中宣部副部长、国务院新闻办主任蒋建国，教育部党组副书记、副部长杜玉波出席会议。2016 年 6 月 17 日，中宣部、教育部在郑州大学召开部校共建新闻学院工作推进会。主要内容是深入学习贯彻习近平总书记系列重要讲话，特别是党的新闻舆论工作座谈会重要讲话精神，总结交流部校共建经验做法，研究深化共建工作有效举措，更好地培养、造就高素质新闻传播后备人才。中宣部副部长、国务院新闻办主任蒋建国，教育部副部长林蕙青出席会议。

截至 2017 年 12 月底，已经有 59 所高校与地方党委宣传部或中央媒体签署共建协议，见表 11-1。

表 11-1　部校共建新闻学院高校名单（2001~2017 年）

| 省区市 | 共建高校名称 | 数量 |
| --- | --- | --- |
| 北京市 | 中国人民大学、中国传媒大学、清华大学、北京大学、中国政法大学 | 5 |
| 上海市 | 复旦大学、上海交通大学、同济大学、华东师范大学、上海大学 | 5 |
| 天津市 | 天津师范大学 | 1 |
| 重庆市 | 重庆师范大学、重庆工商大学 | 2 |
| 河北省 | 河北大学、河北师范大学 | 2 |
| 山西省 | 山西大学 | 1 |
| 辽宁省 | 辽宁大学 | 1 |
| 吉林省 | 吉林大学、东北师范大学、吉林师范大学 | 3 |
| 黑龙江省 | 黑龙江大学 | 1 |
| 江苏省 | 南京大学、南京师范大学 | 2 |
| 浙江省 | 浙江大学 | 1 |
| 安徽省 | 安徽师范大学、安徽大学 | 2 |
| 福建省 | 厦门大学、福建师范大学 | 2 |
| 江西省 | 南昌大学 | 1 |

续表

| 省区市 | 共建高校名称 | 数量 |
|---|---|---|
| 山东省 | 山东大学 | 1 |
| 河南省 | 郑州大学、河南大学 | 2 |
| 湖北省 | 武汉大学 | 1 |
| 湖南省 | 湖南大学、湖南师范大学、湘潭大学 | 3 |
| 广东省 | 暨南大学 | 1 |
| 海南省 | 海南师范大学 | 1 |
| 四川省 | 四川大学 | 1 |
| 贵州省 | 贵州大学、贵州师范大学、贵州民族大学 | 3 |
| 云南省 | 云南大学 | 1 |
| 陕西省 | 陕西师范大学、西安交通大学、西北大学 | 3 |
| 甘肃省 | 西北师范大学 | 1 |
| 青海省 | 青海师范大学 | 1 |
| 内蒙古自治区 | 内蒙古师范大学、内蒙古大学 | 2 |
| 广西壮族自治区 | 广西大学、广西师范大学、广西民族大学、广西艺术学院、广西财经学院、广西师范学院 | 6 |
| 西藏自治区 | 西藏民族大学 | 1 |
| 宁夏回族自治区 | 宁夏大学 | 1 |
| 新疆维吾尔自治区 | 新疆大学 | 1 |

资料来源：中国新闻史学会新闻传播教育史研究委员会编《中国新闻传播教育年鉴(2018)》，武汉大学出版社，2018，第730～735页。

### 3. 部校共建的成果与问题

新闻传播教育界的部校共建，经过几年的发展演变，取得了一定的成果。《光明日报》2014年发文专题报道部校共建问题，介绍了一些典型的经验。"部校共建的成效，很大程度上取决于有没有一套完善的制度机制。如何取得'1加1大于2'，取得共建共赢的效果，各地探索出一系列行之有效的方法举措。""共建的生命力在协同，强强联合、相互借力，共同打造新闻人才的核心竞争力。在吉林，省委宣传部充分发挥政治、组织优势，媒体从业人员发挥敬业、实战优势，吉林大学发挥学科、师资优势，积极谋划、高位推动。湖北广播电视台在华中科技大学新闻与信息传播学院设立多名特聘冠名讲座教授，参与该台重大问题与发展规划、节目设置与调整等方面的咨询研究。""共建的关键在流动，让象牙塔里的学子、老师出校园，让媒体进课堂，形成良性的互动机制。暨南大学校长胡军将该校新闻教育的做法总结为'瞄准目标，贴地飞行'，'几年来，我校聘请了80位媒体人兼职研究生导师，建立了54个实践基地，培训媒体从业人员2000多人'。""共建的深意在共振。对接合作，不仅要创新新闻教育发展，还要打通共享的链条。南京大学将发挥多学科综合优势，以底蕴深厚的人文社会学科为支撑，整合江苏新闻传播教学科研力量，建设江苏省新闻宣传文化领域的知识库、思想库，就深化马克思主义新闻观研究、中国特色社会主义新闻传播理论等重大课题进行攻关。"①

在中共中央宣传部、教育部的推动之下，部校共建新闻传播教育取得了显著的成果，突出表现在以下几个方面。其一，大大缓解了高校新闻传播院系学科专业建设的资金瓶颈，明显加大了对新闻传播教育的物质投入，共建高校新闻传播院系的人才培养条件、办公条件、教学实验设施得到明显改善。有些学校新闻传播院系在地方党委宣传部的支持下，新建了教学大楼，建立了高标准的国家级新闻传播实验教学示范中心，如复旦大学、广西大学、南京大学，在共建后发生了天翻地覆的变化。其二，在一定程度上完善了高校新闻传播院系的师资队伍和专业实践平台，业界精英进入新闻传播院系的课堂，院系的老师到媒体挂职，促成了新闻传播院系双师制的落地，加强了对学生的指导；同时，实验实践平台的建设保证了学生技能培养的高起点，缩短了院系教学与业界实践的距离。其三，地方党委加强了对高校新闻传播教育的领导，加强了人才培养过程中马克思主义新闻观的教育，促进了马克思主义新闻观进课堂。其四，加强了高校新闻传播院系对当地新闻媒体的智力支持，促进校媒互动，形成了互利双赢的格局。

但是部校共建新闻传播院系也存在一些问题，需要在发展中不断调整。其一，少数新闻传播院系因为共建解决了物质资源困乏的问题，可是在精神上其作为自主办学实体的主体性、主动性有了一定程度的削弱。在上头多了一个政治领导，增加了一个请示审批的环节。凡事请示，等、靠、要的倾向也越来越明显，新闻传播院系院长（主任）的积极性、主动性、创造性精神有所削弱。其二，极少数地方党委宣传部在领导方法上把高校新闻传播院系作为自己的直接下属部门，直接向新闻传播院系下达工作任务，比如要求新闻传播院系承担省内舆情监测的任务，定期提交舆情报告

---

① 邓晖：《搅动新闻教育改革一池春水——部校共建新闻学院综述》，《光明日报》2014年9月17日，第6版。

等，增加了院系干部、教师的工作压力，在一定程度上干扰了新闻传播院系的正常教学秩序。

## 二　产学合作

从世界历史演化的轨迹来看，自工业革命以来，教育的发展每每关系到社会进步乃至国运的兴衰。新闻传播教育作为现代教育的重要组成部分，固然有其特殊性，但其与产业界的密切关联跟其他教育领域毫无二致。新闻传播教育的发展，一方面必须遵循教育规律，加大投入；另一方面有赖于与产业界特别是新闻媒体业界的密切合作。这种合作，乃是当代新闻传播教育发展的重要动力之一。

### 1. 产学合作是促进产学互利双赢的必要举措

新闻媒体业界与新闻传播教育界密切合作，不仅是推动新闻传播教育发展的动力，也是新闻媒体业界实现可持续发展的必要举措。两者合则互利双赢，分则皆蒙其害。站在学校的立场上，就新闻传播教育的发展而言，与产业界的合作至少在以下六个方面有助于新闻传播教育的进步。

一是有助于学校吸纳社会资源，满足新闻传播教育对资金及其他物质条件的需求。新闻传播教育的发展因为与新闻媒体业界乃至整个社会密切相关，所以需要巨大的成本投入。在学科分类的意义上，新闻传播教育属于人文科学，但其对技术的依赖并不亚于一般的理工科专业。所以有人称新闻传播学为文科中的工科。在日益开放的现代，要完全满足新闻传播教育的物质需求，单纯依靠学校的投入是不够的，必须拓宽视野，面向业界特别是新闻媒体业界，通过与业界的合作吸纳社会资源，以弥补学校投入的不足。

二是有助于拓展新闻传播院系的就业市场。大学是高级专业人才培养的工厂。新闻传播教育的宗旨是向新闻媒体业界输送具有专业知识、技能和职业精神的高级专门人才。这种专门人才能否适应社会、业界的需求，能否占领专业人才市场的关键，与其说在培养过程结束之后，不如说在培养过程之中。只有根据业界具体的人才需求，在培养过程中，从培养方案、课程设计到课程讲授和实践安排，全面适应业界要求的品质和规格，才能在人才市场竞争中立于不败之地。没有产学合作，是无法做到这一点的。

三是有助于完善新闻传播人才培养环节。新闻传播教育具有职业教育的特质，社会要求新闻传播人才不仅要有合理的知识结构，而且要有完善的能力结构。一般而言,知识问题基本上可以在校园内完成,能力问题在校园内充其量只能打下基础,更多的还要借助于新闻媒体业界的专业实践。在这个意义上,新闻传播教育必须产学结合,没有业界的配合,新闻传播院系的在校学生就没有必要的专业实践平台。只有借助于这一平台,学生才能完成自己的学业,学校的人才培养链才算是完整的。

四是有助于改善新闻传播院系教师队伍的结构。毫无疑问,新闻传播教育的主体是院系专业教师队伍。不论是我国,还是欧美主要国家的新闻传播院系,其学者型教授队伍的学术水平都决定了其办学水平的高低。但是,新闻传播教育不同于一般的文科教育,新闻传播职业对业务能力的要求,决定了仅靠学者型的教师无法达到人才培养的目标。只有充分与业界职业新闻工作者合作,吸收他们进入教师队伍,利用他们丰富的实践经验和专业技能,才能使学生在知识和能力结构间达成一定的平衡。如果新闻传播院系与新闻媒体业界间没有良好的合作机制,是难以做到这一点的。

五是有助于跟踪业界发展,聚焦热点问题。与其他行业对相关专业教育的推动一样,新闻媒体业界与新闻传播教育也呈现出良性的互动关系。这种互动,对于新闻传播教育而言,有利于拉近业界与学界的距离,有利于学界跟踪业界的发展,聚焦业界的热点问题,将学界的兴奋点与业界的焦点统一起来,急业界之所急,想业界之所想,为业界面临的难题提供解决方案,从而引领业界的发展方向,提升业界与学界的合作水平。

六是有助于更新教学内容,占领学术前沿。新闻传播院系与新闻媒体业界的合作,学界与业界兴奋点的契合,有利于学界掌握业界发展的最新动态,掌握学术发展的新方向,占领学术前沿,在此基础上吸收最新的研究成果、最新的成功经验,更新教学内容,提高教学水平。受到这种教育的学生,自然眼界开阔、基础扎实、思维活跃,能得到业界的欢迎。

新闻媒体业界与学界的密切合作不仅有助于学界的发展,有助于提升新闻传播教育的水平,提高新闻传播人才培养的质量,而且对业界本身也有莫大的助益。如果某项合作只对一方有利,而合作的另一方只有付出没有收益,那么这种合作是无法持续下去的。站在新闻媒体业界的立场,其与新闻传播学界的合作对业界自身的积极影响,主要表现在以下几个方面。

一是借助学界的智力资源,共商新闻媒体发展战略。在当今媒介化社会,信息传播对社会的渗透可谓无孔不入,对社会意识、民众生活、政治过程具有重大的影响力;同时,传播媒介作为日益扩张的文化产业,其经济实力及其改变社会的潜力也与日俱增。如何确定新闻媒体未来的发展战略？怎样发挥新闻媒体的建设性作用，以实现新闻媒体的社会功能？怎样才能保证新闻媒体在与同行的竞争中立于不败之地？要考虑这些战略课题，不仅需要实业家的商业天赋和常人难及的直觉，更需要学者的理性思考。所以，在决定自己未来战略目标和具体策略时，新闻媒体业界更需要外界的智力支持。而新闻传播院系的智力资源正是新闻媒体业界取之不尽的宝库。与学界联手，意味着打开了智慧之门。

二是合作打造适用的高级专门人才。在激烈的新闻媒体竞争之中，人才是制胜的决定性因素。谁拥有一流的人才队伍，谁就拥有了决胜天下的资本。但是新闻传播院系提供的人才，在具体的规格上，是按照新闻传播业界的最大公约数来制造的，能够满足业界的普通需要，但未必能够满足某一新闻媒体自身的特殊需求。而这种特殊需求往往是特色竞争不可或缺的。要拥有这样的特殊人才，就必须与新闻传播院系合作，向其提出明确的要求、具体的规格，这样，新闻传播院系才能为新闻媒体量身定制，满足其个性化的需求，变大规模生产为精细化生产。

三是解决业界的紧急问题。在市场经济条件下，新闻媒体业界的竞争已超越国家的范围而臻于全球，空前激烈。加之环境的不确定性和受众要求的多样化，新的困难、复杂的问题和挑战层出不穷。要在竞争中立于不败之地，必须妥善处理这些问题和挑战。很显然，新闻媒体需要借助于学界的智慧。学者通过理性思考及其作为局外人的冷静观察，完全有可能提出局中人难以想到的解决方案，促成问题的合理解决。所以，仰仗学界的智力支持，新闻媒体可以巩固在市场中的主动地位。

四是补充人力资源（实习生）。通过与新闻传播院系的合作，通过向新闻传播院系的学生提供专业实习基地，一方面，可以满足新闻传播专业学生实践能力的培养需求，延伸专业人才培养链；另一方面，这些新闻传播专业的实习生，又可以成为新闻媒体业界急需的劳动力资源。这些年轻的专业劳动力虽然缺乏实践经验，但是他们富有专业知识，有理想，有热情，敢于创新，乐于奉献。他们的到来，既弥补了劳动力的不足，又可以激活新闻媒体内部由"老人"控制的一潭死水，打破陈旧格局，解放生产力。

五是为新闻媒体业界在职员工提供继续教育。新闻传播职业富有强烈的挑战性。随着传播技术的不断革新、社会环境的飞速变化、业界竞争的日趋激烈，新闻媒体员工对工作的适应将成为难题。要实现新闻媒体的可持续发展，必须对员工进行继续教育，即在岗职业培训，以保证员工能与时俱进。由于职能的局限，新闻媒体自身很难周全地规划和实施对员工的继续教育，而这正是大学新闻传播院系的强项。依托新闻传播院系，利用院系的充沛师资和其他学术资源，科学规划，认真落实对员工的培训，提高员工的专业能力和综合素质，不仅见效快，而且投入低，收益高。

可见，通过与新闻传播院系合作，新闻媒体自身的收益并不比新闻传播院系少，这是一种典型的互利双赢的合作模式。新闻媒体和学界彼此互通有无，密切协作，是新闻媒体也是新闻传播教育发展的重要动力之一，它不仅提升了媒介产业的品质，而且提高了新闻传播教育的水准。

**2. 新闻传播教育的产学合作有待于进一步拓展**

新闻传播教育的产学合作，不是产学双方出于一时冲动的偶然选择，而是势在必行。在市场化环境下，不论是新闻媒体还是新闻传播院系，要生存和发展，单凭自身的努力都是远远不够的。它们必须不断地从社会、从环境中获取资源，以弥补自身的不足。新闻媒体和新闻传播院系各有短长，完全能够彼此互补、相互协作。

就新闻传播教育的历史进程而言，产学合作有一个从小到大、从幼稚到成熟的过程。在新闻媒体产业规模还不是很大、新闻传播教育还处于幼年阶段时，产学合作处于比较低的层次，其空间局限于地区的范围。随着新闻传播教育和新闻媒体产业的发展，主权国家的领土空间成了产学合作的基本平台。新闻媒体和新闻传播院系均可利用国家政策，在法律许可的范围内，彼此合作，以延伸各自的生存空间。当全球化浪潮席卷大地，各主权国家竞相融入全球体系时，新闻传播事业的发展已进入世界级的规模，其实力远非此前任何阶段所能比。全球一体化的背景给新闻传播教育的产学合作提供了更大的空间，新闻媒体企业和新闻传播院系不仅可以超越国家的政治地理界限，在世界范围内寻觅合作伙伴，而且其合作的力度也较此前大为加强。纵观欧美各国新闻传播教育的发展轨迹，正好印证了这一总的趋势。

我国的新闻传播教育起步较晚，新闻媒体产业的发展也远未达到西方同行业的水平。就目前的情况而言，新闻传播教育界产学合作的范围尚未超越本国的政治地理空间，基本上是在地区级或国家级的层面上进行的。同时，这种合作大多呈现出自发性特征，缺乏整体的战略性规划和全局性合作，而以个体性的、零星的项目咨询或单纯的实习基地建设、兼职教授为合作的主体。这种合作远远不能满足新闻传播教育发展的需要，离业界的要求也有相当大的距离，学界、业界都具有提升合作层次的强烈愿望。

怎样才能促进新闻媒体业界和新闻传播学界的合作，这是两者面临的共同课题。要解决这一问题，新闻媒体业界和新闻传播教育界首先要从自身的实际出发，并且考虑到对方的需要和相关政策的限制；同时，政府相关部门也应基于支持新闻传播事业和新闻传播教育的立场，采取有利于后者发展的具体政策。只有业界、学界和政府三者齐心，共同努力，新闻传播教育的产学合作才能提升到新的水平。

从新闻传播院系本身的实际情况来看，要解决产学合作的深层次问题，必须做好以下三个方面的工作。

第一，树立新的办学理念，确立开门办学的方针。在信息传播高度发达的现代社会，新闻传播教育已成为一项开放性的社会事业，不是学校院系一家所能独立完成的。由于新闻传播教育与新闻传播事业的高度关联，以及传播技术更新频率的提升，新闻传播教育的硬件投入远非一般文科教育所能比，加上学生实践能力的培养还必须依赖业界提供的实习平台，学生的就业更是离不开业界，新闻传播院系不能关起门来办学。新闻传播院系必须树立开门办学的理念，向社会主要是向业界敞开大门，吸纳社会资源，争取业界的物质和人力支持，为新闻传播人才的成长创造一切必要条件。

第二，新闻传播院系在与业界合作时，必须牢记互利互惠的原则，致力于形成双赢的长效机制。新闻传播教育的产学合作，应该是双向的。如果新闻传播院系只想向对方索取，不想自己付出，这种合作就不可能持续下去。事实上，新闻传播院系也有自己的优势，其智力资源就是业界最为缺乏的。如果业界和学界能够彼此互通有无，取长补短，这种合作就能为双方带来实际利益。从近年来产学合作的实际情况来看，比较成功的经验是，业界付出物质资源，换取学界提供的金点子；新闻传播院系主要付出的是智力资源，获得的是自身发展急需的"真金白银"。虽然双方的付出和获取不尽相同，但目的一致，那就是通过这种互利互惠的合作为自身的发展打下坚实的基础。所以，新闻传播院系必须时刻注意，要想对方持续地支持自己，自己也应该能够为对方提供些什么。

第三，以传统方式的合作为基础，同时致力于开辟产学合作的新领域。产学合作的传统方式是新闻媒体向新闻传播院系提供专业实习平台，为新闻传播院系提供业务师资，为新闻传播专业学生提供正式工作岗位，或者向新闻传播院系提供物质支持（如设立奖学金、研究基金等）；新闻传播院系为新闻媒体发展提供战略咨询，承担新闻媒体委托的研究课题和新闻媒体员工的继续教育等。这些方式在过去被证明是富有成效的。在可预见的未来，这些方式仍将是新闻传播教育产学合作的主体。在此基础上，新闻传播院系和新闻媒体业界还要努力开辟新的合作领域，如新闻媒体业界与新闻传播院系联手，共同研究新闻媒体格局变迁带来的影响，共同投资新的新闻传播领域等。只有这样，新闻传播教育的产学合作才能与时俱进，攀上新的阶梯。

新闻媒体业界也要充分利用新闻传播院系的智力资源和人力资源优势，开展发展战略研究，进行员工继续教育。同时，为了吸纳能够满足自己需求的专业人才，新闻媒体业界还要主动参与新闻传播院系的人才培养过程，从人才培养方案制定、师资队伍建设、专业实验室建设，到专业实习平台的维持、就业市场的开拓，都可以发挥自己的作用。新闻媒体业界在与新闻传播教育界合作时，也面临学界同样的问题，即不仅要从合作中有所收获，更要有付出的准备和胸怀。面对学界的困境，新闻媒体业界无动于衷，于情于理都是说不过去的。新闻媒体应该主动表达自己支持教育事业的诚意和决心，以实际行动实现支持新闻传播教育的承诺，从而维持学界、业界互利双赢的机制。

此外，作为社会管理者，政府及其他管理部门也要有所作为。无论是新闻媒体产业还是新闻传播教育，都关系到社会发展、国家命运和民族未来。政府及其他管理部门必须站在战略高度考虑如何促进新闻传播教育的产学合作。政府可以采取特别政策措施，对支持新闻传播教育的新闻媒体产业或其他行业给予特殊的优惠。当某个企业捐助新闻传播院系，在物质方面帮助新闻传播教育，或者以其自身的平台延伸新闻传播院系的培养链条时，政府相关部门应该在其他方面予以相应的补偿，如减免部分税收，或者对其相关开发项目的贷款实行一定的贴息政策。这种政策的实施，有助于解除有志于新闻传播教育的产业界人士的后顾之忧，至少可以在经济成本上为其减少一些压力，从而有利于形成促进新闻传播教育产学合作的长效机制。

总之，新闻媒体业界与新闻传播院系的合作乃是新闻传播教育可持续发展的重要动力之一。但这种合作得以开展，不是没有条件的。新闻媒体产业自身的发展水平、产学合作本身的成本与效益、政策环境等，都会在一定程度上影响到合作的程度和范围，从而影响到新闻传播教育的发展。所以，促进新闻媒体业界与新闻传播院系的产学合作，实际上是一项复杂的系统工程，必须从多个方面、不同视角思考其总体战略与具体策略，只有这样，产学合作才能立足于稳健的平台，并实现可持续发展。

## 第三节　分类教育：研究生教育的转型

2010 年 9 月，国务院学位委员会下发文件，正式公布了刚刚批准的 2010 年新增硕士专业学位授权点名单。此次批准的新增专业学位授权点共 1431 个，分布在全国 350 个学位授予单位。到 2010 年 9 月为止，中国已设置 38 类专业硕士学位。其中金融、国际商务、应用统计、税务、保险、资产评估、应用心理、警务、新闻与传播、出版、文物与博物馆、林业、药学、中药学、护理、工程管理、旅游管理、图书情报等 18 种硕士专业学位为 2010 年新增专业学位类别，也是首次被纳入全国研究生统一招生计划。这一文件的执行，改变了中国高等传媒教育硕士阶段只有学术型硕士的单一高级人才培养模式，开始向学术型硕士与专业硕士学位并存的双轨体制转型，这是中国新闻传播教育史上的重大进展，它不仅会影响到新闻传播教育的基本生态，而且会深刻影响到中国新闻传播业界的运行。

### 一　从单一到双轨制转型的必要性

中国在 20 世纪 70 年代末恢复高考制度后，紧接着开始建立研究生教育体系，先是硕士研究生，随后是博士研究生。短短几年时间，中国现代高等教育制度就基本成形。由于经历了反右及"文革"十年的断层，社会各界特别是科技、教育领域急需高层次研究型人才，所以，刚刚起步的硕士研究生教育毫无例外地都以培养高层次学术型人才为目标，而且为了弥补更高层次人才的缺口，硕士研究生学制定为三年，授权单位和导师受到严格限制。这种硕士培养模式与西方国家的作为博士前期的硕士教育不能同日而语，其规格倒有些类似于苏联的副博士教育。在整个 80 年代，硕士研究生教育蓬勃发展，为满足社会对高层次学术型人才的需求做出了巨大贡献。

进入 90 年代，由于社会的发展进步，特别是科技文化的发展，社会的现代化程度越来越高，社会对专业学位人才的需求越来越大。所谓专业学位（professional degree），是随着现代科技与社会的快速发展，针对社会特定职业领域的需要，为培养具有较强的专业能力和职业素养，能够创造性地从事实际工作的高层次应用型专门人才而设置的一种学位类型。一般来说，专业学位具有相对独立的教育体系和教育模式，具有特定的职业指向性，其职业性与学术性高度统一。从 1991 年起，中国高校开始设置和试办专业硕士学位教育，到 2008 年为止，国务院学位委员会相继批准设置 19 种专业学位，参与专业学位教育的高校达 431 所，占我国博士、硕士学位授权单位总数的 60%。在某种意义上，中国至此已经基本建立起具有自己特色的专业学位教育制度。

但是，直到 2009 年，中国专业硕士教育仍然没有覆盖新闻传播学科及新闻与传播领域。众所周知，新闻传播学科本来就属于应用文科，新闻传播教育开始就是为了给新闻媒体培养专业人才，满足业界持续发展的需求。新闻传播学科与其他传统基础文科的最大差异，就是它对应着一个庞大的社会产业，在对新闻传播人才的需求方面，随着知识经济及传播技术的发展，社会对学术型硕士的需求量在逐渐减少，而对高层次应用型专门人才即专业硕士的需求在持续增加。事实上，新闻传播学科随着改革开放以来几十年的发展，其发达程度及重要程度早已今非昔比。在新闻传播诸专业对应的新闻与传播领域，被视为朝阳产业的报纸、广播、电影、电视、杂志、出版、动漫、广告公关等行业，吸纳了近千万的从业人员，其生产总值的年增幅远远超过了国民生产总值的年增幅。这些朝阳产业急需的人力资源就是高层次应用型专门人才。可是，高校的硕士研究生培养，完全是按照学术型硕士的培养模式，以同一规格，生产学术型硕士研究生，对应社会上两种根本不同的人才（学术型研究人才与高层次应用型专门人才）需求。而高层次应用型专门人才的绝对需求量远大于学术型研究人才。这种奇特的"小牛拉大车"的教育格局几十年未谋变革，以致社会的人才需求结构与高校的人才培养结构明显脱节。

中国新闻传播教育界的结构性问题，已成为学界、业界普遍关注的话题。从 2007 年起，中国人民大学、北京大学、复旦大学、清华大学等六所知名高校的新闻传播学院，响应业界的呼吁，围绕设置新闻传播硕士专业学位的论证进行了深入探讨，并向国务院学位委员会提交了论证报告。2008 年，新闻出版总署专门委托中国人民大学郑保卫教授牵头，组织北京大学、中国人民大学、武汉大学、华中科技大学、中国传媒大学等高校的专家，专题论证设置新闻传播学硕士专业学位的必要性与可行性。2009 年，国务院学位委员会同时委托北京大学、南京大学，分别就新闻与传播、出版两个专业硕士学位的设置方案进行了深入讨论。所有这些论证、讨论，都得出了几乎一致的结论，那就是新闻传播学科硕士研究生的单一培养模式必须改变，必须实现由单一模式向学术型学位、专业学位并重的双轨制过渡，只有这样才能顺应社会的期待。

同时，来自业界的呼声也十分强烈。"新闻传播学专业硕士学位论证报告"课题组于 2009 年在北京开始进行调查，该调查面向北京市内 16 家新闻媒体的从业者发放了 356 份问卷。调查结果表明，其从业人员中，非新闻传播专业背景的人员占比达 69.4%，相当一部分从业者没有受过新闻传播的系统训练，他们在进入新闻媒体后也缺乏正规的职业培训。随着传播技术的飞速发展和媒体融合的趋势渐强，新闻媒体对从业者的专业素质要求越来越高，在接受调查的对象中，表示掌握的新闻传播学专业知识够用的仅占总人数的 13.5%。① 这足以说明现有的新闻传播学教育存在严重的问题：新闻传播院系提供的人才特别是研究生层次的人才不能对应社会的需要，新闻传播业界的从业员工也存在继续教育的庞大需求。所有这一切都要求，在现有的学术型硕士学位之外，另起炉灶，再设立新闻与传播硕士专业学位，为社会提供高层次应用型专门人才，以完善现有的高等教育学位体系。

综观国外的情况，也给我们不少启示。早在 1921 年，哈佛大学就授予了美国第一个专业博士学位——教育博士学位。第二次世界大战结束以后，欧美各国应社会需求，大力调整研究生教育结构，积极发展专业学位教育。美国在经济文化快速发展的基础上，专业学位发展尤其突出，其专业学位已经成为国家高等教育学位体系的主要组成部分。不少大学的新闻传播硕士研究生教育设置有两种不同导向的培养模式，即专业导向的培养模式和学术型导向的培养模式。这两种模式在教学目标、针对对象、课程安排和获得学位的要求等方面都有明显的差异。英国和澳大利亚等国家，也建立了完善的专业学位教育体系。我们的近邻日本和韩国，在 20 世纪 90 年代也奋起直追，开始建设独立的专业学位教育体系。

可见，在新闻传播领域设置硕士专业学位，一方面是基于新闻传播学科的性质，新闻传播学科本身就属于应用文科，其硕士研究生教育本来就应该以专业学位为主，何况其对应的庞大社会行业所需要的并非高级学术型人才；另一方面是社会巨大需求的拉动，传统的学术型硕士教育固然有其存在和继续发展的必要，但是比起社会对高层次应用型专门人才的需求，毕竟要少得多。可是，这几年大学扩招，学术型硕士规模越来越大，除了少数能够找到适合的学术型岗位或直接攻读博士外，绝大部分学术型硕士是被业界勉

---

① "新闻传播学专业硕士学位论证报告"课题组：《关于设置新闻传播学硕士专业学位（MJC）的申请报告》，2009。

强接收的。这种情况已经到必须变革的时候。

## 二 学术型硕士与专业硕士的比较

2011 年，全国有 48 所大学设置新闻与传播专业硕士学位，14 所大学设置出版专业硕士学位，并向全国公开招生，其设点学校分布在除贵州、海南、西藏、宁夏四个省区外的各个省区市。新闻与传播、出版专业硕士学位的设立，与新闻学、传播学学术型硕士学位并立，说明中国新闻传播教育有了重大转向，新闻传播研究生教育的一个新的时代到来了。

专业硕士学位与学术型硕士学位分属于两个不同的研究生学位教育体系。如果对二者做一比较，就可以看出二者的鲜明差异。

在目标定位上，学术型硕士学位研究生教育一般被视为博士研究生教育的前期阶段，其前景就是博士研究生或者到相关领域从事理论研究，其目标是培养高层次学术型研究人才。与此不同，专业硕士学位研究生教育则是针对社会特定职业领域的需要，培养具有较强的专业能力和职业素养、能够创造性地从事实际工作的高层次应用型专门人才。在新闻传播领域，学术型硕士研究生下设的两个专业，即新闻学与传播学，基本是按照学术型研究人才的培养目标设置的；而专业硕士研究生下设的新闻与传播、出版专业，则是瞄准新闻传播业界，包括报纸、广播、电影、电视、杂志、出版、动漫、广告公关等行业，以培养合格的、高层次的从业者为目标。两者的目标不同，决定了两种硕士研究生教育在其他方面的差异。

在人才规格上，按学术型硕士研究生模式培养的新闻学、传播学硕士研究生，偏重的是基础理论、系统知识建构及研究方法、研究能力的训练，虽然也要设置与新闻传播业务相关的课程，但业务技能在整个知识与能力结构中处于次要地位；而按照专业硕士研究生模式培养的新闻与传播、出版专业的研究生，则强调理论基础与专业能力的平衡，理论基础课程的设置是为了专业能力的挖掘与提升，专业能力在学生的知识与能力结构中居于核心的位置。这种专业能力包括在发现、表达、批判、创新等方面的潜能。经过专业硕士研究生教育，学生能够快速胜任传媒行业全流程各岗位的工作要求，上手快，后劲足，具有成为行业领军人物的潜力。

在学制上，学术型硕士研究生教育以全日制学习为主，因为系统的知识习得和研究思维、研究方法的训练，不仅需要完整的时间，而且需要导师的及时指导。零碎的时间和滞后的师生交流，不利于学术型研究人才的培养。

专业硕士研究生教育则不然，它采取灵活的学制，既可以是全日制，也可以是非全日制。全日制专业硕士研究生招收应届大学毕业生；非全日制专业硕士研究生则招收新闻传媒行业的在职工作人员，他们可以一边工作一边学习，或者结合工作来学习，带着工作中的问题学习，这对于提高他们的专业能力具有非常重要的作用。与学制相关的还有招生方式的差异，根据国务院学位委员会制定的《硕士、博士专业学位研究生教育发展总体方案》，从2010 年起，对学术型硕士研究生和专业硕士研究生招生，采取"分类报名考试，分别标准录取"的方式进行，按照"科目对应、分值相等、内容区别"的原则设置专业学位招生考试科目。其考试内容突出考查考生运用基础知识和基本理论分析问题、解决实际问题的能力。学术型硕士研究生招生考查的重点则是基础理论、系统知识、研究方法和思维能力。

在培养方式上，学术型硕士研究生与专业硕士研究生也大异其趣。学术型硕士研究生的教学以第一课堂为主，以理论讲授和课堂讨论为主，注重系统知识的建构和理论方法的训练，注重学生的问题意识和创造意识，基础理论、研究方法与思维创新是学术型硕士研究生教育的基本取向。专业硕士研究生教育则不然，它在教学方法上强调以学生为本，以能力培养为本，以职业导向为本；重视运用团队学习、案例分析、现场研究、模拟训练等方法树立学生的自信、自强意识，强化学生的职业意识和专业精神，注重培养学生研究和解决实际问题的能力。

在学位论文环节，学术型硕士研究生与专业硕士研究生也有很大的差异。学术型硕士研究生的学位论文要求有鲜明的学术导向，其选题要有一定的学术价值和实用价值，尽可能与国家建设迫切需要解决的问题相结合，与导师的科研项目相结合；论文作者要坚实掌握本学科基础理论和系统的专门知识，具有独立从事科学研究的能力，遵循严格的学术规范；在了解本领域国内外研究动态及学术前沿的基础上，论文还要突出自己的创新点和新的见解。相比之下，专业硕士研究生的学位论文要求强化应用导向，论文选题必须来源于社会实践或实际工作中的现实问题，要有明确的实践意义和应用价值；其表现形式也可多种多样，鼓励采用理论研究、调研报告、规划设计、产品开发、案例分析、项目管理、业务作品等多种形式，重在考察研究生综合运用理论、方法和技术解决实际问题的能力；其论文答辩的方式也可以灵活多样，但其答辩评估成员中必须有在相关行业实践领域具有高级专业技术职称的专家。

由此可见，学术型硕士研究生教育与专业硕士研究生教育是两条道上跑的车，这两条不同的道路通向不同的目标。当然，两者的差异也不是绝对的，在个别情况下，学术型硕士研究生也可以到新闻传媒业界就职，专业硕士研究生也可以报考博士研究生或者从事学术研究工作。实际上，与其说专业硕士研究生教育与学术型硕士研究生教育是两条不相交的平行线，倒不如说是两股紧紧地交织在一起的绳子。虽然两者在目标定位、培养方式、人才规格、学制乃至学位论文环节等方面大有不同，但是也有不容否认的共同基础，那就是有关新闻传播的基本学理。新闻与传播、出版专业硕士研究生教育，虽然自成体系，但实际上是新闻传播学科大树上长出的一个新枝。它们和新闻学、传播学硕士研究生教育一样，每时每刻都在从新闻传播学科的强大根部吸取营养，这便是新闻传播领域学术型硕士研究生教育、专业硕士研究生教育相异又不相离的根本原因。

### 三　按需生产，双轨并举

根据国家《硕士、博士专业学位研究生教育发展总体方案》，国家将积极发展专业学位教育，并致力于实现我国研究生教育从以培养学术型人才为主转变为学术型人才和应用型人才并重，基本完善专业学位的教育体系。这是高等教育方面的基本国策。国策既定，剩下的当然就是执行的问题了，在研究生教育转型方面没有任何讨价还价的余地。在新闻传播领域，这次重要的转型，不仅给新闻传播业界注入了继续发展的动力，而且给新闻传播研究生教育以绝好的机遇。我们应该抓住机遇，按照教育的基本规律，改造我们的新闻传播研究生教育，双轨并举，按需生产，只有这样，中国新闻传播研究生教育才能顺应社会的期待，保持持续发展的活力。

第一，以教师为本，建设一支"双师型"的师资队伍。此前，国内新闻传播院系研究生教育的单一模式，使得新闻传播院系形成了以高水平学术研究型人才为主体的师资队伍。他们不仅具有高学历和很高的理论水平，而且其兴奋点集中于理论问题的探讨。正是这样一批教师保证了新闻传播教育的学术水准。不足之处在于，这些高水平的教师大多没有专门的业界经历，缺乏相关领域的实践经验。很显然，这样一支师资队伍是难以适应双轨制下硕士专业学位教育的需要的。要改变这一局面，各新闻传播院系必须采取切实措施，保证专职教师在一定时间内到对应的新闻媒体从事调研或任职，提高专职教师的专业实践能力和教育教学能力，提升师资队伍的专业化水平；要大力引进既有理论水平又有实践经验的优秀专业人才从事专业学位的教育教学工作；至少要保证三分之一以上的专业课程由来自业界的具有丰富实践经验的高层次专业人员讲授，他们还应该积极参与教学实践、项目研究、论文考评和答辩等工作。在可能的情况下，新闻传播院系还要从业界聘请一批具有较高业务水平的记者、编辑、制片人、主持人等担任兼职教授。所有这一切努力，都是为了建设一支结构合理的"双师型"教师队伍。这实际上是国际新闻传播教育界的一种惯例。在美国大学的新闻传播院系，其师资就有"绿眼罩人"与"卡方人"之分。① 所谓"绿眼罩人"，就是具有丰富的传媒实践经验，在新闻传播院系进行业务课程教学，致力于提高学生专业技能的教师；而所谓"卡方人"，就是学术导向的理论课教师，他们一般具有新闻传播学博士学位，具有较高的学术水平。只有建立起"双师型"师资队伍，双轨制的新闻传播硕士研究生教育才能顺利起步。

第二，重视实践教学环节，努力建构高水平的实验实习平台。在单一模式的前提下，国内各新闻传播院系的硕士研究生培养，普遍重视理论课程教学和研究方法，关注学生思维能力的训练，所以理论教学和研讨被置于重中之重的位置，相对而言，实验实践环节受到不同程度的忽视。现在专业硕士学位正式启动，学术型硕士与专业硕士学位双轨并行，要保证人才培养质量，满足社会需求，必须改变以前的做法。当务之急是业务课程的教学改革，业务课程不能只讲不练，要配合课程内容安排一定时间的教学实验、实训，要充分利用学校、学院的教学实验设施，特别是要利用各种校园媒体，强化学生的专业体验和职业意识。同时，还要加大与业界的合作力度，与新闻媒体建立长期、稳定、实质性的联合培养机制，搭建高水平的合作培养平台，明确校企各自的权利和义务，建立专业实习（实践）基地，提高实践教学的学分比重，保证学生有不少于半年的专业实习时间。实验实践环节的强化，有利于学生的全面发展，对于培养能够满足社会需求的、专业能力强、职业素养高、能够创造性地从事实际工作的高层次应用型专门人才是重要的保障。

第三，尊重教育规律，革新研究生课程体系。目前的研究生课程体系，是适应单一制研究生培养模式而建立起来的。而按单一制研究生培养模式培养出的新闻传播硕士研究生，要尝试满足学术型、专业型两种完全不同的社会需求，其结果自然可想而知。随着硕士研究生培养双轨体制的启动和对两种不同类型研究生的重新定位，我们不仅要根据社会需求的人才规格量身定

---

① 张晓静：《战后美国新闻与大众传播教育研究》，湖北人民出版社，2009，第 61~72 页。

制专业硕士研究生的培养方案，而且要革新原有的学术型硕士研究生的课程体系。学术型硕士研究生的课程体系，应强调学术导向，以培养高层次的研究型人才为目标，注重基础理论的探讨、研究方法的训练、知识系统的建构，致力于学生观察视野的开阔以及批判思维、创新能力的培养和提高。至于专业硕士研究生的课程体系建设，则要反映新闻传播职业领域对专业人才知识与能力结构的要求，要反映传播技术的最新发展，以实际应用为导向，以满足职业需求为目标，以综合素养和应用知识与能力的提高为核心，将行业组织、培养单位和个人职业发展的要求有机结合起来。这两套课程体系，不应该彼此封闭，相互设限，而应该是开放的，专业硕士研究生和学术型硕士研究生可以在一定范围内互选对方的课程。

第四，以质量为纲，改革学业考核体系。质量是新闻传播研究生教育的生命线，只有数量而没有质量的教育，是对教育资源的浪费，是对社会的犯罪。教育的质量最终反映在学生的质量上。而学生作为教育的产品，其质量取决于在整个培养过程中每个阶段每门课程的学习成效。所以要提高人才培养质量，重在对学业的考核，要使考核建立在科学可靠的基础上。科学的考核方法，有利于引导学生全过程、全身心投入学习中。过去研究生的学业考核，一般只重视终结性评价，而忽略了形成性评价。应该把终结性评价与形成性评价有机地结合起来。重点是强化形成性评价，也就是加强学习过程评价，在整个教学过程中，要对其中的每一重要阶段展开评价。要鼓励老师广泛采取平时测验、大作业、课程论文、课堂讨论等多种考核评价方式，并将其作为平时成绩纳入课程总成绩。要逐步提高形成性评价在总体性评价中的比重。对终结性评价也要进行改革。过去的终结性评价，一张试卷，几种固定的题型，客观题多，重点关注知识点，而不注重知识、理论的应用，于是导致学生死记硬背、高分低能。对于专业实习也要进行全过程的跟踪、管理、服务和质量评价，确保实践实训的质量。学位论文是人才培养过程的最终也是最重要的环节。对学位论文的考核不仅要制定严格合理的程序，而且要有明确细致的规范，论文的选题开题、论文的文本要求、论文的审查、论文的答辩等，都要坚持标准，绝对不能马虎。考核的方法科学，考核的标准严格，考核的程序合理，才能够保证人才培养的质量。

第五，坚持市场导向，实行弹性学制。新闻传播研究生教育必须坚持市场导向，顺应市场需求，否则，如此巨大规模的在读研究生将难以为市场所接受，可能会酿成重大的社会问题。目前的传媒市场，向全日制硕士研究生提出了具体的要求，传媒业界从业员工的继续教育，也是新闻传播院系服务业界的重要领域。一般来说，全日制学术型硕士甚至专业硕士的培养，都采取固定学制，这是比较合理的。但是，对专业硕士研究生中来自业界的精英也一律采取固定学制，要求他们在规定的年限毕业离校，实在是有些强人所难。来自业界的在职专业硕士研究生是边工作边学习，基本上是利用假期或双休日学习，工作单位的重大日程变更、社会重大突发事件的发生等，难免会打断他们正常的学习进程；一些研究生将业界面临的新问题作为他们硕士学位论文的选题，而这一问题的呈现和解决需要时间，这也难免会延长他们的学业。所以，对于专业硕士学位研究生中的在职学生，应该采取弹性学制，规定他们可以在一个比较宽松的时间段（如3～5年）内完成学业。这种弹性的安排，有利于调动专业学位研究生的积极性，便于他们利用在职学习的优势发掘所在单位的教学资源，这对于提高专业学位研究生的教学质量是很有帮助的。

总之，中国新闻传播研究生教育现已进入一个重要的历史阶段。单一模式向双轨制的过渡，是教育规律使然，是变化着的人才市场的拉动使然。在这个重要的节点上，中国新闻传播教育界应该抓住机遇，大胆推进研究生教育的改革，只有这样，中国新闻传播研究生教育才能健康发展，顺应社会的期待，满足业界的需求。

## 第四节　教学组织重组与课程体系再造

目前新闻传播教育界面临改革压力的不仅是专业定位、办学模式、师资队伍、管理体制等问题，新闻传播学院在一般的教学组织、课程体系层面，也存在严重的不适应问题，也需要从战略的高度，针对教学组织和课程体系，筹谋全面系统的改革。

### 一　教学组织重组

目前国内各高校新闻传播学院的组织结构，绝大多数是在院下设系。由于国家教育部颁行的专业目录规定，新闻传播学一级学科下设新闻学、广播电视新闻学、广告学、编辑出版学等四个本科专业，所以各新闻传播学院一般据此下设四个专业，系的名称与专业保持一致。在系下一般再根据课程的相关性设立若干教研室。专业跟系等同的组织模式几十年来一直没有变化。

这一模式最初来源于台湾政治大学，其合理性主要表现为有利于突出专业特色和学生的社会适应。

但是，如今社会发展状况、业界环境早已今非昔比。随着信息传播技术的发展，不同媒介之间的边界日益模糊，在数字化技术平台上，出现了媒体融合与融合新闻的趋势。另外，21世纪以来，教育部逐渐改变了专业设置从严把关的态度，本科专业、专科层次的专业如原子分裂，越来越多。根据教育部公布的2012年版本科专业目录，新闻传播学一级学科下面，设置的本科专业从过去的4个增加到5个，即新闻学、广播电视学、编辑出版学、广告学、传播学。① 2018年在此之外又增加了两个本科专业：网络与新媒体、数字出版。最近教育部又公布了2020年版本科专业目录，根据这一目录，新闻传播学一级学科下面，又增加了三个专业：会展、国际新闻与传播、时尚传播。② 如果按照过去的传统，新闻传播学院又要增设好几个专业系。专科层次的专业设置更细。在这种背景下，新闻传播学院原有的组织结构就显得不合时宜了。

首先，现有的院系组织结构，刚性十足，每个系都相对独立，是一个小而全的封闭圈子，系与系之间缺少横向交流，不利于在学院的范围内优化人力资源的配置，发掘教学资源的潜力。其次，过去的每个专业，其目标都是瞄准一个单一性质的媒介（或传播）领域，如新闻系面向报业，广播电视系面向广播电视业，编辑出版系面向出版业，广告系面向广告与市场营销业，数字出版系面向网络出版业。可如今，专业面对的媒体或专业领域已经发生变化，如报社与网络相联系，网上不仅有文字，更有视频；广播电视与出版行业也涉足报纸与网络；通讯社不仅出版报纸，兴办出版社，开办新闻网站，而且涉及网络、电视台。近年来增设的专业除会展专业外，其他专业如国际新闻与传播、时尚传播，与原有的新闻学、传播学的边界十分模糊。变化的业界需要能适应业界全流程不同岗位的通才，即便是记者也要是全能记者，不仅能够为不同介质的媒体服务，而且能够同时从事对内对外报道。因为在全球一体化的背景下，已经很难把对外对内绝对分开。

在这个背景下，高校新闻传播学院的教学组织结构严重滞后于新闻传播生态的变化，滞后于社会新的人才需求。新闻传播教育要与时俱进，就必须再造组织体系，以一种更加柔性的教学组织，适应社会新的人才培养需求。

---

① 《普通高等学校本科专业目录》（2012）。
② 《普通高等学校本科专业目录》（2020）。

比较合适的做法是，同时按教学与学术研究编组师资队伍。在教学层面，可以将承担新闻传播学一级学科所属各专业基础课教学的教师，包括新闻学原理、传播学理论与方法、马克思主义新闻观、中外新闻史、传媒经济学、新闻伦理、新闻传播法及语言文学类课程的教师，集结到一个统一的教学组织（史论课程教学部或专业基础课教研室）中；其他教师则按其专业和学术特长，对应不同专业组建项目组，承担各专业传播实务课程的教学。各专业项目组和专业基础课教研室都是开放性的组织，教师可以在不同的组织里承担教学任务。另外，从学术研究的需要出发，围绕学院各研究方向的学术带头人，组建学术团队，学术带头人和一般教师本着自由组合的原则，有项目时聚集在一起；研究项目一结束，则开始新一轮组合。学术带头人的身份不是固定的，有课题、有经费，是成为带头人的先决条件。也就是说，在新闻传播学院，一名教师可以有两个专业身份，即属于某个专业项目组（教研室）的教师和属于某个学术团队的研究人员。这种相对柔性的教学组织，有利于优化院内教学资源的配置，调动全体教师的积极性、主动性和创造性。

## 二　课程体系再造

现有的课程体系存在很多问题，十分不利于专业人才的培养。一是硬性的公共基础课比例过大，学校、院系在这一块都没有自主权。仅外语一门课就占了总学分的10%以上，而且效果很差。学生们参加高考时，英语110分以上者基本上达到了四级水平。可是大学本科四年下来，不少学生英语成绩不进反退，甚至过不了四级。政治理论课也在相当程度上炒冷饭，与高中阶段学习的内容拉不开距离。内容大面积重复，使学生产生了厌倦情绪。二是专业课程的设置基本固化，单一课程的内容也比较陈旧，几年甚至几十年一成不变。如新闻业务课程，多年来就是新闻写作、新闻采访、新闻评论、新闻编辑、新闻摄影分设，新闻史教学也是分成中国新闻史和外国新闻史，没有人对其合理性提出质疑。事实上，学生和业界都了解这样的课程设置的弊端，并且建议基于课程内容之间的内在联系进行必要的整合。但是，由于思维的惰性，同时也为了照顾到教师的既得利益，学界忽视了业界的呼声和学生的诉求，以至课程教学一仍其旧。三是专业课程开设越来越深、越来越细，专业学分越来越高，比重越来越大。这与各新闻传播院系学科发展的现状密切相关。要发展学科，提高办学水平，就必须增加专业师资力量。专业老师增加了，就得考虑为他们度身定制开设课程，因为教育部规定，专业教师必须承担一定数量的本科课程教学，否则，他们就无法保留在高校的教职。也就是说，现在新闻传播院系的课程设置并非出自现实的社会需求，反而在相当程度上出现了"因人设庙"的倾向。要提高专业人才培养质量，满足社会对新闻传播教育的期待，就必须对现有的课程体系进行结构性的改造。

课程体系重构有两大原则。一是遵循科学的逻辑。一个专业的知识体系有其内在的逻辑结构，不同层级的核心概念，从核心到边缘，部分与部分、局部与全体，各有秩序。课程或教学科目的设置，自然应该遵循知识体系的内在逻辑，合理地确定每门课程的内涵与外延，厘清不同课程的边界。二是遵循心理接受规律或曰教学规律。人们的认知过程有其复杂的内在机制，其对于知识的接受，既有由浅入深的路径，也有触类旁通的渠道，处理好课程群内、群外课程间的关系，加强课程群之间的有机协调，做到课程之间既有所区隔，界限清晰，又能够彼此呼应，相辅相成，同时避免彼此完全隔离，互不搭界，或相互重复，交叉覆盖。要做到这一点，必须有精细的顶层设计，同时，承担相关课程的教师，也应该本着认真负责、精诚协作的精神，加强彼此的沟通协调，基于专业人才的培养目标统一思想，进而展开课程的设计。

在此基础上，可以从三个方面着手再造课程体系。第一，基于新闻传播业务流程和课程内容之间的逻辑关联，对现有的课程进行必要的整合，该做加法的就要做加法，如采访与写作合并、外国新闻史与中国新闻史重组等。第二，对一些在本阶段没有迫切需要的课程，或者可以在更高层次开设的研究性课程，要大胆删减，或者是把它们从必修课挪到选修课中，须知减法有时比加法更有用，有舍才有得，例如中外新闻传播史之外的断代史、新闻制度史、专门媒介史，新闻学理论、传播学原理之外的比较新闻学、新闻思想史等，是可以做减法的。第三，对一些过去没有而现在特别需要的理论知识或业务技能，如融合新闻业务、新媒体技术、数据新闻、VR技术等，应努力想办法开设。如果院系内部没有人开设，可以在内部招标。院系可以采取一定的措施鼓励中青年教师开设新课。如果内部无人投标承担新课，可以外聘其他学校的教师和业界高手开设新课，在今天这个市场经济时代，学校、院系没有必要完全做到自给自足，适当地利用社会资源，还可以在一定程度上降低教学成本。通过这些努力，陈旧的课程体系才能在根本上得以更新，新闻传播专业人才的规格和品质才能得到保证。

## 第五节　新闻传播史论课程群的教学改革

在教育领域，课程是实现教育目标的基本手段。课程将教育者的教育理念、责任与使命意识转化为师生互动、教学相长的交往实践，其成果最后落实到优秀人才的养成。这些优秀人才，总会在知识、能力、人格等方面达到一定的水准，从而能够满足社会或行业的人才需求。要达到这一水准，必须经过长期复杂的教育过程。千百年来，东西方教育家们都发现，一定的人才培养目标的达成，或者要使学生在知识、能力、人格诸方面达到一定标准，必须适当地分解教育内容，将长期整体的教育内容按照一定的原则分解成若干不同的科目或课程，再根据科学的内在逻辑和学生接受的心理规律确定这些科目或课程教学的次序。待这些课程的教学一一完成，人才培养的总体目标就水到渠成了。

### 一　新闻传播史论课程群在人才培养体系中的地位

一个学科、专业的人才培养往往需要众多的课程或教学科目。这些课程基于统一的培养目标而构成了有机的完整的课程体系。所谓课程体系，"是指诸多课程相互联系而构成的整体。从层次上来说，课程体系可以分为宏观、中观和微观三个层次"[①]。一般而言，宏观课程体系，指的是学校层面的课程体系，不同的学校在课程体系建构方面大不相同；中观层面的课程体系，应该是指一级学科的课程体系；而微观层面的课程体系则是针对一级学科下面的专业，如作为一级学科的新闻传播学科下面，就设有十个本科专业，每个本科专业的课程体系也存在重大的差异。

本节所谓的课程体系主要是在中观与微观层面而言的。一个完整的课程体系，往往包含了若干课程群（组）。以新闻传播学类专业而言，就有新闻传播史论课程群、新闻传播实务课程群、普通（通识）教育课程群、选修课程群等。课程群（组）基本上是由知识内容相关、教学时空毗邻的若干门课程组成的。如新闻传播史论课程群，就包括马克思主义新闻观、新闻学理论、传播学原理、中外新闻传播史、广告学原理、网络新媒体导论、品牌传

---

[①]　刘道玉：《中国高等教育改革论》，武汉大学出版社，2018，第485～486页。

播概论等课程。这些课程既是专业核心课程，又是学生的必修课程。

在新闻传播专业的课程体系中，新闻传播史论课程群占有举足轻重的地位。根据美国新闻传播评审委员会制订的《美国新闻传播教育评审委员会九项评审标准》，新闻传播类专业的课程设置和教学指导应该"确保学生能够学到委员会所确定的在一个多元化社会中工作所必备的知识、能力和价值观。无论学生个人有何特点，评审委员会要求所有毕业生应该认识到某些核心价值并掌握应有能力"①。紧接着，这一文件又列出了学生应该具备的十种核心能力，其中至少前面的六种能力和素质都与新闻传播史论系列课程直接相关。在中国，由于特殊的政治体制，对新闻传播从业者和在校大学生的要求更加全面、严格，从价值观、世界观、人生观，到专业精神和职业理想，再到综合素质、政治意识和理论功底的养成，新闻传播史论课程群在其中都扮演着不可或缺的角色。

笔者认为，在新闻传播类专业人才培养过程中，新闻传播史论课程群的重要地位和作用，主要表现在以下几个方面。第一，新闻传播史论课程群是联系普通（通识）教育课程群与新闻传播实务课程群的中介。普通（通识）教育课程群旨在帮助学生了解自然和人类文明的历史，形成正确的价值观、世界观、人生观和健全的人格，"是一个体系宽泛、内容丰富多彩的课程集合，它以人类所创立的基础学科为主要范畴，但不限于某一学科领域，而着眼于通用性、基础性、永久性的知识及其所蕴含的生活意义，它求通而不求专，求博而不求深，求悟而不求授"②。从通识到专业还有一段距离，需要有一个沟通的桥梁或平台。新闻传播史论课程群就扮演了这一角色。

第二，新闻传播史论课程群在教学内容上实际上担任了与新闻传播专业相关的人文教育功能，通过这些课程的教学，学生的世界观、人生观和价值观得以形成，懂得敬畏生命、服膺真理，养成独立人格，强化社会责任。这样的学生才是大写的人、舒展的人，其生命因为人文精神的熏陶显得"情韵悠长，光明磊落"③。

第三，新闻传播史论课程群的教学，最终决定了新闻传播人才的专业底色。新闻传播类专业之所以不同于其他人文社会科学专业，在于其专业底

---

① 美国新闻传播教育评审委员会：《美国新闻传播教育评审委员会九项评审标准》，转引自辛欣、雷跃捷等《中外新闻传播教育发展研究》，中国传媒大学出版社，2009，第212～213页。

② 别敦荣、王根顺主编《高等学校教学论》，高等教育出版社，2008，第357页。

③ 夏中义主编《人与自我·导言》，广西师范大学出版社，2002。

色，这种底色源于长期系统的史论系列课程教育使学生心灵世界累积了丰富的新闻传播专业知识和理论素养，形成了独特的新闻价值观和使命意识，熔铸了无可替代的专业精神和职业理想。在今天这个人人都有麦克风的时代，面对社会需求，面对公共利益与商业利益的博弈，不管是职业传媒人还是自媒体作者，有没有这种专业底色，其表现一目了然。

第四，在新闻传播过程中，新闻传播史论课程群的教学还会为新闻传播实务课程群的教学提供支撑。专业实践是需要理论指导的，没有理论的引领，专业实践就犹如盲人摸象；处理新闻报道事务，不仅需要新闻的价值判断，也需要历史的洞察力。只有具备起码的史论系列课程专业知识的储备和一定的专业素养、新闻敏感和思维能力，打下比较坚实的理论功底，学生们才能够正确地面对和处理实践中出现的种种问题。

第五，对于新闻传播专业人才而言，新闻传播史论课程群的教学及其效果，决定了他们职业行为的高度、温度和强度。所谓高度，也可称为深度，指的是思想的深邃旷达，能不能透过现象看本质，能不能抓住主要矛盾，能不能前瞻未来，能不能言人之未言见人之未见，就取决于这种高度或深度。温度则是指人性、人情味，就是爱人，就是敬畏生命、同情弱者，就是慈悲心肠。一个传媒人应该具有悲天悯人的情怀，敬畏生命，对弱者能够自然地流露出关爱之情，应该推己及人，老吾老以及人之老，幼吾幼以及人之幼。当专业追求与人性的善良发生冲突时，应该回归人性本身。人不是一般的动物，主宰人世间的也不应是丛林法则。所以在新闻传播实践中，不要去挑战人伦的极限。所谓强度则是指新闻从业者或新闻传播学子的政治与伦理原则。在信息化社会，新闻传播具有鲜明的政治性，其报道言论，关系到政治的稳定与族群的和谐，一个没有政治意识、政治修养和坚定政治立场的人，在新闻传播领域必然会碰得头破血流。政治固然重要，新闻伦理也不能忽视，因为新闻传播对社会无处不在的渗透和日益扩大的影响，新闻传媒及其从业者也要具备起码的职业道德，不泯良心，才能善尽自己的社会责任。职业传媒人在政治、伦理方面的修为，与新闻传播史论课程群的教学是分不开的。

## 二　新闻传播史论课程群教学存在的问题

面对来自新闻传播业界的倒逼压力，高校新闻传播院系已经行动起来，以全面的改革回应社会的期待。但是，由于认识水平的差异，不同学校不同院系改革的力度不同，着力点不尽一致，效果方面也大不相同。总的来说，当前的新闻传播教育改革，在办学模式、宏观思路方面讲的比较多，在具体的教学方面落实的比较少；在课程建设与改革方面，新闻传播实务课程与时俱进，改革的力度比较大，但是新闻传播史论课程群存在的问题比较多，甚至可以说是积重难返，面临很重的压力。

如前所述，新闻传播史论课程群在新闻传播专业人才培养方面的地位举足轻重，不可忽视。但是如果冷静地审视国内高校新闻传播史论课程群的教学情况，便会发现存在的问题也不少，需要客观面对，深刻分析，思谋解决之道。

**1. 单一课程自我封闭，课程间缺乏关联度**

物以类聚，人以群分。新闻传播史论课程群本身就是由知识内容相关、教学时空毗邻的若干门课程组成的。群内的各门课程，在内容上彼此相关，相互支撑，是这些课程组成群的重要条件。所以在具体的课程设计方面，无论是在内容空间还是授课时序方面，都应该有所呼应，彼此关照，这样才能相辅相成，相得益彰。但是，新闻传播专业教育作为普通的文科教育，长期以来受到社会科学研究个体生产模式的影响，一门课程一个教师，各人只管自己这门课，从备课、授课到考试，他人很少有发声的余地。这种自我封闭式的知识生产或传授模式，带来的直接后果就是同一专业同一课程群（组）的教学内容要么彼此隔离，互不相关，要么彼此冲突或相互覆盖。比如，中国新闻传播史和外国新闻传播史的教学，往往由不同的教师来承担，从接受任务到备课、授课，他们很少进行交流，在授课过程中如何处理中、外新闻传播史的关系上，很少学校有成功的尝试。事实上，在全球化的背景下，中国是"地球村"不可分割的一部分，中国离不开世界，世界也不能缺少中国，中国与世界是一体的，世界是中国置身的环境。中、外新闻传播史在进化发展过程中彼此影响，相互依存。其他课程，如新闻传播史与新闻学理论、传播学理论，从科学的逻辑来看，彼此间相互渗透。解读历史事实，要有一定的历史观和理论原理的指导，否则很难揭示事件的历史意义；反过来说，理论的论证推导，也不能纯粹依赖逻辑公式，一定的具体的事实或案例，有助于夯实理论的基石，助成理论体系的自洽。

**2. 历史与现实脱节**

人们认为，历史是昨日的现实，今日是明天的历史。通过历史的轨迹，人们有可能准确地评估现在，并在此基础上预测未来。历史的基因是解读复杂现实的钥匙，故古人云以史为鉴，知兴替，明得失。在历史长河中，从来没有不变的现实，一切都在变化之中，即使是企图维持现状者，也把这种企图寄托在将来。客观的历史没有断裂，也没有空白，只是现实环境和研究者自身的缘故造成了历史叙事的禁区，从而给人留下了不少的空白，造成了历史与现实的距离。意大利历史哲学家克罗齐说"一切真历史都是当代史"①，意为发生在历史上的事件，只有与今天、与现实发生关联，才有研究的价值。在新闻传播史研究领域，恰恰出现了历史与现实的脱节，出现了不少令人惊讶的空白。所以在新闻传播史教学中，历史的终点大多不是刚刚过去的昨天，而是更加久远的过去。如中国新闻传播史，在20世纪末，无论是教师讲授还是教材，都只讲到1949年；如今，不少学校的中国新闻史教学，从远古一直讲到改革开放之前。由改革开放至今，存在一段相当长的距离，把历史与现实硬生生地隔开。其中还有一些地方是不能深究的禁区，以至留下了不少空白。由于这些原因，新闻传播史课程在新闻传播人才培养体系中的地位和作用大大削弱，历史课程的魅力也大打折扣。

### 3. 理论与实践分离

新闻传播史论课程群的核心课程，包括新闻学理论、传播学原理及马克思主义新闻观，这些理论性课程旨在观照和解释当下的新闻传播实践，通过对新闻传播现象的分析、对新闻传播规律的阐释，累积新闻传播的系统知识，增强学生的理论素养，夯实学生的理论基础。这一目标能否达成，取决于这些理论性课程与当下的新闻传播实践是否紧密联系。如果理论性课程脱离当下的专业实践，解释不了今天的新闻传播现象，自然难以帮助学生透过复杂的现象认识新闻传播规律。② 在今天这个转型的时代，审视新闻传播教育的现状，一个不容否认的现实是，新闻传播院系的理论性课程与当前专业实践严重脱节。如今，在信息传播技术的推动下，传媒行业发展一日千里，各种新媒体层出不穷，新闻生产流程再造，传媒生态转型，相对于20世纪的新闻传播实践，恍如隔世。可是大多数高校新闻传播院系的新闻学原理、传播学概论课程，其传授的内容还是基于20世纪七八十年代的传播现实，很少涉及当今业界最新的发展，如大众媒介、社交媒体、自媒体、算法新闻、AI、媒介融合、智能传播、VR技术等，对于生活在今天的大学生而言，这种陈旧的教学内容自然难以引起他们的兴趣。在部校共建的趋势下，马克思

---

① 〔意〕贝奈戴托·克罗齐：《历史学的理论和实际》，傅任敢译，商务印书馆，2005，第2页。

② 宋秋前：《行动研究：教育理论与实践相结合的实践性中介》，《教育研究》2000年第7期。

主义新闻观进课堂也日益普遍，但是马克思主义新闻观究竟讲授哪些内容，是否只是限于德国、俄国的马克思主义经典作家，怎样把 19 世纪和 20 世纪初马克思主义经典作家的论述与今天中国化了的中国特色社会主义新闻理论联系起来，在这方面工作做得还不充分。一方面，业界需要马克思主义新闻观的引领，新闻传播教育界也高度重视马克思主义新闻观课程的建设；另一方面，高校新闻传播院系马克思主义新闻观课程的内容建设严重缺位，业界难以借此提升认识解决问题，新闻传播院系的学生也难止渴。

### 4. 国外与本土割裂

今天我们处在一个高度全球化的时代，广袤的地球俨然成为一个鸡犬之声相闻的村庄，国与国、地区与地区的关系犹如邻里，彼此命运相关，难以分离。信息传播正是推动全球化的重要动力源。信息传播的全球化与经济全球化成为驱动全球化进程的双轮，这是当今国际关系、全球力量格局的重要特征。要解读当今的国际关系，国际传播、跨文化交流是一个重要的切入点。但是，在新闻传播教育领域，新闻传播史论课程群的教学基本上还是立足于国家本位，中与外的界限十分清晰。新闻传播史教学，绝大多数高校新闻传播院系分设中国新闻传播史、外国新闻传播史两门课程；理论课程教学方面，无论是新闻学理论还是传播学理论，也都是立足于中国的历史与现实，中外割裂，缺乏开阔的一体化的全球视野。2020 年爆发的全球性新冠肺炎疫情，进一步催化了跨国界、超越民族国家的全球传播的发展。其中涉及的诸多议题，如是否应该采取强制隔离措施以遏制病毒扩散，自由与生命之间孰重孰轻，在新冠肺炎疫情报道上如何处理爱国主义与人道主义、新闻专业主义的关系等，对这些问题的思考与回答，是新闻传播理论教学研究的题中应有之义。新闻传播史论课程群的教学应该与时俱进，以更开阔的视野弥合中外的裂隙，实现全球一体化的包容性理论建构，以满足社会和业界的期待。

### 5. 存在玄学化与政治化两个极端

玄学化与政治化也是值得关注的两大倾向。所谓玄学化，就是脱离新闻传播实际的极端抽象化，故弄玄虚，把简单的问题复杂化，具体的问题抽象化，现实的问题神秘化[①]，不是直接面对现实问题，忽视了新闻传播的焦点。如果是学术研究，这种取向倒无可厚非。但是在新闻传播教育方面，这种取向不一定能够得到学生、业界的认可。玄学化倾向虽然不是那么普遍，但是

---

① 袁盛勇：《九十年代以来鲁迅研究的玄学化倾向》，《甘肃社会科学》2002 年第 6 期。

在一些高校尤其是重点高校得到了一些老师的追捧。这与新闻传播教育的本质要求和使命是相背离的，不能鼓励也不应该提倡。另一个倾向，就是与现实贴得太近，直接把新闻传播史论课程群尤其是理论课程的教学功能窄化等同于新闻政策解读，而不是从学理上分析、解剖新闻传播现象，阐释新闻传播规律，引领学生自己去思考，运用自己的大脑辩证地思索新闻传播史论课程群涉及的历史与现实、理论与实践问题。教育尤其是新闻传播教育有很强的政治性，这是不容否认的，但是教育毕竟不等于政治，大学课堂教学也不是政治宣传。马克思主义的真理、新闻传播规律最终为人们所掌握，不是靠生硬的自上而下的灌输，而是靠启发，引领学生去自主探索，经过质疑、辩论、切磋，自然地获得真理。盲从不是信仰；一定条件下的盲从，也会在一定条件下背弃。

## 三　新闻传播史论课程群教学改革的路径

以上问题在国内高校新闻传播院系普遍存在，已经在一定程度上影响到新闻传播史论课程群的教学效果，甚至影响到学生的专业兴趣。不少高校已经出现一定规模的转专业迹象。这应该引起新闻传播教育界的关注。2020年7月4日，华中科技大学新闻与信息传播学院与湖北省新闻传播史论教学团队、湖北省新闻传播史论名师工作室联袂举办了"首届新闻传播史论课程群教学改革研讨会"，教育部高等学校新闻学学科教学指导委员会的三位副主任委员、秘书长和部分专家以及国内主要高校承担马克思主义新闻观、新闻学理论、传播学理论、中外新闻传播史、品牌传播概论的主讲教授共70多人参加了这一规模空前的教学改革研讨会。专家们不仅就新闻传播教育改革的一般议题，而且就新闻传播史论核心课程的教学改革进行了深入的探讨。作为这次会议的召集人之一，笔者深感这场改革迫在眉睫，势在必行。

首先，在新的课程体系中精准定位课程的培养目标。新闻传播史论课程群在新闻传播专业人才培养体系中占有十分重要的地位。根据新的专业定位，新闻传播史论课程群及各门课程的培养目标也要有新的精准定位。新闻传播院系的学生是根据专业培养目标来教育的，目标所揭示的人才质量规格，包括知识、能力、道德、思维与人格诸方面的要求，需要不同类型的课程教学或实验、实践来实现。每门课程或科目都有其独特的功能和作用，对学生特定方面的知识、能力和其他素质，起到直接的培育、强化、提升的作用。不同的课程或科目有不同的功能，属于新闻传播史论课程群的各门课程，应该基于知识的内在逻辑和专业定位，明确各自的培养目标，并据此确定课程教学的内容及其结构体系。这些目标应该有适当的区隔或错位，应该尽量避免课程培养目标的大面积重复或雷同。换言之，在新闻传播教育改革的全新背景下，新闻传播史论课程群的每门课程都面临改革自新的时代任务，都必须考虑自己存在的合理性、正当性，没有一门课程可以例外。

其次，课程内容更新。教育教学改革是一个涉及面广的系统工程，不能停留在专业定位、课程定位上，关键还要在课程内容上进行更新、充实、完善。如果课程目标定位变了，整个课程体系结构也变了，但是具体的课程内容还停留在过去，那么课程的定位最终还是会落空。课程内容不仅决定了形式，也决定了目标的实现。新闻传播史论课程群的内容更新，可以从以下三个方面着手。一是贯通古今，不留空白，拉近距离。这主要是就中外新闻传播史课程而言的，从人的产生、人类信息传播活动的产生到今天的网络信息时代，一以贯之，完整地呈现中外新闻传播史演进的脉络。虽然无法做到有闻必录，但是绝对不能留下大的空白，不能有断裂带，从而保证古今贯通，体现历史与现实的勾连，彰显历史的当代价值。二是中外合璧。在全球化的背景下，每个国家都不可能离开世界体系而独善其身，它既要依赖其他国家和地区，同时又是其他国家和地区生存发展的环境。新闻传播史论课程群的教学，要超越国家本位，站在地球之外俯瞰地球，实现中外一体。在中外合璧的前提下，分析新闻信息的全球流动，剖析不同国家新闻传播的异同，揭示新闻传播的内在规律，阐释信息传播对国际关系、人类未来的影响。三是史论结合。① 解读新闻传播历史现象、历史事件、历史过程，评点新闻传播历史人物，不仅要立足于事实，更要有思想的高度和理论的指引；同样，学习新闻传播理论，也不能建立在纯粹的理论推导之上，理论的逻辑只有与历史的逻辑、事实的逻辑相一致，或者得到历史、事实的证明，才有说服人的力量。所以在实际教学过程中，史论结合，无论是对新闻传播史课程还是新闻传播理论课程，都是提升教学效果的有效途径。

再次，改革教学手段与形式。一个好的目标，还要靠恰当的手段、科学的方法、巧妙的形式去实现。但是长期以来，由于课程内容的性质，新闻传播史论课程群在教授过程中方法比较单一，缺少技术含量，形式也比较简单，学生的学习体验相对比较枯燥，远不如新闻传播实务课程那么生动、有

---

① 刘凤义：《在史论结合中认识和理解经济危机——〈资本主义经济危机与经济周期：历史与理论〉评介》，《山东社会科学》2020 年第 1 期。

趣。因此，新闻传播史论课程群的教学效果很难提升。古希腊教育家柏拉图在与学生的互动实践中发现，教育应在轻松、愉快的心境下进行。强行灌输，被迫学习，是教育的大忌。在他看来，一个自由人是不应该被迫进行任何学习的。所以他建议"不要强迫孩子们学习，要用做游戏的方法"①。因此，在教育过程中，对模仿的作用应予以充分的重视。新闻传播教育是在大学阶段进行的职业教育，自然不需要游戏、模仿的方法，但是调动学生参与的积极性，设计生动活泼的教学形式，巧用各种新的技术手段，给学生轻松愉快的学习体验，还是很有必要的。最近几年来，不少学者在教授新闻传播史论课程时，尝试使用新的教学方式，如中国人民大学新闻学院赵云泽教授在中国新闻史教学上使用翻转式课堂②，调动了学生参与的积极性，效果非常好。还有教师在新闻传播史论课程的教学中，引入辩论方法，针对某一历史事实或重要的理论观点组织辩论。还有教师在课前提出问题，要求学生进行拓展阅读，在课堂上汇报分享学习心得。随着教育技术的迅猛发展，在不少学校，新闻传播史论课程群相继推出了线上开放课程，实现了学生云端互动，也有学校建设了智慧教室，强化了课间师生交流，相互切磋，激发了学生的兴趣。所有这些教学创新，对提升新闻传播史论课程群的教学效果都是有益的，值得推广和借鉴。

最后，营造自由开放的课堂氛围，鼓励学生质疑，增强学生的批判思维能力。大学是追求真理的殿堂，是培养和展示学生个性、才华和想象力的舞台。要实现教育的使命，使大学生成为"人"，成为大写的人、舒展的人，成为具有使命意识、卓越的新闻才能和担当精神的人，必须营造一个自由开放的学习环境。因为只有在自由开放的氛围中，学生才敢于袒露心灵，直抒胸臆，才能实现人与人的平等交流，达到一棵树摇动一棵树，一朵云推动一朵云的境界。与此同时，大学教师还有一个重要的责任，那就是鼓励学生质疑的精神，强化学生的批判性思维。质疑精神是创造性思维的重要品质。敢于怀疑，因质疑而大胆地去求证，是接近真理的必由之路。一个没有质疑勇气，唯唯诺诺、盲目从众的人，即使接受了真理，也难以领会真理的价值和魅力，他对真理的信服也是不牢靠的。教师要鼓励学生质疑，帮助、引领学生去求证，和学生一起体验求得真理的快乐，这会坚定学生对真理的信仰。

---

① 〔古希腊〕柏拉图：《理想国》，郭斌和、张竹明译，商务印书馆，1995，第304～305页。
② 赵云泽：《中国新闻史教学改革的新探索：翻转式课堂的应用》，《新闻大学》2016年第2期。

但是客观地说，中国大学生的质疑勇气和批判性思维是比较弱的。美国耶鲁大学校长理查德·莱文表示："中国大学本科教育缺乏两个非常重要的内容：第一，就是跨学科的广度；第二，就是对批判性思维的培养。"[①] 莱文校长的判断可谓一针见血。要改变这一现状，院长（主任）和教授们必须解放思想，放弃灌输式命令式的教育方式，营造自由开放的氛围，鼓励质疑勇气和批判精神。

总之，在今天传媒和社会结构转型的大背景下，新闻传播教育面临重大的挑战和机遇。新闻传播教育的改革迫在眉睫，其中新闻传播史论课程群的教学改革乃是重中之重。因为新闻传播史论课程群事实上担负了新闻传播类专业的人文素质教育，是通识教育与专业连接的中介。正是新闻传播史论课程群为学生打下了深厚的专业底色。但是由于新闻传播史论课程群的特殊性质，其教学改革明显滞后于新闻传播实务类课程，因而其教学效果不尽如人意。要摆脱这一窘境，必须在院系学科建设和人才培养的战略高度，加强顶层设计，重构课程体系，在此基础上精准定位各门课程的培养目标，更新、充实、完善课程内容，革新教学手段和方式方法，营造自由宽松的课堂环境，多管齐下，综合施策，这样才能激发新闻传播史论课程群的魅力，增强教学效果。

## 第六节　坚持人文精神的主基调

新闻传播教育改革势在必行，非改不可。从教育模式、专业结构、课程体系，到教育管理、教学运行，都要在新的新闻传播格局下重新考虑，推陈出新。但是在诸般变化中，也有不变的坚守。那就是在新闻传播人才培养过程中，一定要坚持人文精神的主基调。

自1918年"北京大学新闻学研究会"成立至今，中国的新闻传播教育事业已经走过一百余年的历程。经过几代人的努力，我们的新闻传播学科建设取得了有目共睹的成就。但是，由于新闻传播学是伴随"欧风美雨"而来的舶来品，中国新闻传播教育草创之际不免因陋就简，而且在后来的发展过程中，不时为战乱、政治动荡所干扰，以至于我们的新闻传播教育还存在很多问题。其中最突出者，乃是过于重视技能和实践环节，忽略了完整知识系

---

① 转引自刘道玉《中国高等教育改革论》，武汉大学出版社，2018，第369页。

统的建构；过于强调政治原则，忽略了人文精神的涵养。尤其是后者，已经在越来越大的程度上影响到新闻媒体。在新闻媒体的报道中，人特别是普通人的位置没有得到应有的重视，新闻媒体从业者心目中对人的权益、价值、尊严乃至人类命运缺乏必要的关注，以至于媒体话语与民间话语日渐疏离，尤其是主流媒体，与主流人群渐行渐远。所以，中国新闻传播教育的当务之急，不是课程体系的调整、实验设施的改善和实践环节的强化，而应该是强化学生的社会责任意识，唱响人文精神的主旋律。"人文精神"一词具有极为丰富的内涵，它是人类一种普遍的自我关怀，表现为对人的尊严、价值、命运的维护、追求和关切，对人类遗留下来的各种精神文化成就的高度珍视，对全面发展的理想人格的肯定。人文精神的核心就是"以人为本"，即把人放在最重要的位置上，一切为了人，尊重人的价值，维护人的权益，敬畏人类生命。这种精神应该熔铸在新闻传播院系的各个教学环节、各门具体课程之中，从而最终流进学生的血液，进驻学生的心灵深处。对新闻工作者而言，要弘扬人文精神，必须做到以下几点。

## 一 敬畏生命

在宇宙洪荒时期，地球上没有生命。后来生命出现了，地球上才有了色彩。生命使地球充满了活力与精彩。尊重生命、敬畏生命，是人文精神的必然诉求。在汶川地震救援报道中，有一组耐人寻味的镜头：当一位姑娘被救援人员从瓦砾中救出，现场所有记者的镜头一起对准她的时候，劫后余生的姑娘做出的第一个动作便是努力提起有些脱落的衣裤，以掩盖裸露的肌肤。这一细节告诉我们，生命是圣洁的，在生命的展示过程中需要获得尊重、理解、呵护。不仅是人的生命，地上搬家的蚂蚁、春天枝头鸣唱的鸟儿、高原雪山脚下奔跑的羚羊、大海中戏水的鲸鱼等，都是生命世界的重要成员。我们敬畏地球上的一切生命，不仅仅是因为人类有怜悯之心，更因为它们的命运就是人类的命运：当它们被残杀殆尽时，人类就像是最后一块多米诺骨牌，接着倒下的也便是自己了。所以我们热爱生命、敬畏生命，最终还是爱人类自己。丰子恺曾劝告小孩子不要肆意用脚去踩蚂蚁，不要肆意用火或水去残害蚂蚁，他认为自己那样做不仅仅是出于怜悯之心，更是怕小孩子那一点点残忍之心以后扩展开来，以致驾着飞机装着炸弹去轰炸无辜的平民。

当前我国的新闻报道，有很多不尽如人意之处，其中最突出的便是对生命的敬畏、尊重不够。例如：在批评性报道中，经常出现火药味十足、攻击性极强的语言暴力；在政治、军事、经济等重大题材报道中，常以枯燥的数字、图表的罗列取代对鲜活的个体命运的关注；在犯罪、灾难新闻中，以饱受摧残的生命形象去赢取眼球资源；在娱乐新闻中，热衷于对思维另类、举止怪异者的炒作，误导民众集体"审丑"……凡此种种，不一而足。溯其根源，在于传统的新闻传播教育单纯从专业技术的层面教授学生如何表达，怎样表达才能吸引公众的关注，而没有考虑到怎样才能使学生真正认识到生命的伟大与神圣，并产生由衷的敬畏之心。这种重术而轻道的教学方式，使学生走上工作岗位之后，无法将报道对象视为和自己一样的生命，而是将其物化为一种信息载体或者是为赢得竞争而努力去占有的资源。即便他们有时会抒发一丝悲天悯人的情怀，但最终也会因为内心的虚无而有失真诚，让受众觉得其带有很大的表演成分，无法产生震撼人心的力量。

要落实敬畏生命的宗旨，新闻工作者一是要怀抱平等意识，不仅在人和人之间要平等相待，所谓"老吾老以及人之老，幼吾幼以及人之幼"，而且在人和一般动物之间也要尊重动物生存的权利。这既是为了动物，也是为了人类自身。二是恕道。恕道是儒家思想的精髓，也是中国传统人文精神的核心价值。所谓"恕"，按照孔子的解释是"己所不欲，勿施于人"。新闻工作者不能总以个人为中心，要学会换位思考，自己不愿意做的事情，不能让别人来做；自己不希望面对的问题，不能让别人面对。三是博爱。博爱不是西方社会独有的价值。从孔孟的"仁爱"、墨子的"兼爱"，到孙中山的"公爱"，中国自古以来便有自己的博爱思想。2007 年 3 月 16 日"两会"后的记者会上，温家宝就明确指出：民主、法治、自由、人权、平等、博爱，这不是资本主义社会所特有的，而是整个世界在漫长的历史过程中共同形成的文明成果，也是人类共同追求的价值观。新闻工作者有了对生命的大爱，自然会产生对生命的敬畏和由衷的呵护。

## 二　服膺真理

当今世界虽然已进入科学昌明的时代，水变油等形形色色的伪科学、迷信、非法宗教活动却时常见诸媒体，误导舆论、混淆视听；以法治国、以德治国的观念已深入人心，但是担负社会哨兵的新闻媒体却不断被爆出践踏真实、屈从权势、收受贿赂的丑闻。其原因固然很多，但从新闻传播教育的角度分析，主要是在我们的日常教学过程中，只注重了传授真理，而忽视了服膺真理的精神。所谓服膺真理，就是衷心地信奉真理。《礼记·中庸》曰：

"得一善，则拳拳服膺而弗失之矣。"只有服膺真理，才能够发现真理，真正按照真理的要求行事，并自觉地维护真理、传播真理。

要服膺真理，必须坚持实事求是的原则。媒体的报道关系到大众对社会真相的把握，影响到大众的事实判断。要帮助大众接近真理、认识真理，新闻工作者必须以事实作为出发点。坚持实事求是的原则，按照事物的本来面貌如实播报新闻，就是服膺真理的精神在新闻传播行业中的具体体现。同时，新闻工作者还要有捍卫真理的勇气。新闻工作者不是"无冕之王"，无论在新闻系统内部，还是置身于整个社会之中，其都只是普通的一员。而新闻工作者在日常工作中所接触的群体极为广泛，不仅包括一般的群众，还涉及党政领导、商界巨头以及各个领域的精英人物，在权、钱、名面前，新闻工作者很容易未曾开口便先生三分怯意，一旦发生分歧，更是退多进少。真理的客观性本质告诉我们，真理是不以人的意志为转移的，职务、权势、资历、财富都无法左右真理。也就是说，在真理面前、在事实面前，人人都拥有平等的地位。如果新闻工作者是在自己的工作范围之内，就新闻事实与他人产生争执、分歧，无论对方处于什么样的位置，拥有什么样的力量，都应有与之平等对话的勇气。

## 三　独立人格

人格特征与职业适应性有密切的关系。如果一个人的人格特征与所从事职业的要求相适应，就可能在事业上获得成功，反之，则会妨碍事业的发展。新闻工作者是公平正义的捍卫者，是社会的良心。他们必须具备独立、高尚、健全的人格。范长江曾经这样讲：有了健全高尚的人格，才配做新闻记者。有了健全的人格，才可以谈到其他各种技术问题。令人惋惜的是，时下新闻传播院系的学生培养与新闻单位的人才选拔，往往本末倒置，片面强调专业技能而忽视对人格的要求。

新闻工作者究竟需要具备怎样的人格呢？除了道德意义上的健全、高尚之外，今天尤其需要独立人格。所谓独立人格，是指依据个人自己的观察、判断和意愿去行动而不受环境和他人影响的个性特征。具有独立人格的人，善于独立思考，具有个人信念、判断的坚定性和行动的独立性。这对新闻从业者来说特别重要，因为独立人格是独立发现的保证。新闻同质化是目前困扰新闻媒体的一大难题，要解决这一难题，无非是报道独家新闻，独占或抢先占有新闻资源。但是，记者能否发现独家新闻，并非单纯依靠能否率先发现新闻线索，而主要取决于能否率先解读出新闻线索中的特别意义。这就要求新闻工作者打破思维定式，独立思考，而此能力非拥有独立人格者不能具备。另外，独立人格有利于形成独特的风格。站在新闻传播者的角度，决定受众接受状况的重要因素主要有两种：一是作品或节目所包含的信息及外在表现形式；二是在新闻传播过程中，记者、主持人及相关工作人员是否具有引人瞩目的独特风格。因为只有具备独立人格的人，才能够按照自己的思维方式指导行动，耻于模仿，不甘从众，保持个性不失，久而久之便形成了独具魅力的风格。否则，要么陈陈相因，千报一腔，万台一面，要么东施效颦，贻笑大方。

正是因为独立人格对新闻工作者来说有重要意义，我们今天的新闻传播教育才应当摒弃传统的教育观念及现代应试教育对人的个性的压抑，唤醒学生的个性，塑造他们的独立人格。为此我们必须创造自由开放的学习氛围，鼓励学生独立思考。在课堂上，教师应当避免一言堂，要尊重学生的自主性、独立性，变灌输式教学为启发式教学，努力营造一种自由互动的课堂氛围，鼓励学生大胆质疑，主动思考，发表自己的看法。此外，我们还要提倡尊重个性，因材施教。要尽量少开大课，多开小课。在课程设置上，要做到面向全体与照顾个体相结合。在基础课、专业课的设置方面要面向全体，有统一的标准；而在选修课的设置上，应当尽量增加种类，特别是任意选修课的比例要有所提高，尽量给学生自由选择的空间。

## 四　社会责任

在法治社会，权利与义务是对等的，一种职业被赋予什么样的权利，取决于其所承担的社会责任。如果某行业的从业者从整体上未按照社会的期待履行其职责，那么，轻则会丧失社会的尊重与信任，重则会受到相应的制裁。中国新闻传播界当前最大的问题便是社会责任缺失，以致信息传播滞后、虚假新闻泛滥、有偿新闻屡禁不止。在《焦点访谈》创办十周年的前夕，国务院总理温家宝致信《焦点访谈》，专门论及媒体的社会责任问题：责任就是新闻工作者对国家的责任，对社会的责任，对人民的责任。责任源于对国家和人民深刻的了解，对国家和人民深厚的感情。只有对国家和人民了解得深，爱得深，才会有强烈的责任感。责任体现为对焦点的关注和正确的把握，特别是要善于抓住关系人民切身利益的事情。责任还体现为坚持真理，实事求是，一切从实际出发，讲求社会效益。

　　可见，社会责任最终的落脚点还是人民和国家，而国家不过是人民的安身立命之所，所以说到底，社会责任还是对人民的责任，体现为对人民的了解、对人民的感情、对人民的热爱，这是人文精神的核心所在。长期以来，我国新闻媒体和新闻传播教育界一直强调政治责任，而对媒介的社会责任重视不够，往往以政治责任取代社会责任。"权为民所用，情为民所系，利为民所谋"，应该成为新闻工作者行事的指南。新闻工作者，包括高校新闻传播院系的学生，要时常反躬自问：人民在我们的心中究竟处于什么位置？我们时常牵挂的是人民的利益还是自己的利益？民之所欲，常在我心，应该成为我们的座右铭。

　　总之，在这个媒介化社会，新闻传播的影响无处不在，它在越来越大的程度上决定了社会的走向和人民的福利，甚至会影响到人类未来的命运。致力于这一事业的新闻工作者，必须坚持人文精神的主基调，完善独立人格，怀抱无疆大爱，以人为本，心系民生，只有这样，新闻媒体及其从业者才能善尽责任，对社会进步有所贡献。

# 第十二章　新闻传播教育研究

　　教育也是一门科学，也有其内在的、不以人的意志为转移的客观规律。只有遵循这一规律，才能办好教育。新闻传播教育是大学阶段具有鲜明职业教育特色的人文社会科学类的专业教育。不同于文史哲等人文社科类专业，新闻传播教育是以培养卓越新闻传播人才为目标的社会实践活动。和其他社会实践一样，新闻传播教育也需要理论的指导，也需要尊重和遵循客观规律。新闻传播教育的历史比较短，新闻传播现象纷繁复杂，人们对它的认识感性多于理性，而且基本上停留在现象的层面，人们积累的相关知识还比较薄弱，所以在新闻传播教育工作中，尤其需要科学的理论指导，需要先导性基础研究来引领现实的新闻传播教育。

## 第一节　新闻传播教育年鉴的编撰

　　与大学其他专业教育相比，新闻传播教育起步较晚，至今不过百多年的历史。在传播技术迅猛发展、传播生态持续嬗变的背景下，新闻传播学科和新闻传播教育一样，还处于形成和发展之中，这个学科、专业还远远没有完全定型，我们对它的认识还有待于提高，有待于进一步的修订和完善。新闻传播教育的发展，尤其需要对新闻传播教育现象、本质和规律的系统、集成研究，以指导当下的新闻传播教育实践。正如社会科学的其他领域，其系统研究的起点是对相关文献、资料、数据的全面搜集和占有，新闻传播教育也不例外。鉴于新闻传播教育的历史不长，学术积累还不是那么丰厚，当务之急乃是编撰新闻传播教育年鉴，逐年记载当年新闻传播教育界发生的重大事件、重要进展，描述重要过程，臧否重要人物，保留重要文件、解读重要数据，为系统、全面的新闻传播教育研究打下基础。

## 一　没有新闻传播教育就没有新闻传播业

正如无法想象一个没有传播的社会，我们同样也无法想象一个没有新闻传播教育的新闻传播业。新闻传播从自发的社会活动演变成根系发达、枝繁叶茂的社会事业，除了社会需求的拉动、传播技术的支撑之外，还有一个十分重要的因素，那就是一批批具有专业技能和职业理想的传媒人的涌入。人自始至终都是新闻传播的主体，是人类社会及其传播历史的主人。在传播本身进化的历史上，传媒人始终是决定性的因素。但是，传媒人不可能在真空中成长起来，传媒人的成长不仅需要空气、水分和阳光，更需要导师的教导与引领。

新闻传播作为一项社会职业，在西方社会，其早期历史上的行吟诗人，可以说是最早的传媒人和历史学家。在荷马史诗中，既有历史故事的陈述，也有最近新闻的报道。罗马帝国时期手抄新闻作者的新闻职业特征已经十分鲜明。在中国，新闻传播的早期历史最早则可以追溯到周朝，其宫廷中的史官，就承担着记录新闻和历史的职责。蔡元培先生主张新闻与历史同源，他在为徐宝璜《新闻学》所作的序言中说："余惟新闻者，史之流裔耳。古之人君，左史记言，右史记事，非犹今之新闻中记某某之谈话若行动呼？"当然，他也深知新闻与史又有差异："两者虽同记以往之事，史所记不嫌其旧，而新闻所记则愈新愈善，其异一；作史者可穷年累月以成之，而新闻则成之于俄顷，其异二；史者纯粹著述之业，而新闻则有营业性质，其异三；是以我国虽有史学，而不足以包新闻学。"[①] 在专业史官之外，朝廷还有"采诗之官，王者所以观风俗，知得失，自考正也"（《汉书·艺文志》）。更有甚者，中国古制还规定："男年六十，女年五十无子者，官衣食之，使之民间求诗。""故王者不出牖户尽知天下所苦。"（《春秋公羊传注疏·宣公十五年》）新闻传播由来已久，在东西方古代史上都可以得到印证。

万物皆有史，皆有其从来。英国历史学家卡尔·贝克尔在《人人都是自己的历史学家》一文中指出："每个普通人，同你我一样，记忆种种说过做过的事情，并且只要没有睡着也一定是这样做的。假定这位'普通先生'早晨醒来而记不起任何说过做过的事情，那他真要成为一个失去心灵的人了。……正常地说来，这位'普通先生'的记忆力，当他早晨醒来，便伸入

---

① 蔡元培：《序》，载徐宝璜《新闻学》，时代文艺出版社，2009。

过去的时间领域和遥远的空间领域，并且立刻重新创造他努力的小天地，仿佛把昨天说过做过的种种事情联系起来。没有这种历史知识，这种说过做过事情的记忆，他的今日便要漫无目的，他的明日也要失去意义。"① 新闻传播源远流长，新闻传播教育也不是无源之水、无根之木。

虽然我们还无法找到教育史方面的资料来清晰说明古代社会如何培养职业新闻人，但是一个普通人，要成为能够记录与传播事实，胜任采访、写作、编撰的传播者，显然是需要一个复杂的学习或培训过程的。现有的一些证据表明，古罗马最早的一批手书新闻采写者多是奴隶出身，作为奴隶主的会说话的工具，他们必须得到系统的技能训练才能进入职业角色，这种培训多以师傅带徒弟的方式进行，在工作中学习。而中国古代的史官，多具有家族传统，子承父业或兄终弟及是职业技能培训的主要途径。春秋时期鲁襄公二十五年，齐国的崔杼杀了国君，"大史书曰：'崔杼弑其君。'崔氏杀之。其弟嗣书，而死者二人。其弟又书，乃舍之"（《春秋左传正义·襄公二十五年》）。另一个事实是，司马迁作为太史令就有家学渊源，他的父亲司马谈也担任过太史令。

关于古代新闻传播教育，因历史久远，资料湮没无闻，很难勾勒其全貌。可以肯定的是，古代社会有传播活动，有职业传播人，但是没有社会化的职业传播教育，这和其他行业十分相似。我们对古代传播的描述，更多的是根据片段材料的拼合，其间有很多想象的成分。虽然历史学家也需要想象力，但是决不能过于依赖想象，更不能陷入想象的泥坑而不能自拔。应该说，对古代传播及传播技能的培养情况，我们确实所知有限。一方面，这是因为历史本身，时代的长河滚滚向前，大浪淘沙，能够沉淀下来的，自然只是少数有分量的重量级的存在物；另一方面，则是因为人们历史意识的缺失，没有及时地记录或保存相关的文献，或者是记录了却由于种种原因而消失，从而给今人认识传播教育历史造成了困扰。

## 二　历史是新闻传播教育的起点

今天我们处在一个发达的信息社会，而支撑、维系这个社会的就是信息传播系统。这一系统直接源自欧洲文艺复兴及随之而来的工业革命的需求。

---

① 〔英〕卡尔·贝克尔：《人人都是他自己的历史学家》，转引自张耕华《历史哲学引论》，复旦大学出版社，2004，第153页。

当信息传播与工业社会彼此互动，从而加速了社会历史的进程时，近代的新闻传播教育便应运而生了。在 20 世纪初，从美洲大陆到欧洲大陆，在不同的国家相继出现了大学新闻传播教育，并且形成了不同的传媒人才培养模式，而这些模式又随着全球化的进程为其他国家和地区所借鉴乃至吸收。中国的新闻传播教育正是在这个背景下发展起来的。

我们一般把 1918 年北京大学新闻学研究会的成立视为中国新闻传播教育的开端。从此开始，一系列标志性的事件逐步拉开中国现代新闻传播教育的序幕。1922 年，厦门大学成立了新闻学部（于 1926 年停办）。1924 年，燕京大学新闻系成立，不久就因其先进的教学理念和高质量的人才培养，确立了在民国新闻传播教育中的地位，被视为当时中国大学新闻传播教育的"最优秀者"。1926 年 9 月，复旦大学首次以新闻系名义正式招生。3 年后，复旦大学正式成立新闻系，其首任系主任为留学日本早稻田大学的谢六逸教授。1936 年，南京大学前身金陵大学创立"电影与播音专修科"，成为中国高等电影广播教育的源头。1946 年，暨南大学新闻学系在上海创立。新中国成立后，中国人民大学于 1955 年成立新闻学系。由此新中国高等新闻传播教育事业开始发展起来。

截至 2015 年底，全国有 681 所大学开设新闻传播类专业。而"985""211"大学中开设新闻传播类专业的高校比例高达 55.9%。这些学校拥有新闻与传播类专业教师 6912 人（其中硕士以上 2943 人）。设有 1244 个本科专业点，其中新闻 326 个，广电 234 个，广告 378 个，传播学 71 个，编辑出版 82 个，网络与新媒体 140 个，数字出版 13 个。其在校本科生总规模达 22.5691 万人。在此之外，还设有新闻与传播学一级学科博士点 15 个，一级学科硕士点 75 个，二级学科博士点 3 个，二级学科硕士点 13 个。[①] 正如大家所知道的，有些重点大学的研究生规模超过了本科生。中国新闻传播教育的繁荣发展，可谓蔚为大观。中国新闻传播教育界不仅已然成为中国高等教育重要的组成部分，而且因为其大量的专业人才培养和定向输出，成为支撑当代新闻传播体系的重要支柱。

如今的新闻传播教育者，面对全球化、数字技术发展和社会转型带来的挑战，面对无所不至的信息和无所不能的传播，面对学校所能与社会所需的差距，不仅深感自己肩负的责任重大，而且逐渐失去了方向。如何才能胜任

---

① 张昆：《记录历史，引领未来》，载中国新闻史学会新闻传播教育史研究委员会编《中国新闻传播教育年鉴（2016）》，武汉大学出版社，2016，第 3 页。

新闻传播教育的职责，满足社会的期待？虽然我们可以从许多渠道获得不少的知识资源和理论资源，诸如传播学研究、新闻学研究、传播法学研究、传媒经济研究、新闻传播实务研究、新媒体研究、品牌传播研究等，来引领我们的思维，相关的研究成果也数不胜数，但是对新闻传播教育能够起到本质性资鉴作用的当代历史资源的发掘和累积，对当下中国新闻传播教育的新发展、新变化、新成就、新问题的客观记录和整理，基本上还是付之阙如。如果说过去没有这方面的研究，没有进行这方面的开发、积累，是因为认识方面的问题，或者是因为新闻传播业发展的程度还不够，那么，今天则完全不同。新闻传播教育的发展已经达到了这样的程度，以至于我们有足够多的物质资源和工具条件，来做我们的前人想做而没有做的工作。我们不能再任由这些历史资源随水漂流，湮没无闻。置身于新闻传播教育这个以培养历史记录者为天职的行业，我们在关注自然与社会变迁的同时，也应该关注、记录自身的历史，千万不能让我们的后人也重复我们今天的遗憾。

## 三　时代呼唤《中国新闻传播教育年鉴》

亡羊补牢，犹未为晚。从现在开始，编撰一本中国新闻传播教育年鉴，是解决新闻传播教育当前问题、满足社会期待的可靠途径。所谓年鉴是以年为时间单位，全面、系统、真实地记录年度特定领域新发展、新变化、新成就、新问题，有文字，有图片，有表格，有文献目录，有统计数据，有名著解读，有人物研究，有事件解析，有个案解剖，有全局综览，有政策分析，具有数据权威、及时反应、连续出版的特点，兼具工具性、学术性和政策性的出版物。

年鉴这种出版物，最早出现于欧洲，英国科学家培根在其《大著作》中就引用了外国年鉴中有关天体运动的材料。事实表明，至少在 13 世纪中叶欧洲就已经有类似年鉴的出版物。随着经济文化的发展，年鉴编撰出版遍地开花。大到全球政治经济，小到一个地区、一个城市、一个单位；宏观者如综合年鉴，全面记录特定地域的政治经济文化的综合发展变化，微观者仅涉及一个个具体的领域，如军事、卫生、体育、传媒等。在当代中国，年鉴的编撰出版空前繁荣。仅在经济领域，就有经济贸易、人口普查、宏观经济、能源电力、金融保险、石油化工、钢铁冶金等年鉴。在新闻传播领域，除 20 世纪 80 年代开始出版的《中国新闻年鉴》外，中国社会科学院新闻与传播研究所在 2016 年又推出了《中国新闻传播学年鉴》。前者主要服务于新闻传播业界，后者则重在新闻学术。这两本年鉴都与新闻传播教育有一定的联系，涉及新闻传播教育的某些内容，但又不能完全涵盖新闻传播教育，不能全面满足新闻传播教育界的期待。于是编撰一本"中国新闻传播教育年鉴"，全面、系统、客观、连续地记录中国新闻传播教育的新发展、新变化、新问题、新成就、新经验，记录中国新闻传播教育的当代历史，保存中国新闻传播教育的文脉，为后人研究今天的新闻传播教育留下宝贵的第一手文献，是时代的要求，也是业界的期待。但是，这部"中国新闻传播教育年鉴"在内容建构方面，还需与《中国新闻传播学年鉴》《中国新闻年鉴》有所区隔，以避免内容的重复和资源的浪费。

正是基于这一认知，中国新闻史学会新闻传播教育史研究委员会决定承担起这一历史的责任。在经过多次周密论证，反复讨论后，新闻传播教育史研究委员会组成了年鉴编委会，拿出了《中国新闻传播教育年鉴（2016）》编写大纲和具体篇目。从 2015 年 5 月到 2016 年 7 月，年鉴编委会动员了一百多人参与编写，经编辑部审定，最终完成的样稿近 150 万字。在年鉴编委会第三次全体会议上，编辑部又广泛听取委员们意见，在此基础上对文稿又进行了修改、精简，最终定稿。

我们期待这本《中国新闻传播教育年鉴（2016）》的出版，能够在服务中国新闻传播教育、促进新闻传播学术发展方面做出一点实实在在的贡献。其一，通过这本大型年鉴能够汇集、记录、保存大量与新闻传播教育有关的数据、文献，年复一年地坚持下去，一本接着一本地出版下来，积沙成塔，这就是一部中国新闻传播教育的历史资料长编，其保存历史之功不言自明。对于后来者认识今天的历史，是莫大的帮助。其二，这本年鉴全面地呈现了中国新闻传播教育的实况，各大院系、各种流派、各种风格、各种模式、各种理念，尽展所长，为每个新闻传播院系院长（主任）决定本院（系）的办学方针、发展战略、路径选择提供了重要的参照系，是一种不可替代的学习、借鉴资源。其三，我们今天正处于一个转型的时代，全球化进程、社会转型、媒介转型不仅影响到社会的运行，更直接影响到新闻传播教育。时空的压缩，使得新闻传播教育的环境顷刻间发生了根本性的改变，其服务的新闻传播业界发生了变化，业界对新闻传播专业人才的需求也发生了变化，可是，新闻传播教育界本身的办学格局一如旧制，培养模式、课程体系、人才规格、办学理念、研究方向等，与社会变化和行业需求完全脱节。如何解决当前面临的问题，需要从历史中、从同行的成功经验中获取智慧。而《中国新闻传播教育年鉴（2016）》正好可以满足这一需求。其四，本年鉴对教育新政策、业界新动向、政治新变化的深入解读，对新闻传播教育者和新闻传播院系的领导人也会有一定的帮助。

## 四　《中国新闻传播教育年鉴》的架构解析

从 2016 年到 2019 年，中国新闻史学会新闻传播教育史研究委员会和《中国新闻传播教育年鉴》编委会连续编辑出版了四本年鉴：《中国新闻传播教育年鉴（2016）》《中国新闻传播教育年鉴（2017）》《中国新闻传播教育年鉴（2018）》《中国新闻传播教育年鉴（2019）》。每本年鉴都有 110 万～140 万字的篇幅，内容丰富，数据翔实，图文并茂，印刷精美。为了满足新闻传播教育发展的客观需求，年鉴编委会希望这部年鉴既全方位覆盖中国新闻传播教育的全部要素，又突出重点，聚焦当下学界、业界关注的问题；既有全面的综述性归纳，又有深入的个案分析；既有扎扎实实的统计数据和量化分析，又有深刻的定性研究；既立足国内新发展、新经验，又兼顾国际和境外，注重新闻传播教育的他山之石；既深入分析顶尖高校一流新闻传播院系的经验，也关注一般院校面临的问题和苦恼；既全面梳理新闻传播教育的完整人才链，又突出本科生和研究生的重要地位；等等。所有这些考虑，成了我们构思这部年鉴的出发点。

虽然每部《中国新闻传播教育年鉴》在具体内容上有所不同、侧重不同，但是现有的四本年鉴的总体结构框架基本一致，由三个大的板块组成。

第一板块"总论篇"旨在回溯、梳理中国新闻传播的历史，分两个部分。第一部分是中国新闻传播教育简史（2016）。这一部分近 5 万字，简明扼要地勾勒了中国新闻传播教育的历史，从萌芽、生长、开花以至结果，线索分明，脉络清晰。从 2017 年起，这一部分改为年度中国新闻传播教育综述。第二部分是不同类别新闻传播教育发展综述，从九个方面分别综述了外语外贸院校、民族院校、工科院校、体育院校、师范院校、农林院校、军事院校、新疆生产建设兵团院校以及独立学院和民办学院新闻传播教育发展演化的历史及现状。2017 年则分专业对新闻专业教育、广播电视学教育、广告专业教育、传播学教育、编辑出版教育、网络与新媒体教育、公共关系教育、播音与主持艺术教育、广播电视编导教育、中国摄影高等教育的发展历史与现状进行了综述。从 2018 年起，这一部分改为各省区市新闻传播教育年度发展综述。这一板块原来的总基调是历史回顾，解决过去的遗留问题，梳理不同类型的高校新闻传播教育从无到有、由昨到今的脉络，帮助读者建构起中国新闻传播教育历史的整体观。从 2017 年开始，在还清了历史欠账后，这一板块开始聚焦呈现前一年新闻传播教育的发展演变。并且在第一、第二部分之外，又增加了"中国新闻传播教育大区地图"，主要意图是超越省区市，按照中国原有的大行政区，每年集中描绘一个大行政区的新闻传播教育生态。

第二板块是"平台与人物篇"。这一板块旨在彰显中国新闻传播教育的主体，从行业（专业）组织、新闻院系、研究生硕博士学位授权点、博士后流动站，到对中国新闻传播教育产生过重大影响的教育家们，成为本板块的核心内容。此板块由五个部分组成。第一部分是新闻传播教育界行业组织与专业学会介绍，分别就国务院学位委员会新闻传播学学科评议组、全国新闻与传播专业学位研究生教育指导委员会、教育部高等学校新闻学学科教学指导委员会、中国新闻史学会、中国高等教育学会新闻学与传播学专业委员会、中国高等教育学会广告教育专业委员会、中国高等教育学会公共关系教育专业委员会、中国新闻文化促进会传播学分会、中国新闻史学会新闻传播教育史研究委员会的沿革、性质、职能及其活动做了全面的梳理和分析。第二部分就国内最具影响力的 15 所新闻传播学院，包括中国人民大学、中国传媒大学、复旦大学、武汉大学、清华大学、华中科技大学等新闻传播学院的历史沿革、办学理念、培养模式、课程体系、科学研究、社会服务等做了比较全面的梳理。第三部分为研究生教育和博士后流动站。这部分综述了全国新闻传播学博士点、硕士点设点情况、招生情况，介绍各一级学科博士点、二级学科博士点、跨学科博士点的办学情况及其特色；同时综述了全国现有的新闻传播学一级学科博士后流动站的运行情况和各主要站点的特色等。第四部分为教育家研究系列，这可以说是本年鉴的亮点。它不仅对七位已故新闻教育家，如陈望道、谢六逸、王中、安岗、顾执中、罗列、马星野进行研究，还对十位不在院长、主任岗位的老院长、主任做了口述史的研究。如此集中地对这些影响中国新闻传播史的教育家的教育理念及其办学实践进行探索，在国内学界还是第一次。第五部分是新闻传播学教授名录，《中国新闻传播教育年鉴（2016）》共收录了 115 名教授，虽然每名教授只有600 字篇幅，但也基本上勾勒了其学术轮廓和个性特征。以后每年都是 100名左右教授，包括中国大陆（内地）、港澳台，还有部分海外华人新闻传播学者。

第三板块是"成果与政策"。这个板块旨在综述和解读中国新闻传播教育界的教学成果、专业与学科评估、教育政策及各种统计数据，也分为五个部分。第一部分包括专业、课程、教材与实验室建设以及国家级教学成果奖和各级名师奖。第二部分是各类学生竞赛。第三部分是专业与学科评估,主要是本科专业评估、专业硕士评估和博士点建设评估,重点是由国家学位中心进行的一级学科评估。第四部分是科学研究与学术交流。这部分为与既有的《中国新闻传播学年鉴》相区隔,对各类项目课题只做了统计意义上的梳理,对于学术研究成果、学术会议的综述、介绍也仅限于新闻传播教育领域。第五部分收录了与新闻传播教育紧密相关的重要文件和权威的专业统计数据。还有"他山之石"栏目,介绍国外知名新闻传播院系及各国新闻传播教育改革发展的最新动向。

《中国新闻传播教育年鉴》推出以来,得到了国内外新闻传播教育界的普遍好评,中国人民大学荣誉一级教授、中国新闻史学会创会会长方汉奇先生称赞《中国新闻传播教育年鉴》"集众智记录历史镜鉴教育,汇群伦探索规律功在国家"。四川大学文学与新闻学院前院长邱沛篁教授称本年鉴为"新闻教育的百科全书,传播人才的良师益友"。天津师范大学刘鹤文教授则以龙门联的形式对本年鉴表达了充分的肯定:"想五年矣,诸君集信息,披沙拣金成巨著,利在杏坛,功在社稷;期几代乎,后人循规律,含弘光大开来学,传承文脉,继承精神。"中国记协原主席、人民日报社原社长、北京大学新闻与传播学院原院长邵华泽教授期待本年鉴"记录历史,开拓未来"。武汉大学新闻与传播学院原院长罗以澄教授肯定本年鉴"记载中国新闻教育的历史与现实,传承华夏信息传播的文脉与灵魂"。国务院学位委员会新闻传播学学科评议组原召集人童兵教授期许年鉴"汇集中国新闻教育百家信息,展示华夏传播研究全球流势"。中国传媒大学原副校长、中国新闻史学会原会长赵玉明教授则鼓励本年鉴编撰同仁"不忘初心,再上一层楼;牢记使命,办出新水平"。李金铨教授也勉励"行远自迩,祝愿《中国新闻传播教育年鉴》第五卷成为迈向百年树人的里程碑"。这些鼓励与期许,对于今后《中国新闻传播教育年鉴》的编撰工作具有重要的指导意义。

## 五 《中国新闻传播教育年鉴》存在的问题

《中国新闻传播教育年鉴》以记录当代历史、反映教育实态、服务发展需求为使命。既有宏观扫描,勾画了全国、地区、省区市的新闻传播教育发展图景,也有微观深掘,剖析了新闻传播教育面临的问题、矛盾和需求。《新闻传播教育年鉴》具有很强的问题意识,在记录全国、省区市及学校新闻传播教育发展状况的同时，直面各个方面、各个层次的问题；在推介一些著名院校改革探索、解剖新闻传播教育的"他山之石"时，为全国新闻传播教育改革提供了全方位、多层次的启示和参照。在这个意义上，《新闻传播教育年鉴》编撰具有重要的理论价值。《新闻传播教育年鉴》还具有突出的史料价值。其记录涉及中国新闻传播教育的方方面面、各个层次、各个环节。"覆盖了中国新闻传播教育的全部要素，记录了中国新闻传播教育的当代历史，为后人研究今天的新闻传播教育留下了宝贵的第一手文献。"[1] 作为中国新闻传播教育领域的第一也是唯一的年鉴，对于当下及后人认识新闻传播教育的历史具有重要的参考价值。《新闻传播教育年鉴》追昔抚今，不仅为中国新闻传播教育明确历史方位提供了重要的历史和现实依据，而且对当下新闻传播教育的改革和发展具有重要的借鉴意义。

同时，《新闻传播教育年鉴》的出版发行，还有重要的实践意义和应用价值。《新闻传播教育年鉴》直面中国新闻传播教育向何处去的时代命题，将这种紧迫重大的问题意识贯穿于《新闻传播教育年鉴》的内容设计、材料搜寻与梳理点评之中，力求将对这一问题的探讨推向深入。《新闻传播教育年鉴》记录的有关当代新闻传播教育的一手数据、文献，其抢救、发掘的历史资料，为当下新闻传播教育的研讨奠定了现实基础。《新闻传播教育年鉴》对全国重要的代表性新闻传播院系的办学理念、办学模式及成功经验的推介和分析，对港澳台及国外著名高校新闻传播教育改革新举措的展示与剖析，可为国内新闻传播院系提供参照和镜鉴。

但是，《新闻传播教育年鉴》本身也存在一些不足，还有一些需要加强、改进、完善的地方。

其一，学界参与有待于进一步加强。前述《新闻传播教育年鉴》成功的原因之一就是学界的支持和参与，每年度《新闻传播教育年鉴》的各类撰稿人、编辑约两百人。这种广泛的参与是一般的学术研究、学术工程难以相比的。但是，相对于新闻传播教育系统本身的复杂性，相对于新闻传播教育改革与发展的需求，相对于《新闻传播教育年鉴》内容自我完善的学术追求，学界同仁的参与还有待于进一步加强。在此之前，《新闻传播教育年鉴》关注的主要是研究生、本科生教育，基本上没有注意到专科层次，事实上，专科层次的新闻传播教育也是一个重要的存在。截至 2019 年，全国高职院校新

---

[1]　邓绍根、李兴博：《百年回眸：中国新闻传播教育史研究回顾与前瞻》，《兰州大学学报》（社会科学版）2018 年第 4 期。

闻传播类专业有两大类23种，其中新闻传播类8种，广播影视类15种。全国251所高职院校共设专科新闻传播类专业点538个。这一重要的存在显然应该纳入《新闻传播教育年鉴》覆盖的范围，要做到这一点，高职高专院校的教授自然也有参与《新闻传播教育年鉴》编撰的必要。过去，参与《新闻传播教育年鉴》编撰工作的主要是在职的教授和院系负责人，离退休的教授比较少，事实上这些教授可是新闻传播教育历史的"活字典"；过去，参与《新闻传播教育年鉴》编撰工作的多是各新闻传播院系的负责人，这当然很重要，但是一线的教职工对新闻传播教育存在的问题可能有更深切的认识；过去，《新闻传播教育年鉴》的信息网络只是铺设到新闻传播院系，而从院系到专业、教研室、教师与课程的"最后一公里"，还付之阙如。所有这一切，都需要从顶层设计的高度，加以重新思考，在更加广泛的意义上发动新闻传播教育相关工作者参与到《新闻传播教育年鉴》的编撰工作中。

其二，《新闻传播教育年鉴》的结构体系有待进一步完善。从第一部《新闻传播教育年鉴》到现在的第五部，虽然栏目设置不断调整，但是在总体上维持了三个板块的总体结构。第一板块"总论篇"下设三个栏目：一是"本年度中国新闻传播教育综述"，二是"各省、自治区、直辖市新闻传播教育发展综述"，三是"中国新闻传播教育地图"。第二板块是"平台与人物篇"，下设九个栏目：院系巡礼、行业组织动态、教育家研究系列、口述史、名师风采、教授名录、院长论衡、教育史钩沉及他山之石。其中，"院系巡礼"每年根据教育部官方对一级学科的综合排名选择十个左右著名新闻传播院系，就其办学理念、培养模式、课程体系、科学研究、社会服务等进行全面的梳理；"院长论衡"则邀请年内新任知名新闻传播学院院长发表其办学理念；"他山之石"则对高等教育发达国家知名新闻学院的个案进行剖析。第三板块是"成果与政策篇"，包括九个栏目：学科与专业建设、本科人才培养、新闻传播教育改革前沿、研究生教育、博士后流动站、获奖情况、学生竞赛、科学研究及新闻教育研讨。在三大板块之后，还有附录。正文之前，还有24～32页的彩色图片专版"精彩瞬间"，选登本年度重大事件、重要活动、重要人物的新闻图片。经过几年的试运行，现在看来，这个结构体系还有进一步完善的空间。笔者认为，现有的三板块结构看上去比较清晰，但是对内容的归类不够精准，而且对教育过程、教育主体的呈现也不甚完整。如果在彰显教育主体的前提下，适当地合并同类项，整部年鉴可由如下九个栏目组成：总览、教育组织（官方机构、院系、学会）、教育者（教育家、院长、师资、团队、学术研究、教育探讨）、学生事务（专科、本科、研究生、博士后）、人才培养

（教育模式、课程体系、教材建设、实验实践）、评估与竞赛（学科与专业评估、学生竞赛、教学奖）、他山之石、新闻教育研究、附录与年表。这样的结构调整，其内容体系可能更加合理、完善。

其三，对材料的深加工还有提升的空间。《新闻传播教育年鉴》本身就是汇集年度资料、数据的大型工具书，大量收集、甄别、整理第一手的权威资料、数据，是《新闻传播教育年鉴》编撰者的职责所在。应该说，五年来，《新闻传播教育年鉴》在收集、整理新闻传播教育相关资料、数据方面，做了卓有成效的工作，发掘了大量的第一手资料，为新闻传播教育保存了当代的历史。同时我们在资料甄别、数据解读方面也做了不少事情。如对第四轮全国新闻传播学一级学科评估结果的解读、发布新闻传播学科 A 类期刊论文排行榜、解读国家社科基金新闻传播类年度项目统计数据等，受到新闻传播教育界的普遍好评。但是，作为《新闻传播教育年鉴》的主编，笔者越来越清晰地认识到，《新闻传播教育年鉴》对材料的深加工、对数据的解读还有进一步提升的空间。尤其是社会人才需求与学生就业数据的分析、在线课程的评价、学生创新创业的评估、教育教学改革等内容，有的还没有第一手数据，有的汇集了初步的数据但缺少深入的解读，这是以后完善《新闻传播教育年鉴》编撰工作的着力点。

其四，《新闻传播教育年鉴》的编校质量也有待提高。《新闻传播教育年鉴》每卷 120 多万字，集数据、文字、图表于一体。每年一本，必须在规定的时间节点前完成全书编校任务，不然就会因误期而不能按时出版，这就需要相当大的人力资源投入。可是编辑部人手严重不足，而且所有编辑都是教授兼职，都是义务劳动。要按时保质完成编校任务，实在是非常困难的一件事情。而《新闻传播教育年鉴》的性质和学界的期待，又要求叙事真实，数据准确，评价公允，表达严谨，这样才能保证其权威性和公信力。客观地讲，已经出版的四部《新闻传播教育年鉴》，在编校质量上还存在一定的问题，需要及时加以改进。除了一般意义上的文字订正以外，编辑部还要特别注意以下几点：一是数据的订正，因为《新闻传播教育年鉴》的相关数据在若干年后会成为研究者的元数据，所以《新闻传播教育年鉴》在基本数据方面绝对不能出错；二是基本事实、过程的核实，《新闻传播教育年鉴》的表述与客观实在要保持最大程度的契合；三是评价的把关，对人物、事件、院系、政策等的评价，不能过头，要中正公允；四是对前年度的《新闻传播教育年鉴》要及时补上勘误表，以弥补前卷的错讹。

## 第二节　新闻传播教育的研究空间

在人文社会科学领域，教育学只是其中极小的一部分；在教育学领域，新闻传播教育不过是它的一个细小的分支。但是，从一滴海水可以见太阳，就是这个不起眼的新闻传播教育，也自成体系。对新闻传播教育的系统研究，不仅具有重要的学术价值，而且对新闻传播教育的实践也有现实的指导意义。

### 一　中外新闻传播教育史研究

历史是过去到今天的轨迹，是过去发生的事情，也是对过去事情的陈述或解读。大千世界，万事万物都有其历史。地球、生物、人类乃至社会现象，以及政治、经济、文化、教育等，莫不如此。新闻传播教育虽然只是社会教育系统的一部分，但也自成体系，不仅有相当的体量，更有重大的社会影响。无论是新闻传播教育本身，还是解读社会文化现象、揭示历史进化的规律，都可以从新闻传播教育的历史中找到具有说服力的依据。

首先，经过一百多年的发展，新闻传播教育已经从初创时期进入成熟时期。无论西方发达国家还是中国，新闻传播教育作为高等教育系统的主要组成部分，都已达到相当的规模。现有的资料表明，高校新闻传播专业教育最早起源于 20 世纪初的美国。如今虽然美国常青藤高校鲜有创办新闻传播本科教育的，但是为适应美国新闻传播事业的发展、市场经济的繁荣，在一般高校却普遍开办了大众传播教育。中国的新闻传播教育起步略晚于美国，但深受美国的影响。1949 年新中国成立以来，尤其是 20 世纪 70 年代末的改革开放以来，中国的新闻传播教育随着新闻传播事业发展、社会转型和市场经济的发展迅速扩张。截至 2015 年底，全国有 681 所大学开设了新闻传播类专业，约占高校总数的 1/4。在"985""211"大学中开设新闻传播类专业的高校比例高达 55.9%。这些学校拥有 1244 个新闻传播专业本科点，在校本科生规模约 22.6 万人，在岗新闻传播专业教师近 7000 人。① 在研究生层次，

---

① 张昆：《记录历史，引领未来》，载中国新闻史学会新闻传播教育史研究委员会编《中国新闻传播教育年鉴（2016）》，武汉大学出版社，2016，第 3 页。

截至 2017 年底，全国有新闻传播学一级学科博士点 26 个、新闻传播学一级学术硕士点 126 个、新闻与传播专业硕士点 119 个。① 如此规模的新闻传播教育，在教育系统是一个不可忽视的存在，要正确地认识其价值与功能，必须梳理其脉络。

其次，新闻传播教育经历近百年的发展，已经有丰厚的历史积淀。从社会政治层面来看，自高校新闻传播教育诞生以来，人类历史经历了第一次、第二次世界大战及长达数十年的冷战，全球的权力结构也发生了根本性的变化，从冷战初期的苏美两霸，过渡到"一超多强"，目前则是多强对峙的阶段。从新闻传播的视角来看，这百来年的历史可谓精彩纷呈，在报纸、杂志、出版社、电影、通讯社之外，短短的五十年内，广播、电视、通信卫星、网络媒体、门户网站、社交媒体等破土而出，重构了新闻传播秩序，实现了传播流程的再造。从学科和教育而言，百年间，因应着从传统媒体到新媒体的转变，从新闻学过渡到传播学，从单一的新闻专业裂变为适应传播介质差异的不同专业，包括新闻学、广播电视学、广告学、传播学、编辑出版学、网络与新媒体、电子出版等专业，新闻传播教育的阵营空前壮大。我们身处其中的这个一百年与人类以往历史的多个百年相比，其激烈、精彩的程度丝毫不差，其深刻而丰富的内涵值得我们深究。

再次，当代历史研究尤其是文化史的研究需要补齐新闻传播教育史的短板。管理学有一个"木桶原理"，俗称"水桶效应""短板理论"。意思是：一个装水的木桶是由许多木块组成的，表面上看它能够装多少水是由所有这些木块决定的，但实际上木桶的盛水量最终取决于最短的那块木板。目前的社会历史研究，尤其是文化史的研究相当繁荣，但是这些研究受到一些短板的制约。新闻传播教育史就是其中的一块。因为新闻传播教育是高等教育系统较为特殊的一个组成部分，其意识形态属性、政治属性使得其组织管理和实际运行采取了不同于其他学科专业的形式。比如，在高等教育领域，只有新闻传播院系采取部校共建的模式，传媒行业、党政机关深深地介入高校新闻传播院系的人才培养过程。这种做法不仅在国内教育系统独树一帜，在国际高等教育领域也没有相似或相近的情形。其中的历史文化内涵，牵涉到政治、传统和文化诸多层面，同时对于解读相关领域的中国特色具有重要的意义。

---

① 中国新闻史学会新闻传播教育史研究委员会编《中国新闻传播教育年鉴（2018）》，武汉大学出版社，2018，第 835～848 页。

　　最后，当今媒介的转型，尤其是新闻传播教育的转型需要历史智慧的烛照。技术的进步、经济的全球化、交通和信息网络的发展，大大地压缩了时间和空间，促成了"地球村"的实现。在"地球村"这个高度一体化的人类命运共同体中，传媒扮演的角色日益重要。作为社会的神经系统，新闻传播系统不仅决定了社会机体的感知觉的灵敏度和理性思维水平，而且是社会系统整体幸福或痛苦、进步或落后、文明或野蛮的象征。在社会整体转型的背景下，新闻传播系统也处在转型过程中。在数字传播技术飞速发展的背景下，传媒系统由过去的不断裂变、细分，转而进入在数字技术平台上的融合发展阶段。与此相应，信息传播的流程、机制、管理及岗位设置都发生了重大的变化。这一切都在倒逼传媒人才的生产过程，倒逼高校新闻传播院系直面传媒行业人才需求的变化，并做出相应的改变。过去百年来，一直是传媒在推动社会的进步，如今社会大系统本身也成了传媒转型发展的动力之源。在这个关键的历史时刻，传媒人、传媒教育工作者，特别需要从自身的历史发展中吸取智慧，激发自己的灵感。

## 二　教育者研究

　　教育者是教育过程的主体和教育活动中的决定性因素，也是教育活动的重要依托。没有教育者，就没有教育。这里所说的教育者，有广义和狭义两种。广义的教育者，泛指教师、教学管理人员、教学辅助人员、校长院长系主任等。狭义的教育者，则主要是指教师、校长院长系主任等。本处所言"教育者"采用的是狭义的概念。要研究新闻传播教育，探索新闻传播教育的历史，必须首先从教育者开始。教师队伍的来源、教师的知识背景、教师的政治立场、教师的专业精神、教师的道德操守、教师的教育理念、教师的教学运行、教师与学生的互动、教师与院长（主任）的关系、院长（主任）的办学理念、院长（主任）的权利和责任、院长（主任）的学历背景、院长（主任）的行为模式等，这些因素在相当程度上决定了新闻传播教育的面貌、行为模式和质量水平。

　　教育者研究重在研究其教育思想、教育理念。新闻传播教育是新闻传播院系的教育者和受教育者之间的交往互动，虽然教育者与受教育者同为教育过程的主体，但是整个教育过程事实上是由教育者主导的。教育者的知识储备、教学理念、教育思想，决定了师生之间交往互动的具体形式。每个教育者的教学理念和教育思想都是在创造性地继承前人思想成果基础上结合当时的教育实践形成的。它不仅指导着当下的教育实践，也会对后来者的教学理念、教育思想和他们的教育实践产生不同程度的影响。一定的教育实践总是离不开教育思想、教育理论的指导。认识人类思想史上新闻传播教育思想演变的脉络，对于理解今天的新闻传播教育现象和指导当下的新闻传播教育实践具有重要的现实意义。

在不同的社会环境、不同的历史阶段，教育者本身存在诸多差异。和平发展时期与战争或危机时期的教育者大不相同；经济困难时期与经济繁荣时期的教育者也有很大的差异；在不同的社会政治制度下，社会主义国家与资本主义国家的教育者，从政治意识到专业精神都不同；即使是同样性质的国家，不同的国家因历史传统、文化差异，其教育者也会存在种种差别。在高等教育领域，新闻传播具有鲜明的意识形态和阶级政治属性，这一点在教育者这一环节上表现得尤为突出。

## 三　学生事务研究

受教育者即学生，他们也是教育过程的主体。他们与教育者构成了互动的矛盾的对立统一关系。没有教育者就没有教育，同样，没有受教育者，教师、院长（主任）也会失去安身立命的依据。教师职业因学生而存在，学生是教师的服务对象。教师的职业生涯是否成功，一所院系的办学水平高低，主要看其毕业学生的成就大小。一个新闻传播院系，多年来的毕业生没有几个成功的业界精英，哪怕其学术研究达到顶尖的水平，其教师和院系也很难谈得上是成功的。

作为受教育者，学生是教师的工作对象。学生的天职是学习，没有比学习更重要的事情。认识学生、了解学生是教师要做的第一件事。在不同的时代、不同的社会环境下，学生的政治态度、学习目的、学习状态、学习积极性、学习效果是大不相同的。同时，学生的来源也是值得注意的另一重要因素。一般而言，在正常的社会秩序下，学校较少受到外界的扰动，校园的秩序井然，学生的注意力比较容易集中在学习方面；反之，一旦危机来临、社会动荡或面临外敌入侵，校园安宁局面被打破，学生的政治积极性被调动起来，于是游行示威甚至罢课都成为常态。学生心态的变化，不仅取决于教育系统本身的因素，而且受到更广阔的社会环境的影响。

课堂是学生接受教育的第一场所，但是学生的成长并不全然取决于课堂的教学。在正式的课堂之外，各种课外活动，包括社团活动、公益行为、专业实习和社会实践，对于学生知识的累积、能力的提升和人格的完善都具有重要的不可替代的价值。教育者应该为学生成长提供一切条件和可能。在学习、成长过程中，学生不可能一帆风顺，也会面临各种问题和困难。有生活上、经济上的，也有学业上的，还有个人感情上的，学生不仅需要老师的指导，更需要朋友的关怀和帮助。在全面认识学生、了解学生的基础上，教育者要根据学生成长的需要，恰当地扮演各种角色：教授、辅导员、生活导师和心灵上的朋友。

## 四　教学组织研究

一切教学都是在一定的教学组织形式下进行的。孔子讲学似乎没有确切的组织形式，但也是以他为中心聚集了众多的学生。柏拉图也是如此。随着近代教育制度的兴起，学校教育均在确定的组织体制下进行。就新闻传播教育而言，绝大多数大学以二级学院作为新闻传播教育的主体，国外的如密苏里大学新闻学院、哥伦比亚大学新闻学院，国内的如中国人民大学新闻学院、复旦大学新闻学院、华中科技大学新闻与信息传播学院等。有的大学，没有设立专门独立的新闻或传播学院，其新闻传播类专业归属到其他学院，如文学院、人文学院、法商学院等。在此之外，还有一些学校，就是以新闻传播类专业为主体建立的专业性大学，如中国传媒大学、台湾的世新大学，还有地方一级的同类大学如浙江传媒大学、山西传媒学院、河北传媒学院、武汉传媒学院等。院系以下，拥有专业、研究生学位点、教研室等。每个教师都归属教研室、系、院，每个学生则分属专业、系。

教学组织不仅仅具有形式的意义，它实际上是教育活动得以展开的平台。不同的组织形式，意味着教育者尤其是教育管理者在教育过程中扮演不同的角色，意味着不同的权利和责任。那些附设在人文学院、文学院、法商学院下面的新闻传播类专业，基本上没有以自己学科为单位进行顶层设计的权力，即便是新闻学的教授担任院长，由于组织体制的原因，新闻传播专业也难以在学校的专业体系中获得自己的主体性。而专业性的以新闻传播类专业为主体的大学，其新闻传播类专业设置非常全面，而且在专业细分方面有更高的积极性。而作为二级学院的新闻或传播学院，既坚持了学院、专业的主体性，又在一定程度上避免了直接面对政府和市场的压力，专心致力于教育和科研。

学院下设的教学组织一般是系、教研室。在一般情况下，系对应本科专业，教研室则对应课程而设。每个系事实上是一个小而全的封闭性组织，系与系之间，人员之间的互通很少。近年来，随着技术发展与社会转型，社会分工越来越细，大学里的专业也得到细分，同一所学院、同一个一级学科下面本科专业越来越多，专业与专业的壁垒越来越深。相应地，院属系也要不断地增设。这与社会的实际情况不完全相符。就新闻传播行业而言，虽然存在不同的媒介，新的媒介不断涌现，但是在数字技术迅猛发展的背景下，又出现了媒介之间的融合现象。媒介与媒介之间、岗位与岗位之间彼此融汇、交叉。这样一来，原来学院下面专业系设置即院系结构也有进一步检讨的必要。

在新闻传播人才培养过程中，基于课程或课程群的教学团队也扮演着不可替代的角色。它意味着一门课、一个课程群不是一个人单独负责，而是由一个组织、一个小的命运共同体集体承担。团队成员要集体协商，相互切磋，取长补短，相辅相成。这种团队协作，有利于厘清课程的边界，协调对核心概念的理解，促成课程之间的彼此关照和呼应。发挥教学团队的作用，激发教师的学术潜力，对人才培养目标和学科发展任务至关重要。

新闻传播类的教学组织也有一个从无到有、从简单到复杂的发展演进过程。在不同的时期，同一组织形式可能具有不同的内涵和意义。在网络时代，随着信息传播技术的发展，教学组织该如何演变以适应时代的发展，是一个值得重点关注的问题。

## 五 课程、教材及教学手段

人才培养是一个动态的过程，其中有许多重要的环节或要素是不能忽略的。课程和教材就是其中之一。一个专业的课程体系应该怎样建构？如何确定课程之间的边界？课程与课程的关系应该怎样安排？课程的内容该如何设计？对应着课程体系，教材应该如何建设？应该怎样评估教材的学术水平？应该遵循什么样的程序选择教材？是否应该鼓励自编教材？怎样处理自编教材与统编教材的关系？这些问题，都是高校院系负责人和教师应该予以关注的。

教育过程是教育者和受教育者间的双向互动过程。两者的互动既体现在物质层面，也体现在精神层面，其最终的效果是影响到彼此的灵魂深处。教育者与受教育者的互动不是凭空进行的，早期的教育主要是借助于语言讲授、课堂讨论，其内容的分类也十分粗略。随着学科的发展和技术的进步，学科专业的细分越来越深入，教育过程对新技术的使用越来越普遍，教学手段越来越复杂多样。新闻传播学科的历史虽然不长，但是其作为学科诞生的时候，正逢信息技术、教育技术突飞猛进，教学手段日趋多样的时刻。即便是后起的国家，其新闻传播教育也赶上了信息技术革命的浪潮。

在新闻传播教育领域，教育手段也是决定学科水平、影响人才质量的重要因素。除了通常意义的教育手段，如教材、参考资料、多媒体教室、课程网站外，还有利用高新技术装备起来的实验教学中心、虚拟仿真实验教学中心、专业实践基地等，这些也成了新闻传播人才培养不可或缺的环节。这些手段的采用，一方面需要教师具备驾驭新技术的能力，另一方面，教育单位还需要具备足够的经济能力。新闻传播教育不同于传统的文科教育，就其技术装备而言，它是文科中的工科，不仅需要现代技术装备，而且这种装备以数字技术为前提，更新换代频率快，没有强大的经济实力，实在难以承受。在日常教学方面，还有各种各样的授课形式，如视频公开课程、精品课程、精品资源共享课程、翻转式课堂、在线开放课程等，这些教学形式的使用，无不需要教师付出大量的心血。一个学院，有没有这样的课程，有多少门这样的课程，是衡量其人才培养水平高低的重要指标。

## 六 教育制度与政策研究

现代高等教育是一个包罗万象的大系统，涉及无数的人、财、物，占用了大量的时间、空间，要让这些要素在系统中各居其位、各尽其责，充分地发挥自己的功能，必须有科学的制度设计，程序规范，监管到位。否则，一个拥有数万学生、数千教师、同时开设数千门课程的大学就会乱套。新闻传播教育虽然只是现代大学的一个子系统，但是其规模和影响也不可小觑。新闻传播院系在大学治理体系中的地位，院长（主任）的权利与义务的边界，专业系与教研室的职能，教师教学效果考核的标准与程序设计，教师职务晋升标准，教学团队的组建原则，教职工薪酬管理规定，本科生培养的目标定位，本科生全程培养方案，学士学位授予标准，学生奖学金助学金发放标准，本科生免试推荐研究生的条件及考核程序，在校学生的思想政治工作，学生辅导员的责权利，研究生硕士学位论文开题、双盲评审、答辩程序及标准等，没有这些具体的程序、规范和准则，教学就难以有序地进行。

由于国家制度的差异、学校的校情和传统的不同，不同国家、不同学校的新闻传播院系可能会采取不同的治理模式。如在本科生阶段，在人才培养定位、课程体系、学分要求、毕业论文和设计等方面，会存在相当大的差异。有的学校允许学生自由选择专业，有的学校则限制学生专业选择的权利。有的学校本科生大多数以毕业设计作为最重要的毕业环节，有的学校则仍然沿用毕业论文。两者要求是不尽一致的。在研究生阶段，有的学校面试推荐研究生只接受"211""985"学校的学生，有的则向所有学校敞开大门。在财务和薪酬制度方面，有的学校实行学院二级财务管理，由学院负责教职工薪酬与津贴的发放，大多数学校还是执行学校统一薪酬管理与发放制度的。这些制度方面的不同设计，对教学过程和人才培养质量会产生不同程度的影响，值得研究者关注。

与此同时，国家和教育行政管理部门制订的教育政策，也是每个教育者和学生应该注意的。国家基本的教育方针是什么？国家"双一流"建设支持的条件和门槛是否降低了？教育部规定的专业设置和调整方案有什么变化？学科和专业评估的指标体系的具体构成是怎样的？教师职称晋升条件有何变化？学生奖助学金政策有无调整？毕业生就业政策有什么变化？研究生推免选拔和一般招生的政策有无异动？所有与新闻传播教育有关的政策，教育者都需要深入研究，只有深入全面地掌握了政策，才有可能充分地利用政策的红利，来促进院系的发展，促进卓越传播人才的养成。

## 七　教育环境

无论是哪个阶段的教育，都不会在真空中进行。人生教育都有其得以展开的平台和环境。中国历史上的孟母三迁，就是为了寻觅一个好的教育环境。新闻传播教育也是如此。新闻传播教育的目的是为传媒行业输送高质量的专业人才，而新闻传媒本身又有鲜明的政治属性和意识形态属性，故社会对新闻传播教育的期待自然难以摆脱政治的影响；同时，随着新闻传播教育的技术装备要求越来越高，一个高水平的新闻传播教育平台需要强大的经济力量和技术系统的支撑。观察国内外的新闻传播教育，凡是政治文明程度较高、经济发达、科技领先的国家，其新闻传播教育的水准就比较高。美国、英国及欧洲大陆的自由主义国家就是如此。近年来随着中国经济长期高速增长，科技方面的不断突破，不仅推动了中国高等教育的大众化，其新闻传播教育也达到了相当高的水准。

新闻传播教育的环境支撑最主要、最直接的还是学校。每个学校都有自己的学科专业特色和优势学科，有自己的传统优势。在综合性大学与非综合性大学、工科大学与文科大学、财经政法大学与外语外贸大学等，不同的学科专业生态决定了不同的学科发展战略。新闻传播学科在学校整个学科体系中处于什么地位，是优先发展还是一般对待，其能够得到的资源支持是大不相同的。还有，学校的历史传统、校园文化与新闻传播的学科专业特性是否完全相容，也会影响到学科的发展好坏。新闻传播院系作为新闻传播学科直接生存的小环境，其学院文化、办学理念和学术传统，直接影响到新闻传播人才的培养和学术研究的展开。在一般的情况下，院系小环境与院系领导人的人格特质息息相关，一个好的院系背后必定有一个好的院长（主任）。他会为新闻传播人才的培养营造宽松、自由的氛围。这种氛围是新闻传播教育不可或缺的基本条件。①

以上七大要素并不是平行的，而是相对独立的，在教育过程中，它们还会相交融汇，彼此相互影响。无论是教育者、学生事务、课程、教材、教育组织、教育手段还是教育制度和教育政策，都有一个历史发展的问题，都有一个从无到有、从简单到复杂的演变过程。教育组织服务于教育者和受教育者，为教育者和受教育者提供彼此互动、教学相长的平台。教育环境在一定程度上决定教育制度、教育政策并且影响教学组织，进而影响到教育者的积极性和创造性。与此同时，教育制度和教育政策又在调节、规范教育者和受教育者的行为；来自教育者、受教育者的反馈，则会在一定程度上促成教育制度的变革和教育政策的调整。

## 第三节　建设新闻传播教育研究的学术共同体

新闻传播教育是一项社会事业，它影响到社会和谐发展和人类未来的命运。新闻传播教育研究也不是个人能够独立完成的，它是一项需要众多同仁一起相互协助、彼此成就的事业。在当今中国，新闻传播教育已是高等教育体系的重要组成部分。据不完全统计，全国办有新闻传播教育专业的本科以上高校800余所，在岗的专业教授约8000人，这是一支庞大的学术队伍。要推进新闻传播教育研究，进而在理论上指导当今中国的新闻传播教育实践，培养造就一批又一批卓越的新闻传播人才，有必要建设一个具有更大包容性、充满活力和创造精神的"学术共同体"。所谓学术共同体，这一概念最早是由英国哲学家托马斯·布朗提出的。他给学术共同体的定义是：具有相同或相近的价值取向、文化生活、内在精神和具有特殊专业技能的人，为了

---

① 张昆：《新闻传播教育史体系刍议》，《西安交通大学学报》（社会科学版）2020年第2期。

共同的价值理念、目标和兴趣，并遵循一定的规范而组成的群体。根据这一理解，在中国凡从事新闻传播教育，对新闻传播教育研究有一定的兴趣，而且价值观相同或相近者，都有可能成为这个共同体的成员。建设这个学术共同体，对在更高的起点上推进新闻传播教育研究、引领中国新闻传播教育实践的发展具有重要的意义。

目前，中国新闻传播教育界已经组建几个以新闻传播教育为旨趣的学术共同体。现择要介绍如下。

## 一　中国新闻史学会新闻传播教育史研究委员会

中国新闻史学会新闻传播教育史研究委员会是目前国内以新闻传播教育研究为主旨而结合起来的最大的一个学术共同体，也是中国境内唯一一家专门研究中外新闻传播教育历史与现状的全国性学术团体，由单位和个人自愿结成，属于非营利性社会组织。它是中国新闻史学会下辖的第一个二级学会，接受教育部和民政部的业务指导和监督管理。其宗旨是遵守国家宪法、法律、法规和相关政策，遵守社会道德风尚，联络、团结全国新闻传播教育史专家，推动新闻传播教育史研究，促进新闻传播教育的发展。

中国新闻史学会新闻传播教育史研究委员会正式成立于 2008 年。是年10 月 24 日，委员会在北京正式召开成立大会，有 60 多位团体会员、个人会员代表参加会议。华中科技大学吴廷俊教授当选为委员会会长。会议经过讨论审议，表决通过了委员会章程，并选举产生了中国人民大学蔡雯教授等 20名常务理事。2013 年，学会实现了换届，组成了第二届理事会，由华中科技大学石长顺教授担任新一任会长。2014 年 11 月，在委员会常务理事会上，全体常务理事同意石长顺教授辞去会长职务，一致同意华中科技大学新闻与信息传播学院院长张昆教授接任委员会会长。自 2015 年起，委员会进入新的发展时期。委员会会员大幅度增加，至 2015 年底，常务理事扩大到 40 名。同时，根据委员会会长张昆教授的提议，正式启动了《中国新闻传播教育年鉴》编撰工程。2018 年 11 月 9 日，在山东大学举行的委员会 2018 年学术年会期间，委员会常务理事会讨论并表决了换届方案，张昆教授再次当选为会长，陈建云教授等 15 人当选为副会长。① 截至 2019 年新闻传播教育史研究

---

① 参见《中国新闻传播教育年鉴（2016）》（武汉大学出版社，2016）关于中国新闻史学会新闻传播教育史研究委员会的介绍；参见《中国新闻传播教育年鉴（2019）》（武汉大学出版社，2019）关于中国新闻史学会新闻传播教育史研究委员会的介绍。

委员会学术年会召开时，委员会常务理事达到 81 人。

作为当前中国重要的以新闻传播教育研究为主旨的学术共同体，中国新闻史学会新闻传播教育史研究委员会的主要工作，就是作为新闻传播教育研究同仁的精神家园，集结同道，团结互助，全力推进新闻传播教育研究，服务于新闻传播教育大业。

新闻传播教育史研究委员会的第一项重要工作就是编撰中国新闻传播教育年鉴。委员会第一次提出编撰中国新闻传播教育年鉴是在 2014 年 11 月 14 日晚，在中国新闻史学会新闻传播教育史研究委员会常务理事会上，作为新任会长，笔者提出了编撰年鉴的设想，打算以编撰新闻传播教育年鉴作为委员会转型的关键。对于人文社会科学而言，这是学术研究的基础设施。新闻传播学术界现在不缺专著、教材、论文，所欠缺的正是这种基础装备。2015年 6 月 27 日，新闻传播教育史研究委员会 2015 年学术年会在重庆工商大学举行，与会代表比较深入地讨论了编撰中国新闻传播教育年鉴的相关议题，大家一致赞同，主张马上启动。尤其是参加会议的一些资深新闻学院老院长，如罗以澄、邱沛篁、吴廷俊、丁柏铨、陈培爱、董广安、李建伟、蒋晓丽、石长顺等，对这一倡议表示了强烈的支持。会议决定以委员会常务理事会为基础成立年鉴编委会。会议结束后，笔者作为年鉴编委会主任，在吸收大家意见的基础上，拿出了《中国新闻传播教育年鉴（2016）》的编写大纲，准备提交第一届年鉴编委会讨论落实。

2015 年 12 月 12 日，《中国新闻传播教育年鉴》编委会第一次会议在中山大学召开。会议正式确定了《中国新闻传播教育年鉴（2016）》的编写大纲。在分配编写任务时，参会的每个编委都主动申请，不到半个小时，全部编写任务就落实到个人。据不完全统计，参与第一部年鉴编撰事务的作者、编辑近两百人。在此基础上，编委会又以 2016 年 11 月 5 日正式发行为终点，确定倒计时诸节点。4 月底编辑部截稿，6 月底全部稿件提交出版社，10 月底出版社完成编校程序并正式出版。实际执行过程表明，全过程每个节点都是无缝对接，没有丝毫耽误。

2016 年 11 月 5 日，中国新闻史学会新闻传播教育史研究委员会 2016 年学术年会暨马克思主义新闻理论研讨会在沈阳举行。教育部高等学校新闻学学科教学指导委员会原主任何梓华，中国传媒大学原副校长、中国新闻史学会前会长赵玉明，国务院学位委员会第五届新闻传播学学科评议组召集人童兵，教育部社会科学委员郑保卫，国务院学位委员会新闻传播学学科评议组成员、武汉大学新闻与传播学院前院长罗以澄，武汉大学新闻与传播学院前院长吴高福、四川大学新闻学院前院长邱沛篁和清华大学新闻与传播学院教授刘建明等学界"八老"，还有来自全国30余家新闻传播学院的院长及70多家高校的专家学者130余人出席了会议。

2017年8月，第二本年鉴在郑州举行首发式；2018年11月，第三本年鉴在山东大学举行首发式；2019年11月，第四本年鉴在兰州大学举行首发式。2020年11月，第五本年鉴《中国新闻传播教育年鉴（2020）》在重庆的西南政法大学举行首发式。每年一部，每一部都按照既定的节奏有条不紊地推出，犹如四季花开，一切都在掌握之中。年鉴的如期出版，受到了学界的普遍好评，对中国新闻传播教育的发展也起到了推动作用。

第二项重要的工作是组织以新闻传播教育研究为主旨的学术研讨会。新闻传播教育史研究委员会每年会举办一次学术年会，年会同当年的年鉴首发式一同举行。学术年会是一个盛大的学术论坛，除了年度主题报告会外，还会设置若干个分论坛。近年来，中国新闻史学会每年会举办总会学术年会（约千人规模），其中，新闻传播教育史研究委员会会开设自己的专场，举行专题学术讨论。仅以2018年新闻传播教育史研究委员会学术年会为例，11月10日，新闻传播教育史研究委员会学术年会和《中国新闻传播教育年鉴（2018）》首发式在山东大学举行。在上午主题报告会环节，上海交通大学全球传播研究院院长张国良以从教42年的感悟，探讨新闻传播教育如何培养人才；中国人民大学新闻学院院长胡百精以燕京大学160篇毕业论文为例，提出并回应新闻传播教育的历史三问；复旦大学新闻学院副院长李双龙结合自身所在学院建设情况，对新闻传播教育改革的路径进行深入思考；浙江大学传媒与国际文化学院院长韦路以"新媒体时代"为背景，提及新闻传播教育的坚守和创新；深圳大学传播学院副院长黄春平以深圳大学当前培养模式为例，探讨新闻传播教育教改探索与实践之路；南京师范大学新闻与传播学院副院长骆正林结合教育部第四轮学科评估，深谈新闻传播学的未来发展；山东大学新闻传播学院常务副院长刘明洋以"媒介科学"一流学科建设为例，讨论了新闻传播学科领域的一种未来构想。在下午分组讨论环节，同时设置了三个分论坛。在院长论坛，来自全国不同地域、不同类型新闻传播学院的33位院长交流了所在学院的特色与现状，重点介绍了其进行新闻传播教育改革的前沿探索与思路，也分享了当前面临的突出问题与困惑。其他两个分论坛讨论中，专家们围绕"新闻传播教育改革研究""不同类型的新闻传播教育""融媒体时代新闻传播教育的发展路径"等议题进行了论文发表。在年会的闭幕式上，香港浸会大学传理学院院长黄煜还向与会代表们介绍了香港地区新闻传播教育的发展历史、主要院系的现状及教学科研评估体系。这种学术研讨相当深入，在学界产生了很大影响。①

第三项重要的工作是服务新闻传播教育，为新闻传播院系提供咨询和协助。新闻传播教育史研究委员会还利用自己掌握的学术资源，主动服务于新闻传播教育界，为新闻传播院系提供战略咨询，或者配合相关新闻传播院系组织学术研讨。2017 年 10 月 21 日，新闻传播教育史研究委员会与湖南大学新闻与传播学院联合举办了吴高福教授新闻教育思想研讨会；2018 年 3 月，新闻传播教育史研究委员会配合四川大学新闻学院举办了改革开放四十年中国新闻传播教育研讨会；2018 年 5 月 12 日，新闻传播教育史研究委员会与郑州大学新闻与传播学院联合举办项德生教授新闻教育与学术思想研讨会暨新书发布会；2018 年 6 月 24 日，新闻传播教育史研究委员会与中央民族大学联合举办少数民族新闻传播史研究新范式、新方法研讨会暨白润生先生学术思想座谈会；2019 年 11 月，在兰州大学新闻与传播学院举办 2019 年学术年会时，新闻传播教育史研究委员会组织专家为兰州大学进行了战略咨询，兰州大学专门聘任张昆会长为兰州大学新闻与传播学院战略咨询委员会主任。新闻传播教育史研究委员会为新闻传播教育界的智力服务，得到了教育界普遍好评。

## 二　中国高等教育学会新闻学与传播学专业委员会

中国高等教育学会新闻学与传播学专业委员会（原名为"中国新闻教育学会"）于 1984 年 11 月 2 日在北京成立，是中国新闻传播教育领域历史最悠久、规模最大的学术共同体。学会是首都七所高等院校新闻系（专业）根据 1983 年全国新闻教育工作座谈会的意见发起筹备的，全国 30 所高等院校新闻系（专业）的代表参加了此次成立会议。迄今为止，该学会已经经历 36 年的发展历程，其理事会已经换了八届。2018 年 5 月 26 日上午，中国高等教育学会新闻学与传播学专业委员会第八届换届理事会议在中国人民大学召开。会议选举产生第八届理事会，中国人民大学新闻学院当选理事长单位，中国人民大学新闻学院党委书记兼副院长周勇教授出任理事长，110 多家理事单位的代表与会。

---

① 参见《中国新闻传播教育年鉴（2019）》（武汉大学出版社，2019）关于中国新闻史学会新闻传播教育史研究委员会的介绍。

中国高等教育学会新闻学与传播学专业委员会在中国新闻传播教育界占有举足轻重的地位。在中国新闻史学会成立之前，中国高等教育学会新闻学与传播学专业委员会是国内新闻传播教育界唯一合法的学术共同体。在 20世纪 80 年代末 90 年代初，该会常常与新闻传播教育界院长系主任联席会议联合召开。它每年至少召开一次全体会议。1997 年教育部高等学校新闻学学科教学指导委员会成立后，由于中国高等教育学会新闻学与传播学专业委员会与教学指导委员会主任是同一人兼任，所以中国高等教育学会新闻学与传播学专业委员会常常与教学指导委员会、院长系主任联席会议合并召开。这种情形直到进入 21 世纪后，教学指导委员会换届，"2006～2010 年教育部高等学校新闻学学科教学指导委员会"成立才发生改变。

作为新闻传播教育界的学术共同体，中国高等教育学会新闻学与传播学专业委员会在国内新闻传播教育界扮演着非常重要的角色。它以学会为平台，组织了丰富多彩的教学研讨、学术交流及相关活动。

其一，组织教学研讨，交流新闻传播教育改革的经验。中国高等教育学会新闻学与传播学专业委员会每年至少会组织一次大型学术研讨会，谈论新闻传播教育面临的问题、教育改革及与此相关的理论问题。如 2018 年 10 月13 日，中国高等教育学会新闻学与传播学专业委员会联合中国人民大学新闻学院、中国新闻史学会传播学研究会共同发起中外新闻传播学院院长会议（2018）暨 2018 中国传播学论坛。本次会议在中国人民大学举行，以"万物互联与泛媒介时代的新闻传播教育"为主题展开探讨，来自海内外 130 多所高校的近 200 名学者、师生参加。会上宾夕法尼亚大学安妮伯格传播学院副院长杨国斌教授，佐治亚大学新闻与大众传播学院副院长玛利亚·莱恩－里奥斯教授，清华大学新闻与传播学院熊澄宇教授，华中科技大学领军学者、新闻与信息传播学院张昆教授，复旦大学新闻学院执行院长张涛甫教授，武汉大学新闻与传播学院院长强月新教授，南卡罗来纳大学信息与传播学院院长汤姆·赖克特教授，四川大学企鹅新媒体学院院长蒋晓丽教授，中国传媒大学电视与新闻学院副院长何苏六教授，中国人民大学新闻学院执行院长胡百精教授，广西大学新闻传播学院院长郑保卫教授，香港浸会大学传理学院院长黄煜教授，北京大学新闻与传播学院党委书记、副院长陈刚教授，加利福尼亚大学戴维斯分校传播学系主任拉勒米·泰勒副教授，浙江大学传媒与国际文化学院院长韦路教授，暨南大学新闻与传播学院执行院长支庭荣教授，清华大学新闻与传播学院副院长史安斌教授，新加坡科技设计大学人文艺术与社会科学学院院长林姗姗教授等就大会主题分享了观点和经验。同年

11 月 17 日，中国高等教育学会新闻学与传播学专业委员会又联合暨南大学新闻与传播学院、新疆大学新闻与传播学院、新疆财经大学新闻与传媒学院、广东财经大学人文与传播学院在暨南大学举办中国高等教育学会新闻学与传播学专业委员会第八届理事会第一次全体会议暨"智媒时代的新闻教育创新学术论坛"。

其二，以学会为平台组织各种教学研讨班、培训班，帮助各院系培训青年骨干教师。2018 年 7 月 10~13 日，来自全国 60 多所新闻院系的 150 余位教学科研人员及业界代表齐聚青岛，参加了 2018 年全国新闻学教学科研高级研讨班。研讨班由中国高等教育学会新闻学与传播学专业委员会主办，青岛大学新闻与传播学院承办。2018 年 7 月 29 日至 8 月 1 日，中国高等教育学会新闻学与传播学专业委员会与中国人民大学新闻学院、中国人民大学出版社在四川成都共同主办"2018 全国新闻传播学骨干教师研修班"。来自全国 27 个省（区、市）的 338 位新闻传播学一线教师参与了此次研修。2018 年 11 月 3 日，中国高等教育学会新闻学与传播学专业委员会与中国人民大学新闻学院、中国人民大学马克思主义新闻观研究中心共同发起了第一届"人大马克思主义新闻观与中国特色社会主义新闻理论的发展与创新骨干师资高级研修班"。

其三，中国高等教育学会新闻学与传播学专业委员会还组织举办了其他活动，以服务于新闻传播院系和新闻传播教育改革。如组织举办教学成果评奖、组织全国新闻学子展开各项竞赛，向教育部推荐国家精品课程和规划教材。中国高等教育学会新闻学与传播学专业委员会还定期（两年）举办"中国新闻学与传播学教学改革创新项目"。2005 年启动第一届全国大学生广告艺术大赛，参赛院校 534 所，作品 8 万件左右，获奖作品来自 28 个省区市 200 余所院校的 1800 名学生和 20 多位教师。中国高等教育学会新闻学与传播学专业委员会还接受教育部的委托，向教育部推荐国家精品课程和规划教材。这些活动，对新闻传播教育的发展起到了积极的推动作用。

### 三　中国高等教育学会广告教育专业委员会

中国高等教育学会广告教育专业委员会是全国高等学校广告类专业及相关专业的教师自愿组成的全国性研究广告学、广告教育科学及相关学科的学术共同体。2009 年 7 月 25 日，中国高等教育学会广告教育专业委员会经民政部批准在北京登记成立。2009 年 11 月 21 日，在北京万寿宾馆召开成立大会暨第一次会员代表大会。大会选举产生了以丁俊杰为理事长的第一届理事会。中国高等教育学会广告教育专业委员会以研究高校广告教育理论和实践问题为对象，以促进国内高校广告教育的发展为目的，以提高大学生的综合素质和能力为目标。委员会是高校广告教育学术交流的主渠道。中国高等教育学会广告教育专业委员会始终坚持为政府决策提供建议、为学校工作提供借鉴、为专业教师提供指导、为大学生提供服务的宗旨，致力于推进中国高等广告教育事业的发展。

广告学专业是新闻传播学一级学科下的本科专业，在研究生专业目录上，广告与传媒经济也是作为一个二级学科出现的，作为服务于广告教育领域的学术共同体，中国高等教育学会广告教育专业委员会主要通过如下途径服务新闻传播教育。①

第一，举办学术年会，探讨广告学研究领域重要理论问题和广告教育实践中的各种问题。自中国高等教育学会广告教育专业委员会正式成立以来，基本上每年举行一次学术年会。第一届学术年会于 2010 年 7 月 21 日至 22 日在南京与"2010 广告前沿问题国际学术研讨会"同期举办，来自国内外的100 多名专家学者到会。此次年会结合广告业的前沿学术成果和广告业实践，举办了四场大会演讲。会议还进行了分组交流，主题分别为"品牌理论与消费行为""广告教育及跨文化研究""广告媒体与广告创意策划"。第二届学术年会于 2012 年 11 月 3 日在西南交通大学举行，有 170 余名代表参加了会议。此次学术年会以"创新与诠释"为主题，重点研讨广告产业发展趋势和新形势下广告教育的应对策略；研讨广告教育的新理念，力争在学理上实现新的、经典的阐释；交流各高校广告教育实践教学经验；分享各高校广告教育改革新成果。会议还以分论坛的形式围绕"媒体技术创新引爆产业革命""转型环境下的品牌创新与受众研究""高校广告教育如何应对挑战与变革"等议题进行了学术交流。第五届学术年会暨第六届中国广告教育论坛于 2015年 12 月 5 日在重庆大学虎溪校区图书馆报告厅举行。会议的主题为"传承·颠覆·升级——中国高等广告教育体系（内容）的完善与重构"。来自全国各地 70 多个单位的 100 余名专家学者、高校教师共同参与了此次活动。上海奥维斯市场营销服务公司首席创意长林展贤以《未来广告从业人员的挑

① 参见《中国新闻传播教育年鉴（2016）》《中国新闻传播教育年鉴（2017）》《中国新闻传播教育年鉴（2018）》《中国新闻传播教育年鉴（2019）》对中国高等教育学会广告教育专业委员会的介绍。

战与通才化教育探讨》，上海大学许正林教授以《近 10 年来西方广告学术研究的基本走向与主流问题》，中国传媒大学广告学院院长、国家广告研究院院长丁俊杰教授以《广告教育的可能性探讨》为主题进行了演讲。与会人员围绕"广告教育分论坛：广告教育的困惑与出路""新媒体教学分论坛：新媒体的机会与挑战"两个议题展开讨论。这些学术年会，联通了学界和业界，对新闻传播教育界感兴趣的理论与实践问题进行了深入的交流和探讨，对高校新闻传播院系的教学起到了引领作用。

第二，组织学术交流。中国高等教育学会广告教育专业委员会是国内广告教育界最大的学术交流平台。依托这个平台，专业委员会组织了许多高水平的学术交流。2010 年 11 月 19 日至 21 日，中国高等教育学会广告教育专业委员会在深圳大学举办第三届中国广告教育论坛。全国各地的 91 所院校的 130 余名专家、学者与教师参会。本届论坛主题是"创意产业与广告教育改革"。2012 年 1 月，中国高等教育学会广告教育专业委员会组织了首届全国高校广告教育优秀论文评选活动，评奖活动两年举办一次。本次共收到各类论文 235 篇，内容涵盖广告、传播、品牌营销等研究领域。2012 年 4 月 20 日至 22 日，中国高等教育学会广告教育专业委员会在广西艺术学院举行第四届中国广告教育论坛。共有 87 所高校的 150 多名学者和专业教师到会。本届论坛的主题是"数字媒体时代的广告教育"。2014 年，中国高等教育学会广告教育专业委员会组织了"第二届全国高校广告教育优秀论文"评选活动。2014 年 7 月 4 日至 5 日，中国高等教育学会广告教育专业委员会在内蒙古科技大学举办第五届中国广告教育论坛。会议主要围绕"广告专业人才的跨界培养""产学研视域下的中国广告教育""广告边界与概念的变化之于广告教育"三个议题展开。来自全国 30 余所高校的 100 余名专家学者、高校教师和媒介精英参加了会议。2015 年 12 月 5 日至 6 日，中国高等教育学会广告教育专业委员会在重庆大学艺术学院举办了第六届中国广告教育论坛。来自全国各地 70 余所高校的 150 余名专家学者、高校教师到会。本次论坛的主题是"传承·颠覆·升级——中国高等广告教育体系（内容）的完善与重构"。

第三，开展全国大学生广告艺术大赛。此项大赛是由教育部高教司指导，教育部高等学校新闻学学科教学指导委员会、中国高等教育学会广告教育专业委员会主办，中国传媒大学、全国大学生广告艺术大赛组委会承办的全国高校唯一的文科赛事，也是迄今为止全国规模最大、覆盖高等院校和师生人数较多、作品水平较高的政府赛事。大赛从 2005 年的首届至第四届每两年举办一届，自 2013 年第五届开始每年举办一届。大赛的设立，落实了《国家中长期教育重大改革和发展规划纲要（2010—2020 年）》的理念，对建立高校、企业、社会组织的密切合作多方协同培养人才机制做出了有益的探索。同时，全国上千所高校近百万名在校大学生按照统一标准进行竞赛，规模空前，其成果实际上是对各地高校相关专业教学质量的竞争性的评价，对其他专业具有极强的示范作用。

除了以上三个具有典型意义和重大影响的学术共同体以外，在中国新闻传播教育界还有一些学术组织，如中国新闻史学会下设的其他二级学会（如外国新闻传播史研究委员会、网络传播史研究委员会、应用新闻传播学研究委员会、媒介法规与伦理研究委员会等）、中国高等教育学会下设的其他二级学会（公共关系教育专业委员会、摄影教育专业委员会、影视教育专业委员会等）、中国高等院校影视学会，以及各省区市的新闻学会、传播学会、新闻传播教育学会，它们作为新闻传播教育界的学术共同体，对新闻传播教育的有序推进发挥了一定的促进作用。

学术共同体的建设是推进新闻传播教育的重要路径，如前所述，当下中国高等教育界，以新闻传播教育研究为主旨的学术共同体建设已经有相当的基础，几个重要的学术组织已经在扮演重要的角色，并且在发挥建设性作用。但是现在国内的学术共同体建设，也存在一些不容忽视的问题。如学术组织的官气比较重，本来是学术组织却常常流于行政化操作。也许是宏观的社会背景使然，在"官本位"文化十足的中国，期待纯粹意义上的学术共同体，实在是有些困难。同时，学术活动的组织方面，形式主义比较严重，各种会议越来越多，但缺少有价值的讨论主题，各个会场比拼的不是学术研讨的深度和广度，而是阵容的豪华、气派。社会上功利主义、浮躁的心态，在一定程度上感染了学术组织，学术共同体也有些不那么纯粹了。虽然这些迹象在新闻传播教育界学术共同体中还不是那么明显，但还是应该引起学界的关注。

# 附录一　解读中国新闻教育的"华科大模式"

# 附录二　幸运　感恩　期待：卸任院长感言

# 附录三　传媒教育要满足业界需求，
## 更要顺应社会期待

## 附录四　一个好的新闻学院，总有一个优秀的院长

## 附录五　老兵尚未凋零，期待再写传奇

# 参考文献

## 一 专著

[1] 〔美〕M. 阿普尔、L. 克丽斯蒂安 – 史密斯主编《教科书政治学》，侯定凯译，袁振国审校，华东师范大学出版社，2005。

[2] 〔苏〕巴拉诺夫等编《教育学》，李子卓等译校，人民教育出版社，1983。

[3] 〔古希腊〕柏拉图等：《教育的艺术》，曹晚红、吴大伟等编译，汕头大学出版社，2009。

[4] 〔古希腊〕柏拉图：《法律篇》，沈叔平译，载《西方法律思想史资料选编》，北京大学出版社，1983。

[5] 〔古希腊〕柏拉图：《理想国》，郭斌和、张竹明译，商务印书馆，1995。

[6] 〔意〕贝奈戴托·克罗齐：《历史学的理论和实际》，傅任敢译，商务印书馆，2005。

[7] 毕苑：《建造常识：教科书与近代中国的文化转型》，福建教育出版社，2010。

[8] 别敦荣、王根顺主编《高等学校教学论》，高等教育出版社，2008。

[9] 〔美〕德里克·博克：《大学的未来》，曲强译，中国人民大学出版社，2017。

[10] 〔英〕德里克·托林顿等：《人力资源管理》（第六版），邵剑兵等译，经济管理出版社，2008。

[11] 〔德〕马克斯·韦伯：《经济与社会》（上卷），林荣远译，商务印书馆，1998。

[12] 〔德〕尼采：《查拉图斯特拉如是说》，黄明嘉译，漓江出版社，2000。

[13] 〔德〕雅斯贝尔斯：《什么是教育》，邹进译，三联书店，1991。

[14] 〔美〕杜威：《杜威教育论著选》，赵祥麟、王承绪编译，华东师范大学出版社，1981。

［15］范跃进编《新中国成立以来高等教育元政策（1949—2016)》，中国社会科学出版社，2017。

［16］方巍主编《学生事务管理的流派与模式》，浙江大学出版社，2014。

［17］冯建军等：《教育哲学》，武汉大学出版社，2011。

［18］〔美〕弗雷斯特·W. 帕克、埃里克·J. 安科蒂尔、戈兰·哈斯编著《当代课程规划》（第8版），孙德芳译，中国人民大学出版社，2010。

［19］戈公振：《中国报学史》，湖南大学出版社，2014。

［20］顾建民主编《高等教育学》，浙江大学出版社，2008。

［21］〔英〕怀特海：《教育的目的》，庄莲平等译，文汇出版社，2012。

［22］贾馥茗：《教育的本质——什么是真正的教育》（第2版），世界图书出版公司北京公司，2006。

［23］《建国以来重要文献选编》（第10册），中央文献出版社，1994。

［24］金生鈜：《理解与教育——走向哲学解释学的教育哲学导论》，教育科学出版社，1997。

［25］〔美〕克拉克·科尔：《大学的功用》，陈学飞等译，江苏教育出版社，1993。

［26］〔美〕肯·贝恩：《如何成为卓越的大学老师》，明廷雄、彭汉良译，北京大学出版社，2007。

［27］〔捷〕夸美纽斯：《大教学论·教学法解析》，任钟印译，人民教育出版社，2006。

［28］李希光主编《新闻教育未来之路》，清华大学出版社，2010。

［29］李进才主编《高等教育教学评估词语释义》，武汉大学出版社，2016。

［30］李培根：《认识大学》，商务印书馆，2015。

［31］李清雁主编《学校教育概论》，北京大学出版社，2015。

［32］李文鑫主编《实践教学改革的理论与实践——2002武汉大学实践教学改革研讨会论文集》，武汉大学出版社，2003。

［33］李学勤主编《十三经注疏·周易正义》，北京大学出版社，1999。

［34］梁启超：《〈清议报〉一百册祝辞并论报馆之责任及本馆之经历》，《饮冰室合集·文集》第3册第6卷，中华书局，2015。

［35］刘道玉：《中国高等教育改革论》，武汉大学出版社，2018。

［36］刘献君：《高等学校战略管理》，人民出版社，2008。

［37］刘志鹏、别敦荣、张笛梅主编《20世纪的中国高等教育·教学卷》（上下册），高等教育出版社，2006。

［38］《马克思恩格斯全集》（第1卷），人民出版社，1956。

［39］《马克思恩格斯全集》（第6卷），人民出版社，1961。

［40］《马克思恩格斯全集》（第18卷），人民出版社，1964。

［41］《马克思恩格斯全集》（第42卷），人民出版社，1979。

［42］《马克思恩格斯文集》（第1卷），人民出版社，2009。

［43］《马克思恩格斯选集》（第2卷），人民出版社，1995。

［44］〔美〕玛格丽特·米德：《文化与承诺：一项有关代沟问题的研究》，周晓虹、周怡译，河北人民出版社，1987。

［45］《毛泽东年谱（一九四九——一九七六)》（第3卷），中央文献出版社，2013。

［46］《毛泽东文集》（第3卷），人民出版社，1996。

［47］《毛泽东选集》（第1卷），人民出版社，1991。

［48］南国农主编《信息化教育概论》，高等教育出版社，2011。

［49］欧阳康主编《自主成长与人文情怀——华中科技大学文化素质实践教育探索》，华中科技大学出版社，2012。

［50］潘懋元、王伟廉主编《高等教育学》，福建教育出版社，2013。

［51］〔英〕乔伊·帕尔默主编《教育究竟是什么？100位思想家论教育》，任钟印、诸惠芳译，北京大学出版社，2008。

［52］〔美〕乔治·霍兰·萨拜因：《政治学说史》（上册），盛葵阳、崔妙因译，商务印书馆，1986。

［53］申凡主编《华中科技大学新闻传播教育史稿》，华中科技大学出版社，2013。

［54］《陶行知全集》（第1卷），湖南教育出版社，1984。

［55］〔法〕涂尔干：《道德教育》，陈光金等译，上海人民出版社，2006。

［56］王意如、刘文荣选编《中外经典作家说教育》，文汇出版社，2015。

［57］习近平：《摆脱贫困》，福建人民出版社，1992。

［58］习近平：《青年要自觉践行社会主义核心价值观——在北京大学师生座谈会上的讲话》，人民出版社，2014。

［59］习近平：《做党和人民满意的好老师：同北京师范大学师生代表座谈时的讲话》，人民出版社，2014。

［60］《习近平谈治国理政》，外文出版社，2014。

［61］《习近平谈治国理政》（第2卷），人民出版社，2017。

［62］夏中义主编《人与自我》，广西师范大学出版社，2002。

[63] 徐宝璜:《新闻学》,时代文艺出版社,2009。

[64] 〔美〕亚伯拉罕·弗莱克斯纳:《现代大学论——英美德大学研究》,徐辉、陈晓菲译,浙江教育出版社,2001。

[65] 〔古希腊〕亚里士多德:《形而上学》,苗力田译,中国人民大学出版社,2003。

[66] 〔古希腊〕亚里士多德:《政治学》,吴寿彭译,商务印书馆,1965。

[67] 叶骏、金永发主编《高等学校学生工作规范与指导》,同济大学出版社,1991。

[68] 〔英〕约翰·弥尔顿:《论出版自由》,吴之椿译,商务印书馆,1958。

[69] 张静庐:《中国的新闻记者与新闻纸》,现代书局,1932。

[70] 张昆:《大众媒介的政治社会化功能》,武汉大学出版社,2003。

[71] 张昆:《新闻教育改革论》,华中科技大学出版社,2012。

[72] 张昆:《三思新闻教育》,华中科技大学出版社,2017。

[73] 张晓静:《战后美国新闻与大众传播教育研究》,湖北人民出版社,2009。

[74] 张仲民、章可编《近代中国的知识生产与文化政治——以教科书为中心》,复旦大学出版社,2014。

[75] 赵祥麟主编《外国教育家评传》(第1卷),上海教育出版社,1992。

[76] 中国新闻史学会新闻传播教育史研究委员会编《中国新闻传播教育年鉴(2016)》,武汉大学出版社,2016。

[77] 中国新闻史学会新闻传播教育史研究委员会编《中国新闻传播教育年鉴(2017)》,武汉大学出版社,2017。

[78] 中国新闻史学会新闻传播教育史研究委员会编《中国新闻传播教育年鉴(2018)》,武汉大学出版社,2018。

[79] 中国新闻史学会新闻传播教育史研究委员会编《中国新闻传播教育年鉴(2019)》,武汉大学出版社,2019。

[80] 中国新闻史学会新闻传播教育史研究委员会、《中国新闻传播教育年鉴》编委会编《中国新闻传播教育年鉴(2020)》,武汉大学出版社,2020。

[81]《朱九思全集》(上下卷),华中科技大学出版社,2015。

[82] 朱永新主编《中外教育思想史》,南京大学出版社,2000。

## 二 论文

[1] 蔡国春：《高校学生事务管理概念的界定——中美两国高校学生工作术语之比较》，《扬州大学学报》（高教研究版）2000年第2期。

[2] 蔡雯：《论新闻传播的案例教学——兼谈案例库建设对新闻传播教育发展的意义》，《国际新闻界》2008年第2期。

[3] 蔡雯：《新闻传播教育的使命与创新——基于中国人民大学新闻学院教改实践的思考》，《青年记者》2016年第1期。

[4] 蔡雯：《新闻教育亟待探索的主要问题》，《国际新闻界》2017年第3期。

[5] 蔡瑶：《价值观教育与大学责任——基于对美国大学通识教育变迁的研究》，《高教探索》2019年第12期。

[6] 柴葳：《200余名专家委员会委员正式"上岗"——国家教材委员会专家委员会工作研讨会召开》，《中国教育报》2018年5月23日，第1版。

[7] 陈磊：《高等学校学术权力的反思与建构》，《高等教育研究》2002年第4期。

[8] 储祖旺、蒋洪池：《高校学生事务管理概念的演变与本土化》，《高等教育研究》2009年第2期。

[9] 单波、陆阳：《媒介融合时代的新闻传播教育创新》，《湖北大学学报》（哲学社会科学版）2010年第4期。

[10] 邓晖：《搅动新闻教育改革一池春水——部校共建新闻学院综述》，《光明日报》2014年9月17日，第6版。

[11] 邓绍根、李兴博：《百年回眸：中国新闻传播教育史研究回顾与前瞻》，《兰州大学学报》（社会科学版）2018年第4期。

[12] 董晓蕾：《"学生体验至上"理念引领学生工作专业化发展》，《中国高等教育》2017年第22期。

[13] 方巍：《美国高校学生事务工作与启示》，《高教与经济》1994年第4期。

[14] 高久群、郑华、余全红：《交叉学科设置和研究生培养的实践与思考——以中山大学为例》，《高教论坛》2015年第2期。

[15] 高坤、刘洁：《朱九思：迎着解放炮声走来的新闻教育家》，载中国新闻史学会新闻传播教育史研究委员会编《中国新闻传播教育年鉴

(2017)》，武汉大学出版社，2017。

[16] 高清海：《"人"的双重生命观：种生命与类生命》，《江海学刊》2001年第1期。

[17] 高晓虹、赵希婧：《融合时代新闻传播教育的坚守与创新》，《新闻与写作》2017年第1期。

[18] 龚学平：《在上海市委宣传部与复旦大学共建新闻学院签约仪式上的讲话》，《新闻大学》2002年第1期。

[19] 顾理平：《新媒体环境下新闻传播教育的核心、支撑与融通》，《现代传播（中国传媒大学学报）》2016年第8期。

[20] 韩炼：《面向全球化的中国新闻教育改革》，《现代传播（中国传媒大学学报）》2004年第2期。

[21] 何志武、董红兵：《新闻传播教育改革的逻辑》，《新闻与传播评论》2019年第5期。

[22] 何梓华：《控制办学规模 提高教学质量——新闻教育亟待解决的问题》，载何梓华编《迈入21世纪的中国新闻教育》，中南大学出版社，2007。

[23] 胡鞍钢、孙文正、熊义志、王德文、李延成：《大国兴衰与人力资源开发》，《教育发展研究》2003年第4期。

[24] 胡德才：《媒介融合时代新闻传播人才培养的理念与路径》，《新闻大学》2015年第5期。

[25] 黄伟力：《提高"马克思主义基本原理概论"课教学质量重在内容更新》，《思想理论教育》2017年第5期。

[26] 雷跃捷：《社会转型时期我国新闻传播教育的成就和问题》，《现代传播（中国传媒大学学报）》2013年第3期。

[27] 黎明洁、董宇璞：《众媒时代应用新闻教育的新使命》，《中国编辑》2018年第1期。

[28] 李保强、薄存旭：《"教学相长"本义复归及其教师专业发展价值》，《教育研究》2012年第6期。

[29] 李彬：《新闻教育：重思理论与实践的辩证关系——在2006年美国哥伦比亚大学国际新闻学院院长论坛上的发言》，《现代视听》2007年第4期。

[30] 刘凤义：《在史论结合中认识和理解经济危机——〈资本主义经济危机与经济周期：历史与理论〉评介》，《山东社会科学》2020年第1期。

［31］刘世定、邱泽奇：《"内卷化"概念辨析》，《社会学研究》2004 年第 5 期。

［32］刘永哲：《团队建设的有关问题探析》，《中外企业家》2015 年第 4 期。

［33］刘自挥、刘清田：《教材管理的依据与对策》，《品牌研究》2018 年第 6 期。

［34］鲁家峰：《毛泽东评点〈隆中对〉：诸葛亮战略失误在何处?》，《学习时报》2017 年 2 月 14 日。

［35］毛亚庆、吴合文：《多维视角下的高等教育全球化》，《清华大学教育研究》2012 年第 2 期。

［36］孟建、赵元珂：《媒介融合：粘聚并造就新型的媒介化社会》，《国际新闻界》2006 年第 7 期。

［37］倪宁、蔡雯：《媒介融合时代的中国新闻传播教育：基于 18 所国内新闻传播院系的调研报告》，《国际新闻界》2014 年第 4 期。

［38］强月新：《媒介融合背景下的新闻传播人才培养》，《人民论坛·学术前沿》2019 年第 3 期。

［39］秦绍德：《在市委宣传部与复旦大学共建新闻学院签约仪式上的讲话》，《新闻大学》2002 年第 1 期。

［40］宋秋前：《行动研究：教育理论与实践相结合的实践性中介》，《教育研究》2000 年第 7 期。

［41］涂凌波：《实用主义影响下学理与术业之并重：再论 20 世纪初中国新闻教育观念》，《现代传播（中国传媒大学学报）》2016 年第 3 期。

［42］万涛、大月博司：《基于目标管理的团队有效性研究》，《企业管理》2016 年第 4 期。

［43］王湛、顾海良、韩震：《我国大中小学教材建设步入新的历史阶段——三位专家谈国家教材委员会成立》，《中国教育报》2017 年 7 月 14 日，第 7 版。

［44］卫兴华：《怎样准确把握"效率与公平"的演变与内涵》，《人民论坛》2013 年 6 月（下）。

［45］吴廷俊、王大丽：《从内容调整到制度创新：中国新闻教育改革出路》，《西南民族大学学报》（人文社会科学版）2012 年第 7 期。

［46］吴信训：《美国新闻教育扫描及启示》，《新闻记者》2006 年第 7 期。

［47］习近平：《把思想政治工作贯穿教育教学全过程　开创我国高等教育事业发展新局面》，《人民日报》2016 年 12 月 9 日，第 1 版。

[48] 《习近平致国际教育信息化大会的贺信》，《人民日报》2015 年 5 月 24 日，第 2 版。

[49] 肖久灵：《高校教学团队运行障碍与对策研究》，《管理观察》2018 年第 20 期。

[50] 徐继存：《学校的社会责任与使命》，《西北师大学报》（社会科学版）2012 年第 6 期。

[51] 杨德广、王勤：《从经济全球化到教育国际化的思考》，《河北大学学报》（哲学社会科学版）2000 年第 4 期。

[52] 杨永林：《面向全球化、信息化、数字化时代的英语教学——基于"体验英语写作"训练系统建设的研究》，《外语与外语教学》2008 年第 5 期。

[53] 喻恺：《我国财政对教育的投入能力分析》，《教育研究》2009 年第 4 期。

[54] 袁盛勇：《九十年代以来鲁迅研究的玄学化倾向》，《甘肃社会科学》2002 年第 6 期。

[55] 曾媛、王庆海：《以本为本建设"双一流"——依〈新时代高教 40 条〉为准高标准建设一流本科教育》，《高教研究与实践》2019 年第 2 期。

[56] 张昆：《新闻教育应坚持人文精神的主基调》，《新闻与写作》2010 年第 6 期。

[57] 张昆：《媒介转型对新闻教育的挑战》，《今传媒》2010 年第 9 期。

[58] 张昆：《关于设立新闻传播学科冠名教授席的思考》，《新闻与写作》2017 年第 6 期。

[59] 张昆：《学院文化：新闻专业人才的培养基》，《新闻记者》2018 年第 2 期。

[60] 张昆：《新闻评论教育的"华科大模式"》，《新闻记者》2018 年第 6 期。

[61] 张昆：《新闻学院院长的战略思维》，《新闻与写作》2018 年第 12 期。

[62] 张昆：《新闻传播教育史体系刍议》，《西安交通大学学报》（社会科学版）2020 年第 2 期。

[63] 张梦中：《再论教育的本质——基于马克思的人的本质观》，《教育理论与实践》2019 年第 5 期。

[64] 张小琴、陈昌凤：《后喻时代的新闻教育——清华大学新闻与传播学院

的"清新传媒"实践教学模式》,《国际新闻界》2014 年第 4 期。

[65] 张晓玲、李庆丰、王晶:《改革开放以来高等学校学科建设的发展阶段及其特点分析》,《学位与研究生教育》2009 年第 7 期。

[66] 张屹、祝智庭:《信息时代全球化教育的知识结构》,《全球教育展望》2001 年第 11 期。

[67] 张志安、龙雅丽:《平台媒体驱动下的视觉生产与技术调适——2019年中国新闻业年度观察报告》,《新闻界》2020 年第 1 期。

[68] 赵云泽:《中国新闻史教学改革的新探索:翻转式课堂的应用》,《新闻大学》2016 年第 2 期。

[69] 钟新、周树华:《新闻传播教育的若干核心问题——对国外 20 所新闻传播院系的调研报告》,《国际新闻界》2006 年第 4 期。

[70] Robert D. Brown, "Student Development in Tomorrow's Higher Education: A Return the Academy," *Student Personnel Series*, 1972 (16).

# 后　记

天底下最阳光的职业是什么？不同的人肯定有不同的回答。但其最大公约数可能是教师。因为教师的工作意味着灵魂唤醒，意味着心智启蒙，意味着道德教诲，意味着人格塑造，意味着一代又一代新人的成长。无论是在纵向的文明传承，还是在横向的空间拓展方面，教师都是一个不可或缺的角色。我常常暗自庆幸，早年不自觉地选择了教师职业，而且一直不曾离开。在大学这个"象牙塔"，在与莘莘学子的切磋交流中，在对知识与真理的不倦追求中，我真正地体会到了孟子所说的人生"三乐"之"教育之乐"。"得天下英才而教育之"，给了我无上的荣耀。

1984年7月，我从武汉大学历史系本科毕业后留校，参与新闻系的筹建，迄今有37年。其间，我历经了由助教、讲师到副教授、教授职称的晋级；经历了从普通教师到教研室主任、系主任、副院长、院长岗位的变化；从珞珈山到喻家山，从武汉大学、中国人民大学、日本创价大学到华中科技大学，我在教学及院系管理岗位上工作了30多年；在卸下院长职务两年后，我前不久接受了中央民族大学新闻与传播学院特聘院长的职务。开始时，我只是一个纯粹的高校青年教师，后来陆续扮演了一系列社会角色，包括教育部高等学校新闻学学科教学指导委员会委员、副主任委员，国务院学位委员会新闻传播学学科评议组成员，国务院学位委员会新闻与传播专业学位教育指导委员会委员，中国新闻史学会常务理事、副会长，中国新闻史学会新闻传播教育史研究委员会会长，《中国新闻传播教育年鉴》编委会主任，中国传播学会副会长，中国高等教育学会新闻学与传播学专业委员会副理事长，等等。这些不同的身份，让我在30多年间领略到新闻传播教育界不同的风景、不同的精彩。

与其他教授最大的不同，在于我既是教师，又是院系管理者，同时还扮演着学界第三方的角色。正是因为集多种角色于一身，我在高校新闻传播院系工作的这30多年，与一般教师有不同的多样化体验。对于新闻传播教育领域发生的种种问题、种种事件，一般老师的观察和处理，可能只是一个角度、一种思维，在我这里则可能是多种视角、多重维度，对相关问题理解的深度广度也存在相当大的差异。作为一名大学教授，我曾经独撰、编写、主编了不少书，包括教材、专著、文集、蓝皮书、年鉴等，这些书或者是因为教学需要，或者是出于学术兴趣，或者是相关部门委托的课题研究；无论是个人独著，还是团队合作，都是我的教学和学术生涯某一阶段的研究成果或者在某一问题上的研究成果。今天呈现给读者诸君的这本《新闻传播教育导论》则不然，它是我30多年新闻传播教育生涯的结晶。人们常说十年磨一剑，这本书却耗费了我几乎半个人生的宝贵年华。

在这本书中，我尝试从自己的亲身经历出发，基于自己的教育实践，解读以下问题：什么是教育？教育的本质何在？怎样理解新闻传播教育的使命？为谁而教？谁来教育？教育谁？怎么教育？教育的内容是什么？怎样理解学科与专业？学科建设的真谛何在？如何建设课程体系与教材体系？如何理解教育的过程及环节？怎样把握教育环境和教育政策？如何评估教育效果？教育改革的意涵是什么？为什么要改革？自从事新闻传播教育工作以来，这些问题一直萦绕在我的脑际。开始时，对某些问题，我是作为一个普通教师来思考的；后来，因为担任了院系的负责人，兴趣的焦点不一样了，面临的问题也不尽相同，有时即使是面对同样的问题，思考、审视问题的角度也不一样。进入21世纪后，我陆续担任了一系列学术社团和半官方学术机构的兼职。这些社会兼职，不仅关系到自己感兴趣的学术领域（如中国新闻史学会、中国新闻史学会外国新闻传播史研究委员会、中国新闻史学会新闻传播教育史研究委员会），而且还涉及兄弟院系间的协调互动（如中国高等教育学会新闻学与传播学专业委员会），甚至直接参与组织全国性的专业学科的评估及硕士、博士学位授权点的评审（如国务院学位委员会新闻传播学学科评议组成员、教育部高等学校新闻学学科教学指导委员会副主任委员）。特别是2015年以来，我在新闻传播教育史研究委员会的平台上，牵头组建了《中国新闻传播教育年鉴》编委会，集众智编撰出版了《中国新闻传播教育年鉴》，每年一部，每部一百多万字。这项出版工程也促使我对新闻传播教育的理论与实践、历史与现实问题多了一份关注和思考。

《新闻传播教育导论》近40万字，其中部分章节内容曾以论文的形式在学术期刊上公开发表过，有的曾经收录到我的一些文集中。这些文章多是我从日常教学、教务管理、院系管理中得出的感悟和经验教训的总结。2018年，我正式卸下华中科技大学新闻与信息传播学院院长职务，一下子从繁杂的行政管理事务中解放出来,感觉天空似乎比过去更加辽阔。撇去各种现实的利益关系,回过头来再审视自己置身的教育环境、教育过程及面临的问题和挑战,感觉心境与过去有很大的不同。我有一个新的发现:新闻传播学科在中国高等教育领域属于显学,规模庞大,影响深远,可是新闻传播教育界自身对人才培养和学科建设问题并没有系统深入的研究,我们能够看到的研究成果多是宏观叙事,高开高打,缺少基于新闻传播教育实践的具有可操作性的缜密思考。于是,一种责任感和使命感油然而生。"小子何敢让焉!"(司马迁《太史公自序》)我深知自己才轻德薄,但是我独特的经历,我在教学、管理及社会服务方面的体验、感悟和积累,使得我有条件对新闻传播教育进行形而上的系统化的思考;同时,不少教育界前辈和同仁也热情地鼓励我,期待我能够把自己参与的、见证的中国新闻传播教育的伟大实践进行梳理与总结。这一切在我卸下院长职务后,就水到渠成了。

通过这本书的撰写,我体会到一个人生哲理。一个人能否干成一件事情,关键在于他是否有足够的精神动力。这种动力又源自他的使命感和责任意识。我30多年的新闻传播教育生涯、我的教育之梦,以及冥冥之中浸入骨髓的使命感和责任感,激发了我创作的潜能。

在沿袭过去思路的基础上,我超越原有的认知,对新闻传播教育理论进行了全新的建构。除了原有的部分内容外,大部分篇幅属于全新创作。呈现在读者诸君面前的这本《新闻传播教育导论》由四个部分组成。第一部分是第一章新闻传播教育的使命。这一部分致力于从理论的高度探索什么是教育、教育的本质及新闻传播教育的使命等问题。这是本书的出发点和理论基础。第二章到第十章属于第二部分,这是本书的主体部分。如果说第一部分是合,第二部分就是分。在第二部分,我就新闻传播教育的主体、要素、环节进行了深入的探索,包括新闻教育家、教师与教学团队、课程建设、教材建设、实践教育、学生事务、院系文化建设、学科建设及院系管理。这种系列化的探讨,过去并不多见。第三部分是在第二部分"分"的基础上的合,有两章内容:新闻传播教育改革和新闻传播教育研究。这部分从动态上延续了前面的研究思路,并且与当下的教育改革实践和学术研究的动态联系起来。第四部分是附录,包含五篇文章,是对前述理论阐述所做的一个注脚。前四篇文章主要是对我担任华中科技大学新闻与信息传播学院院长12年间的办学理念、工作思路及中国新闻传播教育的"华科大模式"的解读。第五篇是我在就任中央民族大学新闻与传播学院特聘院长仪式上的演讲。基于篇幅、成本和环保考虑，附录通过二维码方式呈现，这亦是新闻传播教育与时俱进采用新技术新形态的一种尝试。

这本书成书时，正值我卸下华中科技大学新闻与信息传播学院院长职务且尚未接任中央民族大学新闻与传播学院特聘院长职务之际，我在精神上处于难得的自由状态。加之本书涉及的并不是敏感领域，所以在写作过程中，我既没有刻意规避，也没有有意逢迎，而是基于我30多年新闻传播教育实践的探索与反思，心中怎么想，笔下怎么写；文字呈现的内容，即过往思索的痕迹。在一系列问题上，我坚持了自己的见解，有的与当下流行的观点不一致。例如：怎样界定新闻教育家？我以为教育家应该是教育的组织者、领导者，具体到新闻传播教育领域，主要是大学新闻传播院（系）中杰出的院长（主任）；至于在教学一线工作的教师，我把他们归入学者、教授一类。这两者在教育使命、职责方面是存在鲜明的差异的。我在主编《中国新闻传播教育年鉴》时，为此专门设立了"教育家研究"和"名师风采"两个专栏。在一些具有普遍意义的教育问题的解剖上，我常常从新闻传播教育的视角切入，写着写着又跳出狭义新闻传播教育的范畴，在广义教育的层面展开论述，之所以这样做，主要是想拓展新闻传播教育的思维空间，把问题讲透。当然，书中也存在一些应该想到而没有论及的，这种疏漏，书中应该不少，希望读者诸君能够批评指正。

在成书过程中，我的学生和团队成员也参与了部分章节的讨论。如第三章第四节"后喻时代的教学相长"，硕士研究生王宇婷参与了研讨；第六章第二节"新闻传播实践教育面临的挑战"、第三节"新闻传播实践教育存在的问题"、第四节"确立新闻传播人才培养的'大实践'观"，第七章第二节"中外高校学生事务之比较"、第三节"当前新闻传播院系学生事务存在的问题"、第五节"新闻传播院系学生事务的创新路径"，博士研究生张晶晶参与了研讨；第十一章第五节"新闻传播史论课程群的教学改革"，团队成员陈薇副教授参与了研讨。研讨的成果都联合署名在学术期刊上公开发表了，其核心内容在纳入本书时，由我在原文的基础上结合本书的逻辑体系进行了修改。在这里，我要再次对他们创造性的贡献表示赞赏与感谢。

本书的正式出版，得到了文化名家暨"四个一批"人才工程项目"中国新闻传播教育综合改革研究"的资助。临近出版之际，还得到武汉大学前校长刘道玉教授、中国人民大学荣誉一级教授方汉奇先生赐序鼓励。这两位恩师，是我求学期间和职业生涯中的贵人。正是他们，在我的心中树立了优秀导师的榜样，告诉我应该怎样做老师，怎样做学问，怎样办教育。直到今天，两位恩师还在鞭策鼓励我继续前行。在本书出版的过程中，社会科学文献出版社徐思彦编审、刘荣副编审、程丽霞编辑付出了不少辛劳。在此一并表示衷心的感谢！

张　昆

2020 年 1 月 3 日

**图书在版编目（CIP）数据**

新闻传播教育导论 / 张昆著. --北京：社会科学
文献出版社，2021.7（2023.2 重印）
ISBN 978 - 7 - 5201 - 8383 - 3

Ⅰ.①新⋯　Ⅱ.①张⋯　Ⅲ.①新闻学－传播学－教育
研究－中国　Ⅳ.①G210

中国版本图书馆 CIP 数据核字（2021）第 089180 号

---

**新闻传播教育导论**

著　　者 / 张　昆

出 版 人 / 王利民
责任编辑 / 刘　荣
文稿编辑 / 程丽霞
责任印制 / 王京美

出　　版 / 社会科学文献出版社（010）59367011
　　　　　　地址：北京市北三环中路甲 29 号院华龙大厦　邮编：100029
　　　　　　网址：www. ssap. com. cn
发　　行 / 社会科学文献出版社（010）59367028
印　　装 / 北京虎彩文化传播有限公司

规　　格 / 开　本：787mm × 1092mm　1/16
　　　　　　印　张：22.25　字　数：396 千字
版　　次 / 2021 年 7 月第 1 版　2023 年 2 月第 2 次印刷
书　　号 / ISBN 978 - 7 - 5201 - 8383 - 3
定　　价 / 99.00 元

---

读者服务电话：4008918866